金融システムの不安定性と金融危機

日米英のバブルの発生と崩壊

清水正昭

日本経済評論社

はしがき

　バブルの歴史は旧い．1636年にはオランダでチューリップの球根をめぐって熱狂的な取引ブームが生じ，希少品種だけではなく一般的な園芸種の価格までもが暴騰したが，翌年には価格が暴落し，投機ブームによる実体経済とはかけ離れたバブルは一気に崩壊し，「チューリップ恐慌」と呼ばれる社会的混乱が発生した．また1720年には，多額の国債の引受けと引換えに南アメリカ貿易の独占権を獲得したイギリスの「南海会社」が，高価格での株式の発行を目論んで新市場の好都合な噂を振り撒いたために，それに踊らされた人々が政財界をも巻き込んで熱狂的な株式投機に興じた．しかし，南海貿易が好調に進んでいるという証拠は何もなく，一時株価は額面価格の10倍にまで競り上げられたが6月にピークを打った後，株価は大暴落し，投機的株式ブームは破綻した．「最初の証券市場恐慌」たる「南海泡沫事件（South Sea Bubble）」である．このように投機によって実体経済からかけ離れた景気が生み出され，多くの人々が「狂気」，「熱狂」ともいえる投機ブームに酔いしれ，その破綻後に社会・経済界の大混乱を引き起こしたバブルと金融危機については，これまで経済学においてはそれに言及する場合があったとしても，それはしばしば市場経済の規律を逸脱した，合理的な経済活動としては説明することができない一つの歴史的なエピソードとして付随的に語られるにすぎないことが多かった．

　しかしながら，旧IMF制度が崩壊し，通貨・信用膨張に対する歯止めが消失した基礎上で，1980年代以降，新自由主義とグローバリズムが世界を席巻し始めると，投機的な金融活動が本格化し，金融の不安定化・変動が生ずるようになった．そして，それがさらに新たな投機的な収益獲得の機会を生み出すことによって，経済の攪乱・混乱は一層拡大し，金融システムの不安定化が恒常化するという，これまで経験したことがない新たな時代を迎えることになった．しかもその投機は，過去に多く見られたように，各種の原材料や生産物をめぐって流通過程を故意に延長することによってその売買差益の獲得を目論んだり，証券の価格変動差益を得るために証券を売買するといったものとは大き

く異なっている．

　現代の投機的金融活動の特徴は，金融システムが大きく変貌していく過程で生み出される金融市場の不安定性・動揺の拡大をめぐって，「レギュラトリー・アービトラージ（規制を利用した裁定行動）」が引き起こされるというだけではなく，新たに生み出された「金融派生商品（デリバティブ）」に関連した先物取引，スワップ，オプションといった金融取引が「レバレッジ（梃子の作用）」を用いて大規模に行われ，巨額の投機的収益の獲得を目指した各種金融機関の活発な活動が展開されるところにある．したがって，これらは過去の投機のように，投機の対象や時間軸によって制限されることはなく，金融市場の不安定性と混乱の拡大そのものが新たな投機的活動の舞台として展開されるので，金融システムが変貌し，金融市場が不安定化するもとでは常に現れうる恒常的な現象なのである．

　このような過去には見られなかった全く新しい状況が生み出されるなかで，各国の金融規制監督当局も金融システムの安定化策をめぐって新たな対応を迫られることとなった．そこでは，現代のバブルと金融危機は，従来型の規制監督制度が変貌した金融システムに対して対応できなくなった状況を現しており，危機の再発を防ぐためには，金融規制監督政策の再構築が必要であるという基本的な認識から，国際機関や各国の監督機関・中央銀行を中心として活発な議論が行われている．サブプライム金融危機後，2009年4月のロンドンG20では，マクロプルーデンスの視点から規制監督政策を行う機関の必要性について国際的に合意されたことを受けて，従来の金融安定化フォーラム（Financial Stability Forum, FSF）が金融安定化理事会（Financial Stability Board, FSB）に改組され，各国の金融制度改革を主導していった．また，バーゼル銀行監督委員会は銀行の規制監督ルールを改定し，バーゼルⅢでは自己資本の見直しを中心に，レバレッジ規制や流動性規制を含むものへと拡充され，規制体系の「精緻化」・「複雑化」が図られている．

　金融システムの安定化のために再構築すべきとされる規制監督制度の実態は多岐にわたり，各国において独自の規制体系を構築しようとする動きもあるが，そこにおいて共通している基本的な認識は次のようなものである．元来，市場経済システムは市場の安定化機能を持っており，「市場規律は金融システムの

安全性と健全性を確保するためには不可欠である」．しかし，それが適切に機能しなかったり，またはかえって金融機関の過度なリスクテークを促進するような場合には，金融機関経営の「健全性」を維持し，金融システムの「安定化」を実現するために，市場規律に代わって監督当局による規制が必要である，というものである．換言すれば，国の内外を問わず，今日の支配的な見解によれば，金融機関経営の「健全性」は元来，市場原理を実現する「市場規律」によって担保されるものであるが，その強制作用が機能しない場合には監督当局による規制の強化によって，金融機関の「経営の健全性」を維持・再建するようにすれば，金融システムは安定するという，市場原理に全幅の信頼を置いた金融システムの安定化論とも言うべき認識である．

したがってまた，バブルの発生と金融危機に関する基本的認識に関しても，それは，金融機関が市場原理を逸脱して「安全性と健全性」に対する配慮を欠いた，野放図な経営を行ったがために生じた例外的・偶発的な現象に過ぎず，金融機関に対して市場規律の強制や規制・監督を強化することによって市場原理に基づく経営を遵守させるならば，金融危機の再発を防ぐことができる，と把握されている．そして，実際これまでもこのような認識の基礎上で，「市場化」の徹底を図るために様々な金融規制改革・制度設計の整備が行われてきた．

しかしながら，その後の経緯をみてみると，例えばバーゼル規制の相次ぐ改定に窺えるように，金融危機が生ずるたびに新たな規制・監督体制の見直し・強化が打ち出されるが，その後，再び金融機関の活発なリスクテークが惹起され，再度，規制・監督制度が改定・強化されるという，「レギュラトリー・アービトラージと規制とのいたちごっこ」が繰り返されるという過程の連続であった．

このような現実とその経緯は，規制・監督制度の制度設計の失敗というよりも，むしろ，市場原理至上主義に基づく金融システムの安定化論そのものに対する根本的な疑問を呼び起こすものであろう．金融の自由化・規制緩和・市場化が推し進められ，市場規律に基づく金融システムの安全性と健全性の強化が図られた直後にバブルが発生し，金融危機が勃発しているということは，金融機関が市場原理に基づく「経営の健全性」を維持している基礎上で，不可避的に金融システムが不安定化し金融危機が生ずることを意味しているからである．

それゆえ，バブルの発生と金融危機をめぐる諸問題を検討する場合には，それは，金融機関が市場原理を逸脱した「野放図」な経営を行ったがためにたまたま生じた，例外的・偶発的な経済現象に過ぎないということと，金融機関が新たなリスクテークを行う際には，それを可能とするポートフォリオの再構築（流動性の確保と自己資本の充実）に不断に留意し，「安全性と健全性」に配慮したサウンド・バンキングを旨とする行動様式が，かえって金融システムを不安定化させ金融危機を引き起こした，ということとは理論的に明確に峻別して考察すべき問題なのである．銀行・金融機関は，リスク管理に「無頓着な」投機家では決してないからである．したがって，バブルの発生と金融危機の不可避性は，市場原理を逸脱したところでではなく，先ず以て市場原理の基礎上で解き明かされなければならないのである．

　本書はこのような立場から，金融の自由化とグローバル化によって各国の金融市場が大きく変貌していく過程で，金融機関の新たな投機的金融活動が活発化し，金融システムが不可避的に不安定化していく過程を，市場経済の原理に基づいて明らかにしようとするものである．そのために，日米英のバブルの発生過程とその崩壊・金融危機の勃発過程を具体的に検討し，それを通じてその背後に貫徹している「金融システムの不安定性」を惹起する固有の論理とそのメカニズムを剔抉しようと試みている．著者の抱いている問題関心が果たして正当なものであるのか否か，またその目的がどこまで達成されているのかについては，読者諸賢の批判を仰ぐこととしたい．

目次

はしがき　iii

序　章　グローバル経済下の貨幣資本の蓄積……………………………1

　第1節　経済のグローバル化と「生産と消費の矛盾」　1
　第2節　貨幣資本の過剰蓄積と金融機関の行動様式　9

第1章　イギリスの金融市場改革と Secondary Banking Crisis ………15

　はじめに　問題の所在　15
　第1節　ロンドン金融市場の変貌と CCC による市場改革　20
　第2節　CCC のもとでの信用膨張メカニズム　27
　第3節　CCC と不動産バブルの発生　48
　第4節　Secondary Banking Crisis の勃発　58
　むすび　72

第2章　わが国のバブル発生の金融メカニズム…………………………79

　はじめに　問題の所在　79
　第1節　バブルの発生をめぐる従来の諸議論　82
　第2節　国債の大量発行と金融市場の変貌　92
　第3節　国債の流動化とバンク・ディーリング　103
　第4節　「流動性創造機構」の創出とバブルの発生　119
　補　節　バブルと中央銀行　138
　むすび　148

第3章　アメリカの金融自由化・証券化と S&L 危機 ……………………151

　はじめに　問題の所在　151

第 1 節　第一次 S&L 危機と金融市場改革　163
第 2 節　モーゲージ流通市場の発達と流動性の創造　176
第 3 節　1981 年レーガン税制改革と不動産バブル　192
第 4 節　第二次 S&L 危機の勃発　201
むすび　222

第 4 章　サブプライム金融危機と Shadow Banking System……… 227

はじめに　問題の所在　227
第 1 節　ストラクチャード・ファイナンスと Shadow Banking System　230
第 2 節　投資銀行の信用膨張とレポ市場　242
第 3 節　商業銀行の簿外投資ヴィークルと CP 市場　262
第 4 節　サブプライム金融危機の勃発　272
むすび　309

終　章　金融機関の行動様式と金融システムの不安定性……………… 315

第 1 節　金融機関経営の健全性とリスク管理　315
第 2 節　市場の規律・規制と金融システムの不安定性　323

あとがき　329

索引　332

序章
グローバル経済下の貨幣資本の蓄積

第1節　経済のグローバル化と「生産と消費の矛盾」

　(1) 資本制的市場経済システムは避けがたい根本的な矛盾を内包している．資本制的生産の規定的な動機は言うまでもなく利潤の最大化であり，そのために生産の拡大・生産力の向上が追求され，生産過程の合理化によって徹底した生産コスト，とりわけその最も大きな部分を占める賃金コストの抑制を実現していこうとする本質的な傾向を有している．しかし，それは過程の第一幕に過ぎない．続く過程の第二幕においては，その生産された生産物が市場で販売され，その商品の価値が実現されなければならないが，市場において商品の購買者として現れる最大の需要項目はいずれの国においても個人消費である．ところが，個人消費を規定する国民大衆の消費力は，大部分が賃金所得の大きさによって制限されており，それは最大限の利潤を追求する資本制生産のもとでは本来的に狭い枠内に制限されざるをえないものであった．それゆえ，資本制的市場経済システムのもとでは，労働者大衆の消費・欲望が十分に充足されない状態であるにもかかわらず，生産された多くの商品が有効需要の不足によって過剰化し，その過剰化した商品・生産能力の破壊と再生産の中断・縮小によって労働者の大量失業と一層の消費の縮小を余儀なくされる，という避けがたい基本的な矛盾が存在しているのである．したがって，資本制的市場経済は「神の見えざる手」によって導かれた予定調和的な安定した経済システムでは決してないのであり，この「矛盾」認識を欠いては，資本制生産のもとで生起する諸問題を理解することは困難となるであろう．

このように，資本制的生産過程は競争の「強制法則」[1]に促迫されて最大限の価値増殖を追求するなかで，生産諸力を無制限的に発展させる傾向を持つと同時に，多くの労働者・国民大衆の消費は，これを狭隘な枠内に制限しようとする傾向を，それ固有の矛盾として内包している（以下，これを「生産と消費の矛盾」と略記）．これは恐慌の「究極の根拠 der letzte Grund」[2]と言われるものであるが，資本制的市場経済システムが直面する諸問題・諸矛盾を研究する際に重要なことは，この「生産と消費の矛盾」が，資本制生産様式のそれぞれの歴史的な発展段階において，いかなるメカニズムを通じてどのような形態で現れるのか，という本質的な問題と関連づけて究明していくことが不可欠なのである．

　自由競争段階の資本主義においては，「生産と消費の矛盾」の累積・成熟・爆発過程は恐慌を結節点とする産業循環運動を通じて現象した．それゆえ，この「生産と消費の矛盾」の捉え方やその展開形態の究明は，恐慌・産業循環論研究として推し進められることとなった．周知のように，K. マルクスは二部門分割三価値構成を基礎範疇とし，社会的総資本の生産物の価値的・素材的補塡の諸関連を「三大支点」（I 部門［生産手段〔労働手段と原材料〕生産部門］内転態，I・II 部門［消費手段生産部門］間転態，II 部門内転態）において総括的に表示する再生産表式分析を通じて，「生産と消費の矛盾」を論定するうえで不可欠な，資本流通と所得流通との，生産と消費との絡み合う諸関連を初めて明らかにした．しかし同時に，『資本論』第二部第三篇の拡大再生産表式分析においては，部門間「均衡」条件を維持したうえでなおかつ成立可能な種々の I・II 部門の拡大テンポの組み合わせについて，それぞれの場合に生産と消費の関連はどのように異なり，また生産が消費から「独立」して発展していくというのは如何なる状態であるのか，という問題についてはその考察対象として取り上げられてはいないのである．わが国においてこの問題を最初に取り上げられ，「生産と消費の連繋」という観点から「均衡蓄積軌道」を提示さ

---

1) Marx, K., *Das Kapital*, Bd. I. Marx-Engels Werke, Dietz Verlag, Bd.23, S.618. 全集訳『資本論』②，大月書店，772 頁．
2) *Ebenda*, Bd.III, S. 501. 訳，⑤ 619 頁．

れたのは富塚良三氏であった．ここに富塚氏の提起された問題というのは，生産力水準が一定の場合には「生産部門間の技術的＝経済的な関連性」を表わす「部門構成」もまた「不変とされなければならない」として，「余剰生産手段」はこの一定不変の「部門構成」を維持するように両部門間へ配分されること（「均衡蓄積軌道」の定立）が，I($v+mv+mk$)＝II($c+mc$)の部門間均衡条件（c：不変資本の補填部分，v：投下可変資本の補填部分，mc：拡大再生産のための追加不変投資部分，mv：拡大再生産のための追加可変資本部分，mk：剰余価値のうち資本家の個人消費部分）のほかに「拡大再生産の均衡的進行の条件として付加されなければならない」とされ，そしてこの「均衡蓄積軌道」を理論的基準として，それを超えた蓄積をもって「過剰蓄積」，「第Ⅰ部門の自立的発展」と規定された点である[3]．富塚氏が「生産と消費との連繋」という観点から「均衡蓄積軌道」を提示され，そして生産と消費との連関に着目して「蓄積率決定の論理」の問題を本格的に論じられたのは氏の大きな功績である．しかし同時に，氏の見解には生産力水準が一定の場合には「部門構成」は「不変とされなければならない」という誤った主張が存在していた．そのために，「均衡蓄積軌道」から上方へ乖離する「第Ⅰ部門の自立的発展」・「過剰蓄積」もすべて「不均衡」とみなされ，「自立的発展」の「自立的」たるゆえん，「過剰蓄積」の「過剰」たるゆえんが不明確なまま，否，それゆえにこそ「雇用増大→消費需要増大の速度が，『自立的』発展の『自立性』自体を（後から後からと）解消せしめてゆく」[4]という主張も併せてなされたのである．

　これに対して，富塚氏を総括的に批判して，「不均衡」と「過剰蓄積」との理論的峻別を強調され，過剰生産が全般化しうる場合の再生産の諸関連・諸条件を明確にしようとされたのは井村喜代子氏である．氏は，結果的にせよ，あらゆる部門の生産拡大が消費の拡大に結実していくという関係が貫徹し，生産と消費が「照応」している状態にあるのは「均等的拡大再生産」であるとしたうえで，それを理論的基準として「Ⅰ部門の不均等的拡大」の構造とそこにおける矛盾の展開を考察された．すなわち，固定資本の一括的群的投資とⅠ部門

---

[3] 富塚良三『恐慌論研究』（未來社）1962年．
[4] 同上書，127頁．

の不変資本（I(c＋mc)）の流通の特殊性を基盤として，部門間「均衡」条件を維持しつつ「I部門の不均等的拡大」が促進されていくメカニズムを明らかにされ，そして，この「I部門の不均等的拡大」は一定期間は生産物過剰を伴うことなく，生産が消費から「独立」して「無制限的」に発展していくという矛盾の展開形態を表しており，これこそが「〈生産と消費の矛盾〉の潜在的累積機構」に他ならない，とされたのである[5]．

われわれはここに富塚「恐慌論」を起点とし，井村「恐慌論」を画期とする，わが国の戦後恐慌論研究の一つの到達点を論定することができるのであるが，ことに井村氏の研究は「向後の（恐慌論）研究の礎石」[6]を定置したものとして高く評価することができるであろう．しかしながら，そこにもなお検討すべき課題が残されていた．それは，井村氏の恐慌論体系においては，一方では，「生産と消費の矛盾」の潜在的累積機構については精緻な論証が試みられているが，他方では，その「矛盾」の爆発過程の側面に，すなわち「好況の終焉」とその「下降への逆転」のメカニズムについては，なお検討を要すると思われる問題が存在しているからである．それは好況末期の「市場価格の上昇率の低下の傾向」から，直ちに好況過程を主導してきた「IF部門（労働手段生産部門）の新投資の増勢の鈍化」→「下降への逆転」を帰結しようとされている点に関わっている．すなわち，たとえこのような「傾向」が現れたとしても，市場価格は絶対的には上昇していくのであるから，そこには依然として強い投資誘因が存続しているばかりでなく，市場の拡大分を他の資本に先駆けて自己の販路に組み込もうとする諸資本の投資競争もなお根強いものがあるとみなさなければならないからである．問題の所在を端的に指摘するならば，好況末期の新投資は依然として増勢基調にありながら，なおかつ，好況過程を主導してきたIF部門に対する投資需要の伸び率が供給増加率に比して減退していくという，この理論的アポリアをいかにして解くのかという課題がそこには依然として存在している．それゆえ，このような局面における個別資本の投資行動様式

---

[5] 井村喜代子『恐慌・産業循環の理論』（有斐閣）1973年．
[6] 吉原泰助「書評　井村喜代子著『恐慌・産業循環の理論』」（『書斎の窓』有斐閣，1973年12月号）18頁．括弧内の挿入は引用者．

についてさらに検討すべき問題が残されているのである[7]．

　（2）それだけではない．恐慌・産業循環論の体系化を目指して「生産と消費の矛盾」の爆発過程を明確化しようとする場合，避けることができないいま一つ重要な問題が存在している．それは，恐慌に対する信用の独自な作用であり，中央銀行を「軸点」とする信用制度の自立的な膨張機構とその限界を明らかにする，という課題である．元来，資本制生産においては，信用制度の独自な機構を通じて蓄積される貸付可能な貨幣資本は，現実資本の再生産過程から相対的に自立化し，独自な運動を行う一般的傾向を有している．とすれば，貨幣市場の自立的な拡大は，一体如何なるメカニズムを通じて実現されるのか，そして，その過程における矛盾はどのような形態で現れるのか，さらにまた，その膨張過程の限界は如何にして画されるのか，といった問題が表出するであろう．自由競争段階の資本主義においては，この貨幣資本の自立的な展開過程は基本的には産業循環過程の諸局面の推移によって規定された．「生産と消費の矛盾」が成熟し，商品の価格「実現」問題が表面化する好況末期には，支払手段を求めて銀行に資金需要が殺到するが，これに対応して，貨幣市場の固有のメカニズムを通じて「過度な」信用膨張が行われる．しかし，それは恐慌局面における激烈な貨幣・信用パニックによって暴力的に縮小せしめられた．競争段階の資本主義においては，産業循環運動を通じて，現実資本の過剰と貨幣資本の過剰は強制的に調節され，貨幣市場の自立的な拡大過程にも自ずから限界が画されていたのである[8]．しかしながら，「生産と消費の矛盾」の累積・成熟・爆発形態が古典的な恐慌・産業循環運動という形をとって現象しなくなった資本主義的生産様式の新たな歴史段階においては，その再生産構造の変容によって規定される貨幣資本の蓄積・自立的な拡大メカニズムと，その過程に

---

7)　かなり以前のものではあるが，拙稿「恐慌論研究の現状と課題」（『三田学会雑誌』第 74 巻第 6 号，1981 年）参照．1960-70 年代に恐慌論の体系化を目指してヴィヴィッドな論争が行われたが，その後，何故か，その姿を消して久しい．それゆえ，拙稿で指摘した，恐慌論研究を巡る論点・課題は依然としてそのまま残されている．資本制生産の矛盾認識の基礎理論の体系化は，現代の不安定化する経済システムを理解するために不可欠であり，その課題の究明は刻下の急務であるといえよう．

おける矛盾の現れ方も大きく変化していくこととなった．

競争を通じて資本の集積・集中が促進され，高い市場集中度と高い参入障壁を併せ持った独占的市場構造が生み出された結果，市場支配力を持つに至った巨大独占資本が成立してくると，独占価格の設定によって景気変動過程からは独立した独占利潤の長期的・安定的な収奪が行われるようになる．したがって，独占資本は巨額の内部蓄積資金に基づいて新たな投資と技術開発を実現していく大きな可能性を持っている．しかしながら，それはあくまでも可能性であって，独占段階ではこの可能性の現実化を阻む作用が強く働いている[9]．独占資本の投資行動は，市場の持続的な拡大が確実に予想されない限り，設備投資に対してきわめて消極的・慎重である．それは，仮に市場の大幅な拡大がないもとで設備投資を行うと，独占資本が増設する設備は巨大規模のものであるし，当該部門に占める生産能力の増加率をかなり引き上げることになるので，過剰生産の生じる可能性が大きくなるからである．しかも，シェア確保のために，他の独占企業の設備投資競争を誘発すると，価格の大幅下落・大量の過剰生産能力が生み出され，当該部門のすべての独占的企業によってその負担を引き受けなければならなくなる危険性が大きくなるであろう．それゆえ，独占資本主義段階では，新投資競争は回避され，独占企業間協調のもとで独占的超過利潤の安定的確保が優先される傾向が強いのである．

このように，独占的市場構造のもとでは，市場の持続的で大幅な拡大が生じない限り，独占的企業の投資行動は慎重で消極的であるということは，資本制生産の生産力発展の内的起動力が著しく弱体化せしめられるということを意味している．独占段階においては，自由競争段階の資本主義のように，たとえ市場が低迷していたとしても，競争の「強制法則」に促迫されて設備投資が強行

---

8) 詳しくは，拙稿「産業循環と銀行—好況過程における銀行行動と金融政策—」（飯田裕康編『現代の金融—理論と実状—』有斐閣，1992年，所収）参照．古典的な信用制度のもとにおける貨幣資本の自立的な拡大メカニズムとその限界を究明することは，好況末期の「過度な」信用膨張メカニズムとその過程における矛盾を明らかにするだけではなく，現代の「金融システムの不安定性」を明らかにするうえで，その理論的な基準を提示するものである．

9) 以下の，独占資本の投資行動や独占段階固有の社会的総資本の蓄積過程の構造的特徴について，詳しくは，北原勇『独占資本主義の理論』（有斐閣）1977年，参照．

されるということは生じないので，投資需要の群的拡大により関連諸部門の新投資を惹起し，市場が加速度的に拡大していくという，資本制生産固有の生産力発展の内的メカニズムが機能しなくなるのである．他方，独占的企業がその価格支配力に基づき長期にわたって独占的超過利潤を収奪するということは，非独占諸部門の諸企業に対して低利潤率・資本蓄積の困難を余儀なくするので，非独占諸部門でも需要の拡大が大規模な新投資の誘発を惹起し，市場の加速度的な拡大を生み出していくという可能性は制限されている．また，独占的価格の人為的なつり上げは，労働者大衆の所得の一部の収奪を意味しているのであるから，それは消費需要の拡大を制限し，それを通じて市場全体の拡大を抑制するように作用するであろう．このように，独占資本主義段階では，社会的総資本の拡大された規模での再生産を長期にわたって停滞させる傾向が強く支配しており，それは，一方では，現実資本の過剰の慢性化として，他方では，独占的な超過利潤の収奪によって独占企業の手元に膨大な蓄積資金が集積されるにもかかわらず，新たな投下部面を見出すことができない貨幣資本の慢性的な過剰化として現れるのである．このように，独占資本主義段階においては「生産と消費の矛盾」は新たな形態をとって現象し，この段階に固有な「停滞基調」を刻印していくのである[10]．

　(3) これに対して，種々の資本規制と労働規制が緩和・「自由化」され，経済がグローバル化してくると，独占資本主義国において現実資本の過剰と貨幣

---

10) もとより，革新的な技術開発によって新生産部門が開拓される等によって，新たな投資分野が切り開かれれば，巨額の設備投資が行われ，独占段階固有の激しさをもって需要拡大と新投資が相互促進的に進展し，市場は加速度的に拡大していく．それゆえ，独占段階固有の「停滞基調」というのは，飛躍的な拡大局面が現れるということを決して否定するものではない．しかし，それは競争段階の資本主義におけるように，「競争の強制法則」に基づく資本の内的起動力によって不可避的に現実化するというものでは決してないのである．

　さらにまた，独占的な市場支配力によって国内市場の拡大が制約されるということは，国内において慢性的な過剰資本を累増させ，この過剰となった貨幣資本は，独占段階においては，新たな投資部面を求めて対外膨張志向を著しく強めることに留意しなければならない．

資本の慢性的な過剰が同時併存して現れていた矛盾が，地域・国家間にわたって分離・独立して現象するようになる．

現代資本主義は，1971年金・ドル交換停止によって旧IMF制度が崩壊した後，信用膨張に対する歯止めを喪失した．その結果，1970年代初頭に戦後の高度成長過程が終焉し，過剰生産問題が深刻化してくると，先進各国は野放図な財政赤字の拡大と超金融緩和政策によって対応した．しかし，高度成長期に累積した過剰生産能力は容易に解決されることなく，不況下で過剰流動性が累増したために，歴史上経験したことがないスタグフレーションと呼ばれる事態に陥った．インフレと不況が併存し，インフレ対策をとれば不況が深化し，景気刺激策をとればインフレが昂進するという事態である．こうした事態に対処するため，1980年代以降，アメリカ主導の新自由主義的経済政策によって，規制緩和と競争原理に基づく経済のグローバル化が推し進められ，先進国だけではなく，新興国にも普及していった．新興国は，経済成長を達成するために海外からの資金援助や外国資本の受け入れと引き換えに，国内市場の開放と規制緩和の要求を受け入れていったのである．その結果，規制緩和と競争原理が貫徹する，文字通り世界的規模での新たな市場経済圏の拡大が実現され，アメリカをはじめとする先進各国の企業は国境を越えて自由な競争をすることができるようになった．このようなグローバルな競争が行われるようになると，企業はより有利な立地条件を求めて海外に移転したり，「アウトソーシング」によって一部の生産工程を海外に移設した．また，多国籍企業においてはIT=情報通信技術を利用して，世界中から最適の資源や資金を調達し，安価な労働力と有望な販路の存在するところを生産拠点として生産・販売する「グローバル調達・経営」も拡がっていった．

その結果，経済のグローバル化によって，先進国では「産業の空洞化」と呼ばれる新たな事態が進展していくこととなった．しかしながら，このことは，一国の自立的な再生産構造が解体することを意味しており，たとえ革新的な技術開発によって新生産部門が開拓され，新規の投資分野が切り開かれたとしても，固定設備投資を基軸として発生する関連企業への需要誘発効果は海外に漏出し，国内企業への需要の波及効果は著しく減殺されることとなる．したがってまた，それは個別的大企業の収益の拡大を実現するものであったとしても，

一国の経済の停滞をさらに長期化させるものでしかなかったのである．その結果，経済のグローバル化が進展するなかで，一方では，企業内国際分業体制が推し進められたために，先進国国内での現実資本の蓄積は極力抑制され，国内で投資部面を見出すことができない貨幣資本が大量に蓄積されると同時に，他方では，低賃銀労働力が豊富に存在し，販売市場へのアクセスも容易な新興国において大規模な設備投資が行われ，「生産の無制限的発展」が追求された．また，先進国の労働者は，国内産業の「空洞化」による新規雇用の抑制と，労働規制の緩和による現役労働者の労働条件の切り下げや非正規雇用の増大によって，労働者大衆の消費はきわめて狭い枠内の押し留められたのである．したがって，グローバル経済下の「生産と消費の矛盾」は，新興国における「生産の無制限的発展」傾向と先進国における労働者大衆の消費制限という，国家間にまたがる対立した形態で現れると同時に，それぞれの国内における「格差社会」の深刻化という新たな固有の内容をもって深化していくこととなった．その結果，先進国では経済の長期停滞化基調を反映して，国内での投資部面を見出すことができない貨幣資本の慢性的な過剰に見舞われただけではなく，さらに，新興国での経済成長を反映して海外の現地子会社からの本国への所得移転の増大によって，先進国国内の貨幣資本の過剰な蓄積はさらに倍加されることとなったのである．

第2節　貨幣資本の過剰蓄積と金融機関の行動様式

（1）グローバル経済が進展するもとでは，このように先進国では固有の激しさをもって貨幣資本の過剰な蓄積が行われていくのであるが，先進国の金融機関や機関投資家・ヘッジファンドはそれを好機と捉えて金融取引を活発化させたために，さらに貨幣資本の自立的な拡大が促進されていった．1980年代以降，新自由主義とグローバリゼーションが世界を席巻し，資本規制が緩和されて国境を越えた自由な資金移動が加速化されるなかで，各国においてひとたび新たな収益機会が生み出されると，それをめぐって投機的な金融取引が一挙に活発化し，バブルの発生と崩壊が繰り返され，深刻な金融危機を幾度となく経験するようになった．現代の金融システムは固有の不安定性を内包している

のである．それゆえ，経済のグローバル化が推し進められ，金融の自由化・規制緩和が進展するもとで，何故，金融システムは不安定化するのか，それらを通底している固有の論理と金融危機を現実化させるメカニズムは如何なるものであるのか，そしてまた，金融システムを安定的に機能させるために現在求められている金融規制・監督制度とはどのようなものであり，果たしてそれは可能であるのか，といった諸問題が，今日，喫緊の課題として突き付けられているのである．

　従来のバブル・金融危機研究の動向を見てみると，大きく二つの流れがあるように思われる．まず第一に，国の内外を問わず圧倒的に支配的な研究動向であるが，その共通する問題認識は次のようなものである．すなわち，金融の自由化・規制緩和が推し進められるなかで，通貨当局の金融緩和政策が行き過ぎてしまった．あるいはまた，大きな変貌を遂げつつある金融システムに対して各国の規制・監督政策が対応できなかった．そのために，金融機関の野放図な経営を許してしまい，市場の規律を逸脱して過度なリスクテークを行ったことを見逃した結果，金融機関の経営の健全性が損なわれてバブルが惹き起こされ金融危機が生じた，というものである．そして，このような問題認識から，バーゼル規制の改正やG20協議に窺えるように，今日，金融機関に市場の規律を遵守させ，金融システムを安定化させるうえで必要とされる規制・監督政策をめぐって国際的な協議が行われ，高度な国際基準の確立と規制の強化について様々な議論が行われている．しかしながら，このような市場規律重視の金融安定化策の整備をめぐる議論には，その前提として検討すべき根本的な問題が潜んでいるように思われる．それは，金融機関の行動様式に関する原理的な理解に関わる問題であるが，バブルの発生と金融危機は，金融機関が市場の規律を逸脱して「健全な銀行経営 sound banking」を無視した野放図な経営を行ったがためにたまたま発生した偶発的な現象である，という認識に関してである．銀行家は，市場の規律を無視して盲目的に収益機会を追い求める投機業者では決してないのである．近年，金融の自由化・規制緩和を強行してきた多くの国において金融システムは不安定化し，程度の差はあれバブルの発生と金融危機を経験してきた．しかし，それはたまたま発生した偶発的・例外的な経済現象では決してない．それゆえ，今日のバブルの発生と金融危機の不可避性は，

金融機関の行動様式の市場原理からの逸脱によってではなくて，市場原理の基礎上で説かれなければならないのである．

　これに対して，とりわけわが国のバブル経済研究のなかでみられる見解であるが，「バブル・マネー」が如何にして発生したのか，という立場から問題に接近しようとする第二の潮流がある．それは，日銀の低金利政策や，あるいは「プラザ合意」以降の 1986 年 3 月を転機とする日銀の円売りドル買い介入やまたはインパクト・ローンの急増などによって「過剰流動性」が発生し，バブルが生じた，というものである．しかしながら，仮にこのような「バブル・マネー」の発生が首尾よく説けたとしても，これはマネーサプライの増大に起因するインフレーションの論理であって，バブル発生の論理ではない．バブルは一般物価が安定している下で，資産価格（土地，株式等）だけが異様に高騰する現象だからである．したがって，バブル発生のメカニズムを究明するためには，金融機関の貸出行動にまで立ち入った分析が不可欠なのである．

　このようにバブル経済分析はいわばマクロ経済とミクロ経済の接点の問題であり，従来の二つの研究動向の限界が指し示しているものは，バブルと金融危機の研究のためには，金融技術革新によって大きく変貌した金融市場における銀行・金融機関の行動様式の変容にまで踏み込んだ分析が不可欠である，という点である．したがって，問題は，新自由主義政策の下で金融の自由化・規制緩和が推し進められ，金融システムが大きく変貌していく過程で，「健全な銀行経営」を旨とする銀行・金融機関の行動様式がどのように変容し，信用膨張メカニズムはいかなる変質を遂げたのか，そしてその結果，いったい何故，いかにしてバブルの発生と金融危機が不可避となったのか，として定置されなければならないであろう．

　（2）金融機関の経営，とりわけ銀行経営については，古くから国の内外を問わず，「健全な銀行経営」という行動規範に従って経営されるべきことが強調されてきた．それは，銀行が社会的な決済システムの中核を担い，その業務は強い公共性を有しているので，その経営状況が社会的な信用秩序の安定にとって決定的な重要性を持っているからに他ならない．もとより銀行資本も私的企業である限り，銀行経営においては新たな収益機会を求めて，高収益が見込

まれる新規の融資業務分野を開拓していこうとする強い動機を持っている．しかしながら，公共財である決済システムを担う重要な社会的責務を有する銀行にとって，それは直ちに現実化するわけではない．仮に新規の業務分野で高収益が見込まれたとしても，その市場の将来予測の不確実性に起因する固有のリスクが存在しているからである．したがって，常に要求払い預金の支払いに対応する必要のある銀行が，新規の融資や投資に向けて積極的な行動を起こすためには，このようなリスクに対する管理体制を確立しておくことが不可欠なのである．そして，それはポートフォリオの多様化・流動化と債務返済能力の強化を通じて実現されることとなった[11]．通常，「健全な銀行経営」を示す指標として挙げられるものが「流動性 liquidity」と「支払能力 solvency」であるのは，このためである．ここで「流動性」というのは，ある資産を損失なしに速やかに現金（銀行券）に換えられる可能性の程度のことであるが，それは資産の種類によって異なるというだけではなく，それぞれの資産の流通市場の取引構造の相違とその変化によっても規定される，という点に留意しておく必要がある．他方，「支払能力」とは，銀行の負債のすべてが健全な資産によってカバーされており，債務超過ではない状態を維持しうる能力を意味しているが，不幸にして資産価値に損失が発生した場合，そのリスクをカバーしたり，また預金やその他の外部負債に対する最終的な支払準備として機能するのは自己資本である．この意味で，銀行の最終的な支払能力は，自己資本の大きさに依存しているのである．

このように，「健全な銀行経営」を旨とする銀行が，新たなリスク資産の取得に向かう際にはリスク管理体制を構築しておくことが不可欠なのであり，それは流動性危機に対応するために不断にポートフォリオの流動性を維持することによって達成され，債務超過に対処するために自己資本の充実を図ることによって実現された．そして，ポートフォリオの流動化は，各国の異なる金融市場の構造によって，また同一の国においても金融市場の発達段階の相違によっ

---

11) 「利潤をあげるためには，銀行業者は流動性が完全でない資産を保有せざるを得ない」が，しかし「信頼を維持するには，銀行業者はその資産の流動性を適切な割合に維持しなければならない」(Sayers, R. S., *Modern Banking*, 4th ed., 1958. p. 189. 三宅義夫訳『現代銀行論』東洋経済新報社，1959 年，202 頁)

て根本的に規定されており，それゆえにまた，ポートフォリオの流動化機構も多様なのである．したがって，金融の自由化・規制緩和が推し進められ，各国において金融システムが大きく変貌していくなかで，金融機関のリスク管理体制と行動様式はどのように変容し，ポートフォリオの円滑な流動化と債務返済能力の強化をいかにして達成しようとしたのか，そしてまた，銀行・金融機関経営の「健全性」が追求されるなかで，何故，金融システムが不安定化していくことになったのかが改めて問われなければならないのである．

　以下の諸章では，上記の課題に応えるために，金融の自由化・規制緩和が推し進められた英[12]・日・米の各国において勃発した主要な金融危機を取り上げて，金融システムの構造変化に対応した各国の銀行・金融機関のリスク管理体制がどのように変容したのか，そしてまた，その経営の「健全性」を実現しようとする銀行・金融機関の行動様式が，何故，バブルの発生とその崩壊・金融危機を惹き起こし，金融システムを不安定化させていくこととなったのか，を検討しようとしている．それは，バブルと金融危機を現実化させた具体的なメカニズムを明らかにすることを通じて，それらを通底している金融システムを不安定化させる固有の論理を究明するための，一つのささやかな試みに他ならない．

---

12) イギリスの Secondary Banking Crisis は，1980 年代に新自由主義が普及する以前に勃発した金融危機ではある．しかしそれは，自由金利市場であるユーロ・ダラー市場が 1960 年代後半に発達していくなかで，規制金利体系を維持していくことが困難となったイングランド銀行が，その金融政策の空洞化を回避するために，1971 年に行った金融の自由化・規制緩和政策による金融市場改革のなかで発生した最初の先駆的な金融危機であった．

第1章
イギリスの金融市場改革と Secondary Banking Crisis

はじめに　問題の所在

（1）周知のように，イギリスでは1971年9月「競争と信用調節 Competition and Credit Control」（以下 CCC と略記）と呼ばれる，新しい画期的な金融調節方式が導入され，金融の自由化・規制緩和が開始された．ところがその直後，不動産バブルの発生とその破綻から1973年末に Secondary Banking Crisis と呼ばれる，「今世紀（20世紀）イギリス銀行制度最大の危急事態」[1]が発生した．金融の自由化が進むなかで金融システムが非常に不安定化し，わが国の1980年代後半のバブルの発生・破綻ときわめて酷似した過程を経験したのである．しかしながら，バブル破綻後，不良債権問題の処理と長期にわたる不況に呻吟することとなったわが国とは全く異なる経緯をたどった．

イングランド銀行は secondary banks[2] の経営破綻を契機とする信用不安の拡大を憂慮し，73年12月末にロンドン手形交換所加盟銀行等，大手商業銀行と協力して「信用管理委員会（Control Committee）」──通称 the lifeboat（救命艇）──を設立し，すばやく対応策を講じていった．その救済スキームは次のようなものであった[3]．

イングランド銀行は当初，secondary banks の経営危機は，預金の流出による「流動性不足」の問題であると認識していた．したがって，secondary

---

1) Reid, Margaret, *The Secondary Banking Crisis, 1973-75: Its Causes and Course*, Macmillan, 1982, p. vii. 括弧内の挿入は引用者．

banks から流出して大手商業銀行に預け替えられた預金を，secondary banks にリサイクルさせることによって対応しようとしたのである．しかしながら，secondary banks の信用は回復せず，「流動性問題（liquidity problem）として始まったものが，支払能力問題（solvency problem）になったことが次第に明らかとなった」[4]．したがって，それを放置しておけば，金融システム全体に対する信頼の喪失と全面的な信用不安へと発展する可能性が生じてきたので，「信用管理委員会」は一定の基準[5]を設けて，イングランド銀行と商業銀行が救済のための協調融資を行うことを決定した．救済融資は，イングランド銀行が融資額の 10% を引き受け，残りを大手商業銀行が負担し，貸出金利は，インターバンク・レートに 1.5〜2.0% 上乗せしたものであった．こうして，74年末までに融資総額は約 12 億ポンドに達したが，事態は予想外に深刻で，商業銀行がそれ以上の追加融資を躊躇するなか，イングランド銀行は単独でさらに 8,500 万ポンドの融資を余儀なくされた[6]．結局，このスキームにより救済融資を受けた金融機関は 26 行にのぼり，そのうち 8 行が倒産もしくは清算に追い込まれた[7]．

しかし，こうしてイングランド銀行は政府，大蔵省とも相談・協議すること

---

2) Secondary banks または fringe banks と呼ばれる金融機関は，1967 年会社法 123 条の規程に基づいて，商務省（1970 年 10 月より通商産業省）が一定の要件を満たしていれば「銀行」として許可した機関であり，法制上イングランド銀行の監督下にはなかった．日銀『調査月報』はその実態を「secondary banks は預金受入れ業務が制度上可能であったという点で，文字通り『bank（銀行）』としての性格を有する機関であった．もっとも『123 条銀行』のうち，実際に小口預金の受入れ業務を行っていたのは極く一部と見られ，実態的にはこの面でも貸金業者との差異は小さかった」と指摘している（「1970 年代初頭における英国中小金融機関の経営危機（Secondary Banking Crisis）について」，同上書，1990 年 1 月号，81 頁）．

3) Cf., The Bank of England, "The secondary banking crisis and the Bank of England's support operations," *Bank of England Quarterly Bulletin*, Jun., 1978.

4) *Ibid.*, para., 37.

5) その基準は，①今のところ支払能力に問題がなく，流動性の供給が行われるならば，支払能力を維持し続ける見込みがあること，②救済スキームの対象に指定されるにふさわしいだけの銀行業者としての特性をもち，かつ一般公衆から相当額の預金を受け入れていること，③必要な支援を期待しうるほどの利害関係を有する機関投資家が存在しないこと，の 3 点である（*ibid.*, para., 28）．

なく，自主的な判断のもとにすばやく救済スキームを立ち上げ，大手商業銀行と密接に協力しながら lifeboat operation を実施したために，金融パニックの誘発は未然に阻止され，金融秩序の維持に「成功」したのである．

(2) バブル経済破綻後の長期にわたる不況の中で金融システムが非常に不安定化したわが国において，このイギリスの Secondary Banking Crisis がしばしば注目を集めている．それは，上述の経緯からも明らかなように，中央銀行の「最後の貸し手」機能という点から，彼我の金融政策の対比という形で論じられることが多い[8]．

しかしながら，そのためには検討しておかなければならない大きな問題が存在している．まず第一に，何故，ロンドン手形交換所加盟銀行をはじめとする大手商業銀行が巨額の救済資金を拠出して，積極的に lifeboat operation に協力したのか，という点である．「フィナンシャル・タイムズ」の記者として，当事者とのインタビューをはじめ様々の有益な情報を提供し，Secondary Banking Crisis について取りまとめた唯一の書物を著している Margaret Reid は，この点について，もしこのような金融不安がアメリカ，フランス，そして「西ドイツ」で生じたならば，これらの諸国では全く異なる対応が取られたであろうとして，官民一体となって金融秩序を維持したイギリスでは「大銀行が全金融システムを保護するというより大きな利益のために，近年業務上，彼らと激しく競争してきた企業（secondary banks）を守るために，しばしば救命

---

6) *Ibid.*, para., 43. 当初，救済融資の対象は secondary banks に限定されていたが，金融システムの動揺を防ぐために，それはさらに不動産会社や建設・開発会社にまで拡張された．そのため M. Reid は，このような lifeboat operation に加えて，イングランド銀行の説得によってそれら企業と深く関係していたマーチャント・バンクやアメリカ銀行のような金融機関にも資金提供が求められ，それらを含めると救済融資の総額は少なくとも 20 億ポンドに達したと推計している（"The secondary banking crisis—five years on," *The Banker.* Dec., 1978, p. 22）．
7) The Bank of England, *op. cit.*, Appendix I.
8) 勝悦子「イギリスにおける金融機関の不良債権処理について」（『証券研究』第110号，1994年8月），春井久志「金融の自由化・国際化と金融システムの安定性―イギリスのセカンダリー・バンク危機を中心に―」（『経済学論究』第49巻第4号，1996年1月）等．

艇の必要とする巨額の資金を躊躇することなく提供したというのは，銀行史上，最も特筆すべき出来事の1つである」[9]と述べている．

しかしながら，Secondary Banking Crisis においてロンドン手形交換所加盟銀行を中心とする「大銀行」が演じた役割を，そのように理解することは果たして妥当なのであろうか．というのは，1974年12月初めには，Secondary Banking Crisis の発端として 73年11月末に破綻した London and County Securities のメインバンクであり，また big four のひとつである NatWest までもがイングランド銀行から救済を受けているという噂が流れ[10]，株価が急落したように，実は交換所加盟銀行自身がこの「危機」の発生に深く関わり，それを放置しておけば自らが巨額の不良債権を抱え込み，深刻な金融危機を引き起こす可能性があったからではないのか，という疑問が生ずるからである．換言すれば，それは交換所加盟銀行と「激しく競争してきた企業」の問題というよりも，むしろ交換所加盟銀行それ自身の問題ではなかったのか，という点である[11]．

他方ではまた，このような交換所加盟銀行との関連が全く不明確なまま，この「危機」は secondary banks の特異な行動と政府の政策の誤りによって生じた，とする見解もある．たとえば，春井久志氏は次のように指摘されている．曰く．「セカンダリー・バンク危機の直接の原因となったのは，次の5つの要

---

9) Reid, M., *The Secondary Banking Crisis, 1973-75*, p. 18. 括弧内の挿入は引用者．
10) The Bank of England, *op. cit.*, para., 42.
11) もとより M. Reid は，Secondary Banking Crisis において交換所加盟銀行がまったく無関係であったと言っているわけではない．むしろ逆に，交換所加盟銀行は secondary banks と不動産融資において「激しく競争し」，またインターバンク市場へも資金を拠出・運用していたと指摘している．しかしながら，問題は単にこれらの諸契機を断片的に指摘するだけにとどまらず，金融の自由化が開始された CCC 後の金融市場構造はどのように変質したのか，またそのなかで銀行の行動様式はいかに変容し，信用膨張メカニズムはどのような変貌を遂げたのか，そしてその結果，いったい何故，いかなるメカニズムを通じてバブルの発生と金融危機が現出することになったのか，そのメカニズムと論理こそが問われなければならないのである．さもなくば，Secondary Banking Crisis は単にイギリスにおいてたまたま発生した特殊的，偶発的な経済事象として矮小化されることになりかねず，Secondary Banking Crisis が，金融自由化のなかで不可避的に不安定化する金融システムの脆弱性を象徴的に表現した，その先駆的で普遍的な性格が看過されることになるであろう．

因であった．すなわち，①セカンダリー・バンクの不動産貸付への偏重，②平行貨幣市場からの大口資金調達への偏重，③ポートフォリオの満期ミスマッチを積極的に生み出す金融機関の経営姿勢，④賃貸料規制のために導入された財政措置などの政府の誤操作，⑤その当時の不確実性を増大させた唐突な不動産業者への課税強化構想などの政策変更，である」と[12]．しかしながら，secondary banks が跳梁することを可能にした「並行貨幣市場」(parallel market) の構造とその膨張メカニズムを，したがってまた，その過程での基軸的な役割を演じた交換所加盟銀行の果たした独自な役割を明らかにすることなく，secondary banks が「大手商業銀行に取って代わっ」て[13]不動産融資を積極化させた結果，「バブル」の発生と「危機」が生じた，というのはきわめて皮相な見解であると言わねばならない．

それゆえ，これらの諸問題を明らかにするためには，まず CCC 後の金融市場再編成の過程で，一体いかなるメカニズムを通じて不動産バブルが発生したのか，換言すれば，近年，資産価格の急騰を招き，バブルを経験した国では，いずれも金融の自由化・規制緩和を行っているが，このような金融市場の再編成の過程で銀行行動がどのように変容し，何故，いかにしてバブルが引き起こされたのか，そのメカニズムと論理を明確にすることが不可欠なのである．そして，その点が明らかにされなければ，何故，ロンドン手形交換所加盟銀行が lifeboat operation に積極的に協力し，自ら巨額の資金を負担してまで secondary banks の「危機」を救済しようとしたのか，その最も肝要な点を理解することが困難となるであろう．

次に，それでは Secondary Banking Crisis が単に secondary banks だけの問題ではなくて，交換所加盟銀行へと波及する可能性を持った金融システム全体の「危機」の問題であったとするならば，それにもかかわらず，何故，イギリスにおいては，バブル破綻後，金融システムが非常に不安定化し長期不況に陥った日本とは異なり，それとは全く対照的な経緯をたどることになったのか，という疑問が生ずるであろう．換言すれば，それは，しばしば彼我の金融政策

---

12) 春井久志，前掲論文，11頁．
13) 同上，8頁．

の対比として示唆的に言及されるように，単なる中央銀行の「最後の貸し手」としての政策運営の巧拙の問題として把握すべき事柄なのか否か，という点である．

もとより，適切な金融政策によってパニックの激しさを緩和することは可能であろう．しかしながら，それによってパニックの連鎖波及をいつまでも阻止し続けることは不可能である．中央銀行といえども，そのバランス・シートが毀損し，通貨価値の安定性が損なわれる可能性が生ずるために，無際限なリスクテークを行うことはできないからである．それゆえ，secondary banks の破綻が金融システム全体へと波及し長期不況を引き起こすか否かは，単に「最後の貸し手」である中央銀行としての金融政策の巧拙だけではなくて，不良債権を継続的に生み出し続ける実体経済との関連を検討することが不可欠なのである．さもなくば，長期不況からの脱却の方途すら容易に見いだしえないでいたばかりか，未だ明確な「成長戦略」を描くことができないでいる，今日の日本経済の抱える問題の深刻さの意味も理解することができないであろう．

とまれ，これらの諸問題を究明するためには，まず不動産バブルや Secondary Banking Crisis といった 70 年代初頭の一連の経済的混乱の背景を形成した，CCC によるロンドン金融市場の再編成の過程を一瞥しておくことから始める必要があろう．

第1節 ロンドン金融市場の変貌と CCC による市場改革

(1) ロンドン金融市場は，伝統的に短期商業金融業務（当座預金と当座貸越）を中心とする預金銀行（ロンドン手形交換所加盟銀行，スコットランド系および北アイルランド系銀行等）と割引商会等によって構成されている割引市場を基軸として機能してきた．しかしながら，1950 年代後半以降，国内の需要調節手段として様々な金融規制政策が取られたために，預金銀行の業績は停滞することとなった．ロンドン手形交換所加盟銀行およびスコットランド系銀行（以下交換所加盟銀行と略記）に課された規制とは次のようなものであった．

まず第一に，直接的な貸出上限規制である．ことに 1960 年代初頭以降ポンド危機が再現するなかで，この貸出規制は交換所加盟銀行だけではなく，その

他の銀行および主要な割賦販売金融会社や住宅金融会社にまで及んだ．しかし，相対的に規模の小さな，新しい金融機関の多くはこれらの規制を免れることができた．次に，元来，交換所加盟銀行が経営の健全性を示す指標として長い歴史の中で自ら遵守すべき規範として創りあげてきた「流動比率（Liquidity Ratio）規制」や「現金準備率（Cash Ratio）規制」が1958年に制度化され，それ以後イングランド銀行の同意なくしてその比率を変更することはできなくなったことである[14]．さらに第三の規制として，1958年以降，交換所加盟銀行はイングランド銀行の求めに応じて総預金債務の一定割合を，イングランド銀行特別預金勘定に預け入れなければならない「特別預金制度（Special Deposits Scheme）」の適用を受けた．この特別預金には大蔵省証券入札平均利回りに近い金利が付されたとはいえ，それは現金準備率規制や流動比率規制の現金や流動資産に繰り入れることができなかったので，交換所加盟銀行にとっては大きな負担となった．そして最後に，交換所加盟銀行は長年にわたって預貸金金利協定の慣習に支配されていたことを付け加えておく必要があろう．これは通貨当局による直接的な規制ではなかったが，主要な預貸金金利はバンク・レートと一定の格差を持って連動することを取り決めた「金利カルテル」であったので，通貨当局はバンク・レートの変動を通じて交換所加盟銀行の預金・貸出金利を規制することができたのである．ところが，この当時「交換所加盟銀行の預金口座に支払われたバンク・レートより2%低い預金金利は，ホールセール市場で得られる金利よりも一般的に低かった．そこでホールセール市場は交換所加盟銀行の伝統的な預金業務の一部を引き寄せ始めた」[15]のである．

したがって，これら全ての結果は交換所加盟銀行の競争力の弱体化であり，その市場シェアの低下であった．まず貸出残高の推移をみてみると（表1-1），とりわけロンドン手形交換所加盟銀行の急激なシェアの低下を看取することができるであろう．全イギリス銀行協会加盟銀行の貸出残高に占めるロンドン手形交換所加盟銀行のシェアは1960年には85.2%であったが，わけても60年

---

14) 流動比率規制は当初30%とされたが，1963年に28%に引き下げられた．また現金準備率は1946年にロンドン手形交換所加盟銀行の間で8%とすることで合意し，その後1958年にイングランド銀行との紳士協定のもとに制度化された．
15) Reid, M., *The Secondary Banking Crisis, 1973-75*, p. 28.

表1-1 貸出残高の推移

(100万ポンド,括弧内は構成比)

	ロンドン手形交換所加盟銀行	スコットランド系銀行	その他銀行	合計
1960	3,042.4 (85.2)	527.7 (14.8)		3,570.1 (100)
1961	3,111.2 (84.3)	579.5 (15.7)		3,690.7 (100)
1962	3,385.1 (83.9)	650.5 (16.1)		4,035.6 (100)
1963	3,837.5 (84.1)	727.4 (15.9)		4,564.9 (100)
1964	4,392.2 (83.7)	854.7 (16.3)		5,246.9 (100)
1965	4,478.3 (83.5)	883.4 (16.5)		5,361.7 (100)
1966	4,463.8 (82.8)	926.7 (17.2)		5,390.5 (100)
1967	4,837.7 (72.4)	517.8 (7.8)	1,325.5 (19.8)	6,681.0 (100)
1968	4,951.5 (70.5)	510.9 (7.3)	1,557.4 (22.2)	7,019.8 (100)
1969	5,240.7 (69.0)	539.3 (7.1)	1,814.5 (23.9)	7,594.5 (100)
1970	5,673.8 (66.0)	603.8 (7.0)	2,313.0 (26.9)	8,590.6 (100)

注) 1. 11月末の計数.
2. 1967年以降は,居住者に対する貸出.

(出所) *Bank of England Quarterly Bulletin*, 各号より作成.

代後半にはその低下の速度を速め,1970年には66.0%にまで低下している. そして,それに代わって「その他銀行」(マーチャント・バンク,イギリス系海外銀行,外国銀行在英支店等)が急速にそのシェアを拡大した.他方,ポンド建預金総額に占めるその割合をみても,1959年には交換所加盟銀行はイギリス銀行部門の全預金の85%を占めていたが,1968年にはそのシェアは75%に低下した.そしてその間に,引受商会,海外銀行,その他の銀行の預金が約10億ポンドから30億ポンドへと3倍に増加した.またこの間に,ユーロ・ダラー市場が急速に成長したが,交換所加盟銀行は外貨建預金を有利に運用することを困難にした現金および流動比率規制によって,外貨建預金の相当量を直接取り入れることが抑制されたので,ポンド建および外貨建預金総額に占める割合は50%にまで低下したのである[16].

このように50年代後半以降,交換所加盟銀行の業績が停滞したのに対して,「その他銀行」,すなわち,マーチャント・バンク,イギリス系海外銀行在英店

---

16) The Bank of England, "The operation of monetary policy since the Radcliff Peport," *Bank of England Quarterly Bulletin*, Dec., 1969, p. 450.

表 1-2 並行市場の発展（1960-75 年）

(100 万ポンド)

	地方公共団体預金	地方公共団体抵当証券	ポンド建CD	他通貨建CD	インターバンク預金（ポンド）	（他通貨）	ユーロカレンシー預金	ファイナンスハウス預金
1960	846	2,106	—	—	270		633	n.a.
1961	1,112	2,319	—	—	312		749	n.a.
1962	1,178	2,685	—	—	244	266	960	337
1963	1,398	2,958	—	—	360	342	1,280	390
1964	1,762	3,115	—	—	404	448	1,786	494
1965	1,798	3,480	—	—	500	628	2,122	654
1966	1,807	3,843	—	81	593	835	3,002	669
1967	1,918	4,076	—	249	865	1,475	4,384	597
1968	1,952	4,667	166	597	1,180	1,848	7,139	612
1969	1,982	5,165	442	1,541	1,692	4,151	11,994	636
1970	1,982	5,659	1,089	1,650	1,880	5,431	15,283	688
1971	2,067	5,854	2,242	1,924	2,103	6,300	17,605	823
1972	2,564	5,900	4,926	3,072	4,450	8,824	25,460	437
1973	3,553	6,531	5,983	4,429	7,688	14,160	39,017	477
1974	4,258	8,063	4,318	5,088	8,596	15,612	47,451	459
1975	4,058	9,073	2,979	6,419	7,039	18,996	63,368	415

(資料)　*Financial Statistics and Bank of England Quarterly Bulletins.*
(出所)　Grady, J. and M. Weale, *British Banking, 1960-85*, Macmillan, 1986, p. 115.

舗，外国銀行在英支店等が飛躍的な発展を遂げた．そして，これらの銀行の発展は，従来の伝統的なイギリスの金融市場構造に大きな変化を引き起こした．その構造変化とは，従来の伝統的市場の外部に，これらの銀行の短期資金ポジションを調整するための短期金融市場として，地方公共団体市場，インターバンク市場，CD 市場，ユーロ・ダラー市場等のいわゆる並行市場（parallel market）または第二市場（secondary market）と呼ばれる新たな金融市場が成立し，それが伝統的市場の資金取引量をも凌駕するまでに発展したことに表されている[17]（表 1-2）．そして，この並行市場の特徴は，伝統的市場と対比する

---

17) 広渡潔氏は 1975 年のロンドン短期金融市場の規模を推計して，「伝統市場」が 111 億 2,500 万ポンドであったのに対して，「併行市場」は 1,092 億 6,900 万ポンドにも達したとされている（「イギリスの金融変革―内外短期金融市場の一体化と伝統的分業関係の見直し―」『東京銀行月報』第 37 巻第 3 号，1985 年 3 月，13 頁，第 2 表参照）．

と，まず第一に，融資が無担保であること，第二に，この市場には「最後の貸し手」が存在しないこと，さらに，この市場では通貨当局が資金流出入に対する直接的な監督権を有しないため自由金利市場であり，また，市場参加者に対する各種の規制が存在しないことであった[18]．

(2) このように従来の伝統的市場の外側に，自由で開放的な並行市場が 60 年代に急成長を遂げ，その後半には，ユーロ・ダラー市場を中心として並行市場はさらに発展した．そして，この厚みを増した並行市場の基礎上で，新たに 1967 年会社法 123 条に基づいて設立され，貸金業者法（the Money Lenders Acts, 1927）の適用から除外されて銀行業務を営むことを許可された，いわゆる secondary banks が台頭したのである[19]．secondry banks はごく一部では小口預金の受入れ業務を行っていたとみられるものの，主として並行市場からの資金調達（預金の受入れ）に依存して活動しており，並行市場の成長と secondary banks の発展とは分かちがたく結びついていた．

もとより交換所加盟銀行といえども，このような新たな市場の発達とそこでの新たな業務分野の拡大を傍観していたわけではない．しかし，交換所加盟銀行の並行市場への参入は，ようやく 60 年代後半から子会社の設立等を通じて間接的な形態で行われるにとどまった．交換所加盟銀行は，金利協定や流動比率規制等の制約から高利・大口預金を直接受け入れることは制限されていただけではなく，「預金銀行は取引仕法の相違（secondary market では無担保取引，割引市場では担保取引）を主因に secondary market 資産（他行預け金，地方公共団体への預け金等）の保有にきわめて消極的であった」[20]からである．他方，金利水準自体は割引市場のそれを上回ることが多かったとはいえ，競争的

---

18) Cf., Einzig, Paul, *Parallel Money Markets*, Vol. I, Macmillan, 1971, p. 6.
19) もとより正確には，すでに 1967 年会社法 123 条が制定される以前に並行市場で「銀行業務を営む」「特殊な会社」（Reid, M., *The Secondary Banking Crisis, 1973-75*, p. 49）が存在しており，1967 年会社法 123 条はそれを「銀行」として追認したにすぎない．しかしながら，その後，この条項に基づき新たに銀行免許状を取得しようとする「会社」が殺到し，1970 年までに 87 社以上が，さらにまた，1973 年 9 月末までに都合 133 社が新たに免許状を取得した（*ibid.*, pp. 50, 54-7）．

な市場である並行市場で活動している「その他銀行」の預貸金利鞘は，通常，預金銀行のそれよりもかなり小さかった[21]．それゆえ，そのような預貸金利幅の狭い枠内で銀行業務を行っている「その他銀行」は，収益性の低い割引市場資産（コールローン，TB，商業手形等）の保有を極力圧縮しようとしていた．このため，伝統的市場と並行市場との間で円滑な資金移動が妨げられ，両市場間の金利裁定が十全に機能しなかったのである．その結果，「公定歩合操作，公開市場操作等割引市場を通じて機能するイングランド銀行の伝統的金融政策の効果の secondary market への波及は著しく制約され，かつ大きなタイム・ラグを伴うものとならざるをえな」い[22]，という新たな深刻な問題に直面することとなった．

イングランド銀行は，ユーロ市場と密接な関係のある並行市場への介入・規制は，国際金融市場としてのロンドン市場の地位の低下を引き起こしかねないものとして，これを極力回避しようとしたが，このような「金融市場における二重構造の定着による金融政策効果の減殺」[23]という新たな事態に直面して，いつまでもこれを放置しておくわけにはいかなくなった．そこで1971年5月に，イングランド銀行は CCC と題する文書において金融調節方式の改革を提案し，関係金融機関との協議を経た後，9月から新金融調節方式を導入し，市場改革に乗り出したのである．その内容は，大略，次のようなものであった．

まず第一に，「最低準備比率（Minimum Reserve Ratio）」規制の導入である．従来，交換所加盟銀行にのみ課されていた現金準備率および流動比率規制を撤廃し，これに代えて全銀行（ロンドン手形交換所加盟銀行，スコットランド系銀行，北アイルランド系銀行，マーチャント・バンク，外国銀行，イギリス海外銀行，イギリス連邦銀行，その他銀行）および大手割賦販売金融会社に対して，ポンド建預金等の債務を対象に 12.5% 以上の流動性の高い適格準備資産の保有を義務づけた．ここに適格準備資産というのは，イングランド銀行預け

---

20) 日本銀行「英国の新金融調節方式について」（『調査月報』1971年10月号），7頁．括弧内の挿入は原文のまま．
21) 脚注50（後出）参照．
22) 日本銀行「英国の新金融調節方式について」（前掲），7頁．
23) 同上．

金（特別預金を除く），割引市場へのコールローン，TB および満期1年未満の国債，イングランド銀行再割適格地方公共団体手形，イングランド銀行再割適格商業手形（ただし，その適格準備資産への算入は対象債務総額の 2% まで）である．第二に，全銀行および大手割賦販売金融会社に対する特別預金制度の適用である．1958 年以降交換所加盟銀行に導入された特別預金制度が，最低準備比率を課されたすべての金融機関に適用されることになった．第三に，預貸金金利協定の廃止である．交換所加盟銀行は，これまで1世紀以上にわたって主要預金・貸出金利をバンク・レートに連動させるという金利協定を維持してきたが，これを廃止し，自由化することになった．第四に，市中貸出規制の撤廃である．戦後のイギリスでは，事実上，国内総需要の主要な調節手段は，イングランド銀行の指導による市中金融機関の対民間貸出規制と，通商産業省による割賦販売条件（頭金比率および賦払期間）の規制であった．しかし，この改革によってイングランド銀行は，これまで頻繁に活用してきた直接的な貸出規制を廃止（ただし，必要と認める質的指導は存続）することになった．なお，割賦販売規制は一旦撤廃されたが，1973 年 12 月には再び復活し，70 年代全般にわたって存続した[24]．第五に，割引商会による TB 共同入札制度の廃止である．従来，割引商会は，毎週 TB 入札の際，統一価格による共同入札を行ってきたが，これを廃止し，競争入札を行うように改められた．金利の自由化が，割引市場にも及ぶこととなったのである．またその資産構成に関して，総資産の 50% 以上を TB など特定の公的部門債務の形で保有することが，新たに義務づけられた．そして最後に，国債価格支持政策の廃止である．イングランド銀行は，原則として市場からの中・長期国債（残存期間1年超）の無条件買入要請には応じないこととなった．国債価格支持政策の継続は，最低準備比率や特別預金制度による流動性規制効果を減殺することになるからである．

　このように，CCC は伝統的割引市場と並行市場との統合を進め，各種金融機関相互間の対等かつ自由な競争を促進して金融機構の効率化を図るとともに，金融調節は直接規制ではなくて，市場メカニズムを有効に機能させることによ

---

24) 齊藤美彦『リーテイル・バンキング―イギリスの経験―』（時潮社，1994 年）表 IV-1（96 頁）参照．

って達成しようとする画期的なものであった．そのために，金融政策は国内信用の一部にすぎない銀行貸出ではなくて，金融機関全体の流動性ポジションを直接の対象とし，それへの働きかけを通じて市場の金利構造を間接的にコントロールしていこうとしたのである．こうして，交換所加盟銀行は，制度上インターバンク市場や CD 市場へ直接進出できるようになり，貸出上限枠にも金利上限枠にも拘束されずに，並行市場や消費者信用市場，住宅金融市場等で，不動産融資を積極的に拡大していた secondary banks や割賦販売金融会社，住宅金融組合，貯蓄銀行などと金利競争，預金獲得競争，貸出競争をすることが可能となった．ところが，後に検討するように，預金銀行とは異なり，マッチングをその経営原理とする secondary banks 等にとっては，彼らの資産の流動性は二次的な重要性しか持たなかったのである．そのため，流動性規制を通じてすべての金融機関の信用をコントロールしていこうとする CCC の目論見は，当初から大きな矛盾を内包するものであった．そして，その矛盾はたちどころに不動産バブルの発生と Secondary Banking Crisis の勃発として表面化することとなったのである．

第2節　CCC のもとでの信用膨張メカニズム

　(1) 1970 年 6 月に労働党政権に代わって成立したヒース保守党政府は，「市場原理」の復活によるイギリス経済の活性化を標榜し，政府介入の縮小と政府の費用効率の改善を唱えて登場した．しかし，60 年代末からいわゆるスタグフレーションの様相が現れてくる中で，前政権以来の引き締め政策の継続で失業率が増大してくると，一転して新たな成長政策を追求することとなった．これは「U ターン政策」と呼ばれ，1972 年初頭に失業者が 100 万人に近づき，失業率が 4% に達すると，1972 年度予算は 1971 年後期から 1973 年前期までの成長率を，これまでイギリスが多年にわたって達成してきたそれよりもはるかに高い年率 5% を目標として掲げ，失業者を 1973 年末までに半減しようとする積極的なものとなった．もとよりこのような成長政策の追求は，ニクソン・ショック後の不況に対して世界的規模で採択された拡張政策の一翼を担うものであった．

こうして「成長へのダッシュ」に向けて政府支出は景気刺激的なものになったが，政府介入の縮小と「より小さな政府」を標榜して登場した保守党政府は，単純に公共支出の拡大によってそれを実現しようとしたわけではなかった．当初，政府は1970年10月の「公共支出の新しい政策」と題する『白書』の中で公共支出の削減を約束していたし[25]，したがって，政府の積極的な成長政策もそれを反映したものとならざるをえなかったのである．すなわち，「政府はすでに公共支出の増大をくい止めることを約束していた．それに需要のこの要素を刺激して素早く効果を得ることはいずれにしても困難である．そのためリフレーション政策のほとんどは，不可避的に個人消費の拡大を目的とした減税によることになった．その主要な方法は既婚者および独身者のための所得税控除の拡大と，さらにまた物品購入税の減額であった」[26]．

このような税制改革によって，1972-73年には9億6,000万ポンドもの大規模な所得税減税が行われ，また物品購入税の最高税率は25％に引下げられた．そしてこれらの一連の税制改革が個人消費を刺激し，蔵相名を冠した「バーバー・ブーム」と呼ばれる消費ブームを生み出す契機となったのである．また企業の設備投資を促進するために，これまで開発地域においてのみ認められていた「自由裁量」減価償却制度（'free' depreciation）――これによって，プラントや機械を「設置した最初の年に企業に投資額全額を控除することができるようになる」――も全地域に適用されるようになった．

それだけではない．実は，政府は公共支出削減約束をしたにもかかわらず，それをどこまで守ろうとしていたのかは「疑わしい」ものがあった．事実，公共支出は一挙に拡大することとなり，同年度の公共部門借入必要額（Public Sector Borrowing Requirement）の予測は約33億6,000万ポンドに達し，当時「それは前代未聞の巨額の数字で，1971-72年に必要と見込まれた実際の金額11億5,900万ポンドの約3倍」にもなったのである[27]．財政支出が拡大した

---

25) Westaway, Tony, "Stabilisation Policy and Fiscal Reform," in W.P.J. Maunder ed., *The British Economy in the 1970s*, Heinemann, 1980, p. 14.
26) Blackaby, F.T., "Narrative, 1960-74," in do., ed., *British Economic Policy 1960-74*, Cambridge University Press, 1978, p. 64.
27) *Bank of England Quarterly Bulletin*, Jun., 1972, pp. 163-4.

のは，いうまでもなく社会保障費，教育費，住宅建設費等の「福祉国家」実現のための支出増大がその主たる原因であった．さらに翌 73 年には経済は急速に回復し，5 月半ばには推定失業者数が 60 万人を割り，失業率も 2.6% にまで低下するという状況であったにもかかわらず，さらなる成長政策が追求され，1973 年度の公共部門の予想借入必要額は，「1972-73 年の推定実績 28 億 5,500 万ポンドと比較して，約 44 億 2,000 万ポンドに引き上げるものとなった」[28]．こうして 1972-73 年に一大消費ブームが現出した結果，失業者 50 万人の目標は 1973 年末までに達成され，また成長率 5% の目標も 1973 年半ばにはほぼ実現されたのである[29]．

とはいえ，政府の成長刺激政策は消費ブームを惹起したけれども，活発な民間設備投資を促進したわけではなかった．むしろ，スタグフレーション下の景気刺激政策は新たな輸入の増大とインフレを加速させ，貿易収支の赤字の拡大を引き起こしたのである．これに対して，政府は依然として経済拡張政策に荷担していたので，需要抑制のための引き締め政策に転ずることを躊躇した．そして経常収支が急激に悪化し，大幅な資本流出が生じた 1972 年 6 月の通貨危機の際には，禁止的な高金利政策の採択という慣習的な手段に訴えるのではなくて（バンク・レートは 5% から 6% への引き上げにとどまる），それに代わってポンドのフロート制への移行を決定したのである（1970 年代のイギリスにおける金融政策の推移を概括的に表示したものとして，図 1-1 参照）．それは，外貨準備の制約から政府の成長政策を解き放つことを意味していた．実際，バーバー蔵相は，1971 年 8 月の金・ドル交換停止後，世界的なインフレーションが進行していく中で，ポンド危機はなんら政府の拡張政策を変更するもの

---

28) *Ibid.*, Jun., 1973, pp. 134-5.
29) Cf., Westaway, T., *op. cit.*, p. 18. Blackaby, F.T., *op. cit.*, p. 64. またこの過程で，景気の過熱化に伴い物価上昇速度が高まり，1972 年第 2 四半期以降イギリスの経常収支は赤字に転じ，73 年にはそれはさらに激増した．従来，イギリスでは経常収支の悪化によって「ストップ・アンド・ゴー」政策——景気拡大政策と引締め政策の繰り返し——を余儀なくされることが多かったが，それにもかかわらず，この局面で積極的な成長政策を追求することができたのは，本論で指摘するように，ポンドは 72 年 6 月にすでにフロート制に移行し，外貨準備の側面から課される制約を免れていたことが大きかったといってよいだろう．

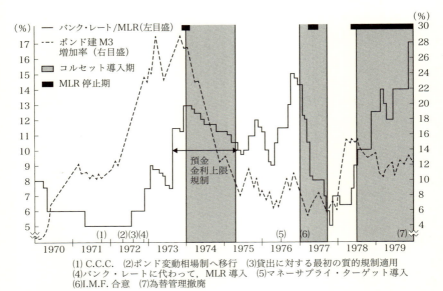

(1) C.C.C. (2)ポンド変動相場制へ移行 (3)貸出に対する最初の質的規制適用
(4)バンク・レートに代わって，MLR 導入 (5)マネーサプライ・ターゲット導入
(6)I.M.F. 合意 (7)為替管理撤廃

(出所) Dennis, G.E.J., "Money Supply and its Control," in W.P.J. Maunder ed., *The British Economy in the 1970s*, Heinemann, 1980, p. 43.

図 1-1 1970 年代のイギリスの金融政策

ではないことを明言したのである．そしてその結果は，「銀行貸出しの大部分は，産業部門への資金の供給に代わって，1971 年と 1973 年の間にその借入れが 4 倍にもなった不動産部門によって吸収された」[30]のであった．不動産「バブル」の発生である．

こうして保守党政府の積極的な成長政策と相まって，CCC 後，銀行貸出しは急速に増大していった．CCC のもとで貸出し制限枠を撤廃された預金銀行の貸出し競争は「バーバー・ブーム」のもとで一層激しくなり，銀行貸出しは 1970 年の平均水準 124 億ポンドから，1972 年末には約 240 億ポンドへと倍増し，また主要銀行による貸出しは CCC 後の 9 カ月間に 40% も増大した[31]．

---

30) Grady, John and Martin Weale, *British Banking, 1960-85*, Macmillan, 1986, p. 148.
31) Lester, Tom, "The Secondary Scandal," *Management Today*, Oct., 1974, p. 66.

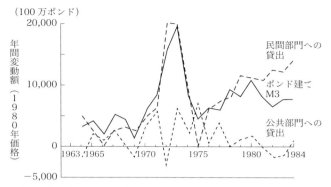

（出所） Grady, J., and M. Weale, *op. cit.*, p. 11.

図 1-2　銀行貸出額の変動とマネーサプライの変化

そして，それに対応して通貨供給量も急増した．図 1-2 に示されているように，1971-73 年のマネーサプライ（M3）の急増は，民間部門への銀行貸出の激増に決定的に依存していたのである．マネーサプライ（M3）は 1972 年中に 28.1%，73 年末には対前年同月比で 27.9% それぞれ増大し（表 1-3），そしてその結果，73 年の小売価格の上昇率は 9.2%，さらに賃金率も 12.2% と，それぞれその上昇テンポを高め，インフレーションを加速化させていくこととなった[32]．

かくして，「1972 年度予算後，加速化するインフレ率と賃金爆発の懸念が高まるにつれて，政策はシフトし始めた」[33]．マネーサプライの急増に関心が集まり，銀行の貸出しを抑制するための議論が始まったのである．そして国内のインフレが昂進していく中で，72 年 10 月にはこれまでイングランド銀行によって固定されていたバンク・レートが，短期金融市場レートの変動を正しく反映するために最低貸出レート（Minimum Lending Rate，以下 MLR と略記）に置き換えられ，また 72 年 12 月以降，数次にわたって特別預金が徴求

---

32) Cf., Dawkins, Peter J., "Incomes Policy," in W.P.J. Maunder ed., *op. cit.*, Table 3.1, p. 63.
33) Westaway, T., *op. cit.*, p. 18.

表1-3 マネーサプライの増加率（1968-73年） (%)

	M_1	M_3
1968年	5.0	7.3
69年	—	3.2
1970年	9.3	9.4
71年	15.4	13.5
72年	14.4	28.1
73年：(対前年同月比)		
3月	10.1	26.8
6月	12.3	23.8
9月	8.0	28.2
12月	5.8	27.9

注) 1. M_1：公衆の手許で流通している銀行券および鋳貨プラス民間部門で保有されているポンド建当座預金．
2. M_3：公衆の手許で流通している銀行券および鋳貨プラス銀行および割引商会のもとにある，全連合王国の民間および公共部門の，ポンド建および外貨建預金．
(資料) *Midland Bank Review*. May 1974, p. 4.
(出所) Tew, J.H.B., "Monetary Policy," in F.T. Blackaby ed., *British Economic Policy, 1960-74*, Cambridge University Press, 1978, p. 250.

された（図1-3）．さらにまた，政府も財政面から，一方では，72年11月に立法による所得政策の導入を企図し，他方では，「1973年5月21日，大蔵大臣は主に道路建設やその他の地方自治体支出の削減によって公共支出の増大を抑制すると発表した．国有産業への投資も削減された」[34]のである．

　こうして1972年夏に始まった「バーバー・ブーム」は，ようやく軌道修正されることとなった．しかしながら，一旦過熱したブームは容易に収束することなく，72年末以降イングランド銀行はマネーサプライの抑制を政策目標として掲げ，MLRの引上げや特別預金の徴求等の厳しい引き締め政策を行ったにもかかわらず，73年を通じてマネーサプライは対前年比27〜28%と高い伸び率を堅持し続け，不動産「バブル」は昂進し続けたのである．そして，それは73年末に勃発したSecondary Banking Crisisを経て，ようやく終息に向かったのであった．

　このことは，伝統的割引市場と並行市場との統合を図り，市場メカニズムを

---

34) *Ibid.*, p.18.

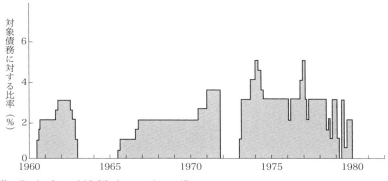

(出所) Grady, J., and M. Weale, *op. cit.*, p. 47.

図1-3 イングランド銀行によって徴求された特別預金の推移

通じてマネーサプライの調節を機能的・効率的に実現することを目指したCCCが，その思惑通りには機能せずに，かえって金融を不安定化させていったことを意味している．とすれば，金融の自由化を進めたCCCのもとで，何故，いかなるメカニズムを通じて容易に統制できない自立的な信用膨張が生じ，かえって金融システムを不安定化させていったのかが，改めて問い直されなければならないのである．

(2) ポンド不安とインフレーションが昂進するなかで，イングランド銀行は72年末にはさらにMLRを7.5%から9%へと引き上げ，また銀行部門の流動性を直接吸収するために対象債務の3%にあたる特別預金の徴求を行った．イングランド銀行はこのような厳しい引き締め政策に転ずることによって，銀行部門の貸出しとマネーサプライの増加を抑制しようとしたのであった．

ところが，イングランド銀行が意図した政策効果は現れなかったばかりか，むしろCCCのもとでかえって過度な信用膨張が生じたのである．それは，基本的にはCCCのもとでも金融政策発動の主たる経路として，割引市場を引き続き維持しようとした点に関わっている．イングランド銀行の厳しい引き締め政策の結果，銀行部門では準備資産の不足する懸念が発生し，いかにして最低準備比率を維持するのかが大きな問題となった．これに対して，銀行は「経営

の健全性」を維持するために，貸出しを抑制して総資産を圧縮するという経営行動をとったわけではなかった．むしろ，自由市場である並行市場から，インターバンク預金を取り入れたり，CDを発行して新たに流動性を獲得して，そしてそれを割引市場からの適格準備資産の購入（コールローン，TB等）に用いて，12.5%の最低準備比率を維持しようとしたのである．その結果，銀行は割引市場を通じて新たに「準備資産を創造」し[35]，それを槓杆としてかえって一層の信用拡大を実現することが可能となったのである．

他方，割引市場では，CCCによって課された最低準備比率をクリアするために，交換所加盟銀行だけではなくて，新たにCCCが適用された非加盟銀行や金融機関からも，コールローンや各種の適格準備資産を求めて大量の短期資金が流入した．そこで，割引商会自身が新たに受け入れた過大な短期資金を従来の伝統的な流動資産だけではなくて，近年，急速に発達した並行市場において，適格準備資産ではないが流動性の高い新たな資産で，たとえばCD市場で運用し始めた．元来，CDは銀行システムの外部から資金を集める一つの方法として考案されたものではあるが，銀行は当初からその総額のかなりの割合を保有していた．そして割引商会もまた，銀行と同様に，適格準備資産よりも収益性が高い場合には，余剰資金を準備資産で保有するよりもむしろその他の形態で必要とする流動性を獲得しようとしたのである．

実際，1973年には割引商会に対する公共部門債保有規制が撤廃されると，総資産の35.2%をポンド建CDで運用し，それは割引商会の保有する最大の資産項目となった（表1-4）．その主たる理由は，割引商会の行動は取得しようとする種々の流動性の高い短期資産収益の相対的比率関係に依存しており，とりわけ1973年には，ポンド建CDの利回りがTBはもとより，一流銀行手形のそれをも大きく凌駕したからに他ならなかった[36]（図1-4参照）．

このように，割引市場のCDでの運用ニーズが強まり，CD流通市場の拡大をさらに促進していくと[37]，今度はCDレートが低下していくので，このことはまた，融資需要がある際には銀行の新たなCD発行とそれに基づく現金準備

---

35) Shaw, E.R., *The London Money Market, third ed.*, Heinemann. 1981, p. 114. 傍点は引用者．

の拡充をも容易なものとし，銀行自身のさらなる信用拡張を実現していくことを可能にした．実際，「1973年11月には，CD市場は総発行残高61億1,100万ポンドのピークに達し，それから縮小した．この主たる理由は，交換所加盟銀行が，融資需要がとりわけ強い時に，CD市場を残された資金源泉として活用したから」であった[38]．

（3）このように，CCCのもとで銀行は割引市場を介して二重の意味で新たな信用拡張能力を獲得するに至ったが――一方では，銀行が並行市場で調達した資金を割引市場に投じ，新たな「準備資産を創造」することによって，他方では，割引市場自身がCCCによって増大した余資を並行市場で運用し，並行市場の拡大を促すことを通じて，銀行が並行市場からの新たな資金調達をさらに容易なものとすることによって――，それは言うまでもなくヒース保守党政権の成長政策を金融的に支持していくものとなった．しかし，CCCのもとで新たに生み出された信用拡張ルートはそれだけにとどまらなかった．新たに獲得した銀行の信用拡張能力は，CCCによる市場統合が進む過程で，伝統的な短期金融市場と自由金利体系の並行市場との間で発生した大規模な金利裁定取引を現実化させ，並行市場の急激な拡大を引き起こしたのである（表1-2から窺うことができるように，CCC後のCD市場とインターバンク市場の急

---

36) ちなみに1973年末に，後述のごとく「コルセット」が導入されると，CDの発行が抑制され，またその利回りが低下しTBとの利回り格差も縮小したので，割引商会はCDからイングランド銀行で「適格性」を有するとみなされているTBや銀行手形へと乗換えていった（*ibid.*, p. 197）．

37) 1973年4月にイングランド銀行によって行われたCD市場とインターバンク市場の「特別調査」の結果に基づいて，『イングランド銀行四季報』は次のように指摘している．曰く，「割引商会はこの4月（1973年4月）に5億2,500万ポンド（のポンド建CD）を，すなわち発行総額の10％を保有していた．これらの商会はCD流通市場の大きな部分を構築する責務を負っており，それゆえに，彼らの（CDの）保有は彼ら自身の――圧倒的に短期の――投資と同様に，彼らのディーリングのための在庫も表している」，と（*Bank of England Quarterly Bulletin*, Sep., 1973, p. 310. 括弧内の挿入は引用者）．さらにまたE.R. Shawは，1973年12月には割引商会のCD流通市場で占有しているシェアが，9億2,300万ポンド，15％に達したと推計している（*op. cit.*, p. 195, 表39参照）．

38) *Ibid.*, p. 194.

表 1-4　割引

年末	政府証券		TB		商業手形および その他ポンド手形		地方公共団体証券	
1958	321	30.5	594	56.4	70	6.6	—	—
1963	442	33.9	529	40.5	249	19.0	17	1.3
1964	438	34.1	453	35.3	302	23.5	39	3.0
1965	500	34.4	484	33.3	339	23.3	67	4.6
1966	542	34.6	424	27.1	404	25.8	101	6.5
1967	544	31.1	548	34.4	437	25.0	115	6.6
1968	306	18.4	471	28.3	560	33.7	148	8.9
1969	364	20.0	399	22.0	629	34.6	192	10.6
1970	160	6.8	876	37.2	697	29.6	224	9.5
1971	391	12.8	871	28.4	586	19.1	478	15.6
1972	112	4.3	475	18.1	565	21.6	636	24.3
1973	48	1.8	321	12.2	684	26.1	379	14.5
1974	10	0.3	729	24.1	1,370	45.3	344	11.4
1975	96	3.4	819	29.1	980	34.8	400	14.2
1976	261	8.8	563	19.0	1,019	34.5	375	12.7
1977	557	14.2	1,052	26.8	1,213	30.8	351	8.9
1978	454	10.5	845	19.6	2,038	47.3	384	8.9
1979	754	15.4	709	14.4	2,638	53.7	511	10.4

(資料)　*Bank of England Statistical Abstract*, No. 2 (1975) and update.
(出所)　Shaw, E.R., *The London Money Market, third ed.*, Heinemann, 1981, p. 36.

膨張に留意されたい）．それは次の二つの局面で現れ，マネーサプライを急増させることになった．

　まず第一の局面は 1972 年半ばの通貨危機を契機として発生し，それは民間部門の CD 保有の増大を促し，その結果マネーサプライを急増させたのである．72 年 6 月のポンド危機は海外への巨額の資金流出を惹起し，短期市場金利の急騰を招いた（図 1-5 参照）．その結果，銀行の既存の貸出金利と並行市場の短期市場金利との間で金利のアンバランスが生み出されることとなった．そこで，銀行の貸出優遇金利（ベース・レートに 1.0% 上乗せした金利）の適用を受けることのできる企業は，銀行の当座貸越枠を利用して資金を調達し，それに対して支払わなければならない金利よりも高い収益を上げることができる並行市場で新たな資金運用を行ったのである．銀行はこれに対して，当座貸越の増大のために必要とされる準備資産を流動化させることとなるが，しかし，悪

市場の資産

(100万ポンド,%)

ポンド建CD		その他ポンド建資産		ドル建CD		他通貨建資産		合計
—	—	68	6.5	—	—	—	—	1,053
—	—	68	5.2	—	—	—	—	1,305
—	—	51	4.0	—	—	—	—	1,283
—	—	65	4.5	—	—	—	—	1,455
—	—	94	6.0	—	—	—	—	1,565
—	—	89	5.1	14	0.8	—	—	1,747
56	3.4	83	5.0	39	2.3	—	—	1,663
97	5.3	104	5.7	32	1.7	—	—	1,817
264	11.4	88	3.7	39	1.7	—	—	2,352
457	14.9	175	5.5	108	3.5	—	—	3,065
458	17.5	219	8.4	153	5.8	—	—	2,618
922	35.2	138	5.4	113	4.3	16	0.6	2,621
395	13.1	83	2.7	86	2.8	9	0.3	3,026
303	10.8	72	2.6	129	4.6	15	0.5	2,814
403	13.6	56	1.9	175	5.9	17	0.6	1,957
509	12.9	105	2.7	115	2.9	32	0.8	3,934
333	7.7	160	3.7	75	1.8	19	0.5	4,308
84	1.7	82	1.7	109	2.2	22	0.5	4,909

化した準備ポジションを是正するためにインターバンク市場から資金を取り入れ，それを割引市場で必要とする準備資産の購入に用いることによって最低準備比率を維持した．したがってその結果は，銀行が直ちに補充されうる適格準備資産を一時流動化させたが，銀行から流出した流動性は結局は銀行部門に還流したということであり，そしてまた銀行部門の資産負債双方とも増大したということである．こうして，いわゆる「メリーゴーランド」あるいは「ラウンド・トリッピング」と呼ばれる事態が発生したのである．さらにまた，この時には金融政策は一層引き締められる恐れがあったために，このことはまた，銀行からの予防的な借入れも増大させ，それもまた例えば，CDに投資され，並行市場の拡大をさらに促した．そしてこのような金利裁定取引が大規模に行われた結果，5月から8月の間にロンドン手形交換所加盟銀行だけでも6億3,000万ポンドのポンド建CDが発行され，マネーサプライの増大に大きく寄

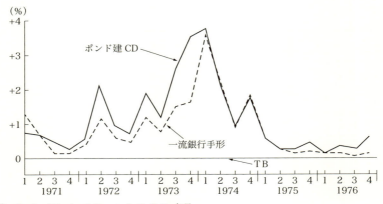

(資料) Bank of England Quarterly Bulletin 各号.
(出所) Shaw, E.R., op. cit., p. 190.

図 1-4 TB と比較した一流銀行手形およびポンド建 CD の利回り格差の推移

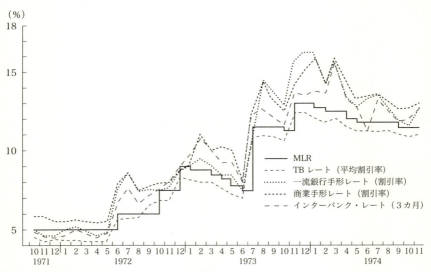

(資料) Bank of England Quarterly Bulletin 各号.
(出所) Shaw, E.R., op. cit., p. 230.

図 1-5 短期市場金利の動き

それだけではない．72年末から73年前半を通じてさらに大規模な，二度目の金利裁定取引が発生したのである．すでに指摘したように，72年10月にはイングランド銀行は割引市場に対する貸出基準金利であるバンク・レートを，新たに市場金利連動型のMLRに置き換えた．そして，そのMLRは前週金曜日のTB平均入札金利に0.5％上乗せした金利によって決定された（ただし，金利の刻み幅は0.25％）．こうしてイングランド銀行は市場の変動に連動した弾力的な政策運営を行おうとしたのであるが，ところがこのような金融政策が金利構造に深刻な歪みをもたらすことになったのである．

 MLRは72年末に9.0％の水準に達した後，73年前半を通じてほぼ一貫して低落傾向をたどり，6月末には7.5％にまで低下した．他の市中金利が総じて強含みないし若干の低下にとどまっているのに対して，MLRがこのように一貫して低落した基本的な原因は，TB入札レートが低下したからに他ならなかった（図1-5参照）．それは，まず第一に長期国債の発行によりTBの発行量が減少し，その結果，TBの供給不足が生じたからである．第二に，すでに指摘したように，CCCによって割引商会に対しても，少なくとも総資産の50％以上をTBを含む特定の公共部門債で運用することを義務づけられたことが大きかった[40]．銀行は適格準備資産の保有のためにTBに対する需要を増大させていたし，またそれをも反映してこのような公共部門債保有比率規制が課されたので，割引商会は積極的にTBを購入せざるをえなかった．そしてこれらすべての結果は，TB入札価格の上昇とそのレートの下落であった．

 こうしてTB入札レートの下落を反映してMLRが低下してくるとベース・レート（貸出しと預金の基準金利）も低落するので，相対的に高い水準にある他の短期市場金利との間で再び大規模な金利裁定取引を誘発することとなった[41]．銀行顧客は交換所加盟銀行をはじめとする預金銀行から当座貸越の便宜

---

39) *Bank of England Quarterly Bulletin*, Dec., 1972, pp. 490, 492.
40) CCCによって総資産額の50％以上の保有を義務づけられた公共債とは次のようなものであった．まず第一に，イギリスおよび北アイルランド大蔵省証券，次に，地方公共団体短期証券，そして第三に，満期まで5年を超えないイギリス政府保証債券および地方公共団体保証債券，である（Shaw, E.R., *op. cit.*, p. 249）．

を受けて可能な限り最大限の資金を借り入れ，それを金利のより高いCD，インターバンク市場等の並行市場で運用したのである．このような裁定取引の規模がどの程度のものであったのかということは必ずしも明確ではないが，T. Lesterは，ある企業がこのような方法で1972年には単独で2,000万ポンドの資金運用を行った，と指摘している[42]．またイングランド銀行副総裁は1973年4月11日の講演で，二度目の「メリーゴーランド」による貨幣供給をその時点で6億ポンドと推計し，それはマネーサプライ（M3）の2％以上に相当する，と述べている[43]．

さらにまた，このような対銀行顧客との取引関係からだけではなく，CCC下の金融引締め政策を契機として，銀行部門内部の取引関係からも同様の問題が生じた．すでに指摘したように，イングランド銀行はインフレの加速を抑制するために，1972年11月にすべての銀行に対して特別預金を徴求し，直接的な流動性吸収策に打って出た．さらに翌月には特別預金預入率を対象債務の1％から3％へと引き上げた．イングランド銀行は，銀行部門が特別預金の預入れのために手元現金を取り崩すだけではなくて，コールローンの回収やTBの売却等によって最低準備資産比率を低下させ，その結果生ずるであろう銀行の貸出行動の制限を通じてマネーサプライの抑制効果を期待したのである．

ところが，インターバンク市場の存在が問題を攪乱させることとなった．いま仮に，特別預金の徴求によって銀行の最低準備比率が低下したとするならば，銀行はこれを是正するためにインターバンク市場から預金を取り入れ，それを割引市場でコールローンの取得のために投資することができる．とすれば，これはコール・レートに比較してインターバンク市場金利を上昇させるので，割引商会が過大なコールマネーをインターバンク市場に貸付けるように誘発するであろう．したがってその結果は，銀行がインターバンク市場を介して直ちに銀行に返済されるコールマネーを割引市場に貸付けたということであり，このような「メリーゴーランド」を助長することによって，かえって適格準備資産

---

41) *Ibid.*, pp. 42-4, 113. 日本銀行「英国における最近の金融政策運営について」（『調査月報』1974年2月号）4-5, 11頁．
42) Lester, T., *op. cit.*, p. 142. Grady, John and Martin Weale., *op. cit.*, p. 154.
43) *Bank of England Quarterly Bulletin*, Jun., 1973. pp. 197-8.

（コールローン）と負債（インターバンク市場からの借入れ）双方を増大させ，インターバンク市場の拡大とマネーサプライがさらに増大しうる可能性を拡充したのである[44]．

こうしてCCCのもとで並行市場はかえって急速に拡大していったのであるが，1973年4月にイングランド銀行によって行われたポンド建CD市場とインターバンク市場に関する「特別調査」によれば[45]，インターバンク市場を通じた無担保貸付残高は約55億ポンド，そしてポンド建CD発行残高は約50億ポンドの規模に達した（ちなみに，1971年10月にはそれぞれ20億ポンドと18.6億ポンドであったが，それはさらに1973年12月には77億ポンドと60億ポンドへと急増している）．そして，この並行市場の拡大を中心的に担っていったのは，CCC後，子会社を介することなく，直接，並行市場に参入することができるようになったロンドン手形交換所加盟銀行であった．

並行市場でのロンドン手形交換所加盟銀行の行動様式は，CD市場では他の銀行グループに比して平均よりもやや長い満期日のCDを発行する傾向があった（満期が3カ月以下のCD発行の割合は30％以下で，平均値40％よりも低い）．それは，銀行グループのなかでもCD発行額の最も多いロンドン手形交換所加盟銀行は「他の事柄が等しければ，その他の銀行グループよりも長期にわたって資金を確保するためにCDを用いることを好んだ」からであった．また，CD市場でのネットポジションはCD保有に比して圧倒的なCD発行超過で，CD市場を主に資金調達市場として活用していた．

これに対して，インターバンク市場ではロンドン手形交換所加盟銀行のネットポジションは大幅な貸出超過であり，インターバンク市場への圧倒的な資金の出し手であった．しかも，インターバンク市場で貸借される資金はそのほとんどが3カ月以下の短期資金であり，イングランド銀行の「特別調査」は，発行されたCDの平均的な満期日が124日であるのに対して，インターバンク市場での平均的な貸出期間はわずか19日であったと報告している[46]．

---

44) Cf., Shaw, E.R., *op. cit.*, p. 114.
45) Cf., *Bank of England Quarterly Bulletin*, Sep., 1973. pp. 303-314.
46) *Ibid.*, p. 312.

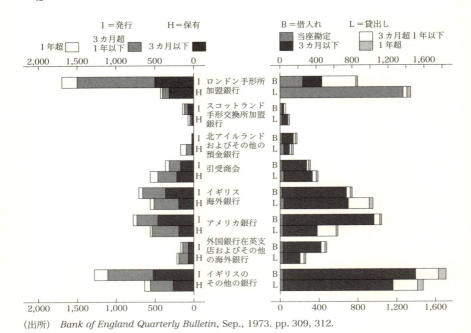

（出所）　*Bank of England Quarterly Bulletin*, Sep., 1973. pp. 309, 312.

図 **1-6**　ポンド建 CD の発行額と保有額（左図）およびポンド建インターバンク市場
　　　　　における貸借額（右図）　　　　　　　　（1973 年 4 月 18 日，100 万ポンド）

　このように並行市場では，ロンドン手形交換所加盟銀行だけではなく，「ほとんどの銀行グループにとって，例えば CD 市場での（発行と保有の）不均衡なポジションは，部分的にまたは全面的にインターバンク市場での（借入れと貸出しの）反対方向の不均衡なポジションによって相殺され」[47]る傾向があり，並行市場の基軸的な二つの市場は相互補完的な関係にあると同時に，また相互促進的に拡大したのであった（図 1-6 参照）.

　（4）以上のようなメカニズムを通じて，CCC 後インターバンク市場も急速に拡大したのであるが，その厚みを増した市場の基礎上で新たに secondary banks が跳梁したのである.

---

47)　*Ibid.*, p. 313. 括弧内の挿入は引用者.

secondary banks は預金銀行とは異なり，支払決済業務を行うわけではない．したがって，債権債務関係を集中決済し，預金通貨を創造する能力は制限されている．それに代わって，彼らは金融仲介業務に特化し，預金受取人や融資提供者として活動したのである．それは，secondary banks と預金銀行のバランス・シートの対照的な構造に反映されている．預金銀行の預金は多くが当座預金であり，貸付の大部分は当座貸越の形態をとって行われている．それに対して，secondary banks の場合には，その預金はほとんどがインターバンク市場を通じて他行から調達した 1 年以下の定期性預金であった．そして，貸付も当座貸越の形態ではなくて，中長期の融資形態 (term loan) で行われている．それは，イギリス企業の資金需要が銀行からの借入れ依存度を増大させ，しかもその需要が運転資金の調達から特殊な資本プロジェクトと結びついた融資へと向かう傾向があったことに対応して，3～5 年あるいは 7 年にも及ぶ中長期融資に対する需要が増大したために，secondary banks が不動産開発や長期資金調達前の一定期間に対するつなぎ融資 (bridging finance) の供給に専門化した結果であった[48)49)]．そして，このような中長期の資金需要に対して，預金銀行の当座貸越の限度は 6 カ月あるいは 1 年という期限に制限されており，しかも同じ限度の更新の保証が必ずしも存在しなかったもとでは，企業はたとえコストがかかったとしても，secondary banks の確実性のある中長期融資を選好したのは当然のことであった．

このようなバランス・シートの構造的な相違は，預金銀行と secondary

---

48) Revell, Jack, *Changes in British Banding: The Growth of a Secondary Banking System*, (Hill, Samuel Occasional Paper, No. 3, 1968). pp. 22-3. J. Revell は早くから secondary banks の活動に注目していた論者の一人であるが，この初期の論文ではホールセール・バンキングを行うものすべてを secondary banks として一括しているので，それは後に一般的に使われる狭い意味での secondary banks または fringe banks だけではなくて，マーチャント・バンク，海外銀行在英店舗，外国銀行在英支店等をも含む広い意味で用いられている．ちなみに，secondary banks に言及している日本銀行の初期の論文でも同様の用い方がされている（「英国の新金融調節方式について」（前掲），6 頁参照）．

49) M. Reid は，狭い意味での，いわゆる secondary banks あるいは fringe banks の資産は，多くの場合「大部分が不動産融資であった」と指摘している（"The secondary banking crisis—five years on," *op. cit.*, p. 29）．

banks の経営原則が，したがってまたその行動様式が全く異なることを意味している．預金銀行の債務は，いうまでもなく預金の占める割合が相対的に大きく，しかもその中で要求払い預金がかなりの割合を占めている．したがって預金銀行は，「健全な銀行経営 sound banking」を維持するためには，要求があり次第常に預金の支払いに応ずることができるように，絶えず流動性に配慮した経営を行うことが不可欠となる．

　これに対して，secondary banks の場合，その預金の大部分は一定期間拘束された有期性預金であり，また貸出しはほとんどすべてが，通常バンク・レートに連動した金利で貸出期間の固定された融資という形態で行われている．そのために，当座貸越の場合のように，借入企業の資金繰りに合わせた裁量的な返済によって生ずる，貸出資金の管理の困難性という問題は存在しない．それは，いつ全額が，あるいはその一部が満期となって返済されうるのかが，貸出約定時点ですでに確定しているからである．それゆえ，secondary banks は，預金銀行のように，突発的な預金の引出しと当座勘定に固有な返済期日の不確実性に対応するために，常に高い流動比率を維持していなければならないという必然性は存在しないのである．さらにまた並行市場においては，かつて交換所加盟銀行間に存在していた金利協定のような規制がなく，非常に競争的な市場であるために，通常 secondary banks は預貸金利幅の狭い枠内で活動している[50]．そのため secondary banks は，預金銀行のように収益性を犠牲にしてまで流動資産を確保し，高い流動比率を維持しようとすることには消極的であった．それに代わって，彼らは支払準備を確保するために「地方公共団体融資，割賦販売金融会社預金やインターバンク預金を求めて大部分新たな並行市場へと向かった」．これらの「並行市場資産」は，通常，無担保取引が主体で

---

50) J. Revell は，secondary banks の「平均的なマージンは，預金銀行の事実上の平均である 3〜3$^{1}/_{2}$% よりもかなり低いと言って差し支えない．他行へ移し換えられる預金の場合には，受取金利と支払金利の間のマージンは通常約 $^{1}/_{16}$% にすぎない」(*op. cit.*, p. 20) と述べている．これに対して日銀『調査月報』は，「secondary banks の預貸金利ざや」は大凡 0.75〜1% であった，と推計している（「英国の新金融調節方式について」（前掲），7 頁）．両者の推計値は資金の運用方法の相違を反映して若干異なってはいるが，しかしいずれにしても，secondary banks は預金銀行よりもはるかに狭い預貸金利幅の中で活動していたことは疑いのないところであった．

あることもあって，伝統的な割引市場を通じて取得されうる TB，商業手形，コール・ローンといった流動資産よりも収益性が高く，さらにまた，並行市場は割引市場よりもはるかに幅広い多様な満期日を有する資産を提供することができたからである[51]．

したがって secondary banks の経営原理は，預金銀行のそれとは異なり，バランス・シートに計上されている各資産・負債項目のそれぞれの多様な満期構造をコントロールするために，一定期日に満期となるあらゆる預金に対応して，同一期日に同額で満期となる資産を保有することによってバランスを達成する，いわゆる「マッチング」であった．それは，誰かが債務不履行に陥らない限り，きわめて自己流動的なバランス・シートであるといえよう．「ちょうど流動性が預金銀行業の基本原理であるのと同様に，マッチングは secondary banking の基本原理なのである」[52]．そして，バランス・シートの両側で生ずる満期構造のギャップを埋め合わせ，円滑なマッチングを可能としたのが並行市場そのものであった．資産サイドでは，地方公共団体融資や割賦販売金融会社預金もこのような機能を果たしたが，とりわけ短期日のインターバンク預金（「預金」と呼ばれているが，事実上，ブローカーを介して行われる他行への融資）はその利便性が高く，またその取引単位がきわめて大きいという利点を有していた[53]．他方，secondary banks の融資行動はまず融資の取り決めを行い，それからそれをファイナンスするために必要な追加的資金を探し求める，というものであった[54]．そのため，その融資にマッチングする金額と満期期日

---

51) Cf., Revell, J., *op. cit.*, pp. 25, 32.
52) *Ibid.*, p. 26. 傍点は引用者．Cf., Reid, M., *The Secondary Banking Crisis, 1973-75*, p. 27.
53) 多くの secondary banks にとって，「ポンド預金の最低単位は 5 万ポンドであり，他通貨に対してはもっと大きくなる傾向がある．いくつかの銀行は 1 万ポンド以下の預金の提示は相手にしない．前貸については，その単位は典型的なものではもっと大きく——多分 50 万ポンドが標準である——，時々数 100 万ポンドにのぼる」(Revell, J. *op. cit.*, p. 19)．そのため，資産・負債の満期ギャップを埋め合わせるために新たな資産の取得が必要な場合，100 万ポンドの金額は，例えば 10 の「地方公共団体融資」に分割されなければならないかもしれないのに対して，それがわずか 1 行への「インターバンク預金」（銀行融資）で済むのである．(*ibid.*, p. 35)
54) *Ibid.*, p. 34.

を有する新規預金をすばやく取り入れることが不可欠となるが，それを可能にしたのが多様な資金を供給することができるインターバンク市場の存在であった．それゆえ，負債サイドでは，発行銀行が証書を発行する際に満期日を選択する自由を持っているので，ギャップを埋め合わせる手段として都合のいい CD が急速に増大してくるとはいえ，CD を発行することができる secondary banks は限られており，依然として迅速な資金調達を可能とするインターバンク預金が大きな位置を占めていた（表1-2参照）．

このように，インターバンク預金は secondary banks のバランス・シートの両側で生ずる満期構造のギャップを埋め合わせる上で，規定的な役割を演じた．secondary banks は，インターバンク市場に依拠して資産・負債の満期構造を調整することによって，初めて資産の流動性や債務の支払能力を維持することができたのである．こうして「secondary banks はインターバンク預金のネットワークによって単一の銀行システムへと結びつくようになったのである」[55]．

(5) したがって，このような secondary banking system の発展に対する通貨当局の CCC による規制は，当初から深刻な矛盾を内包するものであった．

元来，資産・負債のマッチングを経営原則とする secondary banks は，預金銀行とは異なり，不確実な預金支払に応ずるために不断に「流動性」の確保を至上命題とするという行動様式はとらなかった．それゆえ，secondary banks にとっては「彼らの資産の流動性は二次的な重要性」しか持たず，彼らは「融資需要に応ずるために，より収益性の低い資産（流動資産）の『緩衝材』を必要とはしな」かった[56]．こうして，secondary banks はインターバンク市場から容易に資金が調達できる限り，「流動性」を顧慮することなく信

---

55) *Ibid.*, p. 5.
56) *Ibid.*, pp. 37, 34-5. 傍点と括弧内の挿入は引用者．また T. Lester も次のように指摘している．「フリンジ・バンクは，取付けをカバーするために十分な資金を市場からいつでも『引き降ろす』ことができる，それゆえに，流動的な（したがって相対的に収益性の低い）形態で，保有されている現金および預金勘定の 30-40% という慣習的な水準を保持する必要はない，という考え方をとっていた」(*op. cit.*, p. 69)．

用を拡大することができたのである[57]．

このことは，流動性の高い適格準備資産の一定比率での保有を義務づけることによって，金融機関の与信行動をコントロールしようとしたCCCの目論見は，当初からsecondary banksの行動を規制するものとしてはその有意性について疑問を抱かせるものであった．銀行のバランス・シートを，現金，流動資産およびその他資産として表示する慣習的な分類方法によれば，銀行の保有する「他行残高」は現金として分類される．原理的には，これらの残高は，銀行が手形交換所加盟銀行に当座預金として決済資金を維持している場合がそうであるように，それを現金として分類してはならない理由はない．しかし，決済資金は通常きわめて小さなものであるし，また預金銀行間においては，イギリス預金銀行業の破られがたい慣習として，ある銀行が他行から借入れを行うということは信用を損なうものとみなされたので，預金銀行間で持ち合う「他行残高」は多くはなかった（もとより割引市場の運動の実態は，コール・マネーの貸借を通じて銀行間で資金を融通しあうというものではあったが，それでも手形の売買という外観をとることによってこの慣習は維持されている）．

ところが，secondary banksの場合はバランス・シート上「他行残高」として表示されるインターバンク市場での預金を数多く保有していた．これは「預金」と呼ばれているけれども，事実上，その大部分はブローカーを介して行われる期間1年程度の固定金利での他行への融資であった．したがって，これらすべての「残高」を現金として，それゆえに流動資産として分類するならば，secondary banksは極端に高い現金準備率と非常に高い流動比率を維

---

[57] もとよりsecondary banksにとって「伝統的な意味での流動性」が全く不要である，と言っているわけではない．むしろ，次の二つの理由からそれは必要である．第一に，secondary banksの預金の多くは短期性預金であり，それゆえ，これらはかなり短期の資産によってカバーされる必要がある．第二に，secondary banksの公表されるバランス・シートやイングランド銀行への報告書は伝統的な様式で計算されており，したがって経営の「健全性」は伝統的に「適切な流動性」に従って判断される，からである．しかしながら，発達したインターバンク市場の基礎上でマッチングによって資産・負債の満期構造を調節することができる限り，secondary banksはそのために収益性を犠牲にしてまで，通常の「割引市場資産」に投資することによって「流動性」を獲得することを望まなかったのである（cf., Revell, J., *op. cit.*, p. 25）．

持していることとなるであろう[58]．また他方では，secondary banks は必要な際には短期間の内にインターバンク市場からすばやく新規預金を取り入れ，それを「流動資産」の取得に転じて流動比率を上昇させることもできるのである．それゆえ，「業種柄，その業務において信用リスクをとらないとみなされている割引商会の一つでさえも，『London & County や Cedar（いずれも1973年末の「金融危機」の際に経営破綻した secondary banks）はかなり評判が良く，それらのバランス・シートは合理的な堅実性の兆候を示していた』と認めてい」たのである[59]．

　このことは，不動産バブルの発生と Secondary Banking Crisis の勃発は，世上に広く流布している見解のごとく，secondary banks が CCC による規制とその「経営の健全性」を逸脱した野放図な融資活動を行ったから生じたというものではなくて，むしろ「銀行経営の健全性」を示す伝統的な指標である「流動性」の確保と支払能力の堅持という基準からするならば，その「健全性」を維持していくなかで引き起こされたことを意味している．したがって，伝統的な意味での「流動性」を通じて secondary banking system を規制しようとするいかなる試みも[60]，その目的を実現しようとするや否や深刻な矛盾に逢着せざるをえない宿命にあった，ということができるであろう．

第3節　CCC と不動産バブルの発生

　(1)　すでに指摘したように，1972年頃から政府の経済政策は拡張政策へと転換したが，停滞した経済のもとで予測される収益率は必ずしも魅力的なものではなかったので，産業部門の投資の再開は遅れた．これに対して，不動産開発部門は全く異なる対応を示した．1960年代のイギリスでは度重なるポンド危機とそしてその後半に発生したスタグフレーションのために，政府は国内

---

58)　Cf., *ibid.*, pp. 16-7.
59)　Lester. T., *op. cit.*, pp. 69, 142. 括弧内の挿入は引用者．
60)　イングランド銀行は，当初，secondary banks を含む銀行業務を行うすべての銀行を，CCC によって一律に規制しうると信じていた．Cf., "Competition and credit control," *Bank of England Quarterly Bulletin,* Jun., 1971. para., 10.

需要の拡大に対しては抑制的政策をとらざるをえなかった．そのため土地利用について強い規制が課され，1960年代後半の建築規制は新規建設を抑制することとなった．他方，経済のサービス化の進展やシティへの活発な外銀の進出等もあって，商業用地やオフィス・ビル需要は極めて旺盛であった．その結果，それらは1970年代初頭にはその供給不足として，とりわけオフィス・ビルの不足と家賃の高騰として現れた．そしてこれはさらに，インフレの時代には不動産投資は最良のインフレ・ヘッジ手段である，という広く信じ込まれている信念によって鼓舞された．実際，一流店舗やオフィスおよび工業用地の賃貸料の上昇は，1972年の13.4%（1969年以降の平均年率）から翌73年には41.6%に急騰し，また不動産価格の年々の平均上昇率は1971年の11%から72年の24%へと跳ね上がり，さらに73年にはその増勢は鈍化したとはいえ，26%と続騰した[61]．新築住宅の平均販売価格に至っては，1972年6月から翌73年6月の間に52%も上昇したのである[62]．それゆえ，この時期「企業家にとって不動産開発ほど予想される高収益率をもたらすと思われる，ほかのどのような経済活動領域も存在しなかった」[63]のである．

　こうして活発化した不動産開発事業に対して，CCCのもとで固有の信用膨張メカニズムを通じて実現された，銀行による不動産融資が激増することになった．不動産部門に対する銀行の融資残高は，1970年の3億4,300万ポンドから74年には28億3,400万ポンドへと著増し，しかもその増加のはるかに大きな部分が非加盟銀行である「その他銀行」（そのなかで不動産融資の多くを担ったのは，言うまでもなくsecondary banksである）によって占められていた（表1-5参照）．もとより交換所加盟銀行自身の不動産融資も74年にはグループ全体で13億4,000万ポンドへと増大したが，「ウィルソン委員会」に提出された報告書によれば，交換所加盟銀行は不動産融資を「長期的観点から引き受けることができる能力と彼らの資金源泉との間の関係で，過度に行き

---

61) Reid, M., *The Secondary Banking Crisis, 1973-75*, p. 63.
62) *The Economist,* Dec., 15, 1973. p. 23.
63) The Bank of England, "The secondary banking crisis and the Bank of England's support operations," *Bank of England Quarterly Bulletin*, Jun., 1978. para., 18.

表 1-5 不動産会社への融資

	1967	1968	1969	1970	1971	1972
ロンドン手形交換所 加盟銀行						
親銀行	242	221 (−21)	211 (−10)	184 (−27)	261 (+77)	642 (+381)
グループ	—	—	—	—	—	—
その他銀行[注]	103	116 (+13)	116 (0)	159 (+43)	240 (+81)	515 (+275)
全銀行	345	337 (−8)	327 (−10)	343 (+16)	501 (+158)	1,157 (+656)

注) 1973年以降, ロンドン手形交換所加盟銀行の子会社は除外.
(資料) *Bank of England Quarterly Bulletin*; CLCB *Statistical Unit*.
(出所) *The London Clearing Banks*, 1977. p. 277, Table 61.

過ぎない」ように気をつけていたのに対して,「不幸にして, 多数の secondary banks は……銀行業の思慮分別の限度を超えて, 短期預金によってファイナンスされた資金を, 不動産会社の資金的欲求を満足させる貸付や前貸しで運用してきた」, と secondary banks を厳しく非難した[64]. しかしながら問題は, すでに指摘したように, CCC の導入後, secondary banks が投機的な不動産

---

64) *The London Clearing Banks Evidence the Committee of London Clearing Bankers to the Committee to Review the Functioning of Financial Institutions* Nov., 1977, appendix D.10, pp. 243-4. The Committee to Review the Functioning of Financial Institutions というのは, 1976年9月の労働党の銀行国有化提案を受けてイギリスの金融制度を全面的に再検討するために, 新たに首相の諮問機関として設置された委員会であり, 委員長の H. Wilson 前首相の名を冠して「ウィルソン委員会」と通称されている. 委員会は審議の過程で膨大な証言録や特別研究を公刊し, 最終報告は1980年6月に議会に提出された (委員会が設置されるに至った経緯とその報告の意義については, この最終報告書を訳出した, 西村閑也監訳『ウィルソン委員会報告—英国の金融・証券機構と産業資金供給—』(日本証券経済研究所, 1982年) の「監訳者はしがき」を参照されたい). ちなみに, これまで何カ所かで引用した論文 "The secondary banking crisis and the Bank of England's support operations" (*Bank of England Quarterly Bulletin, Jun.*, 1978) は, イングランド銀行が「ウィルソン委員会」に対して提出した, Secondary Banking Crisis の全容を概括した報告である.

(100万ポンド，括弧内は対前年比変動額)

1973	1974	1975	1976
850 (+208)	925 (+75)	917 (−8)	855 (−62)
1,160 (+354)	1,340 (+180)	1,414 (+74)	1,397 (−17)
1,170 (+819)	1,494 (+324)	1,545 (+51)	1,392 (−153)
2,330 (+1,173)	2,834 (+504)	2,959 (+125)	2,789 (−170)

融資を激増させるために必要な資金調達を可能にしたインターバンク市場の急速な拡大過程において，市場への資金の圧倒的な貸出しを行い，市場拡大の中心的な役割を果たしてきたのは他ならぬ交換所加盟銀行それ自身であった．それゆえ，交換所加盟銀行は，Secondary Banking Crisis において，決してそのような傍観者的，中立的立場にはなかったことに留意しておく必要があろう．

　（2）　元来，イギリスにおいて広く普及している商業用不動産の開発金融様式は，不動産・開発業者が新規の不動産開発を行う際には銀行から2〜3年程度の短期的な融資を受けて用地整備と建設を行い，そして建設物が完成した暁には，保険会社や年金基金のような機関投資家の長期投資によって置き換える，というものであった[65]．ところが，1970年代初頭の不動産ブームの末期には，従来の不動産開発金融様式に顕著な変調が現れた．不動産・開発業者の銀行への借入れ依存度が上昇し，しかも長期金融の手当てに十分配慮することなく，銀行融資を通じた資金操作が行われた結果，銀行による短期的あるいは中期的な不動産融資が累増したのである[66]．それは，不動産・開発業者がこの局面で直面した深刻な苦境を反映した

---

65) Cf., *The London Clearing Banks*, appendix D.4. pp. 240-1. Boddy, Martin, "Investment by financial institutions in commercial property," in do., ed., *Land, Property and Finance*, (SAUS (University of Bristol) Working Paper 2, 1979.) p. 17. Reid, M., *The Secondary Banking Crisis, 1973-75*, p. 66, etc.

66) 「フィナンシャル・タイムズ」の記者である Peter Riddell も，このブーム期の不動産ファイナンスの特徴として「1971-73年に『不動産に向かった』融資の大半は，それほど安全でも長期的な融資でもなくて，短期的あるいは中期的な銀行の資金からなっていた」と指摘している（"Property losses —— how far the banks'own fault?," *The Banker*, Feb., 1975, p. 179）．

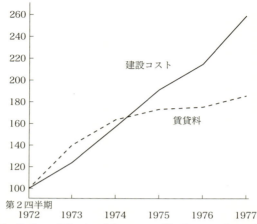

(出所) The Royal Institution of Chartered Surveyors, *The Property Boom 1968-73 and its Collapse*, 1978, p. 10.

図 1-7　建設コストと賃貸料の上昇
(1972 年第 2 四半期を 100 とする指数)

ものであった．

　それは，まず第一に，昂進するインフレの圧力のもとで，新期の建設コストが 1973 年以降急速に上昇し始めたことである．そして 1974 年に入ると，これまで顕著な伸びを示していた「一流店舗，オフィスおよび工業用地」の賃貸料の上昇率をも凌駕するに至った（図 1-7 参照）．第二に，MLR に連動しているベース・レートが高騰し，したがって借入れ金利が急騰したことである．開発業者は，通常 MLR よりも 3% 高いかまたはそれ以上の借入れ金利を支払っていたが，それでも「70 年代初頭には，銀行借入れは社債やあるいは開発金融の他の形態のものよりも安かった」[67]．ところが，1972 年初めに 4.5% であった MLR（当時はバンク・レート）は，73 年 7 月の通貨危機を経て 73 年 11 月には 13% まで急騰した．しかしながら，72 年以前に支配的であったより安価な金利に基づいて開発計画を建策していた開発業者は，73 年半ば以降の金利の急騰に直面したとしても，すでに土地を取得し開発計画の認可も得て建設過程に着手していれば計画を中断することは困難であったので，それに見

---

67) Boddy, M., *op. cit.*, p. 19.

合った収益を確保する見通しもないまま開発計画を続行せざるをえなかった．それゆえ，かりに不動産価格の上昇率が不変であったとしても，金利コストの急騰によって収益は大きな圧迫を余儀なくされた．実際，不動産・開発業者の金利負担は急増し，総収入に占める金利負担の割合は1972年には約2分の1であったものが，1973年には約3分の2に，さらに翌74年には恐らく90%にまで上昇し，不動産・開発業者の財務内容を急速に悪化させたのである[68]．

第三に，73年以降「急激に低下した賃貸料の上昇率に照応して（図1-7参照），完成された建設物の価値も下落した」のである[69]．このように，インフレによる建設コストの高騰や金利負担の急増，さらにまた，賃貸料の上昇率の鈍化を反映した不動産価格の低下に挟撃されて，不動産・開発業者は収益の減少と資金繰りの悪化を余儀なくされ，銀行への短期的資金の借入れ依存度を急速に増大させることとなった．しかしながら，問題はそれだけにとどまらなかった．

これまで長年にわたり不動産市場で長期的資金の運用を行ってきた機関投資家が，このブーム期においても投資資金総額に占める不動産投資比率や投資絶対額を，完成建設物の増加に対応して増大させることがなかったのである[70]（図1-8参照）．それは，彼らの投資行動の基準が長期的見通しを斟酌しつつ決定されるので，不動産市場の一時的変動によって大きな影響を受けることが

---

68) *The London Clearing Banks*, appendix D.7. p. 242.
69) The Royal Institution of Chartered Surveyors, *The Property Boom 1968-73 and its Collapse A supplementary memorandum of evidence to the Committee to Review the Functioning of Financial Institutions*, Jul., 1978, 3.8.2, p. 11. 括弧内の挿入は引用者．なお「ウィルソン委員会」については，脚注64)を参照．
70) 「ちょうど保険会社や年金基金はブーム期に不動産投資の水準を大きく増加することがなかったように，市場が崩壊したときにも，彼らはその水準を大きく縮小させることはなかった」(*ibid.*, 3.8.3, p. 11)．ただし，図1-8においては，1973年に保険会社と年金基金の不動産投資比率が9.2%から18.2%へ，投資額が2億5,200万ポンドから5億5,500万ポンドへと急増している．これについて「王立公認査定人協会」は，通常の株式や政府証券の購入を決定する場合よりも，不動産投資の決定が行われる場合のほうが主に法的手続きのためにより長い時間を要する，そのため，1973年の不動産投資の盛り上がりは，少なくともその一部は，1971-72年のブームの高みで行われた決定を恐らく反映したものであろうと推測している（cf., *ibid.*, 3.3.3, p. 7）．

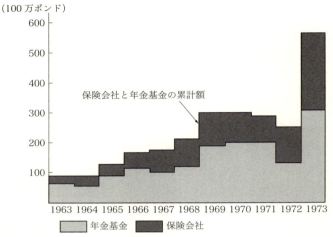

(資料) *Financial Statistics*.
(出所) 図 1-7 に同じ．p. 6.

図 1-8　保険会社と年金基金による不動産投資純取得額

少なかったからに他ならない[71]．それに代わって機関投資家は，一方では1972年から74年にわたって政府証券の利回りは着実に上昇していたために，また他方では全般的に経済情勢の不確実性が高まってきたために，金縁証券の購入と高い流動比率の維持によって対応したのであった[72]．かくして，不動産・開発会社は，一定の建設期間を経た後に供給される完成建設物の加速度的増大に対応して急増する長期資金の手当てをすることが困難に陥ったが，この中長期的な融資を代替したのが他でもない secondary banks であった．

後述のごとく，意識的に「ミスマッチ」を造成しがちであった secondary banks は，このような不動産・開発会社の長期資金需要の増大に対して，インターバンク市場から資金を調達することができる限り，短期資金の借換えによって中長期資金需要に積極的に応え，かくして「短期預金によってファイナンスされた資金を，不動産会社の資金的欲求を満足させる貸付や前貸しで運用」

---

71)　Cf., *ibid.*, 3.3.2, p. 6.
72)　Cf., *ibid.*, 3.8.3, p. 11.

第1章　イギリスの金融市場改革と Secondary Banking Crisis

1．英国（イングランドとウェールズ）の住宅地価推移

2．英国の住宅価格上昇率の推移

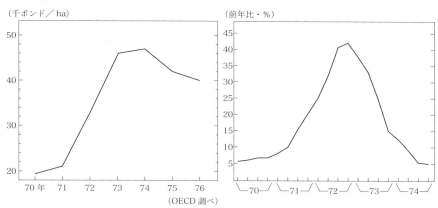

（資料）　Nationwide Anglia Building Society.
（出所）　日本銀行「1970年代初頭における英国中小金融機関の経営危機（Secondary Banking Crisis）について」（『調査月報』，1990年1月号）83頁．

図1-9　英国住宅地価等推移

（「ウィルソン委員会」での証言（前掲））したのである．こうして不動産・開発会社は，ブーム末期に長期的な不動産投資需要の不足に直面することとなったが，その手当てをし，不動産価格の値崩れを阻止するために，secondary banks の過度な信用膨張に大きく依存することとなった．そこでは，意識的に「ミスマッチ」を造成しがちであった secondary banks と安定的な機関投資家による長期的な不動産投資需要の減退に直面した不動産・開発会社との利害が一致したのである．

　かくして，不動産市場の市況に変調が現れ，図1-9からも窺えるように，1971-72年にかけてその上昇速度を一段と加速させた不動産価格は，不動産投資ブームの末期である73年に入るとその初頭から低迷し始め，その結果，不動産価格の上昇率は大幅に低落した．不動産市場の供給過剰化傾向が鮮明に現われ始めたのである（図1-10）[73]．しかしそれにもかかわらず，73年には不動産・開発会社への銀行融資の対前年比増加額は，このブーム期において最大規模となる11億7,300万ポンドを記録し，とりわけ secondary banks を中心とする「その他銀行」の融資額の増加がその大部を占めたのである

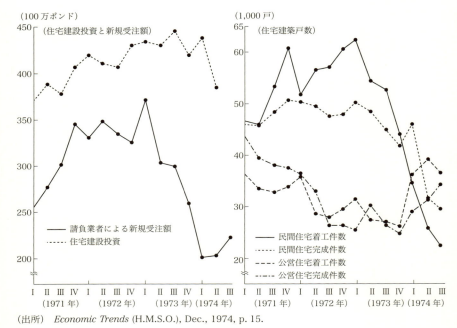

図 1-10　70 年代前半の住宅建設

73) 不動産部門の需給関係を見るために，住宅建設部門の受注状況と建設投資額・建築戸数の推移を見てみると（図1-10参照），民間住宅の着工件数は1973年第1四半期の6万2,800戸をピークとして急激に減少し，翌74年第3四半期にはその3分の1近くにまで急減している．他方，民間住宅の完成戸数は71年第4四半期と73年第1四半期をそれぞれピークとしてその後減少しているが，その減少率は着工件数のそれに比して小さく，ブームのピークが過ぎ去ったあとも一定の建設期間を経た後に住宅が供給され続けたことを示している．これに対して，不況対策の一環として，公営住宅の建設が74年に入ると急増するが，しかし全家屋の新規受注額と建設投資額の推移を見てみると，全家屋の新規受注額は73年第1四半期の3億7,500万ポンドをピークとして急減し，74年第1四半期にはピーク時の55%にまで落ち込んでいる．住宅補修・改築等によって73年の住宅建設投資額は横這いで推移しているが，それも74年に入ると減少に転ずることとなった．これらのことは明らかに，不動産市場では73年初頭から供給過剰に陥ったことを示しているといえよう．

第1章　イギリスの金融市場改革とSecondary Banking Crisis

（表1-5，図1-11参照）．これらのことは，不動産・開発会社がブーム末期の市場の供給過剰化傾向に直面して，不動産価格を支持するためにsecondary banksを基軸とする「その他銀行」を中心に，金融機関からの借入れを大幅に拡大して，必死に市場の崩落を阻止しようとしていたことを意味している[74]．しかしながら，そのことは，他方では，不動産・開発会社の財務内容を過度な銀行債務に依存するものとし，金利の変動に大きく左右される脆弱なものにしただけではなく，同時に，このような状況下の不動産市場の持続可能性は，secondary banksの信用拡張能力の限度に決定的に依存するものとなったの

---

[74]　日銀『調査月報』はブーム末期の地価の推移について，「オイルショック後の急激な引締め政策」と「secondary banksの経営難」から地価高騰は「次第に鎮静化」し，「73年末には騰勢はほぼ収まったかのようにみえた」，しかし，73年12月に「不動産業者への課税強化（不動産取引に係るキャピタルゲイン課税強化）構想」が発表されると，不動産業者は「一斉に不動産の売却に向かった」ので，「地価の暴落」が発生した，と述べている（「1970年代初頭における英国中小金融機関の経営危機（Secondary Banking Crisis）について」（前掲），86頁）．

しかしながら，ここには若干の検討を要する問題が存在しているように思われる．まず第一に，事実関係の確認であるが，日銀の調査論文自身が掲載している図表（本書で図1-9として援用）からも明らかなように，不動産価格の上昇率はすでに73年初めから大幅に下落し，その結果，地価高騰は急速に鎮静化しており，調査論文が指摘するように，73年10月の「オイルショック後の急激な引締め政策」を契機としてようやく地価が鎮静化したというわけではない，という点である．第二に，より重要な論点であるが，このような「オイルショック」や「課税強化」といった外的，偶発的契機によって，地価が「鎮静化」したり，「暴落」したりするという捉え方の理論的な混乱に関してである．とりわけ「地価の暴落」に関して，何故，「課税強化」（しかも，現実にはその実施は見送られている）が必然的に「地価の暴落」を引き起こすことになるのか，という点である．もとより「課税強化」（の発表）によって不動産の売り急ぎが生じたならば，そうでない場合に比して価格の下落は大きくなるであろう．しかし，それによって不動産取引が抑制されることがあったとしても，直ちに「地価の暴落」が生ずるわけではない．それは，たとえ不動産価格が下落したとしても，各種準備金や引当金等の「支払準備処分力」を有する不動産業者は，借入金に係る金利の支払いや元本を返済するために直ちに不動産の売却を強制されるわけではないので，不動産市場全体に強制売却が波及し，「地価の暴落」が生ずる，ということにはならないかならである．それゆえ，「地価の暴落」が生じた背景を明らかにするためには，何故，不動産業者が自己の債務返済のために不動産の強制売却を余儀なくされ，しかもそれが市場全体に波及せざるをえなかったのか，を理論的に明確にしておくことが不可欠なのである．

である．

第4節　Secondary Banking Crisis の勃発

　(1)　CCC によって新たに secondary banks に対しても準備資産の保有が義務づけられ，流動資産の保有比率規制が強化されたにもかかわらず，secondary banks は不動産関連融資を積極化させ，その業容を拡大していった．それは，単に secondary banks の行動原理が伝統的な「流動性」を基準とするものではなくて，それに拘束されることがなかったというだけではなく，secondary banking system そのものの発達に依存するところが大きかった．

　secondary banks の経営原理はマッチングであったが，金額・期間双方において，資産負債の完全にマッチングしたバランス・シートは「自己流動的」で健全ではあるが，収益性はきわめて低い．そこで「ほとんどの secondary bankers は，収益は満期に比例して増大するので，預金よりも幾分長めの資産を保有することによって彼らの利益の増大を図っている」[75]．それゆえ，secondary banks は意識的にミスマッチを造成しがちであるために，新たに資金調達上の流動性リスクが生み出される傾向がある．ミスマッチが大きくなると，負債の借換えを行ったり，預金の引出しに応えるために必要な資金を直ちに調達しなければならなくなるリスクが増大するからである．そこで，secondary banks はこのような流動性リスクの管理能力を高めるために，必要な際にはすばやく預金を取り入れることができるインターバンク市場への依存を一層強化せざるをえなくなった．

　すでに指摘したように，secondary banks の行動を CCC の「最低準備比率」や「特別預金制度」によって規制することが困難であったのは，secondary banks は必要な際にはインターバンク市場を通じて直ちに預金を取り入れ，流動資産総額を自由に変動させることができたからに他ならない．預金銀行が短期間の間に流動比率を上昇させる必要がある場合には，多くは「投資」勘定科目の資産を売却して，それを流動資産の保有へと転化することによって実現するのに対して，secondary banks は通常このような目的のための「投資」勘定資産を持っているわけではない．「ほとんどすべての資産は一定期間固定

第1章 イギリスの金融市場改革とSecondary Banking Crisis　　　59

されており，そのため長期資産は実現されることができず，流動資産に転化されることもできない」のである[76]．したがって，このような状況のもとで流動資産の保有を増大させるためには，新たに獲得した預金の中から必要とする流動資産を取得する他はない．そして，secondary banksが預金銀行と決定的に異なる点は，この新規預金を，インターバンク市場を通じてすばやく取り入れることができるその能力にあるのである．かくしてsecondary banksは，資産負債の満期構造のミスマッチによって生み出された流動性リスクの管理を強化するために，インターバンク市場への依存を一層強め，こうしたリスク管理機構を通じてさらなる信用を拡張していったのである．

　これに対して他方では，インターバンク市場そのものがその独自な機構によって市場規模を自立的に拡大させ，それを通じてsecondary banksの信用拡張とリスク管理を一層容易なものとする役割を演じた．secondary banksが顧客から預金を受け入れるのは，必ずしもそれに対する直接的な資金需要があるときとは限らない．預金を受け入れたsecondary bankは他行に貸付けるかもしれないし，さらにそのsecondary bankも企業に直接貸付けずに，別のsecondary bankに預託するかもしれない．このようにsecondary banksは銀行間で大規模に預金をしあい，預金と再預金あるいは貸付と再貸付が繰り返される結果，原預金者と最終借手との間には仲介者として機能したsecondary banksの信用連鎖が形成されるのである[77]．このような銀行間の信用連鎖の形成は迅速で効率的な資金配分に役立つのであるが，その連鎖が形成される直接的動機は，もとより資産負債の意識的なミスマッチの造成によって生み出された「期間変換」に基づく利鞘の獲得である．

　しかしそれだけではない．secondary banksが意識的に造成するミスマッ

---

75)　Revell, J., *op. cit.*, p. 26.
76)　*Ibid.*, p. 41.
77)　インターバンク市場では「ユーロ通貨市場の場合と同様に，資金の本来の貸手は（それは銀行であるかもしれないし，またはノンバンクであるかもしれない）最終的な利用者を管理することも，あるいはその身元も知らない．その上，たとえすべての貸手とその後の借手が確認できたとしても，資金は何度も持ち手を変え，それによって借手と貸手の複雑な連鎖を構築しているので，依然として全体像は得られないであろう」(Shaw, E.R., *op. cit.*, p. 103.)．括弧内の挿入は原著者．

チに伴って新たに発生する流動性リスクを管理するためには，資産負債の期間差を埋め合わせるために必要とされる負債の借換えや新たな資金の取入れをすばやく行うことが不可欠となる．それゆえ，リスク管理の強化のために secondary banks の間で不可避的に銀行間預金の取入れとその貸借が活発化してくると，この点からもインターバンク市場の自立的な膨張が促されたのである．そして，インターバンク市場の自立的膨張に伴って多様な資金貸借の出会いが付けやすくなり，銀行間預金の取入れとその貸借がさらに促されると，secondary banks のリスク管理は一層容易なものとなった．

ここには，こうして拡大したインターバンク市場の自立的膨張は，さらにまた新たな secondary banks の信用拡張とリスク管理の強化を可能にする，という両者の相互促進的関係が内包されているのである．したがって「このことは，顧客から獲得したどのような一定額の新規預金も流動資産（資産としての銀行間預金）と預金（負債としての銀行間預金）の双方の金額を数倍にするまで増大しうる，ということを意味している．事実上，secondary banking system のなかで流動資産と預金双方の総額は，ミラーの使用によって増大されうるのである」といえよう[78]．

こうして secondary banks の信用拡張・リスク管理の強化とインターバンク市場の自立的膨張は，相互に促進しあいながら進展していったのであるが，もとより市場規模の拡大は多くは銀行間再預金に依存するものであって，原預金者の預金総額の増大や最終資金需要者（非銀行借手）に対する貸付け総額の増大によって直接規定されたわけではない（もし後者のような事柄が生ずれば，市場規模の拡大がさらに促されることは言うまでもない）．さらにまた，仮に最終資金需要者に対する貸付が増大し，それに見合った資金額がインターバンク市場の外部に流出することがあったとしても，しかしながら再生産過程が円滑であれば，その資金はインターバンク市場への返済やクリアリング・バンクの貸出し等を介して再び急速にインターバンク市場へと還流するであろう．それゆえ，再生産過程の流動性が維持される限り，インターバンク市場の膨張は何ら抑制されることはなかったのである．かくして，インターバンク市場の自

---

[78] Revell, J., *op. cit.*, pp. 41-2. 括弧内の挿入は原著者．

立的拡大を基軸として secondary banks は相互に深く結びつき，独自な secondary banking system を発達させていったのであるが，この banking system のなかで secondary banks は独自なリスク管理を実現し，その基礎上で不動産市場の長期的な資金需要の拡大にも応じて信用膨張を現実化させていったのである．

　(2) しかしながら，このような secondary banking system は同時に固有の不安定性を内包していた．それはまず第一に，すでに指摘したように，他行に預金している（事実上，他行に貸付をしている）銀行あるいは secondary banks はその預金の最終的な使用を管理することができない，という点に関係している．通常，預金銀行の場合，融資の安全性は，銀行が融資先の業務・財務内容を「審査」するか，その融資先が「一流の名前」に限定されることによって「保証」されていた．しかしながら，インターバンク市場では資金の本来の貸手は，その預金を取入れた secondary banks がどのような最終資金需要者に融資したのか判別しえないので，secondary banks の自由裁量を信頼する他はない．それゆえ，ここには「健全な」融資政策に依存するシステムの究極の安全性は，必ずしも保証されてはいないのである．

　第二に，インターバンク市場を通じて統合された secondary banking system のもとでは，ある銀行の破綻は，預金銀行制度の場合に比して急速に他行へと波及していく可能性が高くなるので，システミック・リスクが著しく増大する点である．元来，secondary banks は預金銀行と異なり，無担保融資が主流で，しかも収益性の低い流動資産をほとんど保有していなかったために，他行から「預金」の回収が生じた場合，その返済に応じる「準備資本処分力」は各種準備金・引当金の取り崩しや流動資産の流動化ではなくて，もっぱらインターバンク市場からの新たな「預金」の獲得能力に依存していた．ところが，ある銀行が破綻し，インターバンク市場が逼迫してくると新たな「預金」の取入れは制限されるので，たちどころに「預金」の返済に窮することとなった．それゆえ，相互に「預金」をし合っている secondary banks の信用連鎖は中断し，返済不能がその信用連鎖を通じて逆行的に波及せざるをえなくなる可能性が著しく高まるのである．

第三に，この市場には「最後の貸し手」が存在しないことである．したがって，secondary banks の健全性に対する懸念が発生し市場が著しく逼迫した際には，パニックの発生を未然に防ぐために必要とされる追加流動性をすばやく供給し，システムの安定化を図る，という機構そのものをもともと有してはいなかったのである．

このように secondary banking system は元来それ固有の不安定性を内包していたのであるが，問題はそれだけにとどまらなかった．すでに指摘したように，secondary banks は収益を増大させるために「預金よりも幾分長めの資産」を保有し，意識的にミスマッチを造成する傾向があった．それゆえ，secondary banks のバランス・シートがこのような「短期調達・長期運用」というポジションをとっている場合，金融が逼迫すると資金調達コストが急騰するので逆鞘となり，secondary banks の経営の脆弱性とこの banking system の不安定性が一挙に表面化せざるをえなくなるのである．そして実際，このことは1973年後半に現実化することとなった．

(3) すでに指摘したように，1973年初頭以降，地価や住宅価格の上昇率は急速に低下し，不動産市場では供給過剰化傾向が顕在化していた．にもかかわらず，73年前半を通じて通貨当局にとっては MLR の意図せざる低下が生じ，大規模な「ラウンド・トリッピング」が発生した．MLR は72年末に9.0%に達した後，73年初来ほぼ一貫して低落し，6月22日には7.5%にまで低下した．そして，これに連動して各種短期金利も低落傾向をたどったのである（図1-5参照）．

このため「短期調達・長期運用」というポジションをとっている secondary banks は，金利低下傾向が支配している局面では，金利負担を軽減するために負債を短期化すると同時に，長期固定的な高貸出金利の利点を享受するために資産を長期化しようとするので，資産負債の意識的なミスマッチの造成に一層拍車がかかり，長期融資もさらに促進された．実際，不動産市場の供給過剰化傾向が現れ，一部の不動産・開発業者の単なる繰延決済のための資金需要が混在しているにもかかわらず，73年には secondary banks を中心とする「その他銀行」の長期的な不動産融資の増加額が8億2,000万ポンドとこのブーム

期の最大規模に達し，不動産市場の供給過剰化傾向が隠蔽されていったのである（表1-5参照．また，73年初頭以降のロンドン手形交換所加盟銀行とsecondary banksの不動産融資姿勢の対比については後掲図1-11を参照）．

しかし，73年央に大きな転機が訪れた．72，73年度の成長志向型財政運営の結果，貿易収支の不均衡拡大によるポンドのフロート・ダウンと国際商品市況の高騰によって輸入品価格は騰貴し，国内の物価上昇はさらに加速化した（72年7月の小売物価対前年同月比5.8％，卸売物価同4.2％上昇に対して，翌73年7月には小売物価対前年同月比9.4％，卸売物価同7.1％上昇．表1-6参照）．これに対して，イングランド銀行は政府の成長志向型の経済運営をうけて，必要以上のデフレ・インパクトを与える金融政策をとることは極力回避する方針ではあったが，国内物価上昇が加速化していくなかでインフレ抑制のための厳しい金融引締め措置をとることを余儀なくされた．まず73年7月19日に，MLRの意図せざる低下を引き起こしたTBレートの低下を阻止するために，その原因の一つとなった割引商会に対する公共部門債保有比率規制を撤廃し，それに代えて民間部門債保有額を資本金および準備金の合計額の20倍以内に制限するという規制に改められた．次いで，翌20日にはMLRをこれまでの7.5％から9％に，さらにその一週間後の27日には11.5％へと立て続けに引き上げ，またこの間に，特別預金の追加徴求も3％から4％へと引き上げるなど，厳しい引締め政策が相次いで打ち出された．

その結果，1973年夏のこのような一連の金融引締め政策の強化は，不動産「バブル」を主導してきた不動産・開発業者とsecondary banksを二つの側面から挟撃することになった．それは，まず第一に，商業用不動産の開発をさらに抑制しただけではなく，住宅金融の逼迫を通じて住宅建設の拡大に対しても抑制的な作用を演じたことである．イギリスの住宅資金の供給において圧倒的なシェアを占めているのは住宅金融組合（building societies）であるが，CCC導入後，バンク・レートに連動した交換所加盟銀行の金利協定が廃止されたために，銀行の個人預金獲得のための競争が強化された結果，住宅金融組合は資金確保に苦慮することとなった．これに対して，住宅金融組合としても資金吸収力を強化する必要に迫られ，72年以降頻繁に出資金（実質的には預金）金利を引き上げたが，それは必然的に抵当貸付金利の上昇を惹起し，すでに

表 1-6　イギリスの物価変動（1971-73年）

(前年同月（期）比増加率：%)

	小売物価	卸売物価
1971年平均	9.4	9.0
1972年第2四半期	6.2	4.4
1972年7月	5.8	4.2
8月	6.6	4.9
9月	7.0	5.2
10月	7.9	6.1
11月	7.6	6.8
12月	7.7	6.7
1973年1月	7.7	6.5
2月	7.9	6.7
3月	8.2	6.7
4月	9.2	5.2
5月	9.5	5.8
6月	9.3	6.4
7月	9.4	7.1
8月	8.9	7.3
9月	9.3	8.1
10月	9.9	8.9
11月	10.3	9.0
12月	10.6	10.2

(資料)　*Monthly Digest of Statistics* 等.
(出所)　日本銀行「英国における最近の金融政策運営について」(『調査月報』, 1974年2月号) 4頁.

「1973年4月には同金利が9.5%と既往最高水準に達した」. そしてさらに「この問題は7月以降とくに先鋭な形で現れた. すなわち, 上昇を続けていた銀行の通知預金金利が9.5%と, 住宅金融協会〔組合〕出資金金利6.75%（税込みベースで換算すると9.64%に相当）と十分競合的な金利になったため, 住宅金融協会〔組合〕に対するネット資金流入額が8月中80百万ポンド弱と極端に減少（4-7月, 月平均270百万ポンド）, 放置すれば出資金金利, 抵当貸付金利とも引上げが不可避の状態となり, 住宅金融コストの上昇ないしはアベイラビリティの低下等円滑な資金供給が阻害される」に至った[79]. 実際, 70年代を通じて常に住宅信用供与総額の75%以上を占めている住宅金融組合の与信増加額は, 73年には14億9,000万ポンドと71年の増加額（22億

1,500万ポンド）の3分の2の水準にまで低下したのである[80]．このように，73年7月以降，住宅金融の逼迫によって抵当貸付金利が上昇したために新規住宅建設需要そのものが抑制され，不動産市場の供給過剰化傾向はさらに先鋭な形をとって現れていくこととなった（図1-10参照）．

急激な金融引締め政策のもたらした第二の作用は，インターバンク・レートの急騰を引き起こし，socondary banksの資金調達コストと貸付金利を引き上げたことである．それはしばしば借り手にとって「14％あるいはそれ以上」[81]にもなり，secondary banksに依存していた不動産・開発業者の多くのプロジェクトの円滑な進行を妨げたばかりでなく，資金繰りに苦慮していた不動産業者を一層苦境に陥れた．すでに指摘したように，不動産業者の金利負担は急増し，73年には総収入に占めるその割合が3分の2にも達したのである．それだけではない．それはまた意識的に「短期調達・長期運用」のポジションをとっていたsecondary banks自身のバランス・シートを急速に悪化させた．金利が上昇する局面では，より収益性の高い資産にすばやく転換することができるように可能な限り短期の資産を保有し，また負債はより低い金利を享受するために可能な限り長期の負債を取得する必要があるにもかかわらず，secondary banksのこのような資産負債の意識的なミスマッチの造成は，金利上昇局面では利鞘の急速な圧縮または逆鞘となるからである．

このように73年夏の急激な引き締め政策の実施は，不動産「バブル」を牽引してきた不動産・開発業者とsecondary banksを直撃することとなったが，しかしながら，問題はこれだけにとどまらなかった．7月の一連の引き締め政策の強化にもかかわらず，一方では，資金繰りの悪化した不動産・開発業者か

---

79) 日本銀行「英国における最近の金融政策運営について」（前掲）．6頁．〔〕内の挿入は引用者．イングランド銀行はこれに対して，9月に住宅金融組合出資金と直接的な競合関係にある銀行の小口預金（1万ポンド未満）金利の上限を9.5％とする規制を行い，住宅金融組合への資金流入を促すことによって住宅金融金利の上昇を阻止しようとした．しかし，そのような優遇措置にもかかわらず，住宅金融組合の抵当貸付金利は結局11％への引き上げを余儀なくされた．
80) 斎藤美彦，前掲書，表IV-8（108頁）より計算．
81) Reid, M., *The Secondary Banking Crisis, 1973-75*, p. 78. Lester, T., *op. cit.*, p. 142.

らはかえって強い資金需要が発生したし,他方では,再び「メリーゴーランド」が現出したために,マネーサプライの増勢は一向に衰えず[82],物価上昇も沈静化の兆しをまったく見せなかったのである.加えて10月には石油危機が勃発し,原油価格の高騰に伴う「インフレ」圧力の増大に対応して,需要抑制策が強化されたことから,イングランド銀行はもう一段の引き締め政策を余儀なくされた.こうして11月13日にMLRは13%に引き上げられ——これは「明らかに恐慌レート」[83]である——,また特別預金の預入率も4%から6%への引上げが決定された.

こうした厳しい引き締め政策が強行された結果,その2週間後の11月26日にsecondary banksの一つであるLondon and County Securitiesの流動性危機が表面化したのである.そしてこれを契機として,12月に入ると機関投資家等のsecondary banksへの大口預金者が相次いで預金を回収し,それをイングランド銀行が「最後の貸し手」として後ろ楯となっている商業銀行へ預け替える動きが広まった.また商業銀行も資金の回収不能を恐れて,second-

---

82) 1973年後半には,引き締め政策の強行とともに資金繰りの悪化した企業の支払い決済手段に対する需要がかえって強くなったので,すでに脚注38で指摘したように,銀行が残された資金源泉として活用したCD市場の発行残高は11月には61億1,100万ポンドのピークに達した.そして,このような資金需給の逼迫はまたTBレートに規制されたベース・レートとCDレートやインターバンク・レート等の並行市場金利との乖離を一層拡大したので(図1-4参照),再度「メリーゴーランド」を惹起した.実際,イングランド銀行総裁は「1973年9月11日の金融機関あて書簡の中で,『メリー・ゴー・ラウンド』は『短期金融市場に不必要な圧迫を加える有害な動きである』として,こうした取引につながる貸出の自粛を要請した」のである(日本銀行「英国における最近の金融政策運営について」(前掲,脚注19)11頁.このように73年夏の一連の引き締め政策の強化にもかかわらず,「ブーム」末期のマネーサプライの増勢は容易に抑制されうるものとはなかなかなかったのである.
83) Reid, M., *The Secondary Banking Crisis, 1973-75*, p. 81. なお留意すべきは,この時のMLRの決定はTB入札レートから独立して裁量的に決定されたことである.すなわち,CCCによって市場原理を通ずる信用調節メカニズムを導入しようとし,MLRと市場金利との自動的均衡の達成を目論んだにもかかわらず,それが実施に移されるや否や,通貨当局の意図に反して,引き締め政策に転じた後にもMLRが低下して大規模な裁定取引を誘発し,かえってマネーサプライの増大を引き起こすなど当初期待した効果が得られず,結局,裁量的な金利政策への回帰を余儀なくされたのであった.

ary banks に対する既存貸出しの更新や新規貸出しを抑制したので，secondary banks の資金繰りはさらに悪化せざるをえなくなった．運良く市場で資金の調達ができた場合でも，一方では，これまで3カ月預金が満期となった時にはそれを容易に更新することができたが，今や貸付期間はますます短縮され，1カ月あるいは1週間の預金を得るに過ぎないものとなった．そして，貸付期間が短縮化されればされるほど，支払手段を求めて奔走している不動産・開発業者は与えられた瞬間により多くの資金を支配しようとするため，市場に現れる資金需要はますます大きくなっていったのである．また他方では，利子率も差別化され，secondary banks に課される貸付金利は急騰していった．73年秋頃までは，secondary banks は，一流の銀行が支払う基本的な金利であるインターバンク・レートをおよそ0.5％（0.25％から0.625％の間）上回る金利で借りることができたが，今やその開きは1〜2％へと拡大した[84]．さらに，このようなsecondary banks をめぐる資金需要の逼迫は，インターバンク市場での資金貸借を仲介するマネー・ブローカーの暗躍を許し，その手数料をも急騰させた．通常，ブローカーが手にした標準的な手数料は，貸し手と借り手それぞれに取引額の32分の1％だけ課されたものであったが，secondary banks が必死になって資金を捜し求めたこの金融危機の際には，それは4分の3％にまで暴騰したのである[85]．こうして多くのsecondary banks は，たとえ市場で資金が調達できたとしても，突然高騰した資金の借入れコストと，満期を迎えた既存の資産の低い金利との間の驚くべきギャップに直面したばかりか，市況の悪化に伴い一部不動産・開発業者からの返済還流も遅延し，急速に資金繰りを悪化させた．その結果，secondary banks はもはやこれまでのように不動産・開発業者に対して必要とする資金を供給することは不可能となったのである．

　これに対して，不動産・開発業者は73年も末にいくにつれてsecondary banks の信用拡張にますます決定的に依存するようになった（図1-11[86]参照）．

---

84) *Ibid.*, pp. 81-2.
85) Craig, Malcolm, "The sterling money brokers look ahead," *The Bankdr*, Apr., 1975, p. 395. Lester, T., *op. cit.*, p. 142. Reid, M., *ibid.*, p. 82.

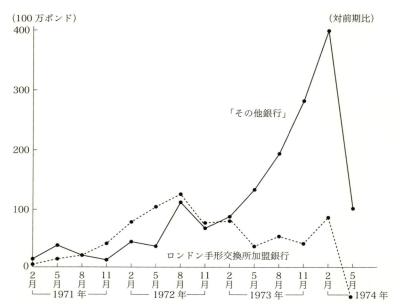

(出所) *Bank of England Quarterly Bulletin*, 各号より作成.

図 1-11 ロンドン手形交換所加盟銀行と secondary banks の不動産会社への融資増加額の変動

---

86) 「その他銀行」の不動産融資の大部分は,言うまでもなく secondary banks によって担われたものである.なお図 1-11 から,1973 年に入るとロンドン手形交換所加盟銀行の不動産融資へのスタンスは,secondary banks とは異なり,「思慮分別の限度」を弁えた融資行動に転換したと判断するのは早計である.ロンドン手形交換所加盟銀行の不動産「バブル」への関わりは,ここに示されているような不動産会社への直接的な融資増加額の多寡だけではなくて,これまで強調してきたように,secondary banks がその基礎上で投機的な不動産融資を拡大することが可能となった,インターバンク市場への圧倒的な資金の拠出者であった,という点を見逃してならないであろう.後論を先取りしていえば,それだからこそ交換所加盟銀行は,secondary banks の経営破綻によって巨額の不良債権を抱えることを恐れ,lifeboat operation に積極的に協力せざるをえなかったのである.

第 1 章　イギリスの金融市場改革と Secondary Banking Crisis　　　　69

　それは，言うまでもなく，不動産市場の供給過剰問題の深刻化とともに債務返済能力を著しく低下させた不動産・開発業者が，支払決済手段に対する需要を異常なまでに拡大させた結果に他ならない．これまで，不動産市場がかろうじてその崩落を回避することができたのは，secondary banks が信用の拡張によってこのような不動産・開発業者の支払手段需要の増大に応えることが可能であったからである．ところが，もはや従前のように secondary banks から必要とする支払決済手段の入手が困難となれば，不動産・開発業者は債務返済のために不動産の強制売却を余儀なくされることは明らかであろう．このため，地価は投機的取引が活発に行われていた商業用不動産を中心に暴落し，それが不動産市場全体に連鎖的に波及することとなった．こうして不動産市場の崩壊とともに不動産・開発業者の経営破綻が相次いで現れると，これまで大量の不動産向け貸出しを行っていた secondary banks は，資金回収が困難に陥り，多額の不良債権を抱え込まざるをえなくなったのである．そして，イングランド銀行の新たな金融政策運営がこれに決定的な追い討ちをかけることとなった．

　(4) 73 年夏以降の厳しい金融引締め政策の強化にもかかわらず，すでに言及したように，マネーサプライの増勢は衰えず，物価はむしろ上昇傾向にあった．それは 11 月半ばに一段と引締め政策が強化された後でさえも，一向に沈静化の兆しを見せなかったばかりか，むしろ昂進の気配すら予感させたのである[87]．このような執拗な物価上昇傾向は金融引締め政策の強行下で生じただけ

---

87)　1973 年 11 月の小売物価上昇率は対前年同月比 10.3%，卸売物価上昇率は同 9.0% であったのに対して，翌 12 月の小売物価上昇率は同 10.6%，卸売物価上昇率は同 10.2% と，むしろそれぞれその増勢を加速させた（表 1-6）．また，11 月 13 日に MLR が 13.0% へ引き上げられた後には，「民間一流企業向け当座貸越金利」は 14.0% と一定であったのに対して，secondary banks の必死の資金漁りを反映して並行市場金利である「CD 市場利回り」は 12 月末にかけてその上昇幅をむしろ加速させ，両市場間の金利格差はかえって拡大したのである．したがって，新たな「メリーゴーランド」が引き起こされる可能性こそあれ，決してマネーサプライの増勢が鈍化する状況にはなかったのである（日本銀行「英国における最近の金融政策運営について」（前掲）第 2 表参照．また，マネーサプライ（M3）の動きについては本章表 1-3 参照）．

に，イングランド銀行の政策運営に対して厳しい批判を呼び起こすこととなった．

これに対して，イングランド銀行は 12 月 17 日に至って，補足的特別預金制度 (Supplementary Special Deposits Scheme) を導入した．通称「コルセット」と呼ばれているこの規制は，銀行の利付適格債務が基準増加率 (73 年 10-12 月の平均残高を基準として最初の半年間の適用増加率は 8%) を上回る場合，その超過分に対して累進的に高くなる預入率 (超過分が 1% 未満の時はその 5%，1-3% の時はその 25%，3% 以上の時はその 50%) で無利子の特別預金をイングランド銀行に預けることを強制したものであった[88]．これは銀行の預金増加率が一定の限度を超えて増加する場合，限界的な与信コストを累進的に引き上げることから明らかなように，銀行の貸出しを抑制するために導入された量的規制に近いものであった[89]．もとより，これは 1960 年代の直接的貸出上限規制とは異なるとはいえ，市場メカニズムを通じてマネーサプライの調節を機能的・効率的に実現することを目指した CCC の理念とは明らかに背理していた．それは，競争的な市場メカニズムに委ねただけでは統制しえないまでに金融システムが不安定化してしまい，新たな規制と監督が不可欠であることを誰の目にも明らかにしたのである．さらに「コルセット」の発表と同時に，交換所加盟銀行はベース・レートをインターバンク・レートや CD レート等の並行市場金利に連動して弾力的に決定することを公表し，イングランド銀行もこれを承認した．この措置は，企業の銀行からの借入れコストと並行市場金利との乖離の発生を防ぎ，よって「メリーゴーランド」取引を抑制することを意図したものであった．

イングランド銀行は，このように CCC の標榜してきた自由で競争的な市場メカニズムを活用したマネーサプライのコントロールといった建前を放棄し，むしろ直接的な規制によってマネーサプライの増勢を強制的に抑制したのであ

---

[88] 「コルセット」の規制内容について詳細は，例えば，同上，脚注 18 (10 頁)，や Dennis, G.E.J., "Money Supply and its Control," in W.P.J. Maunder ed., *op. cit.*, pp. 47-8, 等参照．
[89] 「コルセット」は「融資よりもむしろ預金に対して作用するけれども，それは別の名前による古いスタイルの上限規制である」(Lester, T., *op. cit.*, p. 146)．

る．そして，それは不動産「バブル」の破綻によって多額の不良債権を抱え，自らの支払返済資金を求めて市場で新たに資金を取り入れるために奔走していた secondary banks に対して最後の一撃を加えることとなった．「コルセット」導入発表の3日後，12月20日にバークレイズ銀行をメイン・バンクとする Cedar Holdings の株式取引の停止が発表されると，それは瞬く間に多くの secondary banks の株価の連鎖的崩落を引き起こした．そして，Cedar Holdings の経営危機の発覚によって発生した secondary banks からの預金の流出が広がるにつれて，シティに衝撃が走った．ここにきて危機は secondary banks 全体に対する信認の動揺という事態にまで発展しただけではなく，secondary banks に対する貸出債権を抱える商業銀行にまで経営不安が波及し，広範な信用不安へと拡大していったのである．事態を憂慮したイングランド銀行は素早く対応策を講じ，本章冒頭で言及したように，「信用管理委員会」を組織し，インターバンク市場に対して多大な貸出債権を有するために自らに波及することを恐れた交換所加盟銀行の協力を取りつけ，救済融資を行うことを決定したのであった．

　このように Secondary Banking Crisis と呼ばれる事態は，金融自由化時代のプルーデンス政策に他ならない CCC のもとで，金融市場が大きく変貌していく過程で生み出された，先駆的な「金融危機」であった．ところがこれに対して，イングランド銀行が厳しい引き締め政策を強行したにもかかわらず，73年を通じてマネーサプライが続伸し続けた大きな原因の一つとして「メリーゴーランド」取引の活発化を掲げ，それは「伝統的な割引市場」と「parallel market」の「両者が完全に統合されていないために両市場の金利にアンバランスが生じた」[90]からであるとして，論理的には，その結果生み出された不動産「バブル」や Secondary Banking Crisis を市場統合の過渡期に現れた，過渡的・偶発的な現象として捉えようとする見解が存在している．しかし，すでに検討したように，「メリーゴーランド」は市場の統合が不完全だから生じたのではなくて，CCC によって全銀行に対して「最低準備比率」規制が課されたために，適格準備資産である TB に対する需要が過度に増大したために発

---

90)　日本銀行「英国における最近の金融政策運営について」（前掲），11頁．

生した現象に他ならない．ここには金融自由化のもとで課されたプルーデンス政策に従い，個々の銀行が経営の「健全性」を維持するために不可欠な適格準備資産を積み増そうとする，それ自体としては「合理的」な行動が，かえって社会的な金融システムを不安定化させるという，「合成の誤謬」ともいうべき市場経済固有の転倒した論理が Secondary Banking Crisis の根底において普遍的に貫徹していることを見逃してはならないであろう．この意味で，Secondary Banking Crisis は，金融自由化時代の prudential regulation のもとで，市場原理が貫徹していくなかで不可避的に生みだされた，先駆的な「金融危機」であったと言わなければならないのである．

むすび

(1) イギリスではその設立の根拠法を異にし，それゆえに，その規制・監督当局が多岐にわたる多様な「銀行」が存在することから，この銀行監督制度の不備が Secondary Banking Crisis を引き起こした大きな要因であるとして，その後 1979 年の銀行法の制定や 87 年の銀行法の改正に窺われるように，イングランド銀行に法的監督権限が一元化される制度改革が行われていく．しかしながら，Secondary Banking Crisis はイギリスの銀行監督制度の不備に基づいて発生した偶発的・例外的現象では決してない．近年，金融のグローバル化が進展していくなかで，各国において金融の自由化・規制緩和が強行されていくが，このような金融市場改革・金融システムの変貌過程で，わが国をはじめとして多くの国では程度の差こそあれバブルの発生と金融危機を経験してきた．とすれば，金融市場改革・金融システムが変貌するもとでサウンド・バンキングを旨とする銀行に対してどのような新たな市場規律が課され，銀行行動はどのように変容したのか．そしてそれはまた，何故，いかにしてバブルの発生と金融危機を引き起こすことになったのか．そのメカニズムと論理を明らかにすることが不可欠であろう．然るに，今日の金融危機を論ずるに際して，これまで金融市場の変革，ことに銀行行動を直接的に規制した短期金融市場の変貌とバブルの発生・金融危機との関連について十分な検討が行われてこなかったばかりか，このような問題設定に対する共通認識すら必ずしも存在しなかっ

たように思われる[91]．しかしながら，すでに検討してきたように，イギリスのSecondary Banking Crisis の経験は，金融自由化の開始とともに，当初から意識的に推し進められたCCCによる市場改革が，かえって交換所加盟銀行の信用膨張とインターバンク市場の肥大化を引き起こし，バブルの発生とその破綻・金融危機を結果した連関を明示的に示すものであった．

イギリスでは，割引市場を中心とする伝統的な短期金融市場と，新たに興隆した並行市場との市場統合を果たすために，金融の自由化・規制緩和と市場改革が推し進められたが，その過程で，通貨当局は経営の「健全性」を確保するために，CCCによって銀行に対して「最低準備比率」の維持と「特別預金制度」の一般的適用という新たな市場規律を課した．ところが，このようなプルーデンス政策にもかかわらず，銀行は割引市場を介して新たな「準備資産を創造」することができたし，また割引市場自身も並行市場において適格準備資産ではないが流動性の高い他の資産で運用し始めた．これらはすべて銀行の新たな信用拡張能力を強化するものであったが，それだけにとどまらなかった．伝統的市場と並行市場との間で大規模な金利裁定取引が発生したために並行市場はさらに急激に膨張し，それはまた銀行のさらなる資金調達と信用拡張を容易なものとしたのである．

それだけではない．このように急速に金融市場が変貌していくなかで，インターバンク市場の拡大を基礎として secondary banks が跳梁し，不動産融資を拡大したのである．しかも secondary banks が不動産融資を拡大し，その結果バブルを惹起することになったは，市場規律が弛緩したとか，あるいは「経営の健全性」を逸脱した野放図な融資を行ったがゆえに偶発的に生じた，というものでは決してなかった．むしろ，CCCによって規律づけられた，伝

---

91) この意味で「金融危機は，金融の自由化，規制緩和，金融市場改革などの進行の過程でこそ醸成されていた」（伊藤正直「1990年代の金融システム危機―国際比較からの論点提示―」伊藤正直・靎見誠良・浅井良夫編著『金融危機と革新』〔日本経済評論社，2000年〕所収，408頁）と指摘することは意義のあることであろう．しかし，問題はそのメカニズムと論理である．この点，靎見氏が戦前の日本の金融危機ではあるが，それを短期金融市場の変貌との関連で論じられているのは興味深い（「戦前期における金融危機とインターバンク市場の変貌」『同上書』，所収）．

統的な意味での「流動性」の保有比率の堅持を通じて「経営の健全性」を尺度としようとする，それ自体としては「合理的」な基準からするならば，secondary banks はきわめて良好な「経営の健全性」を維持しており，そしてそれにもかかわらずバブルが引き起こされたのである．

これらのことは，バブルの発生と金融危機は決して偶発的，例外的な経済現象ではなくて，金融市場が変貌していくなかで prudential regulation と市場規律に強制されながら，個別銀行資本の「流動性」の確保と支払能力の拡充を目指すそれ自体としては「健全な」銀行行動が，かえって総体としての金融システムの不安定化を惹起するという，市場経済固有の転倒性が不可避的に貫徹した結果生みだされたものに他ならない，と言わなければならないのである．

(2) このように，バブルの発生とその破綻・金融危機は金融市場改革・金融システムの変貌過程において，市場経済固有の転倒した論理が不可避的に貫徹した結果生み出されたものに他ならなかったとするならば，たとえ中央銀行の政策運営の巧拙によってバブルの規模と「パニック」の激しさが規定されたとしても，バブルの発生と金融危機それ自体を中央銀行の金融政策によって抑制することは不可能であることを意味している．バブルと金融危機は，政策的対応の誤りに起因した人為的・政策的危機では決してないからである．したがってまた，バブル崩壊後に現われたイギリスと日本との経済危機の相違も，しばしば指摘されるように[92]，「最後の貸し手」としての中央銀行の政策運営の巧拙によってではなくて，まずもって実体経済の動向との関連によって規定されなければならないのである[93]．

わが国の90年代長期不況の背景には，単にバブルの破綻というだけではなくて，深刻な過剰生産能力問題がその基礎に横たわっている．まず第一に，80年代後半のわが国のバブル経済は，その後期，ことに「ブラック・マンデー」以降の88-90年の3年間にわたる民間設備投資の伸び率が対前年比2桁の伸び率を記録し，その対GDP比率も高成長期に匹敵する20%近い高水準が続いたように，単なる金融資産の異様な膨張一般として単純化することができない性格を有していた．高機能化と付加価値を高めた自動車やVTR，ファクシミリ，ビデオカメラ等の新製品に牽引された電気機器産業を中心として展

開された，高付加価値化・多品種化のための大規模な設備投資は，当然のことながら90年代の不況下では過剰設備として多くの産業の死重となった．

　それだけではない．「プラザ合意」以降の急激な円高の進展は，わが国企業の急速な海外現地生産を促進し，とりわけアジアへの資本進出は大企業の関連会社・下請け企業にまで及び，2000年度の製造業の海外生産比率は23%にまで達するようになった．そしてその実態は，日本からの輸出が高度技術を装備した部品や高品質素材に偏倚し，その製品の日本への逆輸入が急増したというだけではなくて，急激な円高とアメリカの対日圧力によって抑制を余儀なくされた対米直接輸出に代わって，東アジアでの現地生産を槓杆としたアメリカ市場向け迂回輸出が急増する，という貿易構造の変貌を伴うものであった．

　このことは単にわが国への逆輸入が増大し，過剰生産問題をさらに激化させた，というだけにとどまらない．戦後，長年にわたってわが国が構築してきた対米輸出依存型経済構造が大きく変質し，東アジア・中国沿海部と一体化した新たな地域的再生産構造が形成されつつあることを意味していた．したがって，90年代長期不況の基本的性格は，わが国の輸出依存型経済構造が，一方では，円高とアジア諸国の工業化によるアメリカ中心の海外輸出市場の頭打ちと，他方では，財政破綻と消費不況による国内市場の縮小とによって挟撃され，このような輸出依存型再生産構造そのものの行き詰まりによって過剰生産能力問題

92）　春井氏は，イングランド銀行とは異なり，日銀は「資産の『適格性』や適応金利の『罰則性』」に顧慮することなく，「無原則に破綻金融機関を救済する安直な『最初の貸し手』」へと変節したために，かえって「不良債権」を温存し，わが国の「金融システムの根幹の動揺」を招き，長期不況の一因となった，と批判されている（前掲論文，32-3頁．傍線は春井氏）．また，Secondary Banking Crisisの問題は別としても，わが国ではバブル崩壊後の政策運営の誤りに長期不況の淵源を求める見解は多い．例えば次のごとくである．バブル崩壊後，「もっと早く当局と金融機関が正しい情報を提供し，それを基に適切なタイミングで金融機関の救済措置を取っていれば，日本経済はもっと早く回復しただろう」と（奥野正寛「バブル経済とその破綻処理─『1975年体制』の視点から─」村松岐夫．奥野正寛編『平成バブルの研究（上）』（東洋経済新報社）2002年，77-8頁）．

93）　もとより，この問題について立ち入って検討することは，本書の範囲を著しく超えている．しかし，行論の必要上，最小限の言及と問題点の指摘だけはしておく必要があろう．

が顕在化した，構造的な変化を反映した問題であったのである．

これに対して，70年代前半のイギリスの経済状況はまったく異なっていた．スタグフレーション下のイギリスでは企業の設備投資はほとんど進まず[94]，景気刺激政策はかえって新たな輸入の増大とインフレを加速させ，貿易収支の悪化とポンド危機を引き起こした．歴代政府がやむをえず採択した「ストップ・アンド・ゴー」政策——景気刺激政策と引き締め政策の繰り返し——は，企業の長期的な設備投資計画の策定を困難なものとして経済成長を抑制したばかりか，生産性の向上をも阻害して国際競争力を弱体化させ，かえって低成長とポンド危機の悪循環を定着させるものでしかなかったのである．したがって，このような経済環境のもとで，新たな投資部面を求める資本が不動産部門に向かったとしても，それは企業の活発な設備投資を反映したものではなかったし，また関連諸部門の大規模な設備投資を誘発し，それを持続させる契機ともならなかったのである．そのことはまた，たとえ不動産部門で過剰供給問題が現れたとしても，それが関連諸部門へと連鎖的に波及していく再生産関連の構造的基礎を全く欠いていたことを意味している．

したがって，いま不動産部門での供給過剰を基礎として「金融危機」が引き起こされたとしても，関連諸部門で「実現」困難な商品在荷が過度な信用膨張によって隠蔽されているのでない限り，関連諸部門では「金融危機」のために支払手段を求めて銀行に資金需要が殺到したり，債務返済のために強制販売が強行されるといったことは起こりえないであろう．そこでは金融政策の裁量的な運用によって「危機」が回避されたというよりも，そもそも「金融危機」が関連諸部門を巻き込み，産業・商業恐慌へと転成していく必然性が存在しなかったと言わなければならないのである[95]．

したがって，このような日本とイギリスの経済構造の基本的な差異を明確にすることなく，バブル崩壊後の彼我の経済危機の相違を，「最後の貸し手」としての中央銀行の金融政策の巧拙の問題に矮小化するのであれば，一面的であ

---

94) 企業の投資循環を基本的に規定している製造業の設備投資の動きを見てみると，70年代前半の循環では70年第4四半期の5億4,500万ポンドをピークとして，74年第2四半期に至るもそれを凌駕することはなかった (*Economic Trends* (H. M.S.O.), Dec., 1974, p. 12)．

るとの謗りを免れないであろう．それは結局，一方では，発達した金融システムが内包する固有の脆弱性を，金融自由化時代の開始とともに先駆的に表現したSecondary Banking Crisis のもつ普遍的な意義を看過することとなり，他方ではまた，バブル崩壊後のわが国経済の抱える問題の深刻さの意味を理解することも困難なものとする，と言わねばならないのである．

---

95) K. マルクスが，「すべての一般的な生産・商業恐慌の特別な段階として規定されている貨幣恐慌は，やはり貨幣恐慌と呼ばれてはいても独立に現われることのある，したがって産業や商業にはただはね返り的に作用するだけの特殊な種類の恐慌とは，十分に区別されなければならない」と注意を喚起していることを想起されたい (*Das Kapital, Bd. I, Marx-Engels Werke*, Dietz Verlag, Bd. 23, S. 152, 全集訳『資本論』①，大月書店，180頁).

第2章
わが国のバブル発生の金融メカニズム

はじめに　問題の所在

　(1)　バブル崩壊後，わが国では経済不況に陥り，そこからの脱却の方途を容易に見出すことができないまま，長期にわたる停滞を余儀なくされてきた．そして，その一因として，しばしば金融システムの安定化を阻害している不良債権問題の処理の長期化という問題が指摘されることが多かった．周知のように，不良債権問題の背後には，1980年代後半のいわゆる「バブル」経済期に銀行・金融機関が積極的な業容拡大，収益追求を行い，その融資姿勢を積極化させるという，銀行・金融機関の行動様式の一大変化が存在していた．そこでは，金融自由化のもと収益性・効率性が第一義的に追求され，銀行・金融機関がハイリスク・ハイリターンの貸出行動を積極的に展開した結果，バブル崩壊後，系列会社を含めて巨額の不良債権の処理に苦悩することとなったのである．とすれば，問題の出発点はまずもって，80年代後半のこの時期に，何故，いかなる条件のもとで，銀行・金融機関の行動様式がこのように大きく変化し，バブルを発生させるに至ったのかを明確にすることでなければならないであろう．

　これまでバブルについて多くのことが語られてきたが，肝心のバブルを惹起した独自の金融メカニズムについてはほとんど議論が行われてこなかった．そこでは精々バブルの原因として，金融自由化に伴う制度改革によって可能となった企業や金融機関の種々の資金調達方法やその多様な運用形態を列挙したり，あるいはまた超金融緩和政策を長期にわたって持続させた通貨当局の金融政策

の失敗などが断片的に強調されるにとどまることが多かったように思われる.

しかしながら, これらの要因は企業や金融機関の収益基盤の拡大・強化を意味するものであったとしても, それらは直接バブルの発生を説明するものではない. 銀行・金融機関がバブルを惹起したハイリスク・ハイリターンの積極的な貸出行動を現実化させることができるのは, そのような投機的な資金需要の増大に対して, それに呼応した銀行の側での流動性の確保や自己資本の充実を可能にするような新たなリスク管理体制の構築が実現されて初めて可能となる行動様式だからである.

したがって, バブル発生の金融メカニズムを明らかにするためには, 当時の銀行・金融機関の「収益性の追求とリスク管理」体制の実態をも踏まえた, 固有の信用膨張メカニズムの究明が不可欠なのである. ところが, これに対する従来の支配的な見解というのは, 「大企業の銀行離れ」の進展と金利自由化に伴う資金調達コストの上昇による預貸金利鞘縮小への対応として, 銀行間の量的拡大による収益拡大志向・シェア拡大競争が激化し, それに促迫された銀行の貸出行動が銀行の経営原則から逸脱して審査体制を脆弱化させ, その結果リスク管理がおろそかになってバブルを引き起こし, その後の大量の不良債権を発生させることになった, というものである[1].

しかしながら, このような見解であれば, バブルの生成やバブル崩壊後の不良債権の発生と不況を長期化させる重要な契機の一つとなっている金融システムの不安定化も, 銀行がその経営の健全性を無視し, 経営原則を逸脱した野放図な貸出行動を展開したがために, その結果たまたま生じた全く偶発的・例外的な事態として把握されざるをえなくなる. もとより銀行経営の健全性を無視した安易な収益追求・貸出行動が展開されれば, その信用膨張に依存したバブルは一層激しいものとなるであろう. しかし, バブルそれ自体が当時の個別的な「銀行経営の健全性」の維持とその追求, すなわち「収益性と安全性との二律背反的要請」の「合理的な解決」[2]を追求する中で生み出されたということ

---

1) 例えば, 「金融機関の貸出に係る信用リスク管理について」(『日本銀行月報』1991年6月), 『経済白書』(1993年版), 金融制度調査会基本問題検討委員会「金融自由化と金融機関の経営の健全性確保について」(『金融財政事情』1994年7月4日) 等, 枚挙にいとまがない.

と，当初から銀行がその経営の健全性を全く無視し，経営原則を逸脱することによってバブルが増幅・激化されたということとは，理論的には明確に峻別すべき事柄である．

　日本においてはとりわけ異様な形態をとったとはいえ，この時期，バブルが世界の先進諸国において同時多発的に生じていることを想起すれば，そしてまた，元来「市場は金融機関に収益とリスクとの関係を意識させつつ，経営の健全性についてチェックを行う機能を有して」[3]いるとするならば，1980年代半ば以降の歴史的変革期に生成した日本のバブル経済それ自体も，市場経済の原則を逸脱したところでではなく，まずもってその原理の基礎上で説かれなければならないのである．

　(2)　わが国のバブルは，1980年代半ばの地価高騰を起点として発生し，1990年年初の株式市場の崩落を画期として崩壊したが，この時期は1987年10月の「ブラック・マンデー」を境として二つの局面に区分して考える必要がある．

　ここに第一の局面というのは，一方では，ポスト高成長下の過剰生産能力に対処すべく1975年以降わが国では国債の大量発行時代を迎えたが，1985年からの国債の大量借換を控えて，新たな国債の流動化機構の創出が不可避とされる状況の下で，また他方では，1984年に開催された日米円ドル委員会でわが国の金融の自由化・国際化が強く求められ，わが国の金融システムの歴史的転換が迫られるという「二つのコクサイ化」が進捗する状況の下で，バブルが引き起こされた時期である．

　これに対して第二の局面では，第一の局面の基礎上でさらにバブルが昂進するが，しかし一方では，1987年第4四半期以降，製造業でも設備投資が活発化し，1988年度から1990年度にかけて民間設備投資は対前年比実質二桁の伸びを記録したように，決して単なるバブルには解消しえない実体経済の急速な拡大をその基礎に有しており，また他方では，この時期，銀行自体がBIS

---

　2)　川口慎二『銀行流動性論』（千倉書房，1961年）55頁．
　3)　金融制度調査会基本問題検討委員会，前掲論文，42頁．

（国際決済銀行）規制達成のためにエクイティ・ファイナンスを活発化させ，積極的に自己資本の充実を図り，第一の局面とは異なる形で「銀行経営の健全性」を追求していった時期である．それゆえ，一口に「バブル」と言っても，それを解明するためには，それぞれの局面に対応した独自の分析を必要としているのである．

　バブル経済は，ひとたびそのメカニズムが起動し始めると，それは「自立的」に展開していく傾向を有している．したがってバブル経済を解明するためには，まず第一にバブルが引き起こされた固有のメカニズムを明らかにすることが不可欠である．それゆえ，本章ではひとまず第一の局面を主たる対象として，バブル発生の金融メカニズムを究明することに限定することとし，第二の局面におけるバブルの一層の昂進過程の立ち入った研究については，別の機会を得て改めて検討することとしたい．

第1節　バブルの発生をめぐる従来の諸議論

　（1）バブル発生期に展開された銀行の積極的な貸出行動を可能にした条件として，日本銀行の外為市場でのドル買い介入の結果，マネーサプライが増大し，「過剰流動性」が発生したことを強調する有力な見解が存在しているので，まずそれを検討することから始めよう．宮崎義一氏は，1971年ニクソン・ショック後の「過剰流動性」の発生と激しい土地投機や「狂乱物価」に見舞われた70年代前半期のインフレーションと対比して，80年代後半においても同様に，「プラザ合意」以降の1986年3月18日を転換点とする日銀の円売りドル買い介入（まずニューヨーク市場で．次いで4月1日以降は東京市場で）によって「過剰流動性」が滞留し，バブルを発生させたとされる．曰く，「プラザ合意以降の日銀による大量ドル買い介入と，公定歩合の度重なる引下げなど積極的な金融緩和措置は，不動産融資を急速に伸ばし，その後のバブル形成にあたって資金面の条件を用意したものとみてよいだろう．これはニクソン・ショック直後の政策ミスと軌を一にする重大な失敗といってよい」[4]と．

　一般的にいって，日銀が外為市場で円売りドル買い介入を行い，外貨準備が増大すれば，それに見合う民間銀行の日銀預け金＝準備金が増大するので，そ

の現金準備の増大を基礎として信用創造が可能となり，マネーサプライが増大する可能性はある．しかしながら，このマネーサプライ供給ルートは決して無条件で現実化するわけではない．通貨当局が意図すれば，外為市場介入による準備金の増大は「不胎化」されうるからである．

表 2-1 に見られるように，「外国為替資金特別会計」は 85 年秋までドル高・円安のために「揚超」であったが，さらに「プラザ合意」後の 85 年第 IV 四半期から 86 年第 I 四半期にかけて，ドル高是正のための大規模なドル売り協調介入が行われた結果，「外為会計」の「揚超」は一層拡大した．ところが，円相場が 1 ドル＝180 円を突破し，急速な円高が進んだ 86 年第 II 四半期以降，今度は通貨当局が円の安定化に向けて断続的に円売りドル買い介入を行ったために，「外為会計」は 89 年第 I 四半期まで「散超」が続くこととなった．しかしながら，注目すべきは，バブルが引き起こされた第一局面にあたる 87 年第 II 四半期までの「散超」額は，（86 年第Ⅲ四半期を除いて）ほぼ完全に「一般財政と国債」の「揚超」によって相殺されている点である．そして「日銀信用」の追加供給を考慮しても，ハイパワード・マネーの供給量が本格的なバブル形成以前の 84 年の水準を超えるのは，87 年第Ⅲ四半期以降のことなのである．実際この時期，日銀は為替介入によって市中に供給された円資金を「不胎化」するために，政府短期証券を積極的に売却していた[5]．

それゆえ，少なくともバブルが発生した第一局面においては，日銀の外為市

---

4) 宮崎義一『複合不況』（中公新書，1992 年）126-7 頁．同様の見解は，例えば，高尾義一『平成金融不況』（中公新書，1994 年）94-6，115 頁，等にも見られる．なお事実問題として確認されてよいことは，にわかに社会の耳目を集めた東京都心部の商業地の地価高騰はすでに 1983 年頃から始まり，85 年以降その上昇率を増大させ，86 年前半にそのピークを記録していることである（本章，図 2-6 参照）．このことは，日銀がドル買い介入を行い始めた 86 年第 II 四半期以前から，すでに地価の「バブル」的高騰が生じていたことを示している．

5) 「日銀は 31 日，政府短期証券 5000 億円を市中に売却した．3 月期末を越える期越え売却額はこれで 2 兆 5000 億円となり，前年同期に比べ 2.5 倍，期越え売却額としては過去最高となった．今後も外為市場の円売り・ドル買い介入が予想され，4 月の金融市場は大幅な資金余剰が見込まれる．日銀は政府短期証券を資金吸収の柱として活用，4 月以降の金融調節を進める方針」（『日本経済新聞』1987 年 4 月 1 日朝刊）．

表 2-1　ハイパワード・マネーの供給径路とその推移

(億円)

		外国為替資金特別会計	一般財政と国債(「その他」を含む)	日本銀行信用	合計
1980		609	9,821	2,911	13,341
1981		△ 183	41,437	△ 35,551	5,703
1982		△ 22,379	19,459	16,280	13,360
1983		△ 634	△ 11,657	24,241	11,950
1984		△ 2,284	17,653	6,170	21,539
1985	I	△ 3,931	18,722	△ 4,991	9,800
	II	△ 2,499	△ 2,787	19,461	14,175
	III	△ 3,977	△ 30,857	40,373	5,539
	IV	△ 7,931	△ 32,049	49,008	9,028
1986	I	△ 5,769	△ 36,980	57,334	14,585
	II	3,007	△ 20,000	33,776	16,783
	III	16,849	△ 15,376	9,189	10,662
	IV	21,155	△ 28,267	20,572	13,460
1987	I	43,506	△ 54,059	31,283	20,730
	II	51,687	△ 60,915	27,134	17,906
	III	44,018	△ 19,984	6,195	30,229
	IV	54,273	△ 37,964	10,596	26,905
1988	I	33,883	4,266	△ 6,949	31,200
	II	17,910	31,226	△ 21,493	27,643
	III	14,805	3,504	10,520	28,829
	IV	8,042	10,384	25,713	44,139
1989	I	5,310	7,043	28,004	40,357
	II	△ 12,761	△ 26,293	69,036	29,982
	III	△ 20,515	△ 14,621	69,268	34,132
	IV	△ 29,325	23,058	55,864	49,597

注)　1．対前年同期比（一年前の四半期末から今四半期までの）増減額．
　　　2．△は外国為替資金の揚超（ドル売り），財政の揚超，日銀信用の回収．
(資料)　日本銀行『経済統計年報』の「資金需給実績」．
(出所)　奥田宏司『日本の国際金融とドル・円』(青木書店, 1992年), 231頁．1980-82年については，原資料より追加作成．

場介入が市中の銀行準備を飛躍的に増大させて，それが積極的な銀行の融資活動を促すことによってマネーサプライを増加させ，バブルの発生につながったという議論は成立しえないのである．

　次に，このような見解において問題となるのは，仮になんらかの契機によって銀行準備が増大し，それに基づいて信用創造が行われるとすれば，たとえそ

れによってインフレの発生を説くことができたとしても，バブルの発生を説明することにはならないという点である．バブルは一般物価が安定しているもとで，資産価格（土地，株式等）だけが異常に高騰する経済現象だからである．それゆえ，「資産インフレ」は単に銀行の信用創造一般によって生ずるわけではなくて，銀行自身によるリスクテークを可能とする独自なリスク管理体制の構築があって，初めてハイリスク・ハイリターンの分野でも大胆にかつ持続的に資金運用ができるようになる結果，発生するものだからである．したがって，バブルの発生を明らかにするためには，単に銀行の信用創造の可能性を指摘するだけではなくて，従来とは異なる積極的な銀行行動様式の一大変化を惹起した，この当時の銀行の独自なリスク管理体制を検討することが不可欠なのである．

　（補）なお日銀の「不胎化」政策に関して，山口義行氏は「『資産インフレ』の発生に対し，日本銀行の低金利政策および（『当時のインパクト・ローンの急増と直接に係わっている』）為替介入が果たした役割は決定的であった」とし，当時日銀が「不胎化」政策をとったことは，金利の低め誘導を行い「ドル安＝円高の進行を抑えようとする政策姿勢と矛盾する」と批判されている[6]．
　山口氏が日銀の「不胎化」介入と「低金利政策」とが「矛盾」するとされている時期はどの局面を指しておられるのか，必ずしも明確ではないのであるが，日銀が明らかに「不胎化」介入を行ったのは86年第Ⅱ四半期から87年第Ⅱ四半期にかけてのことである．当時，公定歩合は86年1月から87年2月にかけて5回にわたって引き下げられ，2.5％という過去最低水準を記録した．それは大幅な円高に伴う不

---

6)　山口義行「『資産インフレ』の金融メカニズムについて（3）」（『名城商学』第41巻第4号，1992年）60-61頁．括弧内の挿入は引用者．ちなみに，氏の見解によれば，「インパクト・ローンの急増」が日銀のドル買い介入を誘発し「資産インフレ」を惹起したのは，「インパクト・ローンの増加にともなうドル流入の増加はドル安＝円高を促進するため，それ自体が日本銀行の為替介入を誘発する役割を果たす．そうして，インパクト・ローンの増加→現金準備（円）の不足→日本銀行のドル買い介入による現金準備の補填という信用拡張のメカニズム」（同上，61頁）が作用したからである，というものである．もはや繰り返すことはしないが，ここでも本論で指摘した問題点がそのまま残されているといえよう．

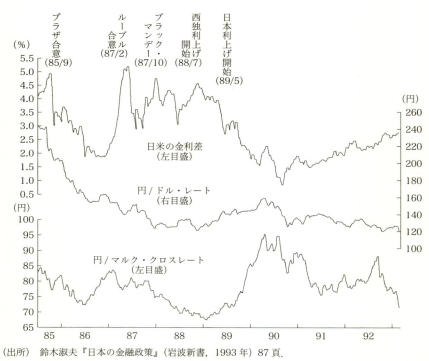

図 2-1 日米金利差と円相場

(出所) 鈴木淑夫『日本の金融政策』(岩波新書, 1993年) 87頁.

況対策というだけではなく，山口氏が強調されるように「『国際協調・ドル防衛』という『外的強制』[7)]によって規定されたものであった．「プラザ合意」後のドルの急速な下落に対して，「ドル防衛」のためにとられた各国の「国際協調」は，まず第一に外為市場におけるドル買いの「協調介入」であった．しかしそれだけではない．為替相場に影響を与える国際資金移動は各国間の金利格差によって規制されるので，「政策協調」はそこにも及んだのである．

　図2-1は日米の金利格差と円・ドルレートを表示したものである．「プラザ合意」当時，5%もあった日米の長期金利差は年末に4%へと縮小し，ドル相場は240円前後から200円近くに下落した．86年になると各国の「協調利下げ」が始まり，日本

---

7) 同上，61頁.

や旧西独も公定歩合を引き下げて市場金利の低下を促し始め，その年の夏には日米の長期金利差は実に2％にまで縮小し，ドル相場は150円台に突入したのである．しかし，86年半ばに到達した150～160円台の円高のもとで，日本経済は輸出数量の減少と輸入数量の増加で「円高不況」に陥っていた．旧西独をはじめとするヨーロッパ諸国も同様で，成長は減速していた．「G5諸国の間でも，ドルはちょうどよい水準まで低下したので，ぼつぼつドル安誘導をやめてもよいのではないかという雰囲気になってきた」[8]のである．

通貨当局の政策スタンスは明らかに一転した．わが国の通貨当局は，今度は一変して円高による不況対策と一層の円高を阻止し，現在の為替水準を維持・安定化させるための為替対策との，二正面作戦を同時に遂行するよう迫られることとなったのである．これに対してわが国の通貨当局のとった政策は次のようなものであった．それは，一方では不況圧力に対応するために「協調利下げ」を維持しつつも，同時に他方では，現在の為替水準を維持・安定させるために，必要に応じ適宜ドル買い「協調介入」を行うだけではなく，2％にまで縮小した日米金利格差の維持を図るための「政策協調」をとる必要があった．そこで，86年第II四半期以降ドル買い「協調介入」によって増大した外貨準備が市中の銀行準備を増大させ，さらに市場金利の低下圧力が増大するのを阻止するために，「不胎化」介入が行われることとなったのである．

このように，「低金利政策」とは「ドル安＝円高の進行を抑え」るためとはいえ，やみくもに金利の低め誘導を行えばよいというものではなくて，当初の目的が達成された後には，その水準で為替相場を安定化させるために追加的政策手段を伴うことがあったとしても，何ら不思議なことはないのである．そして，86年第II四半期以降年末にかけてとられた「不胎化」政策とは，まさにそのようなものであったのである．

ところが，86年後半このようなドル安定化のための「不胎化」政策によって一時持ち直したドル相場は，86年末から87年初めにかけて再び急落の気配を示し始め，1月には150円台に再突入し，4月にはついに140円台を割る勢いとなった．ここに至って，ドル安の目標は十分に達成され，一層のドル安はかえって逆効果であることから，これ以上のドル安誘導をやめようとする「ルーブル合意」が2月に実現

---

[8] 鈴木淑夫『日本の金融政策』（岩波新書，1993年）88頁．

されたのである．

　そして，この間，為替相場に大きな影響を及ぼす長期金利はきわめて独自な動きを見せることとなった．86年11月の第4次公定歩合の引き下げを契機に長期金利は再び低下に転じ，「とくに62年（1987年）入り後は，円高進行に伴う金利先安感の高まり等から（国債の）短期ディーリング売買が活発化し」[9]，5月中旬には指標銘柄である89回債の利回りは，一時2%台半ばまで低下した．そして，このため長短金利が逆転するという事態が生じている．これらについては後に立ち入って検討するが，「こうした動きは，行過ぎた金利先安観からキャピタル・ゲイン狙いの取引が過熱した結果であり」[10]，そのため2%にまで縮小していた日米の長期金利差は，87年5月には再び5%台へと拡大したのである．

　ところが，この長期金利差は対外債券投資を促すのに十分な大きさであったにもかかわらず，資本流出は停滞し，その結果むしろドル相場はさらに下落したのである（図2-1参照）．それは，円高が再び加速化し始めた状況のもとで，為替リスクの増大を懸念したわが国投資家の外債投資意欲が減退したからに他ならない．このように，円滑な資本移動が阻害され，為替相場が不合理な動きをする背景には，近年，外債の投資期間が趨勢的に短縮化しているために（図2-2），「短期的な為替相場や債券市況に対する見方の振れが外債の投資採算を大きく左右」するもとで，円高のために対外債券投資を控えた資本が国債市場に流入し，それがさらに国内長期金利の低下圧力となっている[11]，という円高と長期金利低下との悪循環が支配していた．そこで，わが国の通貨当局はこのような内外資本移動の攪乱を是正するために，一方ではドル買い「協調介入」を行い，為替相場観の安定化を図りながら，同時に他方では，行過ぎた金利先安感を払拭するために「不胎化」介入を行う必要に迫られたのである．そして，実際87年半ば以降「ブラック・マンデー」に至る期間には，金利先安感の払拭とともにドル相場は再び140円台を回復し，長期金利も上昇に転じ日米金利差も縮小に向かっていったのである．

　「プラザ合意」において，山口氏も強調されるように，日本をはじめとする先進各国は「国際協調・ドル防衛」を「義務」づけられた．「ドル防衛」，すなわち，ドルの暴落を防ぎ，いわば「整然」としたドルの対外価値の引き下げが国際的な要請と

---

9) 日本銀行『調査月報』1987年5月号，34頁．括弧内の挿入は引用者．
10) 日本銀行『調査月報』1987年7月号，20頁．
11) 日本銀行『調査月報』1987年5月号，35頁．

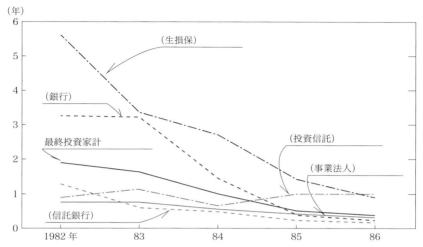

注) 1. 最終投資家とは、生損保、銀行（都・長銀、地銀、相銀等）、信託銀行、投資信託、事業法人の合計.
2. 投資期間＝$\dfrac{\text{前年末保有残高}}{\text{年中売却額}}$

(出所) 日本銀行『調査月報』1987年5月号, 36頁.

図 2-2　外債の投資期間の変化

なり，日本もこれに協力することが「義務」づけられたのである．それゆえ，ドル相場が急激に乱高下する場合には，当然のことながら，各国の通貨当局は相場変動をなだらかにするために「スムージング・オペレーション」を行わなければならない「義務」が生ずる．日本銀行が86年第Ⅱ四半期から87年第Ⅱ四半期にかけて「不胎化」介入を行ったのはこのためであった．日本銀行は，それによって，急激なドル安誘導によって達成された不確実な為替相場を安定化させたり，変動相場制下の相場形成を円滑に機能させるために資本移動の動機となる金利形成を調整しようとしたのである．したがって，山口氏がこの時期の日本銀行の「低金利政策」と「不胎化」介入とは「矛盾」しているとされる先の批判は，当を失したものといわなければならないであろう．

(2) 従来，バブル期の独自な銀行行動を規定した「収益性の追求とリスク管理」のあり方については，金融機関において「適切なリスク管理という視点

がおろそかにな」ったことや[12]，銀行の審査機能が低下したこと[13]を指摘し，その結果，金融機関がその融資姿勢を積極化させ，野放図な貸出行動を展開していくこととなった，と説明されることが多かった．そして，金融機関がこのような「経営の健全性」から逸脱するような事態を招いた原因として，「大企業の銀行離れが進展した」うえに，「金利自由化」によって「資金調達コストの上昇が意識された」ことや，「エクィティ・ファイナンスを主流とする直接金融方式が増大」したことによって銀行の預貸金利鞘とその収益源が縮小したために，それに代わる新たな収益機会と借手を求める激しい銀行間の貸出競争・「銀行の過当競争」が激化したことを，直接的契機として明示的にあるいは暗示的に指摘することが多かったように思われる[14]．

　しかしながら，このような見解に対しては，まず第一に，たとえ一見そのように見えたとしても，そもそも理論的には自己矛盾にすぎないリスク管理を軽視あるいは蔑ろにした銀行経営なるものを前提としてバブル発生の論理を説明しようとすれば，それは論理的首尾一貫性に欠けるものとならざるをえなくなる，という根本的な疑問を指摘しないわけにはいかないであろう．すでに言及したように，そのような理解に立てば，バブルそれ自体をたまたま銀行経営の経営原則を逸脱することによって生じた全く偶然的なものとして把握せざるをえなくなるからである．そこで次に，このような銀行のリスク管理を麻痺させるまでに深刻化したとされる「銀行の過当競争」の「過当」たるゆえんが，換言すれば，なぜこの時期に銀行の経営原則を無視するまでに「過当」競争が激化することになったのかが，改めて問われなければならないであろう．まず初めに指摘しておかなければならない点は，「大企業の銀行離れ」が現れ始めたのは，すでに70年代半ばの「オイル・ショック」を直接的契機として出現し

---

12)　脚注1の文献参照．
13)　斉藤壽彦「バブル経済期とその後における銀行貸出審査」(『国府台経済研究』第7巻，1995年)，山中宏「バブル経済と銀行の審査機能」(『商経学叢』第42巻第2・3号，1995年)，日下部元雄「金融検査からみた金融機関の融資審査の現状と問題点」(『金融ジャーナル』1995年3月号)，安井肇「考査からみた信用リスク管理体制の現状と課題」(『金融ジャーナル』1995年3月号) 等，参照．
14)　『経済白書』(1993年版)，141-2頁．斉藤壽彦，前掲論文，33頁．

た世界的大不況を転機としてであって，80年代後半のバブル期に初めて現れた事態ではないという点である．また「金利自由化」も70年代末以降着実に進捗し始めていた．したがって，80年代後半に突然「大企業の銀行離れ」や「金利自由化」によって銀行の「過当」競争が激化したわけではないのである．さらにまた，「エクィティ・ファイナンスによる資金調達」の積極化というのは，すでに株価がバブル的に高騰している事態を前提としているのであって，実際，企業がエクィティ・ファイナンスを活発化させていったのは，すでにバブルが高揚した後の1987年から89年の3年間であった．とすれば，銀行の「過当」競争を惹起したとされる「エクィティ・ファイナンスによる資金調達」の積極化というのは，すでにバブルが昂じた状況を前提としており，これではバブルを引き起こしたとされる銀行の「過当」競争を説明するのにバブルの昂進を前提するという，トートロジーに陥った議論となっているといわねばならないであろう．

　そもそも市場における銀行間競争の激化は，一方では個々の銀行の収益性，効率性の追求を促し，その結果，銀行間の利潤率の均等化を実現するものでしかない．しかし，それはまた同時に他方では，他行に比して競争力の優位性を維持するために，個々の銀行に対して不断にリスク管理の強化を促す作用を有している．すなわち「市場は金融機関に収益とリスクとの関係を意識させつつ，経営の健全性についてチェックを行う機能を有しており，金融機関の自己規律に基づく適切なリスク管理を促すため，重要な役割を演ずる」[15]のである．とすれば，単に銀行の「過当」競争が激化したということから，銀行が収益性を追求するあまり「経営の健全性」を逸脱していったというのは，あまりに一面的であるとの謗りを免れないであろう．元来，「競争は資本の内的諸法則を執行する」[16]ものにすぎないとするならば，競争に先立って「資本の内的諸法則」を，すなわち，市場経済の原理の基礎上でバブル期の銀行の「収益性の追求とリスク管理」がどのように行われていたのかを，明らかにしておくことが不可

---

15)　金融制度調査会基本問題検討委員会，前掲論文，42頁．
16)　Marx, K., *Grundrisse der Kritik der politischen Ökonomie* (Rohentwurf) 1857-1858, Dietz Verlag, 1953, S. 638. 高木幸二郎監訳『経済学批判要綱Ⅳ』(大月書店)，704頁．

欠なのである．したがって，そのためにはまず銀行がこの局面において独自なリスク管理体制を構築していくうえでその前提となる，当時の銀行を取り巻く経営環境の変貌過程を検討することから始める必要があろう．

第2節　国債の大量発行と金融市場の変貌

　(1) 1960年代後半，ベトナム戦争にともなうアメリカの軍事支出の増大＝ドル散布の増大の基礎上で，日本はアメリカと東南アジア地域への巨額の輸出に基づく大型化設備投資に主導されて，「いざなぎ景気」と言われた高度成長を実現していった．しかし，1970年にはすでに設備投資の増勢の鈍化・生産能力の過剰化傾向が現われ，設備投資に支えられた高成長にも変化の兆しが現われていた．そして，その基礎上で，1971年8月ニクソン新政策が発表され，金・ドル交換が停止されることによって，戦後資本主義世界の経済成長を支えてきた国際的枠組みである「IMF体制」が崩壊することとなった．しかし，それによって直ちに不況に突入したわけではなかった．アメリカは，その後も経常収支の赤字を放置したまま，通貨膨張による景気刺激政策をとり続けたし，日本もこの「ニクソン・ショック」に対して，国債発行の激増，財政規模の大型化，6次にわたる公定歩合の引き下げ，をはじめとする強力な景気刺激政策を実施した．こうしたもとで，再び1972年末以降，鉄鋼，アルミ精錬，化学，石油精製等で設備投資が行われ，さらに一回り大きな生産能力が生み出されていったのである．ところが，その直後に「石油危機」が勃発し，1974年の「総需要抑制政策」を直接の契機として民間設備投資が落ち込み，これら素材関連産業を中心とする設備投資関連部門に膨大な過剰生産設備，「構造不況業種」が生み出され，この過剰生産能力が容易に解決されないまま，1974・75年大不況を画期として「低成長」時代への移行を余儀なくされることになる．

　これに対して，わが国の経済は新たな活路を切り開くべく異なる二つの対応策をとることによって，再生産構造に独自な特徴を刻印していくこととなった．それは，一方では，乗用車，ME関連機器が徹底した「減量経営」とME化によって輸出競争力を強化し，これら一部少数産業の突出した「集中豪雨的」輸出によって不況を乗り切ろうとしていった点である．この傾向は1980年代に

はさらに強化され，わが国経済の輸出依存的体質が一層深められることになった．と同時に他方では，これら輸出関連産業での省エネルギー・省力化投資によって部分的に緩和されたとはいえ，民間設備投資は長期にわたって冷え込んでしまったうえに，徹底的な「減量経営」，省力化，人件費削減によって個人消費支出も伸び悩んだので，わが国の再生産構造は政府支出・政府固定資本形成に大きく依存せざるをえないものとなったのである．

　かくして，この1974・75年大不況は国債問題においても新たな局面を画する転機となった．表2-2に見られるように，1971年度補正予算以降急速に拡大していた国債発行額は，1974・75年大不況による税収の落ち込みを直接的契機として激増し，国債依存度が11.3%から25.3%へと一挙にハネ上がるとともに，特例債（赤字国債）の大量発行が始まったのである．その後「低成長」下での税収の低迷と，過剰な現実資本の滞貨を救済するために発動された公共投資主導の安易な財政政策を反映して，赤字国債を含む国債の大量発行体制が定着していく．

　国債発行残高は1983年度には100兆円を突破し，その後も一貫して増加するとともに，対GDP比も1985年度には40%を超えるという危機的な水準に達した．しかも，国債の償還と利払いに充てられる国債費は国債残高の累積とともに著増し，1987年度予算では一般会計歳出の20.9%を占め，社会保障関係費を抑えて最大の歳出項目となったばかりか，すでに1986年度以降国債費は新規国債発行額を凌駕し，国債費の支払いのために新たな国債を発行し，それでもなお不足するという構造が作り上げられたのである．このような硬直化した財政のもとで，1975年度以降大量に発行された国債が償還を迎えたが，政府はこれに対して国債の借換で対応していくほかはなかった．かくして，1983年度以降赤字国債の発行が減少していくにもかかわらず，1985年度以降は借換債の発行が急増するために，全体としての国債の発行額は容易に減少しないものとなっていったのである．

　(2) このような国債の大量発行・大量累積は，これまでのわが国の伝統的な資金循環構造と金融システムを激変させる一大契機となった．1975年以降，最大の資金不足部門が法人企業部門から公共部門へと転換するとともに，これ

表 2-2 国債残高と国債費の累積

年度	一般会計歳出(決算) A	国債発行額				国債依存度 B/A	国債残高 C	C/GDP
		新規財源債		借換債	計			
		(実績) B	うち特例債(実績)	(実績)	(実績)			
1970	81,876	3,472			3,742	4.2	28,112	3.7
1971	95,611	11,871			11,871	12.4	39,521	4.8
1972	119,321	19,500			19,500	16.3	58,186	6.0
1973	147,783	17,662		5,958	23,620	12.0	75,504	6.5
1974	190,997	21,600		6,358	27,958	11.3	96,584	7.0
1975	208,608	52,805	20,905	4,156	56,961	25.3	149,731	9.8
1976	244,676	71,982	34,732	3,712	75,694	29.4	220,767	12.9
1977	290,598	95,612	45,333	3,128	98,741	32.9	319,024	16.8
1978	340,960	106,740	43,440	6,326	113,066	31.3	426,158	20.4
1979	387,898	134,720	63,390		134,720	34.7	562,513	25.0
1980	434,050	141,702	72,152	2,903	144,605	32.6	705,098	28.7
1981	469,211	128,999	58,600	8,952	137,951	27.5	822,734	31.5
1982	472,450	140,447	70,087	32,727	173,175	29.7	964,822	35.3
1983	506,353	134,863	66,765	45,145	180,009	26.6	1,096,947	38.4
1984	514,806	127,813	63,714	53,603	181,417	24.8	1,216,936	39.9
1985	530,045	123,080	60,050	89,573	212,653	23.2	1,344,314	41.5
1986	536,404	112,549	50,060	114,886	227,435	21.0	1,451,267	42.8
1987	577,311	94,181	25,382	154,490	248,672	16.3	1,518,093	42.7
1988	614,710	71,525	9,565	139,461	210,986	11.6	1,567,803	41.3
1989	658,589	66,385	2,085	150,798	217,183	10.1	1,609,100	39.6
1990	692,686	73,120		186,532	259,652	10.6	1,663,379	37.9
1991	705,471	67,300		188,757	256,057	9.5	1,716,473	37.0

(出所) 日本銀行『経済統計年報』,大蔵省『財政金融統計月報』(予算特集各号) 等より作成.

まで規制金利体系を維持するために,発行された国債を国債引受シンジケート団に強制的に割り当て消化させ (しかし,それは1年後日銀の買オペによってほぼ全額日銀の手元に吸収された),市場への売却を事実上禁止してきた「市場隔離型」国債管理制度が限界に逢着することになったのである.すなわち,大量に発行された国債は,もはや日銀の買オペによる吸収の限度を超えているばかりか,シンジケート団引受のなかでも常に30%以上のシェアを占めていた都市銀行は,その預金の伸び率に比して過大な国債を引き受けていたために,その資金ポジションを次第に悪化させていったのである.ここに至って,政府・日銀は新たに国債の流動化政策の導入に踏み切らざるをえなくなった.

(億円, %)	
国債費 (当初) D	D/A
2,909	3.7
3,193	3.4
4,554	4.0
7,045	4.9
8,622	5.0
10,394	4.9
16,647	6.9
23,487	8.2
32,227	9.4
40,784	10.6
53,104	12.5
66,542	14.2
78,299	15.8
81,925	16.3
91,554	18.1
102,241	19.5
113,195	20.9
113,335	20.9
115,120	20.3
116,649	19.3
142,886	21.6
160,360	22.8

1977年以降，市中での国債の消化と流通を促進するために，国債の売却禁止期間の短縮化措置に加えて，国債の種類や発行形式の多様化，さらにそれに対応して発行価格や表面利率の小幅な改定などの発行条件そのものの弾力化が相次いで進められたのである．

その結果，一連の国債流動化措置は，既発国債が自由に売買される国債流通市場の形成と発展を促進することとなったが，自由金利市場である国債流通市場の発展は次第に規制金利市場を掘り崩し，現先市場をはじめその他CD（譲渡性定期預金）市場などの金利が自由な短期金融市場の発達とその多様化を促していった．また，わが国の規制的な金融システムは金利規制・業態規制・為替規制とからなっているが，このような国債売却制限の緩和措置と国債流通市場の発達は，金利の自由化のみならず，業態規制の緩和をも著しく促進していく役割を演じた．業態規制の中心は銀行・証券の分離であるが，1983年4月には銀行による国債の窓口販売が許可され，翌84年6月からは国債の売買業務（いわゆるバンク・ディーリング）が漸次認可・拡大されていったのである．このような起債市場の多様化・自由化と並行して進められた国債流通市場の自由化を槓杆として，わが国の金融システムは規制的なものから市場メカニズムで機能するものへと大きく転換していくこととなったのである．

「金融の自由化」を推し進めていったこのような国債流通市場の発達過程のなかで，基軸的な役割を演じたのは銀行であった．従来の国債流通市場の構造は，一方では，大口の国債引受手である都市銀行や地方銀行が恒常的に資金ポジションの悪化に悩み，常に売り手として市場に現れたのに対して，他方では，余裕資金を抱える農林系金融機関・信託銀行・投資信託・事業法人などが資産運用を図るため買い手として立ち現れる，というものであった．ところが，1983年4月の銀行による国債の窓口販売の開始をその起点とし，85年6月のいわゆる「フル・ディーリング」の開始を画期として，国債流通市場の様相

は激変することとなった．詳しくは後に検討するが，国債の自由な売買業務が認可されることによって，銀行・金融機関にとっては保有国債の評価損を容易に回避できるだけではなく，ディーリングによっていつでも自由に保有国債を売買できるようになったため，国債流通市場は，一方では，銀行・金融機関にとって新たな資金運用市場として積極的に活用されるようになると同時に，他方では，資金調達市場としても金融機関の資金ポジションの変動に直ちに対応して，いつでも流動性を容易に調達できる機動性のある新たな市場として機能していくようになったのである．そして，このような銀行を取り巻く経営環境の一大変化を背景として，1980年代後半に銀行はその経営姿勢を積極化させていくことが可能となる新たな条件が生みだされたのである．

(3) 1974・75年大不況後の「低成長」時代のなかで，もはやかつてのような設備投資主導の高成長を期待できなくなった大企業は，労働コストの削減・生産の一層の効率化と並んで，金融面での費用削減をも重要な柱とする徹底した「減量経営」を実施した．これによって，これまで間接金融方式による大型化設備投資のために銀行から巨額の資金を借り入れていた大企業は，大不況下での金利負担の重圧を軽減するため借入金を返済し，自己資本比率を上昇させ，銀行からの相対的自立を図っていったのである（図2-3, 2-4参照）．

このような大企業をめぐる企業金融の変貌と自由金利市場の発達を背景として，銀行はその資金調達・運用行動を大きく変化させることになった．1970年代後半以降の「大企業の銀行離れ」の実態は，銀行の業種別貸出構造の変化の中に如実に示されている．表2-3にみられるように，80年代初めには製造業は全国銀行の貸出総額の30%以上を占めていたが（それ以前にはその比率はさらに高く，1975年には38%を占めていた），これが85年度末には27%に下がり，さらにその後の5年間で16%にまで急激に低下している．とくにこの傾向は大企業向け貸出では顕著で，80年代後半の5年間には11兆円もの貸出額の大幅減少を記録している．この間，中小企業向け貸出は伸びてはいるが，それによって製造業全体の貸出額の落ち込みを埋め合わせるには至らなかったのである．

これに代わって，銀行の貸出総額の増加を支えたのは，金融・保険業（その

第2章 わが国のバブル発生の金融メカニズム

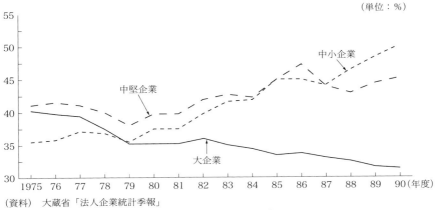

(資料) 大蔵省「法人企業統計季報」
(出所) 日本開発銀行『調査』第162号, 1992年7月, 30頁.

図 2-3 　負債・資本計にしめる借入金の比率

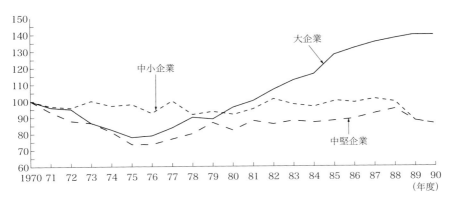

(資料) 大蔵省「法人企業統計季報」
(出所) 図2-3に同じ.

図 2-4 　規模別の自己資本比率（1970年100とする）

表 2-3 業種別貸出残高の推移

	年度末	貸出総額	製造業	うち大企業	4業種小計	金融・保険業	不動産業
全国銀行（銀行勘定）	1975	80.7	30.8 (38.2)	16.0 (19.8)	16.9 (20.9)	1.6 (2.0)	5.2 (6.4)
	1980	127.7	40.1 (31.4)	20.5 (16.1)	34.3 (26.9)	4.0 (3.1)	7.4 (5.8)
	1981	137.2	43.2 (31.5)	22.3 (16.3)	37.4 (27.3)	4.7 (3.4)	7.8 (5.7)
	1982	151.6	46.4 (30.6)	23.9 (15.8)	42.9 (28.3)	6.1 (4.0)	8.9 (5.9)
	1983	167.0	49.6 (29.7)	25.3 (15.1)	49.5 (29.6)	8.3 (5.0)	10.3 (6.2)
	1984	184.6	51.9 (28.1)	25.1 (13.6)	58.6 (31.7)	11.5 (6.2)	12.3 (6.7)
	1985	207.7	56.0 (27.0)	25.0 (12.0)	69.0 (33.2)	14.6 (7.0)	14.5 (7.0)
	1986	226.3	56.6 (25.0)	24.3 (10.7)	82.9 (36.6)	18.3 (8.1)	18.6 (8.2)
	1987	249.0	55.6 (22.3)	21.9 (8.8)	103.1 (41.4)	23.0 (9.2)	25.6 (10.3)
	1988	272.0	53.6 (19.7)	18.9 (6.9)	124.6 (45.8)	28.8 (10.6)	28.2 (10.4)
	1989	295.3	52.5 (17.8)	15.7 (5.3)	144.4 (48.9)	31.6 (10.7)	32.2 (10.9)
	1990	367.6	58.7 (16.0)	14.1 (3.8)	192.9 (52.5)	39.4 (10.7)	42.8 (11.6)
	1991	379.1	59.7 (15.7)	14.3 (3.8)	200.2 (52.8)	36.7 (9.7)	42.8 (11.3)
都市銀行	1975	43.5	16.7 (38.4)	9.1 (20.9)	8.0 (18.4)	0.6 (1.4)	2.3 (5.3)
	1980	66.5	21.8 (32.8)	11.5 (17.3)	16.7 (25.1)	2.1 (3.2)	3.3 (5.0)
	1981	71.4	23.5 (33.0)	12.6 (17.6)	18.3 (25.6)	2.4 (3.4)	3.4 (4.8)
	1982	78.4	25.1 (32.0)	13.3 (17.0)	20.9 (26.7)	2.9 (3.7)	3.9 (5.0)
	1983	86.0	27.0 (31.4)	14.1 (16.4)	23.8 (27.7)	3.7 (4.3)	4.7 (5.5)
	1984	94.8	28.3 (29.9)	13.9 (14.7)	28.0 (29.5)	5.0 (5.3)	5.6 (5.9)
	1985	105.8	30.7 (29.0)	14.1 (13.3)	32.8 (31.0)	6.3 (6.0)	6.7 (6.3)
	1986	116.6	31.4 (26.9)	13.8 (11.8)	40.7 (34.9)	8.1 (6.9)	9.0 (7.7)
	1987	129.3	31.2 (24.1)	12.5 (9.7)	52.0 (40.2)	9.4 (7.3)	13.4 (10.4)
	1988	142.0	29.7 (20.9)	10.6 (7.5)	64.5 (45.4)	11.6 (8.2)	14.8 (10.4)
	1989	153.7	28.8 (18.7)	8.5 (5.5)	75.0 (48.8)	11.6 (7.5)	17.2 (11.2)
	1990	169.2	28.3 (16.7)	7.2 (4.3)	89.0 (52.6)	13.1 (7.7)	20.1 (11.9)
	1991	175.4	28.1 (16.0)	7.2 (4.1)	94.5 (53.9)	12.3 (7.0)	20.2 (11.5)
地方銀行	1975	24.1	8.3 (34.6)	2.6 (10.8)	5.6 (23.2)	0.2 (0.8)	1.5 (6.2)
	1980	40.7	11.2 (27.5)	3.4 (8.4)	12.2 (30.0)	0.8 (2.0)	2.1 (5.2)
	1981	44.0	12.2 (27.7)	3.8 (8.6)	13.2 (30.0)	0.9 (2.0)	2.2 (5.0)
	1982	48.7	13.2 (27.1)	4.2 (8.6)	14.9 (30.6)	1.2 (2.5)	2.6 (5.3)
	1983	53.3	14.3 (26.8)	4.5 (8.4)	16.5 (31.0)	1.7 (3.2)	2.9 (5.4)
	1984	58.1	15.1 (26.0)	4.5 (7.7)	18.5 (31.8)	2.1 (3.6)	3.3 (5.7)
	1985	65.2	16.8 (25.8)	4.5 (6.9)	21.0 (32.2)	2.6 (4.0)	3.8 (5.8)
	1986	67.8	16.6 (24.5)	4.0 (5.9)	23.1 (34.1)	3.0 (4.4)	4.4 (6.5)
	1987	71.3	16.1 (22.6)	3.4 (4.8)	26.2 (36.7)	3.7 (5.2)	5.2 (7.3)
	1988	77.3	16.0 (20.7)	2.8 (3.6)	31.3 (40.5)	4.8 (6.2)	6.3 (8.2)
	1989	85.2	16.5 (19.4)	2.4 (2.8)	37.3 (43.8)	5.9 (6.9)	7.6 (8.9)
	1990	96.0	17.7 (18.4)	2.2 (2.3)	44.9 (46.8)	8.4 (8.8)	9.1 (9.5)
	1991	98.6	18.5 (18.8)	2.2 (2.2)	45.9 (46.6)	7.2 (7.3)	9.2 (9.3)

(出所)　日本銀行『経済統計月報』より作成.

〔兆円,（ ）内は構成比 ％〕

サービス業	個人
4.3（ 5.3）	5.8（ 7.2）
8.5（ 6.7）	14.4（11.3）
9.4（ 6.9）	15.5（11.3）
11.2（ 7.4）	16.7（11.0）
13.5（ 8.1）	17.4（10.4）
16.6（ 9.0）	18.2（ 9.9）
20.5（ 9.9）	19.4（ 9.3）
24.5（10.8）	21.5（ 9.5）
29.4（11.8）	25.1（10.1）
36.1（13.3）	31.5（11.6）
42.0（14.2）	38.6（13.1）
54.6（14.9）	56.1（15.3）
58.5（15.4）	62.2（16.4）
2.0（ 4.6）	3.1（ 7.1）
4.0（ 6.0）	7.3（11.0）
4.5（ 6.3）	8.0（11.2）
5.4（ 6.9）	8.7（11.1）
6.3（ 7.3）	9.1（10.6）
7.7（ 8.1）	9.7（10.2）
9.4（ 8.9）	10.4（ 9.8）
11.6（ 9.9）	12.0（10.3）
14.2（11.0）	15.0（11.6）
18.0（12.7）	20.1（14.2）
21.0（13.7）	25.2（16.4）
24.3（14.4）	31.5（18.6）
26.5（15.1）	35.5（20.2）
1.6（ 6.6）	2.3（ 9.5）
3.1（ 7.6）	6.2（15.2）
3.5（ 8.0）	6.6（15.0）
4.1（ 8.4）	7.0（14.4）
4.7（ 8.8）	7.2（13.5）
5.6（ 9.6）	7.5（12.9）
6.6（10.1）	8.0（12.3）
7.2（10.6）	8.5（12.5）
8.2（11.5）	9.1（12.8）
9.7（12.5）	10.5（13.6）
11.4（13.4）	12.4（14.6）
13.3（13.9）	14.1（14.7）
14.2（14.4）	15.3（15.5）

ほとんどが証券・保険を除く「その他金融業」，すなわち，いわゆるノンバンクである），不動産業，サービス業（リース業は「物品賃貸業」としてここに含まれ，85年度から90年度までサービス業の中の最大の貸出業種である），個人の4業種であった．80年代後半の5年間に，全国銀行の貸出総額は160兆円増加したが，そのうち4業種向け貸出額は124兆円に上り，貸出増加額の78％を占めた．都市銀行においてはそれはさらに著しく，63兆円の貸出増加額のうち56兆円が4業種向けで，全体の89％にも達している．これらの貸出のほとんどは，すでに広く指摘されているように，直接・間接に不動産ないし株式投資資金として用いられた[17]．またこの時期，貸出期間別では，中・長期貸出比率が顕著に上昇するとともに（表2-4参照），個人向け貸出増のなかでは，都市銀行の住宅信用・消費者信用を中心とする個人向け融資の伸び率の高さは他の業態に比して際だっており，都市銀行が広範な店舗網を活用してリテール分野に積極的に進出していったことを示している（表2-5参照）．

このようなわが国金融機関の貸出行動の変化とともに，貸出にかかわる信用リスクは一段と多様化・複雑化してきた．個人向け貸出や中小企業向け貸出比率の上昇は，審査すべき新規融資先の増大と融資先の業種や企業の財務分析の必要性を弥が上にも増大させた．また中・長期貸出は，短期貸出に比して，融資期間中に融資先の業況や企業の信用力が変化するリスクが相対的に高くなるために，その融資に際しては，一層厳格な信用度調査が不可欠となる．さらに，不動産関連融資では，通常の与信リスクに加え，地価変動に伴うリスクを内包しているし，ノンバンク向け融資におい

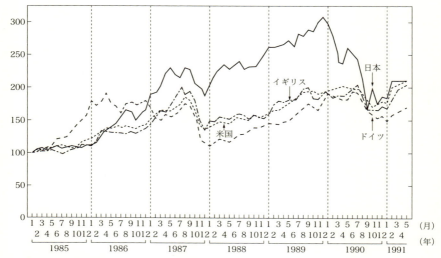

(備考) 1. 東京証券取引所「東証統計月報」,「証券」等により作成.
　　　 2. 1985年1月＝100としている.
(出所)『経済白書』(1991年版) 162頁.

図 2-5 株価指数の推移

---

17) 図2-5および図2-6から窺えるように，地価上昇は1983年頃より東京都心部の商業地から跛行的に始まったのに対して，株価のほうは86年から上昇を始め，ブラック・マンデーでの暴落はあったものの，89年末までほぼ一貫して上昇を続けた．この株価の上昇は，「大企業の銀行離れ」が進んでいくなかで，都市銀行が中小企業や個人向け貸出分野に進出したために，これらの貸出分野から締め出された中小金融機関の資金が，その新たな運用先として「信託」を介して株式市場へと流入したことを契機として始まった．この間の事情について，日本銀行『調査月報』は，86年に「金融機関の有価証券保有は前年比＋77.8％の大幅増加」となり，「なかでも…信託（含む投信）の有価証券保有」が著増したことに注目している．そしてその資金源泉として，「中小企業金融機関を中心とした金融機関からの信託資金（特金，金外信，投信）」が，86年中の信託「設定増加分の約3割を占めてい」たことを明らかにし，その増加額は85年の2兆4600億円に対して，86年には8兆1900億円へと急増したと指摘している．(1987年6月号，20頁．また，山口義行，前掲論文 (2)，48-9頁も参照．)

　このように，わが国のバブルの発生は株価ではなく，まず地価の高騰から始まっているので，バブルを惹起した金融メカニズムを明らかにしようとしている本章においても，さしあたりまず地価の高騰を念頭に置いて考察を進めていくこととしたい．

表 2-4 中・長期貸出残高比率の推移

(%)

	1980年度末	85年度末	86年度末	87年度末	88年度末	89年度末
都市銀行	32.1	32.7	37.4	41.9	47.5	52.9
地方銀行	38.3	40.1	41.4	41.8	43.4	45.6

注) 中・長期貸出は期間1年超の貸出.
(資料) 日本銀行「経済統計年報」
(出所) 『日本銀行月報』1991年6月, 40頁.

表 2-5 住宅信用・消費者信用供与の業態別推移

住宅信用
(億円, 倍)

	1980年度末(a)	1985年度末(b)	1990年度末(c)	(b)／(a)	(c)／(b)
全国銀行 (含信託勘定)	174,895	214,076	413,878	1.22	1.93
都市銀行	61,571	85,218	241,949	1.38	2.84
地方銀行	54,076	62,145	89,006	1.15	1.43
第二地銀	27,532	34,224	49,446	1.24	1.44
信用金庫	40,174	46,714	66,763	1.16	1.43

消費者信用

	1980年度末(a)	1985年度末(b)	1990年度末(c)	(b)／(a)	(c)／(b)
全国銀行 (含信託勘定)	10,013	21,862	189,902	2.18	8.69
都市銀行	3,593	5,951	84,870	1.66	14.26
地方銀行	3,983	6,249	49,696	1.57	7.95
第二地銀	2,204	9,257	49,652	4.20	5.36
信用金庫	3,696	7,719	35,883	2.09	4.65

(出所) 全銀協『金融』巻末統計表より作成.

ては，ノンバンク自体の業況・資金繰りの調査はもとより，転貸先の最終的な資金使途の把握等，審査・管理体制の一層の強化が求められた．

　それだけではない．金融の自由化が進展する中で，自由金利預金の比率の増大（表2-6参照）とその金利の自由化に伴う資金調達コストの上昇圧力は利鞘の縮小を余儀なくする．そうした過程では，金融機関に対して相対的に金利の高い，いわゆるハイリスク・ハイリターンの貸出を誘発する強い誘因が働く

表 2-6　自由金利調達比率の推移

(国内店末残ベース，%)

	1979年度末	85年度末	86年度末	87年度末	88年度末	89年度末	90年末
都市銀行	16.6	28.1	36.1	46.0	55.0	66.8	73.2
地方銀行	1.2	11.8	16.3	24.7	34.5	50.8	63.5
第二地方銀行協会加盟行	1.0	9.6	17.7	23.4	31.7	48.1	62.5
信用金庫	1.5	2.8	5.4	10.1	16.8	32.1	50.8

注）　自由金利調達比率＝(コールマネー＋売渡手形＋借用金〈除く日銀借入金〉＋外貨預金＋非居住者預金＋MMC＋小口MMC＋大口定期＋NCD)／調達勘定計
(資料)　日本銀行「経済統計月報」
(出所)　表 2-4 に同じ．42 頁．

ために，潜在的な信用リスクは一層高められると言わなければならない．さらにまた，規制金利の時代にはさほど注目されなかった金利リスクや流動性リスクも，金融自由化の進展によりそのリスクが顕在化してくる可能性が強くなるであろう．

　このように，近年金融機関を取り巻く経営環境が大きく変化していく中で，金融機関のリスク管理はますますその重要性を増してきたにもかかわらず，しかしながら一見すると，現実はそれに逆行するように見えた．80年代の長期金融緩和局面で，多くの銀行は収益性と業容の拡大を最優先とした組織改革を相次いで断行し，営業部門のなかに審査部門を取り込んだ，いわゆる事業本部制を導入していったのである．それは，一方では，貸出審査の迅速化，営業活動の積極化を促したのであるが，しかし同時に他方では，貸出先の企業内容，経営力の審査基準が甘くなる傾向を生みだし，銀行の審査能力が十分に発揮されなくなる傾向が生じた．そのため，地価や株価が急騰する局面では，その資金使途や返済の確実性についての慎重な審査を行うことなく，担保として徴求される不動産等の資産価値そのものに対して寛大な融資がなされることが多くなったのである[18]．

---

18)　「不動産から得られる地代収入に対して融資をするという西欧の銀行とは対照的に，日本の銀行は伝統的に資産価値に対して融資をしてきたのである」(Wood, Christopher, *The Bubble Economy*, 1992, p. 50. 植山周一郎訳『バブル・エコノミー』共同通信社，83頁．ただし，訳文は変更している)．

個々の金融機関の組織改革についてはその経営戦略という点から興味深い問題があるが，しかしわれわれの問題関心からすれば，問題はこのように審査体制が相対的に脆弱化していったにもかかわらず，何故，いかなる条件の下で，銀行は最も慎重なリスク管理が必要とされるこのようなハイリスク・ハイリターンの貸出行動を積極化させていくことができたのか，換言すれば，その際のリスク管理はどのようにして行われていたのかが改めて問われなければならないのである．これについては節を改めて検討することにしよう．

第3節　国債の流動化とバンク・ディーリング

（1）銀行経営については，古くから内外を問わず「銀行経営の健全性 sound banking」という理念が強調されてきたが，それは銀行が金融システムの中核を担い，強い公共性を有しているので，その経営状態が社会的な信用秩序の維持にとって決定的な重要性を持っているからに他ならない．そして，「銀行経営の健全性」を示す指標として通常挙げられるものは，「流動性 liquidity」と「支払能力 solvency」である．ここで「流動性」というのは，ある資産を損失なしに速やかに現金（銀行券）に換えられる可能性の程度のことであるが，それは資産の種類によって異なるというだけではなくて，それぞれ流通市場の取引構造の相違によっても規定される，という点に留意しておく必要がある．他方，「支払能力」とは，「金融機関の負債のすべてが健全な資産によって担保されていること，換言すれば債務超過でないことを意味している」[19]が，不幸にして資産価値に欠損が生じた場合，このリスクをカバーしたり，また預金その他外部負債に対する最終的な準備として機能するのは自己資本である．この意味で銀行の最終的な支払能力は，自己資本の充実に依存しているといえよう．

とすれば，問題は，このようにリスク管理が強く意識されている古典的・普遍的な「銀行経営の健全性」の理念が，上述のごとく，80年代半ばにわが国の銀行を取り巻く経営環境が大きく変貌していくなかで，どのような実態を持つ

---

19)　横山昭雄監修『金融機関のリスク管理と自己資本』（有斐閣，1989年）92-93頁．

① 東京圏における商業地から住宅地への波及

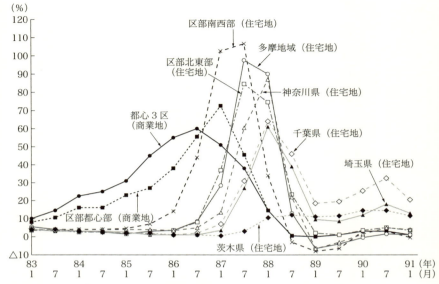

(備考) 1. 国土庁「地価公示」「都道府県地価調査」「国土利用白書」により作成．
2. 都心3区は千代田，中央，港の各区，区部都心部は千代田，中央，港，新宿，文京，台東，の他の各区である．また，県の値は東京圏に属する地域についてのものであり県全域の値と
3. 83年，84年7月の区部都心部，南西部，東北部，多摩地区については各区別の変動率をもと
4. 地方平均の値は，地方圏の都市計画区域のポイントの平均値である．
5. 「地価公示」と「都道府県地価調査」は調査ポイントに相違がある等，相互に比較できる範囲
(出所)『経済白書』(1991年版) 149～150頁．

図 2-6　地価

ものへと具体化され，変容していったのかが問われなければならないのである．

　バブルを惹起した第一の局面というのは，「金融の自由化」を急速に押し進めた「二つのコクサイ化」よって特徴づけられる局面であった．1984年の日米円ドル委員会開催を画期としてその方向性が明確にされたわが国の「金融の自由化・国際化」は，ME技術革新に基づく情報・通信ネットワーク化と相俟って，企業の本社機能や情報・財務・金融部門の東京集中と銀行・証券会社を中心とする外国企業の日本進出を促した．このため東京都心部のオフィスビルや商業地に対する実需が急増し，その結果，地価高騰はまず1983・84年頃か

② 東京圏から大阪圏，名古屋圏，地方への波及過程

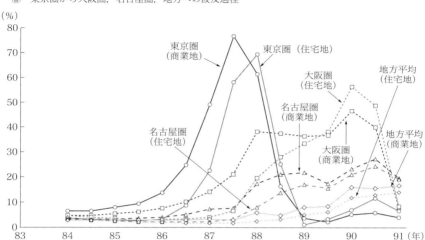

渋谷，豊島の各区，区部南西部は品川，目黒，大田，世田谷，中野，杉並，練馬の各区，区部北東部はそ
は異なる．
に内国調査第一課が推計．

に限度があるので注意を要する．

上昇率の変動

　　ら東京都心部の商業地に始まり，「プラザ合意」以降の金融緩和下で区部住宅地の地価上昇率が高まるとともに，その後それはやや遅れて周辺部へ，そしてさらに地方都市圏へと跛行的に波及していった（図2-6参照）．この時期の地価高騰は実需の拡大によって始まったとはいえ，それが異常な高騰を示したのは，一つには，長期にわたる金融緩和政策とともに，政府による規制緩和・「民間活力活用」による都市再開発政策によるところが大きかった．中曽根内閣は都市のオフィスビルや住宅の需要拡大に対して，1983年「アーバン・ルネッサンス」と称して，「民間活力活用」による都市再開発とそのための一連

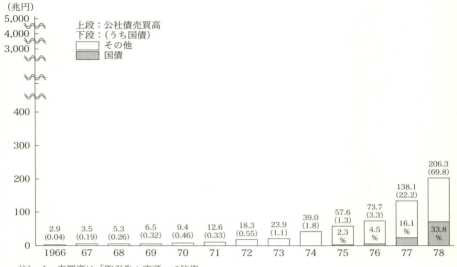

図 2-7 公社債売買高に

の規制緩和を実施し,さらに国公有地を「活用」するためにそれを低価格で民間企業に払い下げていった.「こうした政策路線にそって,85年5月に発表された国土庁『首都改造計画』は,都心3区(中央・港・千代田)の『高度な国際金融ビジネス空間』への機能純化とそのための『土地利用高度化』の推進」を掲げ,それが第4次全国総合開発計画(87年6月策定)に盛り込まれていくのである[20].このような政策運営が首都圏を中心に土地の有効利用を促し,民間企業の活発な不動産取引を誘発して,いわゆる「バブル」を引き起こすことになったことは疑う余地がない.

そして,銀行もまた「大企業の銀行離れ」が進んでいるもとで,不動産取引の活発化に伴う資金需要の増大に対応してその融資姿勢を積極化させ,新たな

---

[20] 大泉英次『土地と金融の経済学』(日本経済評論社,1991年) 189-190頁.

第2章 わが国のバブル発生の金融メカニズム　　107

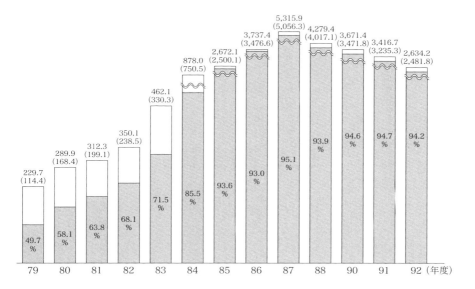

占める国債の売買高推移

　貸出市場を開拓しようとする誘因に駆り立てられたとしても何ら不思議なことはなかった[21]．しかし，そのためには解決しておかなければならない問題が存在している．それは，不動産関連融資や不動産を担保とする中・長期貸出は資産価格の変動に伴う価格変動リスクや，短期調達・長期運用のミスマッチから生ずる流動性リスク，さらにまた信用リスク等を内包しているため[22]，銀行はこれまで以上に「流動性」の確保と「支払能力」の充実に留意し，リスク管理体制を強化しなければならない，という点である．そして，実は「金融の自由化・国債化」がこの問題と深く関わっていた．

　(2) すでに言及したように，「金融の自由化・国債化」は自由な金利の成立する国債流通市場の形成とその急速な発達を促した．図2-7から窺えるように，ことに1984年6月にバンク・ディーリングが開始されて以降（当初1年

間は償還まで2年未満の期近債に限定），87年度にかけて国債売買高は異常なまでに急膨張し，それは5,056兆円（先物取引を含めると実に8,400兆円）にも達した．このように国債売買高が飛躍的に拡大したのは，バンク・ディーリングを契機として国債流通市場に次のような新たな構造変化が生じたことがその背景にあった．

まず第一に，国債の投資家別売買状況を見てみると，表2-7に示されているように[23]，国債大量売買の担い手は，バンク・ディーリングの開始を契機として「債券ディーラー」（証券会社および銀行の商品有価証券勘定）が抜きん出た地位を占めるようになったことである．とくに85年6月の金融機関のフル・ディーリング開始後は，ディーラー間の取引が活発化し，恒常的に公社債売買高の70%以上を占めている．さらに，債券ディーラー間の売買の動きを，

---

21) バブルとは常に事後的に資産価格の崩落としてしか検出することができない経済現象である．それゆえ，バブルを測定するために，たとえなんらかの不動産投資収益や株価収益などの「期待収益」を基準として，それを長期金利に「リスク・プレミアム」を加えたもので資本還元することによって「ファンダメンタルズ価格」を確定したとしても，資産価格が上昇している時点では，それは「収益の期待成長率の高まり」や「リスク・プレミアム低下」によるものなのか，あるいはまた「ファンダメンタルズ価格」そのものを上回るバブルに依存するものであるのか判別しえないし，まして「ファンダメンタルズ価格」にもとづいて事前にバブルを定量的に検出することなど不可能である．したがって，実需の拡大を基盤としながらも，政府の都市再開発・宅地開発政策によって地価高騰への期待が生みだされるなかで投機的需要が膨張し，バブルが生じたとすれば，問題は資産価格騰貴部分を「実需価格」と「バブル価格」に分類することではなくて，むしろそのような投機的需要をも含む大規模な不動産投資を可能にした，銀行の異常なまでの行動様式を規定したものを明らかにすることが先決であろう．

22) バブル期に普及した不動産担保融資について，吉田和男氏はさらに「もともと，不動産担保融資の問題点は単に不動産価格が下がったことが問題なだけではなく，不動産が担保にならないことである．たとえば，家屋を担保とした場合，債務弁済が不可能になったときに担保をとって競売にかけようとしても居住者にはそれぞれ権利があり，なんらかの補償がないと競売にはかけられない．担保は競売の申立てはできても，競売を実行することは難しい．工場の場合でも，事業を存続しないかぎり弁済は不可能であり，担保物件の売却の実行は容易ではない．空き地のようなものでなければ事実上，競売にはかけられない．…さらに，競売にかけられてもきわめて低い価格でしか落札されないのが現実である」と述べられている（『日本型銀行経営の罪』東洋経済新報社，1994年，118頁）．

ディーラー間の取引を扱う日本相互証券（ブローカーズ・ブローカー（略称BB），85 年 6 月からディーリングの許可を受けた銀行も参加）の取扱高によってみてみると（図 2-8），BB の取扱高はバンク・ディーリング開始後に急増していることがわかる．したがって，これらのことは，バンク・ディーリング開始後の国債大量売買の主たる担い手は証券会社よりもむしろ銀行の債券ディーラーであり，この銀行ディーラーの売買取引を基軸として業者間（インター・ディーラー）市場が急膨張したことを示しているといえよう．

次に市場構造変化の第二の特徴は，すでに指摘したように，近年債券売買高に占める国債取引シェアは急上昇し，1985 年度以降は 90% 以上を占めるに至ったが（前掲図 2-7），その国債取引の内容を銘柄別に見てみると，いわゆる「指標銘柄」と呼ばれる特定銘柄に極端に偏った売買取引が行われていることである．表 2-8 に示されているように，バンク・ディーリング後に発生した指標銘柄は，87 年以降になると債券発行残高に占めるシェアがわずか 1-2% 程度にすぎないにもかかわらず，その売買高は実に債券現物市場全体の 90% 以上も占めている．指標銘柄は業者間市場において「自然発生的に」生ずるとされているが[24]，もともと国債は政府の発行する確定利付有価証券であり，銘柄によってその信用度に格差があるわけではない．したがって，その均一性にもかかわらず，銘柄によってその売買取引にこれ程までに大きな格差が生ずるということは，国債それ自体よりもむしろ市場における債券ディーラー間による売買取引のあり方の特質に起因していることを意味しており，後に検討するように，バンク・ディーリングの開始以降，何故このような問題が発生するようになったのかが改めて問われる必要があろう．

第三の変化は，債券ディーラー間の活発な売買が繰り返されたことから，売

---

23) 表 2-7 は厳密にいえば国債以外の公社債も含んでいるが，図 2-7 からも明らかなように，国債売買高はバンク・ディーリング開始以降，公社債売買高の 85-95% を占めている．したがって，公社債市場は，近年，事実上国債市場を表しているとみてよい状況にある．
24) 指標銘柄になるための要件としては，①発行量が多く，流動性が高いこと，②残存期間が長いこと，③クーポン・レートが市場実勢に近いこと，などが指摘されている（中川雅治編『国債』大蔵財務協会，1992 年，132 頁．日本銀行『調査月報』1988 年 11 月号，21 頁）．

表 2-7 投資家別公社債売買状況

区分＼年度	1982	83	84	85	86
都市銀行	159,934 (8.3)	242,552 (8.6)	344,459 (5.3)	326,934 (1.6)	602,931 (2.8)
地方銀行	129,143 (6.7)	152,341 (5.4)	223,917 (3.5)	302,918 (1.5)	207,761 (1.0)
長期信用銀行	41,351 (2.2)	88,478 (3.1)	124,963 (1.9)	140,462 (0.7)	242,225 (1.1)
信用銀行	157,818 (8.2)	248,153 (8.8)	485,403 (7.5)	980,002 (4.9)	1,292,739 (6.0)
農林系金融機関	133,459 (7.0)	176,025 (6.2)	224,870 (3.5)	458,779 (2.3)	298,968 (1.4)
相互銀行	47,673 (2.5)	38,883 (1.4)	57,000 (0.9)	113,204 (0.6)	116,627 (0.5)
信用金庫	69,012 (3.6)	80,262 (2.8)	190,490 (2.9)	193,881 (1.0)	119,199 (0.6)
その他金融機関	71,016 (3.7)	76,663 (2.7)	264,372 (4.1)	355,026 (1.8)	163,908 (0.8)
生命保険・損害保険	48,763 (2.5)	45,889 (1.6)	53,604 (0.8)	154,254 (0.8)	189,560 (0.9)
投資信託	85,692 (4.5)	124,439 (4.4)	170,390 (2.6)	150,786 (0.8)	210,739 (1.0)
官公庁共済組合	32,464 (1.7)	32,835 (1.2)	40,711 (0.6)	53,341 (0.3)	41,648 (0.2)
事業法人	166,366 (8.7)	205,062 (7.2)	427,330 (6.6)	611,258 (3.1)	568,813 (2.6)
その他法人	24,922 (1.3)	26,195 (0.9)	48,130 (0.7)	71,928 (0.4)	62,392 (0.3)
外人	137,338 (7.2)	317,249 (11.2)	995,264 (15.4)	1,113,183 (5.6)	731,442 (3.4)
個人	55,006 (2.9)	54,386 (1.9)	67,048 (1.0)	98,609 (0.5)	101,252 (0.5)
その他	80,345 (4.2)	77,319 (2.7)	94,516 (1.5)	100,507 (0.5)	150,451 (0.7)
債券ディーラー	479,118 (25.0)	843,805 (29.8)	2,649,485 (41.0)	14,804,278 (73.9)	16,544,597 (76.4)
計	1,919,420 (100.0)	2,830,537 (100.0)	6,461,952 (100.0)	20,029,350 (100.0)	21,649,252 (100.0)

注) 1. 証券会社及び銀行の取扱額の合計 2.「売却」と「買入」の合計 3. 現先売買を除く 4. 行」等の金融機関の係数は「有価証券勘定」の売買高 6.「債券ディーラー」は証券会社と銀行高

(資料) 公社債引受協会「公社債月報」
(出所) 全銀協『金融』，1989年9月号，22頁．

第2章 わが国のバブル発生の金融メカニズム

	(単位：億円，%)
87	88
944,675	847,935
(3.6)	(4.2)
213,695	193,395
(0.8)	(1.0)
415,900	125,950
(1.6)	(0.6)
1,920,623	1,423,604
(7.2)	(7.1)
300,807	292,778
(1.1)	(1.5)
152,245	160,787
(0.6)	(0.8)
141,985	116,991
(0.5)	(0.6)
196,451	146,082
(0.7)	(0.7)
337,669	392,738
(1.3)	(1.9)
323,496	325,866
(1.2)	(1.6)
45,110	81,853
(0.2)	(0.4)
494,380	328,854
(1.9)	(1.6)
64,666	68,813
(0.2)	(0.3)
715,505	724,728
(2.7)	(3.6)
101,952	102,669
(0.4)	(0.5)
152,593	178,925
(0.6)	(0.9)
20,030,849	14,651,580
(75.4)	(72.7)
26,552,601	20,163,548
(100.0)	(100.0)

（　）内は構成比　5．「都市銀の「商品有価証券勘定」の売買

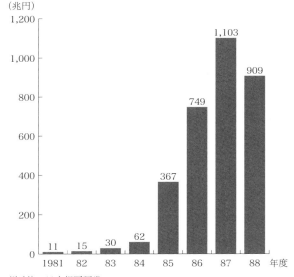

(資料)　日本相互証券
(出所)　表2-7に同じ．23頁．

図2-8　日本相互証券取扱高の推移

買高を発行残高で除した国債の売買回転率が上昇したことである．とりわけ業者間市場においては，国債の銘柄全体にわたって売買高が増大したのではなく，指標銘柄に売買が集中したので，その売買回転率は異常とも思える上昇を示した．図2-9に見られるように，利付68回債が指標銘柄であった1985年11月にはその売買回転率が11.6，翌86年9月には利付78回債のそれが20.4，さらに87年4月には利付89回債のそれが43.6にも達した．売買回転率が43.6ということは，債券ディーラーの利付89回債の平均在庫保有期間は，わずか約0.69日であることを意味している[25]．

表 2-8 債券発行・流通市場における銘柄別構成比

(1) 発行残高の構成比の推移 (%)

	1976年末	79年末	82年末	85年末	86年末	87年末	88年7月末
国債	30.9	45.1	51.9	56.0	56.0	56.8	56.8
指標銘柄	0.0	0.0	0.0	1.3	1.6	2.1	1.0
地方債・政保債	6.7	7.4	8.3	9.2	9.5	9.6	9.6
利付金融債	20.0	13.9	11.9	11.4	12.2	12.2	12.7
事業債	9.9	6.8	5.4	3.8	3.6	3.4	3.4
円建外債	0.4	1.3	1.6	2.2	2.1	1.9	1.7
公募特別債	0.7	0.7	0.6	0.5	0.4	0.3	0.2
非公募債	31.4	24.7	20.2	17.0	16.3	15.8	15.6
合計	100.0	100.0	100.0	100.0	100.0	100.0	100.0

(2) 流通市場の構成比の推移 (%)

	1976年中	79年中	82年中	85年中	86年中	87年中	88年1〜9月中
国債	4.3	48.9	70.6	92.7	56.5	59.5	51.4
指標銘柄	0.0 (0.0)	0.0 (0.0)	0.0 (0.0)	65.8 (68.5)	42.6 (72.2)	56.1 (92.6)	49.0 (92.3)
国債先物	0.0	0.0	0.0	3.9	41.1	39.3	46.9
地方債・政保債	8.2	9.3	8.4	1.3	1.0	0.5	0.6
利付金融債	43.2	22.8	10.3	0.9	0.8	0.3	0.6
事業債	6.2	3.6	2.5	0.2	0.1	0.1	0.1
円建外債	0.2	1.1	0.5	0.3	0.2	0.1	0.0
公募特別債	10.0	2.9	1.4	0.0	0.0	0.0	0.0
非公募債	28.1	11.5	6.4	0.6	0.3	0.2	0.3
合計	100.0	100.0	100.0	100.0	100.0	100.0	100.0

注)　1. 指標銘柄の構成比は，東証における上場国債売買高に占めるシェアと店頭取引における国債売買高に占めるシェアが同一であると仮定して，前者のシェアから試算．
　　　2. ( ) 内は，現物債 (合計から国債先物を除いたもの) に対する構成比．
(資料)　公社債引受協会「公社債月報」，東京証券取引所「東証統計月報」
(出所)　日本銀行『調査月報』1988年11月号，20頁．

---

25)　高橋俊治『日本の公社債市場と金融システム』(東洋経済新報社, 1991年) 189-190頁．

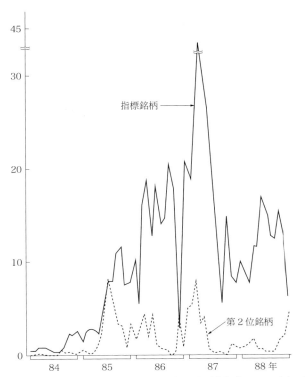

(出所) 高橋俊治『日本の公社債市場と金融システム』(東洋経済新報社, 1991年) 190頁.
図 2-9 指標銘柄と第2位銘柄の売買回転率

このように，バンク・ディーリング開始以降のわが国の債券流通市場においては，国債の短期的な売買取引が活発化し，国債流通市場は事実上債券ディーラー間の「投機的」取引の場と化していったのである．

(3) そこで次に問題となるのは，このようなバンク・ディーリングを契機とする国債の「投機的」取引の拡大が，銀行経営に対していかなる意義を有していたのかということであるが，それについてはこれまでのところ二つの相異なる見解が存在している．

まず第一の支配的な見解は，銀行の本業部門が伸び悩むなかで，ディーリン

表 2-9 銀行の商品有価証券残高と売買益

		1984年度	85年度	86年度	増減額	率	87年度
都市銀行	商品有価証券残高	4,151	16,336	17,248	912	5.6	11,532
	商品有価証券売買益 (対経常利益比)	251 (2.2)	1,052 (9.3)	1,859 (11.8)	807	76.7	2,384 (11.0)
地方銀行	商品有価証券残高	2,634	6,908	8,716	1,808	26.2	7,143
	商品有価証券売買益 (対経常利益比)	81 (1.4)	388 (6.4)	574 (8.0)	186	47.9	482 (6.6)
信託銀行	商品有価証券残高	789	5,500	5,534	34	0.6	2,208
	商品有価証券売買益 (対経常利益比)	73 (3.6)	379 (11.1)	411 (6.6)	32	8.4	496 (7.4)
長期信用銀行	商品有価証券残高	846	3,498	3,693	195	5.6	1,888
	商品有価証券売買益 (対経常利益比)	87 (4.8)	339 (16.1)	481 (16.1)	142	41.8	296 (8.7)
全国銀行	商品有価証券残高	8,442	32,244	35,193	2,949	9.1	22,773
	商品有価証券売買益 (対経常利益比)	491 (2.3)	2,158 (9.4)	3,325 (10.3)	1,167	54.1	3,657 (9.4)

(資料) 全銀協「全国銀行財務諸表分析」
(出所) 表2-7に同じ．27頁．

グが新たな重要な収益源の一つになったというものである．すなわち，金利の自由化を背景にした預金者の金利選好の高まりで，資金調達コストは上昇傾向にあるのに対して，「大企業の銀行離れ」による貸出難で貸出金利は低迷している．そのため，銀行の本来的業務である預貸業務が伸び悩むなかで，公社債運用が重視されるようになり，その重要な柱が国債ディーリングであった．そしてディーリング業務は，指標銘柄の売買回転率が急上昇したことからも窺えるように，金融市場の緩和基調のもとで将来の金利低下＝債券価格の上昇という期待が生まれるなかで，国債の短期回転売買を活発化させ，銀行の手許に巨額のキャピタル・ゲインをもたらした．表2-9に見られるように，例えば都市銀行の場合，ディーリングによって得られた収益（表中の「商品有価証券売買益」）は1986年度1,859億円，翌87年度には2,384億円に達し，ともに経常利益の11%にもおよんでいる．したがって，いまや銀行にとって，ディーリング業務は不可欠の収益源となっている，というわけである[26]．

第 2 章　わが国のバブル発生の金融メカニズム　　　115

(単位：億円，%)

増減額	率	88年度	増減	率
△5,716	△33.1	7,068	△4,464	△38.7
525	28.2	484 (1.8)	△1,900	△79.7
△1,573	△18.0	6,389	△755	△10.6
△93	△16.1	439 (5.0)	△43	△8.9
△3,326	△60.1	1,573	△635	△28.8
85	20.6	247 (3.4)	△249	△50.2
△1,805	△48.9	1,639	△250	△13.2
△184	△38.4	114 (2.8)	△182	△61.6
△12,421	△35.3	16,669	△6,104	△26.8
332	10.0	1,283 (2.7)	△2,374	△64.9

　銀行はフル・ディーリングの開始にあたり，あらかじめ含み益のある債券を投資勘定から商品勘定に移し替えていたことや，87年前半にかけて円高の進行，金融の緩和，さらに原油価格の低下も加わった好環境に恵まれて，確かに大商いを実現したことは事実である．だが他面では，ディーリングによって獲得される売買益には次のような矛盾が含まれていた．一般に債券売買高が増加すれば，売買の出合いはつきやすくなり，さらに債券在庫の売買回転率が上昇すれば，それらを通じてディーラー・スプレッド（ディーラーが提示する債券の売値と買値の差）は縮小すると考えられる．実際，図2-10に示されているように，指標銘柄の売買スプレッドは周辺銘柄の半分程度と小さい．すなわち，キャピタル・ゲインを求めて指標銘柄の短期的な回転売買取引を繰り返せば繰り返すほど，ますますその売買スプレッドは縮小していく傾向があるのである．このように指標銘柄のディーラー・スプレッドが他の銘柄のそれに比して縮小方向にあるということは，一方では，その流動性の拡大と市場の効率化を示すものではあるが，しかし同時に他方では，債券ディーラーの収益環境が悪化することを意味している．

---

26)　日本経済新聞社編『新しい金融・資本市場2：公社債流通市場』（日本経済新聞社，1987年）53-6，82-3頁．中川雅治編，前掲書，131頁．山田博文「銀行の証券参入と国債流通市場の構造変化」（『八戸大学紀要』第10号，1991年），平井康之「安定的収益源へ自行の店頭拡充を（特集ディーリング三年間の総括と課題）」（『金融財政事情』1987年6月1日号）等，参照．

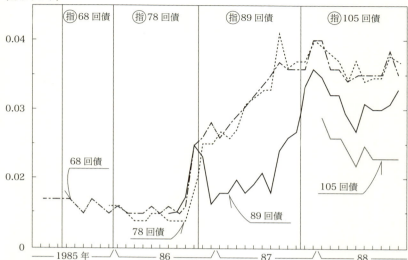

注) 1. 売買スプレッドとは，店頭指標売り気配利回りと同買い気配利回りの差.
    2. ㊝とは，当該期間中の指標銘柄の種類.
(資料) 日本証券業協会「公社債店頭指標気配表」
(出所) 表2-8に同じ. 21頁.

図 2-10 売買スプレッドの推移

　したがって，仮にディーリング業務の主たる目的が投機的なキャピタル・ゲインの獲得を中心とした新たな収益源の開拓であるとするならば，そこでの取引銘柄は売買スプレッドが縮小傾向にある指標銘柄ではなくて，ディーラー・スプレッドの大きな他の銘柄の短期的な売買取引でなければならないはずである．とすれば，問題は，指標銘柄の回転売買取引に依存したキャピタル・ゲインの追求にはこのように大きな限界が存在していたにもかかわらず，何故，銀行はディーラー・スプレッドの小さな，それゆえに，流動性の大きな指標銘柄の大量保有とその短期的な売買取引にこだわり続けたのかが，改めて問われなければならないのである．そこには，単なる収益性の追求とは異なる固有の意味が存在していたと考えられる．

　これに対して，金融機関の国債保有は金利自由化のなかで新たに発生した金利変動リスクに対するリスク管理手段として機能していることを強調する，第

二の見解が存在している．小藤康夫氏は，「金融機関の資産－負債の期間別構成すなわち期間ミスマッチから発生する」金利変動リスクを回避する方法として，「国債をはじめとする債券は，流通市場が発達しているため売買が容易であり，そのことを通して金融機関の期間ミスマッチを解消することが可能となる」ことから，金融機関の債券投資は「金利変動リスクを回避する有効な手段」となることを強調される[27]．そしてディーリング勘定である「商品有価証券についてもポートフォリオの調整として金利変動リスクを低下させるために用いられている」[28]と述べられている．

　金融機関の債券投資行動を単なる収益獲得手段としてだけではなく，リスク管理手段として積極的にその役割を評価していこうとされる点は，興味深い指摘ではある．しかしながら氏の議論は，公社債売買高の70％以上を占める債券ディーラーが，業者間市場では圧倒的に特定の指標銘柄に偏った取引を行っているという現実を見落とした議論であるといわねばならない．氏は，金融機関の投資勘定科目である「有価証券」だけではなくディーリング勘定科目である「商品有価証券」についても，「債券の入換え」によって「債券のデュレーションをコントロールする」ことができ，金利変動リスクを回避するために用いられると述べられているが，業者間市場でバンク・ディーリングによって売買取引される指標銘柄と呼ばれる国債は，すでに指摘したように，残存期間が十分に残っている，発行量の多い国債であった．したがって，ディーラーが一

---

27) 小藤康夫「金融機関の国債保有動機」（『金融』1994年9月号）6頁．「金融機関の債券投資行動」（花輪俊哉編『日本の金融経済』有斐閣，1995年，所収）96頁．氏が金融機関の金利変動リスクを捉える方法として用いられている「デュレーション・ギャップ法」とは，資産・負債の双方につきキャッシュ・フローのすべてに関する現在価値を算出することによってその平均残存期間を計算し，両者の差からギャップを把握しようとする方法である．そして，それを用いて次のように述べられている．「債券の入換えにより満期の長さをコントロールすれば，債券ポートフォリオ全体のデュレーションが変化するばかりでなく，金融機関の保有する資産そのもののデュレーションも変化することになる．リスク管理手段としての債券投資とは，…デュレーション・ギャップをゼロにするように，債券のデュレーションをコントロールすることにある．その場合，利子率の変化に対する影響はゼロとなり，まさに金利変動リスクから回避できることになる」と（同上書，98-9頁）．
28) 小藤康夫「金融機関の国債保有動機」（前掲）20頁．

定のポジションの範囲内で残存期間の長い指標銘柄の短期的な回転売買を中心とした取引を行っている時に，金利変動リスクを回避するためとはいえ，指標銘柄と他の「債券の入換え」によってポートフォリオの償還期限のバランスを調整するなどということは，ディーリング業務それ自身の自己否定以外の何物でもないといわなければならないであろう．

　さらに，このようなバンク・ディーリングの実態を見逃されたことは，氏が回帰式を用いて計測された結果と現実との齟齬を生みだすこととなった．通常，金利リスクという場合，氏がもっぱら注目されているところの，資産と負債の金利改定時期が異なる場合に金利の変動により発生するリスク（「所得リスク」）だけではなく，金利の変動に伴い債券価格が変化することから発生するリスク（「投資リスク」），の二つの場合が存在している．氏は「金融機関の国債保有」と金利リスクとの関係を問題とされながら，何故か後者の「投資リスク」を全く無視されるのであるが，バンク・ディーリングにとって問題となるのはこの「投資リスク」である．ディーラーは指標銘柄に偏った買持ちポジションを造成しがちであるため，金利が急騰するとたちどころに債券価格の下落と巨額の損失に直面する危険性に晒されているからである．実際，この「投資リスク」は1987年5-7月に指標銘柄の急落として典型的な形で現れた[29]（図2-11参照）．ところが，氏はこうした問題を全く不問に付したまま，1985-91年を金利低下局面と金利上昇局面に分けて捉え，回帰式を用いてそれぞれの局面の「有価証券保有比率と金利変動リスクの関係」を計測された結果，「金利局面」の如何にかかわらず「有価証券勘定」だけではなく「商品有価証券勘定」においても「リスク・コントロールとしてポートフォリオの調整が行われていた」と結論づけられるのである[30]．しかしながら，これでは「金融機関の国債保有動機」をリスク管理手段として積極的に評価していこうとされる氏の主張は，理論的にも実証的にも全く説得力のないものとなっているといわざるをえないであろう．

　このように従来の見解においては，銀行経営にとってバンク・ディーリングの有する意義が必ずしも明確にされたとはいえないように思われる．とすれば，問題は再びその原点に立ち返り，何故，銀行は流動性の高い指標銘柄と呼ばれる国債の大量保有とその短期的な回転売買取引にこだわり続けたのか，そして

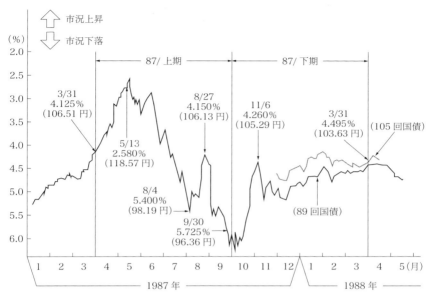

図 2-11 89 回国債の市況推移

(出所)　横山昭雄監修『金融機関のリスク管理と自己資本』(有斐閣，1989 年) 49 頁．

また，それは銀行経営にとっていかなる意義を有していたのか，が改めて問い直されなければならないのである．

第 4 節 「流動性創造機構」の創出とバブルの発生

(1) 公社債流通市場は，証券取引所で取引される取引所市場と，証券会社

---

29) 「金利が十分に低下し，実体経済も上昇局面にあるにもかかわらず，金利の一段の低下を予想して現物・先物の双方につき巨額の買持ちポジションを保有していた金融機関は，金利の上昇に伴う債券価格の低下に直面し，しかもその下落が急であったことから売却機会を逸し，結局 87 年 9 月決算で巨額の損失を計上せざるを得ない状況に陥った」(横山昭雄監修，前掲書，49-50 頁)．また，徳田博美編『自己資本比率規制と銀行経営戦略の転換』(金融財政事情研究会，1989 年) 110-2 頁，日本銀行『調査月報』1988 年 11 月号，19 頁 (注 12) も参照．
30) 小藤康夫「金融機関の国債保有動機」(前掲) 18-20 頁．

や銀行等の店頭で取引される店頭市場とに大別される．取引所市場は，顧客が取引所会員である証券会社に委託して，または証券会社が自己勘定で売買する市場であるのに対して，店頭市場は，取引所市場とは異なり会員制度というシステムはなく，証券会社や銀行等が債券ディーラーとして対顧客，またはディーラー相互間において，相対で売買取引を行う市場である．

　この公社債流通市場の最大の特徴は，取引所での売買が中心となっている株式市場とは異なり，銘柄，取引量，課税方法，取引形態が多様であるため，公社債売買の圧倒的部分がディーラー中心の店頭市場で行われていることである．通常，公社債売買は，受渡日，銘柄等がまちまちであるため，顧客の注文を仲介するブローカー業務のみでは，円滑な売買は成立しない．そこで債券ディーラーは，店頭顧客市場における顧客の債券売買注文に迅速に対応できるように，常に複数の銘柄の，適切な量の債券を在庫として保有することが必要となる．しかし，ディーラー機能を強化しようとして過大な在庫を抱えると，相場変動に伴うリスクが大きくなるという問題が生じたり，あるいはまた，個々の銘柄についてもディーラーの予測がはずれて，意図せざる在庫の過不足が発生したりすることがある．このようなリスクを回避し，在庫の過不足を調整する機能を果たすのが債券ディーラーの業者間（インター・ディーラー）市場である．こうした機能を有する業者間市場で，すでに指摘したように，バンク・ディーリング以降債券ディーラーはもっぱら指標銘柄を中心とした短期的な回転売買取引を行ってきたのであるが，何故，債券ディーラーはこのような行動様式をとったのか，そしてまた，それは一体何を意味しているのかが問われなければならないのである．

　業者間市場が円滑に機能するためには，さらに次のような問題が解決されなければならない．債券ディーラーは，在庫の過不足が発生するとそれを調整するために，そのつど業者間市場に売り注文や買い注文を出そうとするが，しかしながら，それに対応した銘柄の取引相手を首尾よく見つけだすことができるとは限らない．また，たとえ取引を希望する相手を見つけることができたとしても，取引ロットや取引価格だけではなく，受渡日，課税方法等細かな売買条件の速やかな合意が可能であるか，という問題も残されている．このように業者間市場においても売買の出合いをつけるということは実はそれほど容易なこ

とではなく，その間，債券ディーラーは保有在庫のファイナンス・コストを必要とされるだけではなく，相場変動に伴うリスクに晒されることになる．そこで債券ディーラーは，一方では，取引コストを削減するために容易に出合いがとれる銘柄を選択し，この銘柄の売買で在庫調整を行うと同時に，他方では，保有債券の価格変動リスクを回避するために，いつでも市場で容易に転売できる流動性の高い銘柄の国債を保有することによってリスク管理を行おうとする．そしてその際，債券ディーラーが選択する銘柄が指標銘柄なのである[31]．

指標銘柄を用いることによって在庫調整が容易に行われるようになるというのは，例えば債券ディーラーが保有在庫のなかで過剰となった銘柄Aを銘柄Bに入れ替えようとする場合，市場では銘柄Aと銘柄Bの出合いが直ちにつかないため，一旦容易に出合いがつけられる指標銘柄の売り注文を出して銘柄Bを購入し，その後再度大量に出回っている指標銘柄と銘柄Aとの出合いをつけ銘柄Aを売却する，といったクロス取引が行われるからである．このように，債券ディーラーは流動性の高い指標銘柄を中心としたクロス取引を行うことによって，他の周辺銘柄の支配・保有を容易なものとすることができるようになり，その結果，取引コストの節約と円滑な在庫調整を実現し，「ディーラー機能を高める」ことが可能となるのである．

これに対して，「リスクの管理」を高度化するという指標銘柄のもつもう一つの機能は，さらに次のような新たな問題の広がりを内包している．バンク・ディーリング以降競争が激しくなった業者間市場において，取引コストの節約という点から「自然発生的に」指標銘柄が生みだされてくると，自ずと指標銘柄を中心とした売買取引が活発化するので，市場は指標銘柄に極めて高い流動性を付与することとなった．言わば，銀行にとって「商品有価証券」勘定で売買される国債は，その流通市場の取引構造が変貌していくなかで，収益資産から事実上流動資産へと転化していくこととなったのである．したがって，流動

---

31) 「指標銘柄のメリットとしては，債券が基本的には金利商品であることから入換売買等を通じた銘柄間の裁定が働いているため，ある一つの銘柄を利回り水準の指標として売買してもあまり問題がなく，むしろ一銘柄に集中して取引きした方が機動的にポジションやリスクの管理ができ，結果的には周辺銘柄も保有しやすくなりディーラー機能を高めることとなる」(中川雅治編，前掲書，132頁)．

性の高い指標銘柄に集中して取引が行われるようになると,銀行はそのポジションを機動的に管理することが可能となると同時に,その時々に支払いを要する負債を賄う流動資産の割合を示す流動比率も容易に改善することができるようになり,日常的な支払い決済能力が飛躍的に高められるようになる.換言すれば,銀行ディーラーが業者間市場の重要な構成員となり,銀行がその市場取引に内部化されることによって,国債流通市場は「より効率的な支払い決済の流れを生みだす流動性創造機能」[32]を新たに創出することとなったのである.

このことの持つ意義は大きく,そしてまた多面的である.すでに指摘したように,金融の自由化が進展するに伴い負債の側で自由金利預金による短期調達のウェイトが上昇する一方,資産サイドでは中・長期貸出比率が高まっているため,銀行のミスマッチ・ポジションは拡大していく傾向にある.このように,金融自由化のなかで銀行が収益性を重視するあまり利鞘の拡大を追求して短期調達・長期運用のミスマッチの造成に走ると,金利リスクに晒される可能性が増大すると同時に,流動性不足に陥る危険性も高まっていく.この金利リスクや流動性リスクは,規制金利の時代にはさほど注目を浴びなかったリスクではあるが,金融の自由化が進展していくと,その管理が大きな問題となってきた.様々な手法を用いたリスク管理体制が整備されてきたとはいえ,しかし,結局キャッシュ・フローの予期せぬ変動に対応していくためには,短期負債に対して一定比率以上の流動資産を保有し,支払準備を強化する以外にないであろう.そして,このリスク管理に不可欠な流動性の確保にあたってきわめて重要な役割を演じたのが,国債流通市場の「流動性創造機能」であった.銀行はこの市場の「流動性創造機能」によって創出された,指標銘柄の保有とその短期的な回転売買を通じて流動性を確保し,予期せぬ流動性不足が生じた場合にも機動的に資金ポジションの改善を図り,円滑な支払い決済のために必要な流動性を供給し,信用を創造していく能力を格段に強化することができるようになったのである[33].こうして銀行はリスク管理能力を飛躍的に高め,この局面に固有な形態で「銀行経営の健全性」を維持していくこととなったということができるであろう[34].

---

32) 高橋俊治,前掲書,56頁.傍点は引用者.

表 2-10 指標銘柄と周辺銘柄との利回り格差の推移

指標銘柄	周辺銘柄	計測期間	利回り格差 (月末値の平均)
53 回債 (7.5%)	55 回債 (7.5%)	1984 年 1～ 9 月	0.05%
59 回債 (7.3%)	62 回債 (7.3%)	84/10～85/ 6 月	0.16%
68 回債 (6.8%)	71 回債 (6.8%)	85/ 7～ 12 月	0.20%
78 回債 (6.2%)	81 回債 (6.1%)	86/ 2～ 10 月	0.60%
89 回債 (5.1%)	90 回債 (5.1%)	86/11～87/10 月	0.38%
105 回債 (5.0%)	104 回債 (4.9%)	87/11～88/10 月	0.38%

注) 1. 利回り格差とは,指標銘柄の利回りが周辺銘柄の利回りを下回っている幅.
　　2. 周辺銘柄とは,指標銘柄とクーポン・レート,残存期間の近いもの.
　　3. ( ) 内はクーポン・レート.
(資料) 東京証券取引所「東証統計月報」
(出所) 表 2-8 に同じ. 21 頁

(補)指標銘柄の利回りは,クーポン・レートや償還期にほとんど差のない周辺銘柄と比較すると,0.4～0.6% も低いという特徴がある(表2-10). こうした傾向は 1986 年以降顕著となってきたものであるが,発行条件の似ている周辺銘柄との間で,何故これ程大きな利回り格差が生ずるのかについて,日銀『調査月報』は「論理的な説明をし難い」と指摘している. そしてその原因を推測して,指標銘柄は1年前

---

33) 銀行にとっては,流動比率を一定の水準に保つためだけではなく,予期せぬ流動性不足に陥った場合それに速やかに対応しうるためにも,必要な際にはすぐさま市場から流動資産を取得したり,流動性を容易に確保することができる発達した短期のオープン金融市場の存在が不可欠である. ところが,後述のごとく,1980 年代後半のわが国の短期金融市場はきわめて未成熟な状態にあった. とりわけ,短期のオープン市場の「中核」として,信用度や流動性が高く厚みのある政府短期証券市場を育成することが早くから期待されていたにもかかわらず,FB 市場の拡大には大きな限界が存在していたし,また TB 市場がようやく形成され始めたのは,1986 年 2 月以降のことである. それゆえ,このような状況のなかにあっては,本論で指摘したような機構を通じて,新たに「流動性創造機能」を獲得するに至った長期債市場が,部分的に短期金融市場の「代替的役割」を果たしていくことになったとしても何ら不思議なことはなかった(注47) 48)(後出)参照). こうして長期債市場に拘束されていた資金がバンク・ディーリングによって流動化され,新たな流動性資産を創出することになると,銀行はそれを用いて自らの流動比率の改善と支払準備を強化することができるようになり,それを基礎として新たなリスク管理と信用創造が可能となったのである.

後で新しい銘柄と交替しているが,「早めに指標銘柄を売却した場合には,指標銘柄期間中の当該銘柄にかかる短期的なディーリング益の機会を失うことになるため,市場参加者がこうした銘柄を保有しようとしがちであることが背景となっている」のではないか,と述べている[35]。

　国債流通市場への参加者が拡大し,その運用姿勢が積極化してくると,国債の取引動機・形態も多様化し高度化してくる。従来のような,最終利回りを基準にした単純な買切りや売切りの売買だけではなく,短期の所有期間利回りを基準にした売

---

34) 高橋俊治氏は指標銘柄の機能をリスク管理ではなく,もっぱら「取引費用の節約」という点から捉えられ,バンク・ディーリングを境として「前期」と「後期」の二つの場合に分けて,それぞれの局面で果たした「指標銘柄」の機能の特徴を検討されている(前掲書,第6章)。これまで債券ディーラー間市場は,いわゆる四大証券を中心とするそれぞれの系列証券会社からなる分断されて市場であったが,バンク・ディーリング以降新たに多数の金融機関ディーラーが参入し,市場構造の激変と競争が激化するなかで「取引費用の節約」が強く意識されるようになり,効率的,合理的な取引方法が模索された結果,先ず以て氏が強調されるような「探索,交渉過程の取引費用を節約する」(同上,195頁)ために「自然発生的に」指標銘柄が生みだされたと言うことができるであろう。しかしながら,氏がそれを二つの局面に分けて検討される根拠や,「後期」の指標銘柄の機能の特徴づけについては疑問が残されている。「指標銘柄」と呼ばれる特定の国債銘柄がディーラー間市場で大量に,しかもきわめて特徴的な売買をされ始めるのは,あくまでもバンク・ディーリング以降のことである。また「後期」を特徴づける指標銘柄の機能を「決済のための取引費用が節約される」(同上,199頁)点に求められているが,これだけであれば「前期」(「高金利化の時期」)の「指標銘柄」の場合にも妥当する機能であろう。価格下落を予想して「約定期間」の初めに特定銘柄を売却して,実際に価格が下落したその期間内に同じ銘柄を買い戻すことができれば,決済日には(売り)約定の銘柄の引き渡しや決済資金を用意することなく,キャピタル・ゲインを取得することができるからである。
　しかしながら,指標銘柄の持つ意義は単に「取引費用の節約」という点にとどまらない。すでに本論で指摘したように,さらに重要な機能であるリスク管理機能を見逃してはならないであろう。市場が「流動性創造機能」を高めていく過程で生みだした指標銘柄を中心として売買取引が活発化していくということは,その取引の中軸に位置している銀行にとっては流動性の確保が容易になることを意味している。このことは予期せぬ資金の流出等に伴って生ずる流動性危機に対して,直ちに流動性を回復することを可能とすることによって銀行の対応力を著しく強化するものとなるであろう。こうして銀行は流動性の確保とそのリスク管理能力を強化することによって,一面では,「健全な」銀行経営を維持しつつ資金の円滑な支払い決済の流れを保障し,その意味で金融システムの「安定化」に貢献していくのである。

35) 日本銀行『調査月報』1988年11月号,22頁。

買や様々な債券の入替え売買の実施によるポートフォリオの管理・最適化など，より複雑で多様な投資行動がとられるようになった．したがって，指標銘柄と周辺銘柄との間で大きな利回り格差が発生するという現象は，そこには単なる国債保有による収益性の追求には還元しえない固有の問題が存在していることを示唆しているものといえよう．すでに検討したように，指標銘柄の売買スプレッドは周辺銘柄のそれよりも小さく，しかも，指標銘柄に売買取引が集中していけばそれはますます縮小していく傾向があるので，指標銘柄の「短期的なディーリング益」の追求による収益率の増大には自ずから限界がある．それゆえ，指標銘柄の保有動機を単に「ディーリング益」の獲得を目指した収益性の追求という側面からのみ把握するならば，むしろ周辺銘柄との「利回り格差」はこれ程までに拡大することはないはずである．

　指標銘柄の保有は，実は銀行経営の根幹に関わるより重要な意味を持っているのである．「健全な」銀行経営を維持するためには，収益性の一部を犠牲にしてでも手厚く流動性を確保する必要がある．銀行がディーラー間市場に内部化されることによって高い流動性を持つ指標銘柄が生みだされてくると，銀行は当然のことながらそれをも用いて流動性の維持管理政策を実現していくこととなる．それゆえ，銀行ディーラーが，市場で突出した売買取引が集中し高い流動性を有している指標銘柄の保有とその短期的な売買に執着するのは，「健全な」銀行経営にとって不可欠な流動性の獲得という動機が強く働いているからである．

　したがって，単なる収益性の追求という点だけからみるならば，「論理的な説明をし難い」までに周辺銘柄との間で大きな「利回り格差」が発生することの意味するものは，銀行の国債「取引動機が多様化」し，銀行が「保有債券の流動性確保のための売買」[36]を積極的に行うことによって，適切な流動性の維持管理を実現するようになった現実を反映しているものであるといえよう．

　さらにまた，1985年10月には債券先物取引が東京証券取引所で開始され，市場の「流動性創造機能」は一層強化された．債券先物取引においては，額面100円，表面利率6.0％，償還期間10年の「標準物」と呼ばれる架空の国債が取引対象銘柄として設定され，その売買取引はすべて取引所において，将来

36）　中川雅治編，前掲書，134頁．

表 2-11　国債先物売買高等の推移

(単位：億円)

	先物売買高	建玉残高（期末）	現物国債売買高
1985年度 (85.10〜)	3,155,978	46,063	9,379,945
86年度	27,326,558	133,004	28,773,433
87年度	34,095,308	120,847	38,830,450
88年度	38,448,542	139,470	29,102,077
89年度	37,054,522	144,691	25,191,139
90年度	31,253,528	101,591	20,402,697
91年度	24,495,474	139,865	12,160,157

注）　現物債売買高には TB 及び FB の売買高は含まれていない．
(出所)　図 2-7 に同じ．161 頁．

の一定期日に一定価格での受渡しを現在時点で約束することによって行われる．また取引には売買額面金額の 3% が証拠金として必要とされ，取引決済は現物債の受渡決済もあるが，ほとんどが限月の受渡日到来前の反対売買による差金決済によって行われている．わずかな証拠金だけで約定価格との差額を授受するのであるから，これは取引費用の大幅な節約が可能となる取引方法であるといえるだろう．このような債券先物市場は様々な目的に利用されているが，先物売買高は市場創設後急速に拡大し，1988 年度にはすでに現物債の売買高を上回り，国債の主要な市場となった（表 2-11）．

　債券先物市場の取引構造をみてみると，証券会社と銀行（ディーラー）が総販売高の 80〜90% を占めており，このことは債券先物市場が債券ディーラー間市場として機能していることを意味している（表 2-12）．このような特徴を持つ債券先物市場においては，当初から取引対象銘柄は標準化され，また売買方法も定型化されているので，現物市場のような銘柄間の売買の合意を取付ける際に生ずる困難性といった問題は存在しない．さらにまた，債券先物は現物債と裁定され，その価格は現物価格とほぼパラレルに動くため，現物市場において指標銘柄の価格が高騰すると，先物取引は価格変動を利得の好機とする投機の手段としても用いられるので，先物市場においても「標準物」国債の投機的な短期売買が促進されることになる．これらのことは債券先物市場の「流動

性創造機能」を強め，指標銘柄と同様に「標準物」の流動性の高度化を促していくといえよう．

　こうして，当初から高い「流動性創造機能」を有する市場として創設された債券先物市場の最も重要な機能は，いうまでもなくリスク・ヘッジの円滑な実行である．すなわち，保有債券が値下がりしたときの損失をカバーするために先物市場で売り建てておけば（売りヘッジ），仮に現物債の価格が下落した場合，先物価格も同様に下落することから，先物を売った価格よりも安値で買い戻し，その差益で現物債の損失を相殺することができることとなる．このことから高い流動性を創造する先物市場は，金利・価格変動リスクをヘッジするために用いられ，債券ディーラーはその保有在庫証券のリスク管理能力を著しく強化することができるようになったので，現物債の売買の幅をさらに広げることが可能となった．

　それだけではない．予期せざる流動性不足が生じた場合にも，先物市場を使えば債券ポジションを一定としたままそれに対応することができるようになる．すなわち，「資金ポジション悪化時における短期資金調達のための現物売り，先物買い」[37]を行うことによって，債券ポジションを取り崩す必要がなくなるのである．これは銀行にとって大きな意味を持っている．流動性不足のために現物債を売却しても，先物市場で流動性の高い「標準物」を買い建てておけば，単に債券ポジションが一定であるというにとどまらず，当面流動比率を低下させることなく不変のまま維持することができるからである．このことは，銀行が債券先物市場の「流動性創造機能」を利用することによって，流動比率を低下させることなく必要とされる流動性を供給することができるようになることを意味しており，様々な契機から生ずる流動性不足に対するリスク管理能力と信用創造能力をさらに強化するものであるといえよう．

　このように，現物市場における指標銘柄や債券先物市場における「標準物」国債の短期的売買に偏った取引の拡大を通じて，市場が高い「流動性創造機能」を発揮すると，この業者間市場取引に深く内部化された銀行は，容易に流動性を確保することができるようになる．そのため火急の場合には，銀行は速

37）　同上書，135頁．

表 2-12 債券先物取引投資家別売買状況

暦年	証券会社 a (a/j)	銀行 b (b/j)	小計 (a+b/j)	生・損保 c (c/j)	その他 金融機関 d (d/j)	投資信託 e (e/j)	事業法人 f (f/j)
1985	493,302 (56.05)	213,573 (24.27)	(80.32)	584 (0.07)	37,639 (4.28)	2,786 (0.32)	89,952 (10.22)
1986	10,592,294 (57.82)	6,195,512 (33.82)	(91.64)	28,165 (0.15)	458,540 (2.50)	6,664 (0.04)	776,176 (4.24)
1987	18,227,904 (50.21)	14,011,944 (38.59)	(88.80)	164,140 (0.45)	1,024,647 (2.82)	99,068 (0.27)	2,200,208 (6.06)
1988	12,193,082 (32.59)	21,605,995 (57.74)	(90.33)	395,487 (1.06)	1,763,699 (4.71)	183,175 (0.49)	678,480 (1.81)

(注) 1. 総合証券会社以外の証券会社に委託された売買分を除く.
　　 2. 1988年7月分数値から,長期国債と超長期国債先物の合計.
(出所) 東京証券取引所『東証統計月報』より作成.

やかに流動比率の調整と資金ポジションの改善を図ることが可能となった．こうして，銀行は種々のリスクに起因する予期せざる流動性不足が生じた場合にも機動的に対応し，その支払準備を強化することができるようになるので，そのリスク管理能力と信用創造能力は飛躍的に高められ，「銀行経営の健全性」を一層強固なものとしていくことが可能となったのである．

(2) かくして銀行は，バブルを惹起した第一局面においては，それ固有の形態で日々の経常的な決済能力を表す流動性を確保していくこととなったのであるが，「銀行経営の健全性」を維持していくうえでさらに解決しておかなければならない問題が存在している．それは万が一債務超過に陥った場合,「経営の健全性」を維持するために最終的なバッファーとしての役割を演ずる支払能力の充実に関する問題である．

これまで，われわれは国債流通市場におけるバンク・ディーリングによって新たな「流動性創造機能」が創出されることに注目し，それは銀行のリスク管理を充実させ，「健全経営」に大いに資するものであることを強調してきた．しかしながら，この市場の「流動性創造機能」には金利リスクに脅かされると

第2章 わが国のバブル発生の金融メカニズム

その他法人 g (g/j)	個人 h (h/j)	外人 i (i/j)	合計 j
10,997 (1.25)	21,882 (2.49)	9,366 (1.06)	880,081 (100)
30,370 (0.17)	95,950 (0.52)	135,009 (0.74)	18,318,680 (100)
129,055 (0.36)	148,302 (0.41)	300,225 (0.83)	36,305,493 (100)
56,563 (0.15)	33,216 (0.09)	507,388 (1.36)	37,417,085 (100)

(億円, %)

いう限界が存在していることに留意しておく必要がある．実際，すでに指摘したように，1987年5月から7月にかけての市場金利の上昇（国債市況の下落）局面において，一部の「現物・先物の双方につき巨額の買持ちポジションを保有していた金融機関」は多額の損失を計上せざるをえない状況に追い込まれた[38]（図2-11参照）．

こうした事例が物語るように，流動性資産といえども，市場の状況によっては円滑な流動化が困難となり，流動性の毀損が生ずることがあるのである．さらにまた，保有資産の劣化がすすみ，債務超過に陥ると，支払能力の毀損にまで発展する可能性があるので，銀行は「経営の健全性」を維持するために支払能力を最終的に担保する「自己資本の充実」を促すうえで有効な施策をとることを強く求められた．こうした課題は，金融自由化の進展に伴い金利リスクをはじめとする各種リスクが増大するなかで，個別銀行にとっては「健全な」銀行経営を実現するうえで強く意識されるようになるだけではなく，通貨当局の側からも金融システムの安定化のために一層厳しくそれが要請され，各国において新たな規制が導入されることとなった．このような「自己資本の充実」を促進するための措置の代表的なものが「自己資本比率規制」である．それは，レバレッジ規制のために設定された従来の預金対比から，金融自由化

---

[38] ただし，この場合は誤った金利見通しに基づいて「現物・先物の双方につき巨額の買持ちポジションを保有」し，適切なリスク管理を行わなかった一部の金融機関に問題があった．保有している現物債の価格変動リスクを回避するためには，先物市場で売り建てておけば，リスク・ヘッジができるにもかかわらず，先物市場でも「買持ちポジションを保有」し，何ら適切な保有在庫証券のリスク回避が行われなかったからである．

の進展に伴う各種リスク資産の増大に対応した総資産対比に改められて,新たな基準値が設定され,資産の拡大は当該銀行のリスク負担能力,すなわち自己資本とバランスのとれたかたちで行うよう義務づけられたのである.

こうして「自己資本比率規制」は,金融自由化時代に銀行が自己の責任で経営の健全性を維持していくための最も重要な経営指標として位置づけられることとなったが,しかしながら,この規制が適用されるなかで新たな問題が生じてきた.「自己資本比率規制」が強化されるなかで銀行が収益力を高めるためには,資産効率を高めること,すなわち総資産利益率(ROA)の向上が不可欠である.そのため,結果的に銀行にハイリスク業務を強いるようになったり,あるいはまた,流動性の高い資産は一般的に収益性が低いことから敬遠されがちとなり,その結果,流動性不足に陥り,リスク管理体制が脆弱化する恐れが生じたのである.そこで,このような弊害を取り除くために導入された規制方式が,銀行の保有資産のリスク・ウェイトを掛酌したリスク・アセット・レシオ方式であった.

1988年7月のバーゼル合意が成立する以前に,すでに米英両国は87年1月BIS銀行規制監督委員会に対して「自己資本比率規制に関する共同提案」を発表した.そこではオフバランス取引の算入等と並んでリスク・アセット方式による新たな規制が盛り込まれ,「米・英両国は本提案の実効性を高めるため,他の先進諸国とくに日本の同調を強く期待するとした」[39].そして,この新しい「自己資本比率規制」案が,その後のバーゼル合意の基本となっていくのである.

この新しい「自己資本比率規制」によれば,銀行に安全で流動性の高い資産の保有を動機づけるために,そのような資産のリスク・ウェイトを低くして,流動性資産の保有による自己資本比率の低下を避けるよう配慮されているのである.その結果,このような「自己資本比率規制」は銀行に対して次のような資産選択行動を引き起こす契機となった.それは,その際の国債の取り扱いに関わっているが,そこでは自国の中央政府,中央銀行向け債権のリスク・ウェイトは0%とされている.とすれば,国債をどれだけ保有していたとしても,

---

39) 横山昭雄監修,前掲書,119頁.

自己資本比率の算定上は分母の資産項目にはいっさい計上されないので，いま自己資本を一定とすれば，資産総額に占める国債保有が相対的に多くなるほど自己資本比率は高くなることを意味するであろう．このように，国債の保有は，一方では，銀行資産のうち信用リスクの大きな収益資産の保有割合を減じて，銀行行動の過度な膨張に歯止めをかけると同時に，また他方では，自己資本比率を相対的に上昇させることによって各種リスクの増大に対して最後の拠り所である「自己資本の充実」に資するものと期待されたのである．したがって，この時期銀行にとって国債を保有・積み増すことは，その短期的な回転売買を通じる流動性の確保を意味するだけではなく，自己資本比率の上昇を通じる「自己資本の充実」・支払能力の充実を実現するものとみなされ[40]，それゆえに，それは二重の意味で「銀行経営の健全性」を維持・強化する役割を演じていくものと考えられたのである．

（3）元来「銀行経営の健全性」とは，銀行の保有する資産内容の健全性に依存している．したがって，銀行は資産の健全性を確保するために，まず融資取引の開始にあたって，融資先の経営実態，財務内容を精査するとともに，資金使途や事業計画の妥当性を検討し，これらを踏まえて借入先の返済能力を厳正に審査することが必要となる．しかし，円滑な返済還流は将来の価値「実現」に依存しているので，いかに審査能力を高めたとしても，そこには自ずと不確実性が残らざるをえない．このように融資取引には新たなリスクが不可避的に発生するので，銀行はリスク管理体制を強化することが不可欠となる．金融自由化の進展とともに銀行を取り巻くリスクは一段と多様化し，銀行は各種

---

40) すでに指摘したように，国債は信用リスクは低いが，金利・価格変動リスクに常に晒されている．流動性の大きな国債は，それを保有する銀行にとっては相対的に金利・価格変動リスクを縮小しうる可能性が高くなるとはいえ，依然としてそのリスクに晒されていることに変わりはない．しかし，この新しいBIS自己資本比率規制においては，もっぱら銀行の保有資産の信用リスクのみが対象とされ，金利・価格変動リスクについてはほとんど考慮されていないという矛盾が存在していた．したがって，銀行に対して，自己資本比率の上昇を図るためとはいえ，金利・価格変動リスクに晒されている国債の保有割合を高めるような資産選択行動を動機づけたのは，BIS自己資本比率規制のこのような矛盾を反映したものであったといえよう．

リスクに対処すべく各々の分野におけるリスク管理体制・手法を高めていく必要があるが，それとともに，リスクの顕在化に備えて不断に流動性の確保と「自己資本の（一層の）充実」を図ることが強く求められるようになる．そしてその際，すでに検討したように，国債流通市場の「流動性創造機能」と国債保有によって実現される自己資本比率の上昇が，種々のリスクの顕在化に対するバッファーとしてきわめて重要な役割を演ずるものとみなされたのである．

　ところが，銀行が一旦このように容易に流動性を確保することができるようになり，速やかに流動性比率の調整と資金ポジションの改善を行うことによって流動性危機に対応する能力が強化されるようになると，さらにまた，自己資本比率の上昇を通じて最終的な支払能力を充実することによって経営破綻を回避する力が増大してくるとみなされるようになると，今度はそれだけ一層リスクの大きな長期運用の収益資産をも取得することが可能となる．換言すれば，市場の「流動性創造機構」が創出されると，それは一方では，銀行のポートフォリオの流動性の確保と支払能力の一層の拡充を実現することによってリスク管理体制をさらに整備・強化したが，同時に他方では，銀行の流動比率の改善と自己資本比率の上昇を促すことによって銀行の新たな信用創造能力を強化することを意味したのである．それゆえ，リスク管理体制の強化が，かえって安易な信用拡張とより大きなリスクテークを誘発し，新たな「モラル・ハザード」を惹起していく現実的槓杆として機能していくこととなったとしても何ら不思議なことはなかったのである．

　われわれはこれまで，バンク・ディーリング以降金融市場の取引構造が大きく変貌していくなかで，銀行はどのようにして自らの「経営の健全性」を維持してきたのかについて，すなわち，銀行を取り巻く経営環境が変化する下で「経営の健全性」を維持するための条件について検討してきた．しかし，それは決してその新たな条件の下で安定的なサウンド・バンキングが実現される，ということを言うためではない．逆である．銀行は一旦「経営の健全性」を維持するための条件を容易に確保することができるとなると，金融自由化の下での量的拡大による収益拡大志向・シェア拡大競争に促迫されて，ハイリスク・ハイリターンの貸出行動を積極的に展開していくという，新たな「モラル・ハザード」を引き起こしたとしても決して驚くには当たらないのである．

それゆえ，銀行は，通常指摘されるように，その経営原則を逸脱することによってバブルを惹起したのではなくて，むしろ逆に，「経営の健全性」を維持していくなかでリスク・テーキングな行動を大規模に展開していくことが可能となったと言うべきであろう．このように，わが国のバブル発生期においては，一般的に「銀行経営の健全性」を表す指標とみなされている流動性の確保と，支払能力を最終的に担保する「自己資本の充実」は，国債流通市場の大きな変貌過程で固有の形態をとって実現されたのである．そしてその結果，新たなリスク管理体制が構築され，強化されると，今度はそのことが銀行の新たな信用拡張能力を生みだし，かえって銀行のハイリスク・ハイリターンの積極的な貸出行動を促進していくこととなった．1980 年代半ばに発生したわが国のバブル経済は，このようなメカニズムを通じて引き起こされたと言うことができるであろう[41]．

（補）銀行が国債を大量に引受けると，銀行の資産運用行動は制約され，クラウディング・アウトが発生する，との議論には一言しておく必要があろう．日本開発銀行設備投資研究所の研究論文『クラウディング・アウトについての研究―国債発行の国内貯蓄および金融仲介への影響―』によれば，「クラウディングアウトの起こり方が，（昭和）40 年代と 50 年代とで異なって」おり，昭和 40 年代には「国債の数量割当的レジーム」の下でクラウディング・アウトが発生したのに対して，昭和 50

---

[41] 日銀の調査論文「わが国における近年の地価上昇の背景と影響について」（『調査月報』1990 年 5 月号）では，地価上昇の要因として①「実需」の増加，②「投機的取引」の増大，③節税目的の不動産需要，と並んで④金融緩和を掲げ，通貨当局自身が，金融緩和政策が価地上昇の原因の一つであったことを明確にしている（41-8 頁）．しかしながら，今問題とされるべきは単なる「金融緩和」一般ではない．「金融緩和」政策によってたとえインフレ一般を説くことができたとしても，それは直ちに「資産インフレ」を明らかにしたことにはならないからである．金融自由化の下での不動産融資は，絶えず金利リスクや流動性リスクに晒されているだけではなく，さらにまた，より基本的な信用リスクにも直面している．したがって，「金融機関が不動産関連貸出を行うにあたってのリスク管理の重要性を指摘したい」（同上，84 頁）と言うのであれば，80 年代半ばに一体いかなる形でリスク管理が行われていたのかを先ず明らかにする必要があろう．その点が明確にならなければ，何故，この局面で銀行の不動産融資がこれほどまでに急増しえたのかその理由が，それゆえにまた，この局面の地価高騰の特殊歴史的性格が明らかにされたことにはならないであろう．

年代に入り金融市場の自由化が進展して「都市銀行の資産運用はより金利感応的になり，…より収益性を重視したものに変わって」くると，「国債市場の逼迫による国債の実質収益率の短期的上昇の期待は，都市銀行のその他公社債，株式，貸出金に対する資産運用の割合を低下させることを意味する．すなわちこれは，国債市場の短期的な逼迫が都市銀行を通ずる社債，株式，貸出金の形態での民間の経済主体にたいする資金供給を圧迫する（クラウドアウトする）可能性を示唆している」と述べられている[42]．

しかしながら，その後の経緯を見れば明らかなように，銀行による国債の大量引受け・取引の活発化は決してクラウディング・アウトを引き起こさなかったばかりか，むしろ銀行の株式や不動産関連融資を中心とした貸出は急増し，バブルが発生することとなった．したがって，銀行の国債引受けをこのようなクラウディング・アウト論によって理解すると，その後のバブル経済の形成を説明することはできなくなるであろう．それは，このような議論においては，バンク・ディーリング以降の国債流通市場の果たした独自な役割・意義が見落とされているからである．

すでに検討したように，国債流通市場の発達とともに新たな国債の流動化機構が創出されると，国債を大量に引受けていた銀行は国債の短期的な回転売買取引を通じて容易に流動性を確保し，流動比率を改善することができるようになる．さらにまた，国債の保有それ自身が自己資本比率の上昇を促し，支払能力の一層の充実が図られた．こうして「銀行経営の健全性」が強化され，リスク管理体制が整備されてくると，そのことがかえって信用創造の拡大を引き起こし，より大きなリスクテークを可能としてバブルを発生させた，としても何ら不思議なことはなかった．このように1980年代半ばに創出された国債流通市場の「流動性創造機構」は，単に既発債の流動性を高めたというにとどまらず，銀行の流動比率と自己資本比率双方の上昇を促すことによって新たな信用創造を可能とする独自な槓杆として機能したのである．したがって，「国債残高が累増していくなかで」「国債の発行・流通制度の変貌に伴って…都市銀行の資産運用行動全体」がどのように変化してきたのかを検討しようとするのであれば[43]，国債流通市場のこのような独自な意義を明らかにすることが不可欠なのである．それゆえ，この肝要な問題を伏せたまま，銀行による

---

42) 『経済経営研究』Vol. 8-1, 1987年, 72-3, 76頁.
43) 同上, 40頁.

国債の大量引受けが銀行貸出をクラウドアウトしたと主張されるとすれば，それは理論的にも現実的にも事態の本質を見誤った議論とならざるをえなくなると言わねばならないであろう．

(4) 世界的な金融緩和基調の持続を背景として，各国の金融機関の融資姿勢が積極化するなかで，欧米先進諸国においても80年代後半に地価や株価といった資産価格の大幅な上昇がみられた．しかし，日本においてはとりわけそのバブルは異常に激しいものとなった．とするならば，わが国のバブル形成の特徴を明らかにするためには，何故，わが国の銀行・金融機関の貸出行動が他国に比してかくも積極的なものとなりえたのか，それ固有の背景を明らかにしておかなければならないであろう．

元来，「健全な」銀行経営を維持するために不可欠な流動性を保有資産のなかで一定の水準に保つためには，「利回りの低い流動性資産を一定額確保することが必要」であり，そのためには，必要な際に速やかに流動性資産を売買することができる発達した短期金融市場が存在しなければならない[44]．わが国の短期金融市場は80年代半ば以降その規模を急速に拡大させたとはいえ，その市場構造をみてみると，中心的な市場は依然としてコール市場や民間証券売買市場（手形，CD，CP等）によって占められ，TB・FB市場といった政府証券売買市場はいずれも未成熟のままにとどまり，オープン・マーケット・オペレーションの対象となる市場はなお未発達という状況にある[45]（表2-13）．

したがって，内外の短期資金の流入を促し，バランスの良い短期金融市場の育成・発展を図るためには，信用度や流動性が高く厚みのある政府短期証券市場が形成される必要があるといえよう．実際，1986年2月から公募入札方式により発行が開始されたTB（割引短期国債）の発行残高は，1989年3月ま

---

44) 徳田博美編，前掲書，24-7頁．
45) 大蔵省・日本銀行マネーマーケット研究会編『わが国短期金融市場の現状と課題（短期金融市場研究会報告書）』（金融財政事情研究会，1990年）参照．また，橘田昭次「短期市場急拡大の背景と育成の課題」（『金融財政事情』1988年3月），武藤正明「1980年代半ば以降の短期金融市場」（『証券研究』第111巻，1995年）も参照．

表 2-13 短期金融市場残高の推移

	1980年度末	1985	1986	1987	1988	1989
インターバンク市場	71,575	159,097	223,364	268,549	338,369	384,031
コール	50,271	87,408	131,581	186,414	211,563	287,214
(うち有担保)	(50,271)	(78,982)	(112,755)	(158,080)	(140,324)	(161,544)
(無担保)	(—)	(8,426)	(18,827)	(28,335)	(71,239)	(125,670)
手形	21,304	71,689	91,783	82,135	126,806	96,817
オープン市場	73,995	159,722	217,088	273,089	355,647	447,871
CD	16,708	96,335	112,630	135,235	182,881	211,362
CP	—	—	—	26,373	90,530	132,163
TB	—	10,236	20,226	20,007	24,014	55,028
FB	—	10,000	25,000	29,000	10,000	10,000
債券現先 (注2)	57,287	43,151	59,232	62,474	48,222	39,318
合計	145,570	318,819	440,452	541,638	694,016	831,902

注) 1. 日本銀行調.
2. TB・FB 現先を除くベースの係数.
(出所) 『わが国短期金融市場の現状と課題』(金融財政事情研究会, 1990年) 128-9頁.

では概ね2兆円台で推移していたが, 89年度以降発行高が著しく増加し, 90年3月末には市場残高も5.5兆円に達しさらに拡大傾向にある. しかしながら, TBは短期の借換債であるという性格上, その発行量は国債の償還・借換計画の枠組みに制約されており, したがって, TB市場の規模の拡大にも自ずと限界が存在しているといわなければならない. 他方, FB (政府短期証券) としては, 大蔵省証券, 外国為替資金証券, 食糧証券の3種類が存在しているが, その発行方式はいずれも「定率公募残額日本銀行引受方式」を採っている. これらは公募方式という建前にもかかわらず, 発行レートが公定歩合をも下回る水準に設定されているため, 実際には市中からの応募はほとんどなく, 事実上, 全額日銀引き受けとなっている. それゆえ, このような発行方式に固執している限り, FB市場の飛躍的な拡大は困難であるといえよう.

このように「『短期の国債』市場は, 信用力, 流動性, 均質性の高さなどからみて, わが国短期金融市場における中核的な存在として成長することが期待

されている」[46]にもかかわらず，TB，FBいずれの市場においても，「中核的」市場として機能するために必要とされる市場規模を擁するものへと発展するためには大きな限界が存在している．この意味でわが国の短期金融市場は未だ未発達であるといわねばならないのである．

　このようなわが国の短期オープン市場，とりわけTB・FB市場が未整備であるという状況は，銀行にとっては信用度が高く，流動性に富んだ流動資産をバランスよく保有することは困難であることを意味している．銀行が「健全な」経営を維持するために必要とされる流動性を確保するためには，信用度と流動性が高く，均質な商品を大量に供給することができる厚みのある市場が存在していることが不可欠であるが，わが国の短期金融市場はこのような期待に十分に応えられるほどには発達していなかったのである．

　したがって，このような状況の下では「長期債市場が，部分的には短期金融市場の代替的役割を果たしている」[47]としても何ら不思議なことはなかった．そこでは本来長期資産であるものが，短期運用の手段として利用されていくこととなったのである．こうした現象は，とりわけバンク・ディーリングの開始を契機として長期国債の短期的回転売買取引が行われるようになると顕著となり，「短期性資金を原資とする長期債の短期売買が過熱」[48]化して，しばしば長期債利回りの低下に伴う長短金利格差の縮小・逆転が生ずることとなった．換言すれば，わが国の短期金融市場は長期債市場に比して規模が小さく，未発達であるが故に，短期性資金がバンク・ディーリング以降新たに「流動性創造機能」を獲得するに至った長期債市場へ大量に流れ込み，その結果，国債流通市場の「投機的な」拡大が生じ，長期国債の短期的回転売買取引と長短金利の逆転を引き起こしたのである．

　かくしてわが国の銀行は，短期金融市場においてバランスのよい流動性資産

(億円)
構成比・%
46.2
34.5
(19.4)
(15.1)
11.6
53.8
25.4
15.9
6.6
1.2
4.7
100.0

---

46) 『わが国短期金融市場の現状と課題』（前掲）35頁．
47) 「債券流通市場の構造変化と長期債利回りの低下について」（日本銀行『調査月報』1985年9月号）26頁．傍点は引用者．
48) 同上，26頁．

の保有・調節を行うことが困難であるために,「部分的には」短期金融市場に代わって長期債市場において,「指標銘柄」と称される特定の国債に偏った「投機的な」回転売買取引を通じて流動性を確保し,それによって流動比率の改善と自己資本比率の上昇を図る以外に術はなかったのである．このように長期国債市場の短期金融市場化現象が生じ,安易な相場上昇期待に基づく短期性資金の大量流入によって「長期債の短期売買が過熱」したことが,同時に他面では,銀行にとって容易に流動性を確保することができる新たな手段を提供することとなり,このことが,わが国の銀行が異常なまでにハイリスク分野にも積極的な融資行動を展開していくことが可能となる背景となったといえよう．この意味において,わが国の短期金融市場の未発達・金融システムの後進性が,他国に比してわが国のバブルを異様に激しいものとすることになった一因であると言うことができるように思われる．

補節　バブルと中央銀行

（1）近年,金融のグローバル化が進展していく中で,各国において金融の自由化・規制緩和が強行されていくが,このような金融市場改革の過程で,わが国をはじめ多くの国々で程度の差こそあれバブルの発生と金融危機を経験してきた．従来,バブルは,一方では市場規律の弱体化による銀行のリスク管理の甘さや銀行の審査機能の低下等から,他方では何らかの契機によるマネーサプライの増加から,説明されることが多かった．しかし,バブルは,銀行経営の「健全性」を逸脱することによってたまたま発生した偶発的・例外的な経済現象ではないし,またマネーサプライの増大に起因するたんなるインフレ一般でもない．とすれば問題は,金融の自由化・規制緩和が推し進められ,金融システムが変貌していく過程で,サウンド・バンキングを旨とする銀行行動がどのように変容し,信用膨張メカニズムはいかなる変質を遂げたのか,そしてその結果,いったい何故,いかにしてバブルが現出することになったのか,として定置されなければならないであろう．

しかし現状は,このような問題設定に対する合意が必ずしも形成されているわけではない．むしろ,バブルの発生・拡大の原因は「複合的」であるとして,

さまざまな諸要因を列挙されることが多く，とりわけ中央銀行の金融緩和政策にバブル発生の淵源を求めることについてはほとんど異論が唱えられることがなく，ほぼ「通説」となっている．一体バブルの発生・拡大と中央銀行の金融政策運営とはどのようにかかわっていたのかが，改めて問われる必要があろう．

(2) 日本銀行の金融緩和政策がバブル発生の一因であるとする見解は多いが[49]，1980年代後半の金融緩和政策は2つの局面に分けることができる．それは，いずれも「国際的な政策協調」の枠組みの影響を強く受けたものであった．

第一の局面は，1985年9月のプラザ合意以降の急速な円高・ドル安進行に対応するために，86年1月から87年2月にかけて，公定歩合を計5回，5.0%から2.5%へと相次いで引き下げていった時期である．それは，次のような理由に基づくものであった．まず第一に，プラザ合意によるドル高是正が「双子の赤字」を背景にドルの暴落につながることを懸念したアメリカが，他の先進諸国の金利の協調引き下げを強く求めた結果であった．第二に，プラザ合意後の急速な円高による景気後退の懸念から，急激な為替相場変動の国内経済への影響を相殺するために，円高抑制の金融政策運営が行われたためである．そして第三に，上述の諸点と関連しているが，「内需拡大による経常黒字縮小」という当時の政策運営の影響を金融政策も強く受けた結果であった．

これに対して第二の局面というのは，この2.5%という当時「歴史的に経験したことのない」低金利が1989年5月まで，2年3カ月にわたって継続した時期である．それは，次のような経緯の中で現実化したものであった．1987年春頃から「円高不況」を脱して景気が回復してくると，日本銀行は対前年比二ケタを超えるマネーサプライの高い伸び率と資産価格の上昇がさらに顕著となるもとで，異常な金融緩和への警戒感から87年8月末から「市場金利の高め誘導」を行った．しかし，1987年10月の「ブラック・マンデー」によっ

---

49) 例えば，「日本銀行は，86年から87年にかけて，5次にわたり公定歩合の引下げを実施し，その後も……89年5月まで金融緩和政策を継続した．こうした政策運営が……バブル発生の1つの素地となったことは否定できない」(『経済白書』1993年度，139頁)．かかる指摘は枚挙にいとまがない．

て再びドル相場が急落すると，アメリカからの強い要請に応えて協調的な金融緩和政策をとらざるをえなくなった．その後，1988年夏には一時ドル相場は回復し，その機をとらえて「西ドイツ」やアメリカなどの海外諸国が相次いで金利引き上げに転じたにもかかわらず，巨額の対米貿易黒字を抱える日本は，いぜんとしてドル相場の暴落を引き起こしうる可能性を排除できないことと，国内物価が安定していることを理由として，異常な金融緩和政策の是正を断念したのである．さらにまた，1988年末にかけてドルの対円相場が再び120円近傍へと軟化してくると，そのようなときに日本銀行が公定歩合を引き上げればドル暴落の引き金ともなりかねないとする強い懸念から，日本銀行は公定歩合引き上げの時期を逸し，超低金利政策のさらなる継続を余儀なくされたのであった．

このように，金融緩和政策が長期にわたってとられることになったが，それでは，それはバブル発生・拡大とどのようにかかわっていたのかが改めて問い直されなければならないのである．

(3) 金融緩和政策がバブルを引き起こした一因であることは「自明」のこととして，その関連をそれ自体として論じたものは少ないが，日銀スタッフである翁邦雄，白川方明，白塚重典氏らは，その共著論文において「金融緩和が資産価格の急激な上昇をもたらしたメカニズム」を以下のように説明している．長期にわたる金融緩和政策が持続する中で，「景気拡大傾向が明確化」しているにもかかわらず，日本の金利は「国際的な政策協調」のために「現在の低金利が永続するという『期待』」が広がり，そのことが次のような3つのメカニズムを通じて資産価格の上昇をもたらした．まず第一に，「金融緩和は資金調達コストを引き下げ，投機家の資金調達を容易に」した．第二に，金融緩和によって実現された「株価上昇は資本コストを低下させ，……エクイティ・ファイナンスをきわめて容易にした」．そして第三に，「地価や株価の上昇が……資産の担保価値増加を通じて銀行借入・社債発行による資金調達能力を大きく高めた」．その結果，金融緩和政策はこのようなメカニズムを通じて「バブル発生」の一因となった，と[50]．

しかしながら，このような説明には大きな問題があるといわなければならな

い．まず第一に，このようなメカニズム自体は「金融が緩和されれば程度の差こそあれ必ず発生する」として，バブルが生ずるためにはさらに「景気拡大が明確化するなかで低金利が持続」する「期待」が広がることを強調している．とすれば，それは「景気拡大」のもとで安価な信用を利用した活発な現実的資本の投資拡大を促進することがあったとしても，何故，ただちにバブルを発生させることになるのか，という点が問題となるであろう．

　バブルとは，資産価格の売買差益の獲得を目的とする投機的活動と資産価格の上昇とが相互促進的に拡大し，実体経済の動向から自立して資産価格がスパイラル的に上昇していく現象にほかならない．そして，資産価格の売買差益の獲得を目的とする「投機」は，価格上昇それ自体から利得を得ようとする行為であり，価格がさらに上昇することを「期待」して，資産の売却期間を故意に延長させることによって初めて現実化する経済行為である．それゆえ「投機家」が現われ，キャピタル・ゲインの獲得を「期待」してバブル的な取引が行われるようになるのは，すでに資産価格の顕著な上昇傾向が支配しているもとで初めて現実化する事柄にほかならない．とすれば，これは，「バブル発生」のメカニズムを説くために，すでに資産価格のバブル的高騰を前提とするという，トートロジーに陥った議論であるといわなければならないであろう（それは，第二，第三のメカニズムが機能するためには，すでに「地価や株価の上昇」が前提されていることに象徴的に表わされている）．

　第二に，このような混乱が生ずる背景には，「バブル期」の時期区分をめぐる歴史的・現実的認識にかかわる問題が存在している．翁氏たちはバブルの発生を，「地価・株価の上昇，経済活動の拡大，マネーサプライと信用量の伸び率（の上昇）が同時に生じているかどうか」を基準として，「1987年以降90年にかけての4年間を『バブル期』と定義」している[51]．しかしながら，このような「バブル期」の規定は，すでにバブルが成立してしまった後の局面の特徴であって，バブルが発生した時期と一致するわけではない．バブルといえ

---

50) 「資産価格バブルと金融政策－1980年代後半の日本の経験とその教訓」（香西泰・白川方明・翁邦雄編『バブルと金融政策』日本経済新聞社，2001年，所収）40-42，65-66頁．
51) 同上書，13頁．括弧内の挿入は引用者．

表 2-14 エクイティ・ファイナンスによる資金調達額（発行額）の推移

年度	株式			転換社債			ワラント債		
	国内	海外	小計	国内	海外	小計	国内	海外	小計
1980	11,601 (61.7)	1,077 (5.7)	12,675 (67.5)	965 (5.1)	5,149 (27.4)	6,114 (32.5)	— (—)	— (—)	— (—)
1981	17,932 (48.5)	2,874 (7.8)	20,806 (56.3)	5,260 (14.2)	10,247 (27.7)	15,507 (42.0)	200 (0.5)	443 (1.2)	643 (1.7)
1982	10,154 (45.4)	627 (2.8)	10,781 (48.2)	4,175 (18.7)	6,275 (28.1)	10,450 (46.7)	470 (2.1)	658 (2.9)	1,128 (5.0)
1983	8,495 (25.6)	778 (2.3)	9,273 (27.9)	8,610 (25.9)	1,194 (35.9)	20,524 (61.8)	170 (0.5)	3,231 (9.7)	3,401 (10.2)
1984	8,146 (19.7)	495 (1.2)	8,641 (20.9)	16,115 (38.9)	12,272 (29.7)	28,387 (68.6)	30 (0.1)	4,336 (10.5)	4,366 (10.6)
1985	6,513 (15.8)	107 (0.3)	6,620 (10.1)	15,855 (38.5)	9,480 (23.0)	25,335 (61.5)	550 (1.3)	8,662 (21.0)	9,212 (22.4)
1986	6,315 (9.5)	6 (0.0)	6,321 (9.5)	34,680 (51.9)	4,853 (7.3)	39,533 (59.2)	1,040 (1.6)	19,932 (29.8)	20,972 (31.4)
1987	20,839 (17.8)	305 (0.3)	21,144 (18.1)	50,550 (43.3)	10,766 (9.2)	61,316 (52.5)	— (—)	34,390 (29.4)	34,390 (29.4)
1988	45,638 (25.9)	165 (0.1)	45,803 (26.0)	69,945 (39.7)	10,665 (6.1)	80,610 (45.7)	— (—)	49,821 (28.3)	49,821 (28.3)
1989	75,630 (28.6)	3,364 (1.3)	78,994 (29.9)	76,395 (28.8)	17,389 (6.6)	93,784 (35.4)	9,150 (3.5)	82,698 (31.3)	91,848 (34.7)

(出所) 渡辺茂「エクイティファイナンス」(『財界観測』第55巻第6号, 1990年), 73頁より. 原資料 会『公社債月報』.

ども, 忽然と空から降ってきたわけではなくて, 実体経済の変動（の予測）や実需の拡大を契機として発生するものである以上, バブル発生のメカニズムはその現実的過程を踏まえて理論化しなければ意味はないであろう.

(4) わが国のバブルの発生は, 株価ではなくて, まず地価の高騰から始まった. 1984年の日米円ドル委員会の開催を画期として, その方向性が明確にされたわが国の「金融の自由化・国際化」は, ME技術革新に基づく情報・通信ネットワーク化と相俟って, 企業の本社機能や情報・財務・金融部門の東京集中と銀行・証券会社を中心とする外国企業の日本進出を促した. このため,

第 2 章　わが国のバブル発生の金融メカニズム　　　143

(億円, %)
エクイティもの合計
18,792 (100.0)
36,956 (100.0)
22,359 (100.0)
33,198 (100.0)
41,394 (100.0)
41,167 (100.0)
66,826 (100.0)
116,850 (100.0)
176,234 (100.0)
264,626 (100.0)

は，公社債引受協

東京都心部のオフィスビルや商業地に対する実需が急増し，その結果，地価高騰はまず 1983・84 年頃から東京都心部の商業地に始まり，次いで区部住宅地の地価上昇率が高まるとともに，その後やや遅れて周辺部へ，そしてさらに地方都市圏へと跛行的に波及していった[52]．

他方，株式バブルを惹起した株価の顕著な上昇は 1986 年以降である（図 2-5 参照）．プラザ合意後の急速な円高にもかかわらず，1986 年度の貿易黒字はかえって拡大し，対日貿易赤字の是正を迫るアメリカの圧力が強まる中で，国際収支不均衡の是正策として為替調整に依存することには限界があり，経済構造調整にまで踏み込むべきであるという認識から，1986 年 4 月に「前川レポート」が取りまとめられ，「内需主導型の経済成長を図る」こととなった．そしてそれは，公共事業拡大，都市再開発，リゾート開発による建設投資の拡大という内容の「内需拡大」を意味していたので，「日米の貿易摩擦の解消（のために）内需を拡大する政策が求められるところから，建設，不動産，電力・ガスといった内需関連株（を）中心」に 6 月以降法人の株式購入は爆発的に増えていったのである[53]．こうして 1986 年以降，株価は急騰し，その基礎上で「エクイティ・ファイナンス」を容易なものとしたのであるが，実際それが活発に行われたのは 1987 年から 89 年の 3 年間であった（表 2-14 参照）．

このように，わが国のバブルの発生は，翁氏たちの主張とは異なり，日本銀

---

52) 図 2-6 参照．また，にわかに社会の耳目を集めた都心 3 区の商業地の急激な地価上昇率は，金融緩和政策がとられ始めた 1986 年上半期にすでにピークに達していたことに留意されたい．
53) 大石明宏「(昭和) 61 年の株式市場」(『証券』(東京証券取引所調査部) 第 39 巻 454 号，1987 年 1 月) 6 頁．括弧内の挿入は引用者．なお，この点に関連して，日銀『調査月報』は，1986 年に「金融機関の有価証券保有は前年比＋77.8% の大幅増加」となり，「なかでも……信託（含む投信）の有価証券保有」が著増したことに注目している．本章，脚注 17 参照．

行が 1986 年以降たて続けに公定歩合を引き下げて急激な金融緩和政策を採択する以前に，すでに 1983・84 年頃から地価の高騰を契機として始まっているのである．

(5) バブルの発生は，すでに検討したように，バンク・ディーリング以降，国債流通市場の取引構造が大きく変貌していく過程で固有の形態をとって現実化した．銀行はディーリング勘定で保有する国債指標銘柄の短期回転売買取引によって，一方では，ポートフォリオの流動性を高め，リスク管理体制を強化することができた．しかしそれは，同時に他方では，銀行の信用創造能力を強化することによって，積極的な貸出行動を促進し，より大きなリスクテークを誘発した結果,「資産価格」(不動産・株式等) の異常な高騰を引き起こすこととなったのである．このようにバブルの発生そのものは中央銀行の金融緩和政策から独立して生じたのであるが，しかしながらバブルをさらに人為的に倍加させていったことに対して日本銀行は重大な責任を有している．

まず第一に，物価水準の安定を主要な政策目標として掲げる日本銀行は，80 年代後半の一般物価が安定していたために，資産価格の急騰とバブルに対する信用制限の必要性に関する認識が希薄となり，その政策転換が遅れた点である．銀行は「経営の健全性」を維持しながら，投機的な資金需要にも積極的に応えていきうる新たな「流動性創造機構」を創出した結果，80 年代後半にはマネーサプライの増大率は高まり，とりわけ 1987 年以降の 4 年間は対前年比約 10% にのぼる高い伸び率を示した．それにもかかわらず，長期にわたって金融緩和政策が堅持された「第二の局面」においては消費者物価・卸売物価双方ともきわめて安定していたので，日本銀行の「インフレ懸念」に対する警戒感が薄らぎ，アメリカの強い要求のもとで 1987 年 2 月から当時史上最低の 2.5% という異常な水準の公定歩合を 2 年 3 カ月にもわたって維持し，超低金利政策を継続させることになった．

しかしながら，日本経済は 1987 年春以降「円高不況」を脱し,「ブラック・マンデー」後の 1988-90 年には民間設備投資の伸び率が対前年比二ケタの伸び率を記録したように，円滑な実体経済の維持と順調な返済還流が行われているもとで金利の高騰を抑制しうる現実的基礎を有していた．したがって日

第2章　わが国のバブル発生の金融メカニズム

本銀行は,「円高不況」を脱した後には異常な低金利政策をこのように長期にわたって維持する必要がなくなっていたのである．そればかりか，資産価格のさらなる上昇「期待」を抑制するために，アメリカの通貨当局に対してドルの不安定化を抑制することを強く求めるべきであった．実際，1988年夏以降「西ドイツ」やアメリカが相次いで公定歩合を引き上げていったように，異常に低い公定歩合を景気に対して「中立的」な水準へと急速に是正する責務があったのである．このように，一方では「大企業の銀行離れ」が進み，潤沢な内部資金によって企業の設備投資がまかなわれただけではなく，円滑な再生産と順調な返済還流によって金利の高騰が抑制されている状況下で，他方ではまた，すでに資産価格の高騰が始まっている状況下で，いつまでも異常な低金利・金融緩和政策を維持し続けるならば，安価な資金の野放図な供給が設備投資ではなくて，資産価格の一層の上昇を「期待」した投機的活動を活発化させ，バブルをさらに昂進させていくことは容易に推察のつくところであったであろう．それゆえ，政策転換の遅れによって投機的資金の大量供給を継続させていった日本銀行の責任はきわめて重いといわねばならないのである．

　(6)　それだけではない．実は大蔵省や日銀関係者は比較的早い段階から，資産価格の異常な高騰と銀行の不動産融資に関心をもち，その融資拡大に対して懸念を表明していたのである．まず大蔵省銀行局は，1985年7月の通達を嚆矢として86年4月と12月に，さらに87年においても7月と10月に，それぞれ金融機関に対して不動産融資の自粛と融資状況の報告などを求めていた．また，日銀関係者や関係機関も1986年半ば以降，マネーサプライの上昇と資産価格の急騰に対して警告を発していた[54]．しかしながら，それにもかかわらず監督当局は何ら実効性のある政策的指導を行わなかったばかりか，日本銀行

---

54)　賀来影英（当時，日本銀行内国調査課長）「潜在的過剰流動性は存在する」（『エコノミスト』1986年6月23日号），同「最近の資産価格上昇と金融政策―いま利下げはデメリット大―」（『日本経済研究センター会報』第523号，1986年11月），日本銀行調査統計局「金融緩和の浸透と企業金融の構造変化について」（『調査月報』1986年9月）24-25頁．

55)　香西泰他編，前掲書，215頁．

はその後も一段と金融緩和政策を推し進めていったのである．

中央銀行・監督当局の金融機関に対するプルーデンス規制の強化に関して，元日本銀行総裁である白川方明氏は，「日本銀行には，個別金融機関に対する規制・監督権限は付与されていません」[55]と述べている．しかし日本銀行は，大蔵省の金融機関検査と並んで，銀行考査を行う権限を有し，当時「窓口指導」によって銀行に対して異常な不動産関連の貸出増加額の抑制指導を行うことができたはずである．実際，翁邦雄氏らは「厳格な数量規制を行うことによって不動産関連貸出を抑制することは可能である」としながらも，「公定歩合が変更されない状況のもとでは，踏み込んだ貸出抑制指導は行い得」ず，「中途半端な状態が続いた」と述懐しているのである[56]．

このように日本銀行や監督当局は，比較的早い段階から金融機関の不動産融資の顕著な増大を認識しながら，「節度ある融資」を求めて個別金融機関に対する強い貸出抑制指導を行なわなかったばかりか，それを放置したためにかえって総体としての金融システムを不安定化させていった不作為の責任があるのである．

(7) とはいえ日本銀行も，資産価格の高騰による不公平感の拡大と経済全体の投機化・不健全化に対する社会的な批判が強まる中で，いつまでもこれを放置しておくことはできなくなった．為替相場が140円近傍へと円安に振れ，ドル暴落の危険性が薄らいだ1989年5月，ようやく株価・地価高騰抑制のために緩やかな公定歩合の引上げを始めた．しかし，1989年後半にかけて株価は一段と上昇基調をたどり，地価上昇も東京圏から大阪・名古屋圏へ，さらに地方圏へと跛行的に波及していった．

この時期，公定歩合の引上げにもかかわらず，バブルを抑制することができなかったのは，金利の引上げ幅が小さく長期金利の上昇が緩やかにとどまったことと，企業の「資本収益率」が低落しつつあったとはいえ，いぜんとして活発な設備投資と企業業績の好調さを反映して株価上昇期待が存続したからである．それゆえバブルを抑制するためには，日本銀行は一段と強い意思を表明し

---

56) 同上書，57-58，71頁．

た厳しい信用制限策を打ち出す必要に迫られたのである．そしてその後，1989年10月，12月および90年3月とたて続けに公定歩合が引き上げられ，それは5.25％へと「プラザ」合意前の水準に回帰した．さらに，1990年3月には併せて「不動産融資の総量規制」が実施されたが，それは明らかに金融の自由化・規制緩和の理念とは矛盾するものであった．

しかしながら，これらの施策によって，一方では，ようやく長期金利の上昇と90年年初以降株価の下落が始まるとともに，他方では，投機的な土地取引を行ってきた企業・不動産業者の資金繰りが困難に陥った結果，土地取引は90年半ば以降減少し，地価の上昇率を大幅に低下させた．そしてその結果，不動産市場の供給過剰が表面化し，1992年以降，地価の全般的崩落と不動産の販売困難が相互促進的に進展したのであった．

(8) 金融の自由化・規制緩和が強行され，市場メカニズムに基づく金融市場改革が行われた多くの国では，程度の差こそあれバブルの発生と金融危機を経験してきた．それはたまたま偶発的・例外的に発生した経済現象ではなくて，個々の金融機関が，各国の金融制度の相違を反映してそのメカニズムは異なるとはいえ，金融市場が変貌して過程で「健全な経営」を維持していこうとするそれ自体としては経済合理的な行動が，かえって金融システムの不安定化を惹起するという，市場経済固有の転倒性を反映した「合成の誤謬」ともいうべき不可避的な現象にほかならなかった．したがって，このことは金融システムを競争的な市場メカニズムに委ねただけでは統制しえないまでに不安定化してしまい，新たな規制と監督が不可欠であることを誰の目にも明らかにしたのである．実際，わが国においても不動産バブルを抑制するうえで，規定的な役割を演じたのは「不動産融資の総量規制」であったように，多くの場合，市場メカ

---

57) 例えば，1970年代初頭に他の資本主義諸国に先駆けて金融の自由化を施行したイギリスにおいてもその直後に不動産「バブル」が発生したが，それを最終的に抑制したのは，金融自由化の理念に背理する「コルセット」と呼ばれる，イングランド銀行によって課された預金の取り入れ規制（「補足的特別預金制度」）の導入によってであった．そして金融秩序を維持するために，官民一体となって巨額の救済資金が拠出された（本書第1章参照）．

ニズムの盲目的な貫徹を規制し，多大な社会的コストを負担することによって初めてバブルの抑制と金融システムの不安定性の是正が実現されたのである[57]．このことは，金融システムの「効率化」を図るために導入された金融の自由化・規制緩和政策の強行は，発達した金融システムが内包する固有の脆弱性を露呈させるものでしかなく，金融システムを安定させるためにかえって新たな社会的負担と再規制・監督の強化が不可避であるという矛盾を表わしており，それゆえに，市場原理に基づく「構造改革」が声高に叫ばれている今日，「信用秩序の維持」を金融政策運営の究極的な目的として掲げている中央銀行の真価が厳しく問われている，といわなければならないであろう．

むすび

これまで検討してきたように，80年代半ばのわが国のバブル発生期においても，銀行はそれ固有のメカニズムを通じて不断に流動性を確保し，自己資本比率の維持・上昇を実現してきた．したがって，それ自体としてみるならば，流動性を確保し支払能力を充実させることによって，銀行に対して絶えず「健全経営」の規律を与えようとする市場経済の原理は，この時期においても依然としてその根底において貫徹しているといえよう．しかし，その経営の「健全性」はリスクの大きな収益資産を放棄することによって実現されたものではなかった．むしろ逆に，「健全な」銀行経営が維持され，種々のリスクに起因する流動性危機に対応しうる管理能力とリスク負担能力が強化されてくると，それはかえって審査体制を形骸化させ，資産の量的拡大やハイリスク・ハイリターンの追求を促進していく槓杆として機能したのである．こうして新たな「モラル・ハザード」が発生すると，銀行の行動様式は収益性の追求を最優先とする積極的なものに転化し，そしてそれはバブル崩壊後，不良債権問題として顕在化することによって，金融システムの不安定化を引き起こしていく主要な契機となったのである．

しかしながら，このように個々の銀行資本にとっての経営の「健全性」の追求が不幸にして必ずしも金融システムの安定性を保証するものではなかったというのは，決してこの時期のわが国のバブル発生の場合に限られたことではな

い．それは，古典的な信用制度を有する自由競争段階のイギリスにおいても同様であった．そこでは，銀行資本は割引市場における手形流動化機構を通じて流動性を確保していたが，「健全な」銀行経営を維持しようとする個別銀行資本の行動様式は，産業循環過程の諸局面の推移に対応して，ことに好況過程の末期においては急激に悪化する流動比率や支払準備率の変動を，割引市場を通じて調整しようとする「合理的な」銀行行動を押し進めたにもかかわらず，まさにそのことが独自の構造を通じて「過度な」信用膨張を生みだし，信用制度そのものの動揺を引き起こしたのである．

すなわち，好況末期に「実現」条件が悪化し始めると，手形は長期化し，また手形割引依存度も上昇せざるをえなくなるので，それはまず銀行経営にとって流動比率の低下となって現れる．そこで，銀行資本は「健全な」銀行経営を再建するために，収益資産の保有を抑制しつつ，最も流動性の高いコール・ローンの保有を拡大することによってそれに対応しようとした．ところがそれは他面では，多大なコール・マネーを取り入れた割引市場の安易な信用膨張と，不良手形の創出・流通を大いに刺激することとなったのである．しかも，割引市場はほとんど準備金を保有していなかったので，このような「コール・ローン制度によって惹起された不安定性」[58]は，「実現」困難がさらに深刻化し，銀行資本の現金準備率そのものが低下してコール・ローンの一斉回収が行われる局面において，一挙に表面化することとなった．しかし，直ちに金融市場が崩壊したわけではない．中央銀行が「最後の貸し手」として独自の政策的補強を行うからである．しかしながら，それは，一方では，確かに決済システムの瓦解を阻止したが，同時に他方では，かえって中央銀行信用によって支持された割引市場の野放図な信用拡大を助長し，その結果，割引市場と中央銀行との間で相互促進的な信用拡大が展開され，それを基軸として，金融市場はその全組織と機構を通じて「過度な」信用膨張を必然化させていくこととなったのである．こうして，「過度な」信用膨張を通じて不安定化した金融システムは，つ

---

58) W.T.C. King, *History of the London Discount Market*, (1st ed., 1936) rep. 1972. p.182（藤澤正也訳『ロンドン割引市場史』有斐閣，1960 年，238 頁）．
59) 詳しくは，拙稿「産業循環と銀行―好況過程における銀行行動と金融政策―」（飯田裕康編『現代の金融―理論と実状―』有斐閣，1992 年，所収）参照．

いに「信用制度全体の軸点」たる金属準備の対外流出を契機として，激しい貨幣・信用パニックという形態を通じてその矛盾を一挙に現出させていったのである[59]．

このように，本来，資本制生産のもとにおいては，金融システムは現実資本の再生産過程から相対的に自立化し，独自の機構を通じて「過度な」信用膨張を必然化させ，金融システムそれ自体の動揺を引き起こすという固有の「不安定性」を内包しているのである．もとよりこの「不安定性」は，たまたま銀行がその「健全経営」の規律を逸脱することによって惹起された偶発的な現象といったものでは決してない．元来，市場は銀行資本に対して収益性とリスクとの関係を意識させつつ，銀行経営の「健全性」についてチェックを行う機能を有しているからである．それゆえ，問題設定の基本的視角は，個別銀行資本の「経営の健全性」の追求が，何故，いかなるメカニズムを通じて金融システムの「不安定性」を惹起するのか，として定置されなければならないであろう．そしてその際，留意すべきは，各国のそれぞれの歴史的発展段階に応じて金融市場の取引構造は異なるので，銀行が流動性を確保し支払能力を充実させていく形態は，それに規定されて自ずと異なったものとならざるをえない，という点である．したがって，押し並べて「銀行経営の健全性」といっても，それを実現する形態は，各国それぞれにおいて異なり，そしてまた同一の国においても，銀行を取り巻く金融市場の歴史的変遷とともに変化していくのである．

本章は，かかる現段階の問題分析の方向性を明確にするために，わが国の金融システムの「不安定性」の起点となったバブルの発生局面に限定して行われた，そのような一つの試みに他ならない．

第3章
アメリカの金融自由化・証券化と S&L 危機

はじめに　問題の所在

　(1)「サブプライム金融危機」後，先進各国のなりふり構わぬ世界的規模での金融システムの安定化策と不況対策の結果，ギリシャの財政破綻に端を発したソブリン・リスクの顕在化と欧州金融危機が表面化し，中国をも包摂するに至った世界大のドル体制が財政・金融政策に行き詰まり，世界経済は混迷の度を深めている．1970年代の段階的変容を経て，新自由主義とグローバリズムが席巻した戦後世界の潮流が転機を迎え，世界経済は新たな歴史段階に突入した様相を呈している．今日に至るこれら一連の深刻な世界的経済危機の連鎖の顕在化は，直接的には基軸通貨国アメリカの住宅金融問題に端を発していた．
　「サブプライム問題」が2007年初めに表面化した当初，アメリカ国内の住宅バブルの崩壊によって発生した，地域的・限定的な問題に過ぎないと見られていた．しかし，それはわずか数カ月で世界の金融市場に波及し，さらに翌年秋には，国際金融市場の中枢を占めるアメリカの投資銀行や保険会社が相次いで破綻するという事態へと進展し，深刻な実体経済の縮小を伴う世界的な金融危機として現出した．それ自体大きな問題を孕んでいるとはいえ，アメリカ国内の低所得者層向けの住宅金融問題に過ぎない「サブプライム問題」が世界的な金融危機へと発展したのは，金融工学を用いた様々なデリバティブの開発によって，「サブプライム問題」を「サブプライムローン証券化問題」へと転成させた，金融の証券化・セキュリタイゼーションの発達があったからに他ならない．

この「金融の証券化」現象は，アメリカでは1970年2月の政府住宅抵当金融金庫 (Government National Mortgage Association, GNMA, 通称ジニーメイ) パス・スルー証書の発行を嚆矢とし，70〜80年代に様々なモーゲージ担保証券 (Mortgage Backed Securities, MBS) の発行とその流動化を基軸として急速に進展した．そしてそれは，これまでアメリカの住宅金融の主たる貸し手であった貯蓄貸付組合 (Savings and Loan Association, S&L) の行動様式を一変させ，すでに80年代後半にはS&L危機を引き起こす槓杆として機能したのである．それはさらに90年代半ば以降，投資銀行をはじめとする大手金融機関によって，サブプライムローンを担保としたMBSをも組み入れた債務担保証券 (Collateralized Debt Obligation, CDO) や債権倒産保険 (Credit Default Swap, CDS) 等の新たな証券化商品・金融派生商品の開発を促すと同時に，過剰な流動性を抱える国際金融市場において新たな格好の投資機会を提供して過度な信用膨張を引き起こし，世界的規模での金融危機が生み出されるうえで規定的な役割を演じたのである．

とすれば，現段階に至る問題分析の方向性は，先ず以て，80年代に金融の自由化・規制緩和が推し進められ，金融の証券化・セキュリタイゼーションが進展し，金融システムが大きく変貌していくなかで，サウンド・バンキングを旨とする銀行・金融機関の行動様式がどのように変容し，新たな信用拡張手法を用いた金融取引の大膨張が，いかなるリスク管理のもとでどのようなメカニズムを通じて実現されたのか，そしてその結果，いったい何故，いかにして「バブル」の発生とその破綻・危機が現出し，それが世界的規模で波及していくことになったのか，として定置されなければならないであろう．

本章はこのような問題関心から，まずその基礎的作業として，アメリカにおいて金融の証券化・セキュリタイゼーションが急速に進展していくなかで，「金融の証券化」の矛盾の最初の発現形態であり，80年代のアメリカにおいて深刻な金融危機を引き起こしたS&L危機を考察対象として，「金融の証券化」に対応した金融機関の行動様式の変容が，何故，いかにして金融システムを不安定化させたのか，その論理とメカニズムを究明することに限定されている．しかしながら，かかる考察は，経済のグローバル化が進展していくもとで，新たな収益機会を求める投資銀行・大手金融機関の積極的な参入によって金融の

証券化・セキュリタイゼーションが世界的規模で推し進められ，複雑なデリバティブを駆使した金融取引が「シャドー・バンキング・システム（shadow banking system）」と呼ばれる独自のメカニズムを通じてさらに膨張していった現段階固有の経済状況のもとで，「ソブリン・リスク」をも顕在化させるまでに深刻化した世界的規模での経済・金融危機分析のための不可欠な歴史的かつ論理的な前提をなすであろう．

（2）アメリカの住宅金融の担い手は，1980年代初頭までは伝統的にS&Lを中心とする貯蓄金融機関（Thrift Institutions）[1]が卓越した地位を占めていた．S&Lの淵源は1831年に遡るが，イギリスの住宅金融組合（Building Societies）をモデルとして創設されたことからも明らかなように，S&Lは組合員の住宅建築資金の積立と借入の便宜を図るために生み出され，そしてその後，永続的な住宅金融専門の金融機関へと発展していった．それゆえ，S&Lのバランス・シートは，比較的短期で小口の貯蓄性預金勘定を開設し，資産面では圧倒的に長期・固定金利の住宅モーゲージ・ローンで運用する，というものであった．

このような資産・負債構造から，S&Lは期間ミスマッチのために常に流動性リスクや金利リスクにさらされてはいる．しかしながら，1930年代のニューディール型福祉政策の一環として住宅金融政策の中核に組み込まれ，1966年まで預金金利が規制されなかったS&Lは，預金金利規制や不動産融資規制が厳格に課された商業銀行に比して，預金吸収と住宅モーゲージ業務において競争上優位な立場に立つと同時に，戦後，安定的な低金利水準が維持されてきたもとで，金利リスクのみならず，流動性リスクも表面化することなく比較的安定した経営を維持・発展させることができた．

---

1) 伝統的に，「貯蓄金融機関」という範疇にはS&L以外に貯蓄銀行（Savings Bank, SB）が含まれ，協同組合の性格が強い信用組合（Credit Union, CU）は別個に取り扱われることが多い．しかし，近年，金融機関としての同質化が進展している状態を反映してか，「貯蓄金融機関」にCUを含める場合もあるが，本書では伝統的な定義に従っている．貯蓄金融機関の規定については，例えば，高木仁『アメリカの金融制度　改定版』（東洋経済新報社，2006年）第3章，等を参照．

ところが，1960年代後半以降，インフレが激しくなり，市場金利が上昇してくると事態は一変する．1966年，69年，そして73〜74年の金利の急騰は，S&Lの預金勘定からTBやその他の高利回り証券へと預金をシフトさせ，ディスインターミィディエーションを引き起こしたのである．それはさらに，第二次オイルショックを契機とした激しいインフレとそれに伴う金利の急騰によってS&Lの預貸金利は逆鞘に陥り，この金利ミスマッチを主たる要因としてS&Lの経営破綻が相次ぎ，1979〜82年に第一次S&L危機が発生した．

理論的には，S&Lが晒されている金利リスクは，変動金利モーゲージ（Adjustable Rate Mortgages, ARM）の導入や金融先物市場でデリバティブを活用することによってリスクヘッジすることが可能ではある．しかし，1979年以前に変動金利モーゲージは，カリフォルニアの州免許S&L以外には認められていなかった．連邦住宅貸付銀行理事会（Federal Home Loan Bank Board, FHLBB）が業界の保有資産額で最大部門である連邦免許S&Lすべてに変動金利モーゲージを認めたのは，1981年4月になってからのことである．また，金利リスクをヘッジするために，FHLBBがS&Lに金融先物取引の活用を認可したのは1981年7月であった．当時，デリバティブを活用した複雑なリスクヘッジの手法はまだ一般化しておらず，スワップやオプションが用いられるようになったのは，もっと後のことである．「それゆえ，S&Lが金利リスクをヘッジするために現在有している手法は，使用するには余りにも遅かったので，1970年代と1980年代初頭の金利リスクの諸問題に対処することができなかった」のである[2]．

この70年代末から80年代初頭に発生した第一次S&L危機に対する政府の対応策は，S&Lの経営基盤の強化を図るために，次のような「2つの方針に従って」[3]進められた．それは，一方では，「規制緩和（deregulation）」を行うことによって，資産運用面では，住宅モーゲージ・ローン以外の融資の多様化

---

2) Brewer, Elijah III and Thomas H. Mondschean, "Ex ante risk and ex post collapse of S&Ls in the 1980s," *Economic Perspectives* (Federal Reserve Bank of Chicago), Vol. 16, No. 4. 1992, p. 4.

3) Brumbaugh, R. Dan, Jr. and Andrew S. Carron, "Thrift Industry Crisis: Causes and Solutions," *Brookings Papers on Economic Activity*, 2. 1987, p. 355.

を認め，負債管理に関しては，S&Lから流出した預金を還流させるために，1986年3月までに預金金利の上限規制を段階的に廃止して，市場性預金の調達を拡大することができるようにしたのである．と同時に他方では，経営危機に陥ったS&Lに再建のために必要とされる時間的猶予を与えるために「規制猶予（regulatory forbearance）」政策が採られた[4]．このような「規制猶予」政策が採られた背景には，まず第一に，政府のこのS&L危機に対する認識が反映されていた．それは，この危機は金利リスクがS&Lの脆弱な財務構造を直撃することによって生じた一時的な流動性危機にすぎず，金利が通常の水準に回復すれば解決するだろう，という期待を反映したものであった[5]．また第二の要因として，レーガン政府の掲げる「小さな政府」という財政抑制政策の影響が大きかった．「『レーガノミックス』の頑強な信奉者たちであるこのグルー

---

[4] 「規制猶予」政策は多岐にわたるが，それは，まず第一に，一時的に自己資本規制を免除しようとするものと，第二に，様々な手法を用いてS&Lの自己資本を増加させようとするものとに大別することができる．自己資本規制「免除」策としては，具体的には，①S&Lの自己資本比率の引下げの容認（1980年11月には5%から4%へ，1982年1月には4%から3%に引下げ），②「一般会計原則（Generally Accepted Accounting Principles, GAAP）」よりも緩和された基準の「規制会計原則（Regulatory Accounting Principles, RAP）」の採択，を挙げることができよう．他方，自己資本「増加」策としては，①1981年9月，S&Lの発行する収益資本証書（Income Capital Certificates, ICC）を連邦貯蓄貸付保険公社（Federal Savings and Loan Insurance Corporation, FSLIC）が現金または手形で購入することが許可され，それをS&Lの自己資本に算入することを認可，②預貸金利逆ザヤが発生した時，資産売却によって生ずる損失の「10年以上にわたる」繰延べと，損失の未償却部分を「資産」として記載することの容認，③「のれん」（被買収S&L資産の「購買価格」と「市場価値」との差額）を純資産の増大として計上し，自己資本（資産と負債の差額）に算入することを容認，④1982年4月，新規資本の流入を促すために，株式会社S&Lに対して株式所有制限を撤廃し自由化する，等といった内容を含むものであった（Cf. National Commission on Financial Institution Reform, Recovery and Enforcement, *Origins and Causes of the S&L Debacle*: *A Blueprint for Reform, A Report to the President and Congress of the United States*, 1993, pp. 35-39．（以下，National Commissionと略記）　Moysich, Alane, "The Savings and Loan Crisis and Its Relationship to Banking," in FDIC, *History of the Eighties —— Lessons for the Future*, Vol. 1, 1997, Ch. 4, pp. 173-5）．

[5] Cf. National Commission, *op. cit.*, p. 1. Barth, James R., *The Great Savings and Loan Debacle*, The AEI Press, 1991, p. 3.

プ(大統領経済問題諮問委員会のメンバーたち——引用者)は,規制緩和と規制猶予の政策を巧みに作り上げ,そしてS&L問題を解決するための政府のいかなる資金拠出にも頑として反対した.……それゆえ,財務省と連邦政府行政管理予算局は,FHLBBに,連邦財政赤字を増大する直接的影響を持たないFSLIC手形やその他の種類の規制猶予方式を用いるよう迫った」[6]のである.

このような,問題の先送りを企図した「規制猶予」政策が行われるなかで,S&L「業界を救ったものは,1982年の予期せざる金利の大幅な下落であった.貨幣市場レートは,16%を超えたそのピークから1983年には9%以下に低下した」[7]のである.そしてさらに,不動産投資の優遇税制が採択された1981年のレーガン税制改革を契機とした不動産ブームのなかで,「規制緩和」によって非住宅融資枠の拡大が認められることになったS&Lは,商業用不動産融資の拡大を基軸として1982年末から85年末にかけて急成長を遂げた.S&Lの総資産は,この間に6,860億ドルから1兆680億ドルへと56%——貯蓄銀行と商業銀行の成長率(約24%)の2倍以上——も増大した(表3-1).また,それはS&L業界への新たな参入をも促し,1980年と1986年の間に414のS&Lに新たな免許状が交付されたが,1983-5年の268の新規参入数はそれ以前の3年間の免許状交付数119に比して2倍以上に達した(表3-2).しかも,成長率の高い積極的な経営を行ったS&Lほど,商業用モーゲージ・ローンや不動産融資といった非伝統的な資産を拡大した割合が高かったのである[8](表3-3).

ところが,この間に業容を拡大したS&Lのなかには,収益を拡大し高成長を追求するあまり,乱脈な経営と,融資や引き受け基準の緩和のためにリスク管理が甘くなったものも数多く現れ,その結果,資産が劣化し,再び経営危機

---

6) Moysich, Alane, *op. cit.*, p. 177.
7) Brumbaugh, R. Dan, Jr. and Andrew S. Carron, *op. cit.*, p. 356.
8) 「1984年に急速に成長した貯蓄金融機関と,非伝統的な投資に充てられた彼らの資産との間にある相関関係は,実際,非常に高かった.さらに言えば,彼らのポートフォリオに占める住宅モーゲージ(およびモーゲージ担保証券)の割合と彼らの成長率は,負の相関関係を示していた」(White, Lawrence J., *The S&L Debacle: Public Policy Lessons for Bank and Thrift Regulation*, Oxford University Press, 1991, p. 103).

第3章　アメリカの金融自由化・証券化とS&L危機

表 3-1　FSLIC 加盟 S&L の主要財務指標（1980-1989 年）

(単位：10億ドル)

年	機関数	資産総額	純利益	有形資本	有形資本/総資産 (%)	債務超過 機関数*	債務超過 資産額*
1980	3,993	604	0.8	32	5.3	43	0.4
1981	3,751	640	−4.6	25	4.0	112	28.5
1982	3,287	686	−4.1	4	0.5	415	220.0
1983	3,146	814	1.9	4	0.4	515	284.6
1984	3,136	976	1.0	3	0.3	695	360.2
1985	3,246	1,068	3.7	8	0.8	705	358.3
1986	3,220	1,162	0.1	14	1.2	672	343.1
1987	3,147	1,249	−7.8	9	0.7	672	353.8
1988	2,949	1,349	−13.4	22	1.6	508	297.3
1989	2,878	1,252	−17.6	10	0.8	516	290.8

注）　*資産に対する有形資本の比率に基づいて算定．
(出所)　Moysich, Alane, "The Savings and Loan Crisis and Its Relationship to Banking," in FDIC, *History of the Eighties —— Lessons for the Future*, 1997, p. 168.

表 3-2　新規貯蓄金融機関の FSLIC 預金保険受入れ認可数*（1980-1986 年）

年	連邦免許機関数	州免許機関数	統計
1980	5	63	68
1981	4	21	25
1982	3	23	26
1983	11	36	47
1984	65	68	133
1985	43	45	88
1986	14	13	27
総計	145	269	414

注）　*州支援保険基金から FSLIC へ転換した州免許貯蓄金融機関は除外．
(資料)　FHLBB データ．
(出所)　White, Lawrence J., *The S&L Debacle: Public Policy Lessons for Bank and Thrift Regulation*, Oxford University Press, 1991, p. 106.

表 3-3　FSLIC 付保貯蓄金融機関の資産増加とその資産構成（1984 年 6 月）

(%)

資産構成 \ 貯蓄金融機関の年間資産増加率[1]	15%以下	15～25%	25～50%	50%以上
住宅モーゲージおよびモーゲージ担保証券[2]	68.1	67.1	63.4	53.0
商業用モーゲージ	6.6	8.3	8.2	10.8
不動産貸付	1.2	1.8	2.5	5.8
非モーゲージ貸付	3.7	3.6	4.6	5.0
不動産投資	0.2	0.6	0.7	1.2
その他の資産	20.2	18.6	20.6	24.2
総計	100.0	100.0	100.0	100.0

注）1. 1984 年前半の増加から推測される年間増加率.
　　2.「その他のモーゲージ関連資産」というカテゴリーを含む.
（出所）White, Lawrence J., *op. cit.*, p.103.

に陥るものが相次いで出現した[9]．かくして 1986-89 年に再度，第二次 S&L 危機が勃発し，S&L の預金を付保してきた FSLIC までもが破綻した結果，巨額の公的資金を投じざるをえない事態に陥った[10]．「金利の上昇から生じた一時的な業界の損失が，誤った信用の巨大な拡張によって引き起こされた恒久的な損失に取って代わられた」[11]のである．

(3) 大略，以上のような経緯をたどった 1980 年代の S&L 危機に対して，アメリカでの支配的な研究は，かかる経済的災厄を引き起こした政府の政策的対応の誤りと預金保険制度の不合理性，といった政策・制度両面からする批判が大勢を占めている[12]．

まず，政策的対応の誤りに対する批判というのは，第一次 S&L 危機に際し

---

9)　「S&L 瓦解のほとんどの説明はこのような傾向に注目している．それは，経験不足，詐欺，急成長，そしてより高い貨幣コストのために生じたハイリスクな事業への投資の必要性など，原因は様々であるとしている」（Moysich, Alane, *op. cit.*, p. 185, fn., 60）．

10)　脚注 90（後出）参照．

11)　National Commission, *op. cit.*, p. 2.

第3章　アメリカの金融自由化・証券化とS&L危機　　　159

て採択された「規制猶予」を伴った「規制緩和」政策が，事実上破綻したS&Lの営業の継続を許し，その経営者たちに（次に指摘する付保預金を利用しながら）「投機的で思慮分別のない，そして時には詐欺的活動に従事する，強烈な動機と機会を生み出した」[13]という批判である．とりわけ，すでに第一次S&L危機の際に事実上破綻してしまい，現存の事業を継続したとしても回復の望みは薄く，勢い失敗したとしても失うものが何もなかったS&Lは，このような政策が継続されるもとで「復活に向けてのギャンブル」として新規事業へ参入しようとする強い動機を有することになった，と指摘されている[14]．

　次に，より基本的には，このような「安全性と健全性に無頓着なS&L経営者」[15]をその瓦解にまで駆り立てたのは預金保険制度の存在であり，これこそがS&L「崩壊を必然化させた基本的条件」[16]であるとして，FSLICが厳しく批判されている．この見解によれば，連邦預金保険制度の存在のために，S&Lの経営者と預金者双方からするS&Lの監視機能に歪みが生じ，「モラル・ハザード」が引き起こされた，というのである．

　すなわち，S&Lの経営にとって，もともと「連邦預金保険は，S&Lが長期・固定レートの住宅モーゲージ・ローンを融資することができるように，市場金利よりも低い金利で巨額の資金を調達することを認める助成金」として作用した．それゆえ，「預金保険のために，S&Lはかれらの業務や投資の安全性あるいは健全性を顧みることなく預金を引き寄せることができ」，それを「不動産開発，直接投資，金利の投機のようなリスキーな分野」に投ずることによ

---

12) アメリカでのS&L危機の研究をサーベイしたものとしては，例えば，Gupta, Atul and Lalatendu Misra, "Failure and Failure Resolution in the US Thrift and Banking Industries," *Financial Management*, Vol. 28, No. 4, 1999, 等を参照．
13) National Commission, *op. cit.*, p. 2.
14) Cf. *ibid.*, p. 45. 同様の指摘は数多くあるが，例えば，Brumbaugh, R. Dan, Jr., *Thrifts Under Siege: Restoring Order to American Banking*, Ballinger Publishing Company, 1988, pp. 59-88, Barth, James R., *op. cit.*, pp. 44-7. 等を参照．また E. J. Kane は，彼の造語ではあるが，これを「ゾンビ」S&Lと呼んでいる．(Kane, Edward J., *The S&L Insurance Mess: How Did It Happen?*, The Urban Institute Press, 1989, p. 4.)
15) National Commission, *op. cit.*, p. 46.
16) *Ibid.*, p. 5.

って急成長した[17]，とされる．したがって，ディスインターミィディエーションを緩和するために行われた，1980年3月の預金保険限度額の一口座当たり40,000ドルから100,000ドルへの引き上げは，一層「問題を悪化させ」るものでしかなかったのである．さらにまた，預金保険の料率は均一であるが（預金総額の1%の12分の1），「問題は，保険掛金が機関の破綻可能性，そのポートフォリオのリスク，あるいは破綻した場合の保険者に対する推定費用を無視して設定されていることである」．そのために，それは，S&Lが破綻のリスクが高くなるにつれてより高い保険掛金を支払うことなしに，預金債務の拡張を許すこととなった[18]，と指摘されている．

他方，預金者にとっては，預金保険制度が存在するために「金融的損失の重大なリスクもなしに利益を得ることができた」．もし預金保険が存在しなければ，預金者はS&Lの破綻リスクが増大するにつれてより高い金利を求めたり，ついには彼らの預金を引き出してしまうであろう．したがって，このことは，預金保険制度によって預金者によるS&Lの監視機能が弱体化してしまったことを意味している，というわけである．

こうして，預金保険制度は，S&Lの経営者・預金者双方にとって「リスクをコントロールするために必要な市場原理のシステムを奪ってしまった」．その結果，S&Lの経営規律が乱れ，「業界の内部に急速に成長し過大なリスクを引き受けようとする強い動機が生み出された」ために，ハイリスク・ハイリターンを追求する顕著な「モラル・ハザード」が現れた，と批判されるのである[19]．

---

17) *Ibid.*, pp. 1, 5.
18) Brumbaugh, R. Dan, Jr. and Andrew S. Carron, *op. cit.*, p. 359. Cf. National Commission, *op. cit.*, p. 47.
19) National Commission, *ibid.*, pp. 5-6. わが国においても，S&L危機に言及する際には，このようなアメリカでの支配的な見解に依拠しつつ，同様の批評が繰り返されることが多い．例えば，日本銀行「米国の貯蓄金融機関を巡る最近の動きについて―経営悪化の背景と制度面での対応―」(『調査月報』1989年8月号)，12-8頁．柴田武男「アメリカにおける金融機関破綻のケーススタディ―S&L問題を中心にして―」(『証券資料』No. 117, 1992年)，86頁．地主敏樹『アメリカの金融政策』(東洋経済新報社, 2006年)，131-4頁，等．

しかしながら，このような S&L 危機をめぐる支配的な議論には検討すべき根本的な問題が存在しているように思われる．まず第一に，S&L 危機はこのような政策的対応の誤りに起因した人為的・政策的な危機である，という認識に関してである．近年，金融の自由化・規制緩和を強行した多くの国において金融システムは不安定化し，程度の差こそあれバブルの発生と金融危機を経験してきた．それは，たまたま発生した偶発的・例外的な経済現象ではなくて，各国の金融制度の相違を反映してそのメカニズムは異なるとはいえ，金融市場が大きく変貌していく過程で個々の金融機関が「健全な経営」を維持していこうとするそれ自体としては経済合理的な行動が，かえって金融システムの不安定化を惹起するという，市場経済固有の転倒性を反映した「合成の誤謬」ともいうべき不可避的な現象に他ならなかった[20]．

　したがって，問題は，1980 年代に大きく進展した金融の自由化・規制緩和と「金融の証券化」が推し進められる過程でアメリカの金融市場はどのように変貌したのか，またそのなかで「経営の健全性」を維持しようとする S&L の行動様式はいかに変容し，その信用膨張メカニズムはどのような変化を遂げたのか．そしてその結果，いったい何故，いかなるメカニズムを通じてバブルの発生と金融危機が現出することになったのか．その論理とメカニズムこそが問われなければならないのである．さもなくば，S&L 危機は単にアメリカにおいて政策的対応の誤りによってたまたま発生した人為的・偶発的な経済事象として矮小化されることになりかねず，S&L 危機が，「金融の証券化」の矛盾の最初の現象形態として，金融の自由化・証券化のなかで不可避的に不安定化する金融システムの脆弱性を象徴的に表現した，その先駆的で普遍的な性格が看過されることになるであろう．それゆえ，「復活に向けてのギャンブル」を行おうとする「安全性と健全性に無頓着な S&L」が，銀行経営の原則を逸脱した投機師や詐欺師紛いの行動をとったがために，たまたま支払い不能に陥り経営破綻したという経済的エピソードと，新たなリスクテークを行う際には，それを可能とするポートフォリオの再構築（流動性の確保と自己資本の充実）に

---

20) イギリスおよび日本の金融市場改革とバブルの発生メカニズムについては，本書第 1 章と第 2 章を参照されたい．

不断に留意し,「安全性と健全性に」配慮したサウンド・バンキングを旨とするS&Lの行動様式が,「金融の証券化」と規制緩和・自由化政策に伴って金融市場が大きく変貌していく過程で,かえって金融システムを不安定化させ,S&L危機を引き起こしたということとは,理論的に明確に峻別して考察すべき問題なのである.

次に,預金保険制度がS&L「崩壊を必然化させた基本的条件」である,とする批判にも問題があるように思われる.S&Lを被保険機関とする(=付保する)連邦貯蓄貸付保険公社(Federal Savings and Loan Insurance Corporation, FSLIC)は1934年に創設された.しかし商業銀行(Commercial Bank)と貯蓄銀行(Savings Bank)は連邦預金保険公社(Federal Deposit Insurance Corporation, FDIC)を,信用組合(Credit Union)は全国信用組合出資金保険基金(National Credit Union Share Insurance Fund, NCUSIF)と,それぞれ同様の連邦預金保険機関を有しており,アメリカの連邦預金保険制度は被保険機関の異なる3つの制度から構成されている.

とすれば,一体何故,1980年代半ばのこの時期に,主としてS&Lだけに預金保険制度によって過大なリスクテークを引き起こす「強い動機」が生み出されたり,「モラル・ハザード」が生じたりしたのかが改めて問い質されなければならないであろう. 80年代後半にはS&Lの抱える不良債権が累増し,「スリフト問題は, 1980年代初頭の金利スプレッド問題から,その後半には信用の質の問題へと転化した」[21]とするならば,単に預金保険制度の存在によって「モラル・ハザード」が現れたと指摘しただけでは,それは常に存在する一般的な問題であって,何故,それ以前には現れなかったS&Lの「信用の質の問題」,すなわち不良債権問題が80年代後半のこの時期に至って一挙に顕在化することになったのか,その最も肝要な点が全く明らかにされてはいない,と言わざるをえないのである.

とまれ,これらの諸問題を念頭に置きつつ,アメリカのS&L危機勃発のメカニズムとその論理・意義を究明するためには,まずS&L危機の歴史的背景を形成した, 80年代初頭の金融市場改革の過程を一瞥しておくことから始め

---

21) Gupta, Atul and Lalatendu Misra, *op. cit.*, p. 91.

る必要があるだろう．

第1節　第一次 S&L 危機と金融市場改革

（1）今日に至るアメリカの独自な住宅金融システムの原型は，1930年代の大不況下で大きな打撃を受けた住宅・不動産市場を再建するために，連邦政府の公的支援のもとで形づくられた．それは，次のような機関を設立することによって，新たな住宅金融システムを再構築しようとするものであった．

まず第一に，1932年7月に連邦住宅貸付銀行制度（Federal Home Loan Bank System, FHLBank 制度）が成立した．それは，預金の流出に直面し，流動性危機に陥った S&L を中心とする貯蓄金融機関に対して，その保有する住宅モーゲージを担保とした流動性を供給し，それを通じて住宅金融市場の信用収縮に対して歯止めをかけるために独自の流動性供給機構を確立しようとしたものであった．

次いで，1934年に成立した全国住宅法（National Housing Act of 1934）に基づいて三つの連邦政府機関が設立された．まず，連邦住宅局（Federal Housing Administration, FHA）である．この機関は，住宅金融機関が供与するモーゲージ貸付けの返済を保証する FHA 保険制度を創設することによって，貯蓄金融機関の信用リスクを大きく軽減させようとするものであった．第二に，その設立は当初の規定より遅れたが，1938年に復興金融公社（Reconstruction Finance Corporation, RFC）の子会社として連邦抵当金庫（Federal National Mortgage Association, FNMA, 通称ファニーメイ）が創設され，民間金融機関が保有する住宅モーゲージを流動化するための買い取り機関として機能することによって，既存モーゲージが売買される流通市場の発展を促進する機構が構築された．さらに，商業銀行のための連邦預金保険公社（FDIC）と同様に，貯蓄金融機関についても預金保険制度が導入され，連邦貯蓄貸付保険公社（FSLIC）が設立された．

このような連邦政府による住宅金融市場を支える公的支援策のもとで，その市場の主たる担い手である貯蓄金融機関は，第二次大戦後の住宅需要の急増と住宅建築ブームのなかで大きな発展を遂げた．それは，アメリカ型福祉国家建

設のための重要な一環を構成する住宅政策において，安定した住宅資金供給体制を確立するために，貯蓄金融機関に対して様々な優遇措置が取られたことが大きく影響した．上述の機関による住宅金融逼迫時の貸付・住宅モーゲージの信用保証とリファイナンスといった公的金融支援だけではなく，税制面においても優遇措置がとられたが，それだけにとどまらない．商業銀行に比べて，預金金利規制や準備率規制の面でも優遇され，小口の貯蓄性資金の吸収と資産運用面で有利な立場に立ったのである．こうして，貯蓄金融機関は1960年代半ばに至るまで収益性を高め，高い成長率を実現したのである．

しかしながら，すでに言及したように，1960年代後半以降，貯蓄金融機関をめぐる経済環境は大きく変貌し，インフレの激化に伴う市場金利の上昇は預金金利規制下にある金融機関，就中，貯蓄金融機関の預金を流出させ，しばしばディスインターミィディエーションを引き起こした．これに対処するため，S&Lは連邦住宅貸付銀行（FHLBank）からの借入れ依存度を増大させたが，政府もまた住宅金融市場に多様な資金を取り入れるために，住宅モーゲージの証券化政策を積極的に推進しただけではなく，市場性預金の取り入れをも認可した．

しかし，このようなS&Lの流動性維持政策にもかかわらず，1966年，1969年，1973-74年にはS&Lの急激な預金流出を押しとどめることができず，そのためにS&Lはモーゲージ貸付額を減退させ，それはそのまま住宅建設の減少に直結したのである[22]．そしてさらに，1979年に第二次石油危機の発生とアメリカの深刻なスタグフレーションが表面化すると，P.ボルカー連邦準備制度理事会議長のもとで，1979年10月-82年10月にわたって強力な反インフレ政策がとられたために（ピーク時にはプライム・レートは20%超を記録），S&Lは一挙に預貸金利の逆鞘に見舞われ深刻な経営危機に陥ったのである（図3-1）．

かかる事態に対して，1980年代初頭に政府は二つの包括的な銀行立法を制定することによって対処しようとした．1980年3月に成立した「預金金融機関規制緩和・通貨管理法（Depository Institutions Deregulation and Monetary

---

22) Cf. National Commission, *op. cit.*, Figure 1, 2. (p. 25)

第 3 章　アメリカの金融自由化・証券化と S&L 危機

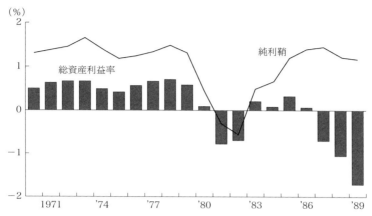

(資料) *Combined Financial Statements*, various issues, Federal Home Loan Bank Board, and Office of Thrift Supervision.
(出所) Brewer. Elijah III and Thomas H. Mondschean, "Ex ante risk and ex post collapse of S&Ls in the 1980s," *Economic Perspectives* (FRB of Chicago). Vol. 16, No. 4. 1992, p. 5.

図 3-1　FSLIC 付保貯蓄金融機関の総資産利益率と純利鞘

Control Act of 1980, DIDMCA)」と，1982 年 10 月のいわゆるガーン゠セント・ジャーメイン法（Garn-St. Germain Depository Institutions Act of 1982, DIA）がそれである[23]．

　預金金融機関に対する預金金利の上限規制が，ディスインターミィディエーションとその結果生じた住宅資金供給の減少の原因であるいう認識から，DIDMCA はその上限規制を 6 年間の経過期間を経て段階的に廃止し，新たに設立された預金金融機関規制緩和委員会（Depository Institutions Deregulation Committee, DIDC）のガイドラインに沿って，預金金利の自由化を推進しようとした．また，これまでの低金利期に長期・固定金利で実行されたモーゲージ貸付が貯蓄金融機関の収益性を圧迫したために，その支払能力の増強を図るべく業務範囲の拡大が規定された．S&L には資産の 20% まで消費者ローン，CP や社債の保有が認められ，クレジット・カード業務が新たに認可されたのであ

---

23)　二つの銀行立法の主要内容については，例えば，*ibid*., pp. 33-4 や，伊東政吉『アメリカの金融政策と制度改革』（岩波書店，1985 年）第 5 章，等を参照．

る．しかし，このような改革にもかかわらず，81年に入ると二桁のインフレと高金利は一段と昂進したために，預金金融機関はディスインターミィディエーションを抑制することができず，とりわけ預金から高利回りの短期金融資産投資信託（Money Market Mutual Fund, MMMF）への資金シフトが深刻なものとなった．S&Lのなかには総資産収益率を大幅に悪化させ（図3-1），自己資本が減少・枯渇したために経営困難に陥るものが数多く現れた．

こうしたなかでガーン＝セント・ジャーメイン法は，一方では預金金融機関の「業務規制緩和」については，証券会社のMMMFに対抗しうる新たな金融商品として，決済性が付与された市場金利連動型の貯蓄性預金である短期金融市場預金勘定（Money Market Deposit Account, MMDA）の創設を認可しただけではなく，S&Lには一層の非住宅融資枠の拡大を認めた．すなわち，消費者ローンを総資産の30%にまで拡大し，商工業貸付・リース業務をそれぞれ総資産の10%以内まで認めたのみならず，商業用不動産担保貸付を総資産の40%まで認可したのである．

そして，同時に他方では，自己資本の不足から経営危機に陥った貯蓄金融機関を救済・再編するために，一連の「規制猶予」政策が実行に移された．すでにDIDMCAは預金の5%という法定準備を3～6%の範囲内へと弾力化し，その基準を設定する権限をFHLBBに移管していたが，FHLBBは1980年11月にそれを5%から4%へと引下げ，1982年1月にはさらにそれを3%に引下げた．これに対して，ガーン＝セント・ジャーメイン法は経営難に陥った預金金融機関の自己資本を「増強」するために，その金融機関に3年間に限り自己資本証書（Net Worth Certificates, NWC）の発行を許し，預金保険機関が自己宛ての約束手形と交換にそれを買い入れることができる権限を付与した．それは，1984年以降実行された収益資本証書（Income Capital Certificates, ICC）プログラムと相俟って[24]，問題のある貯蓄金融機関の自己資本を新たに「創出」し，破綻を免れるためにその自己資本比率を名目的に引上げようとするものであった．

それだけではない．貯蓄金融機関は監督機関（FHLBB）に半期毎に財務報告書を提出する義務があるが（1984年以降は四半期毎），その財務報告書は「規制会計原則（Regulatory Accounting Principles, RAP）」に基づいて作成され

た．RAP とは，FHLBB が制定した会計基準であり，それは FHLBB への報告以外には通用せず，その他の目的で作成される財務諸表は通常「一般会計原則 (Generally Accepted Accounting Principles, GAAP)」が用いられる．それゆえ，例えば，S&L 持株会社が証券取引委員会（Securities and Exchanges Commission, SEC) に財務報告書を提出する場合には，GAAP に基づいて作成されるのである．したがって，FHLBank 制度の内部でも RAP と GAAP の二重の会計基準が見られた．RAP が GAAP と一致していれば問題はない．ところが，FHLBB は，1980 年代初頭に問題のある貯蓄金融機関の自己資本を名目的に「補強」するために二度にわたってこの RAP の基準を緩和したのである．その結果，自己資本に関して両者の間に著しい乖離が生み出されることになった．

まず 1981 年 9 月に，FHLBB は財務の悪化している S&L を支援するために，損失の繰延べを認めた．すなわち，記録的な高金利の下では，住宅モーゲージ・ローンの市場価格はその簿価を大幅に下回った．GAAP はモーゲージ・ローンの売却損を，発生した期間に償却することを求めていたので，ローンの売却は多額の営業損失の計上に繋がる．そこで，FHLBB は経営難に陥った S&L を救済するために「GAAP から逸脱して，古い，低金利の不動産担保ローンの売却損失を繰延べ，数年に渡って償却する会計方法を採用することを認め」[25]たのである．その結果，償却されずに繰延べられた損失部分は帳簿には

---

24) 1981 年 9 月，FHLBB と FSLIC は問題のある貯蓄金融機関に対して，FSLIC が現金または約束手形で購入する ICC の発行を認め，それを自己資本に算入することを認可した．そして，当該金融機関が収益を上げられるようになった時，その証書は償還されることになっている．この ICC と NWC は，両者とも FSLIC 加盟貯蓄金融機関の自己資本比率を名目的に引上げる点で同様の効果をもつものであったが，NWC の発行は一定期間に限定されていた．また「NWC は ICC のように移転可能ではなく，破綻機関を再編したり合併を取りまとめる目的では用いることができなかった．」(坂口明義「1980 年代におけるアメリカ貯蓄金融機関の危機—GAO（米国会計検査院）の議会報告を中心にして—」『証券資料』No. 117, 1992 年, 48 頁.) それゆえ，ICC は NWC よりはるかに多く用いられたが（同上，表 7 参照），「ICC は RAP の下では正味資産（自己資本——引用者）に算入可能であったが，GAAP の場合，FSLIC が現金で買い入れない限り算入されなかった」(同上，56 頁)，という制限があった．
25) 染谷芳臣「アメリカの貯蓄金融機関に対する会計規制—1980 年代初頭の経営危機を前提とする経済的政治的影響の解明—」(『北海学園大学経済論集』第 38 巻第 1 号, 1990 年), 18-9 頁.

資産として記されるので，正味資産は水増しされることとなった．次いで1982年11月には，FHLBBはRAPの資本項目にもう1つの基準緩和を付加し，資産再評価による名目的な正味資産の底上げを，FSLIC加盟貯蓄金融機関に許可した．「この会計上の手続きは，資本資産（建造物と土地）の市場価値と簿価との間の差額の分だけ，一度に限り正味資産として計上することを認めるものであった」[26]．

かくして，このように緩和された規制基準によって名目的な自己資本の水増しが行われた結果，RAP基準とGAAP基準でみた自己資本比率は乖離することとなったが，しかしGAAPそれ自体にも業界の実態を大きく歪曲する問題が内包されていた．それは，経営破綻した貯蓄金融機関を買収・合併した際に発生する「のれん（goodwill）」などの無形資産の取り扱いに関わる問題である．

1980年代初頭のS&L危機に際して，FSLIC加盟機関数の減少のうち営業停止や閉鎖によるものは少なく，そのほとんどが自発的あるいはFSLICの指導・財政助成に基づく合併に起因していた．それゆえ，「FHLBBが承認した合併件数は，1970年から80年にかけて，FHLB加盟機関全体のうち，平均して2%であったが，81年には年率7%，82年には10.5%を超える記録的なものとなった」[27]．その際，合併の会計処理においてパーチェス方式が採用されると，被買収・合併機関の純資産（資産から負債を引いたもの）は時価で評価されるので，買収価格が被買収機関の純資産の市場価値を上回ると——80年代初頭の歴史的高金利下では，以前の低金利下で設定された長期・固定金利の住宅モーゲージ・ローンを中心とする主要資産の時価は大幅に下落した——，その超過分は「のれん代」と称して，ひとまず買収機関の無形固定資産として計上され，自己資本（資産と負債の差額）の増大に資するものとなったのである．しかも，買収機関は被買収機関の項目別・タイプ別に評価される資産を割引現在価値で取得し，簿価との差額は5年から10年という比較的短期間で金

---

26) Mahoney, Patrick I. and Alice P. White, "The Thrift Industry in Transition," *Federal Reserve Bulletin*, March 1985, p. 151.（井村進哉訳，「移行期の貯蓄金融業界」『証券資料』No. 93, 1986年，161頁）

27) *Ibid.*, p.154. 訳, 164頁.

利償却法（interest method）を用いて累積的に利益として計上されるので，40年間の定額償却が認められた「のれん」の償却よりも短期間に利益計上された．そのために，合併後の報告利益は高くなり，業界の収益性の「回復」に寄与したのである[28]．

したがって，これらの結果，財務報告書において表示されるS&Lの自己資本比率も，採択される会計基準の相違によってその実態から大きく乖離するものとなった．RAP基準でみたS&L業界全体としての自己資本水準は88年までは4％前後で推移するが，FSLICによって購入されるICC・NWCや損失の繰延べと資産再評価による名目的な自己資本比率の引き上げを除いたGAAP基準では3％前後に低落した．さらに，「のれん」などの無形資産を取り除いた有形資産原則（Tangible Accounting Principles, TAP）では，それは82年以来1～2％の低水準で低迷しており，RAP基準だけではなく，GAAP基準に基づく財務報告においてもその実態は大きく隠蔽されていたのである（図3-2）．しかしながら，その実態と乖離しているとはいえ，このような規制的会計基準の緩和によって，S&Lが法定自己資本基準を満たすことが「可能」となったことの意義は大きかった．相次いで引下げられた法定準備と相まって，S&Lは，その最低限の法定自己資本水準を「維持」することによって規制監督当局たるFHLBBによる閉鎖・合併指導を免れて，財務的には表面上「経営の健全性」を保ち続けたまま，規制緩和によって新たに可能となった業務分野に積極的に進出していくことができるようになったのである．

(2) 1982年後半以降の金利の低下を背景として，貯蓄金融機関の収益は83年に回復した．しかし，金利リスクの低減によって収益が改善したといっても，70年代後半のそれと比べれば低いものであり，84年第2四半期においてもFSLIC被保険機関のほぼ25％が欠損を報告している．この比率は，81年後半の85％という異常な数値に比べれば大幅に改善しているとはいえ，貯蓄金融機関は依然として深刻な問題に直面していることを示していた[29]．

---

28) Cf. Barth, James R., *op. cit.*, p. 50, National Commission, *op. cit.*, pp. 37-9. 染谷芳臣，前掲論文，21-2頁．

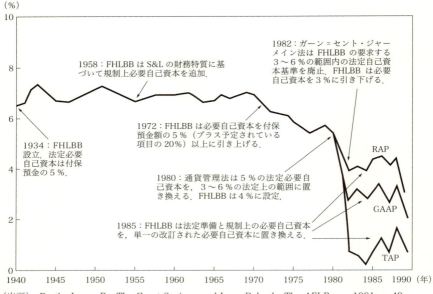

(出所) Barth, James R., *The Great Savings and Loan Debacle*, The AEI Press, 1991, p. 49

図 3-2　S&L の自己資本比率の推移（1940-1989 年）

　すでに指摘したように，貯蓄金融機関の抱える基本的な問題は，規制緩和と高金利という新たな経済環境の下で，これまでの長期・固定金利の住宅モーゲージ・ローンからなる伝統的なポートフォリオ構造を維持できなくなったことに起因していた．それゆえ，依然として存続するこのような苦境に対して，貯蓄金融機関は伝統的なポートフォリオへの過度な依存から脱却するために，資産ポートフォリオを再構築し，資産収益の利子率感応性を高めるための新たな対応を迫られることとなった．そして，そのために，80 年代初頭に実行された一連の規制緩和政策を背景として，主として三つの戦略に基づく行動様式が展開された．急成長を通じた資産の再構築，非住宅モーゲージ・ローン比率の上昇によるポートフォリオの多様化，そしてモーゲージ・ポートフォリオそのものの再構築，がそれである[30]．

---

29)　Mahoney, Patrick I. and Alice P. White, *op. cit.*, Figure 1. (p. 140)．訳，145 頁．
30)　*Ibid.*, pp. 145-50．訳，152-8 頁．

第３章　アメリカの金融自由化・証券化とＳ＆Ｌ危機　　　　　　　　　　171

　第一の急速な資産の拡大戦略というのは，預貸金利の逆鞘が解消していくなかで，当時の相対的な高金利で，新規の，長期・固定利付モーゲージ・ローンを積極的に拡大することによって，低金利の旧資産が収益に与える影響を緩和しようというものである．実際，すでに指摘したように，S&Lの総資産は1982年末から85年末にかけて56％もの急成長を遂げ，その伸び率は商業銀行や貯蓄銀行のそれの2倍以上にも達したのである．しかしながら，このような行動様式には，多くの問題が含まれていた．

　まず，この戦略は，金利が安定または低落することに依存していることである．というのは，S&Lが新規の固定利付モーゲージ・ローンを急速に拡大した後，金利が上昇し続けたならば，金利ミスマッチの発生によって再び深刻な打撃を受けることにもなりかねず，何ら問題を解決するものではないからである．それだけではない．急成長をもくろむ貯蓄金融機関は，一般的に，高成長を支えるために必要な資金をRPや大口CDといった市場性資金に依存する傾向が強いだけではなく，しばしばプレミアム・レートが必要とされるブローカー預金にも依存することが多い．これらは，当該貯蓄金融機関の金利負担を重くするばかりでなく，仮に急速な資産取得が信用供与基準の低下を引き起こすならば，将来のデフォルト・リスクの増大による損失の増加を招き，法定自己資本基準を維持することも困難となるであろう．

　第二の戦略は，住宅モーゲージ・ローンに過度に依存した伝統的なポートフォリオから脱却して，その多様化を図ろうとするものである．そして，それは，しばしば第一の戦略と結合して実行されることが多かった[31]．すでに言及したように，80年代初頭のDIDMCAとガーン＝セント・ジャーメイン法によって貯蓄金融機関の業容の規制緩和が行われ，貯蓄金融機関は商業用不動産担保貸付だけではなく，消費者ローン，商工業貸付，リース業務等への非不動産担保貸付をも大幅に拡張する権能を与えられた．これらの非不動産担保貸付けは，固定利付モーゲージ・ローンに比して満期はかなり短くなっている．それゆえ，このような資産の満期の短縮化が資産収益の利子率感応度を高め，旧来の長期・固定利付モーゲージ・ローンの低収益性・不安定性の影響を緩和すると考

31）　脚注8（前出）参照．

えられたのである.

かくして,貯蓄金融機関は非伝統的な多様な資産の保有を拡大することとなったが,しかしながら,その資産の増大の多くは商業用不動産融資に集中していた.1982年から85年の間に,貯蓄金融機関は「商業用モーゲージ・ローン」と「不動産貸付」を786億ドル増額し,その資産総額に占める割合を7.4%から12.1%へと増大させた(表3-4).しかも,84年6月時点の貯蓄金融機関の資産構成を見てみると,急成長を遂げた機関ほど商業用不動産融資の割合が高く,年率50%を超える急成長を達成した貯蓄金融機関は,すでにこれら2つのカテゴリーで彼らの資産の16.6%を保有していたのである(表3-3).

しかしながら,ここにも検討すべき問題が存在している.いま仮に新規の業務分野で高収益が見込まれたとしても,その分野に参入するために必要とされるノウハウの蓄積が不十分であったり,また初期投資がかなりの金額に達するならば,その市場の将来の予測の不確実性と相俟って,多くの金融機関はその参入を躊躇するであろう.さらにまた,商業用不動産市場は高度に組織化された市場ではないので,特殊なプロジェクトや市場に関する情報を得るのが困難であるばかりでなく,それは伝統的に循環的市場であり,周期的な過剰建設循環による困難に晒されている.このように,新規の事業分野でベンチャー・ビ

表3-4 FSLIC付保貯蓄金融機関の「非伝統的」資産の保有(1982年と1985年)

(10億ドル,%)

	1982年		1985年		増加額 1982-1985年
	金額	総資産に占める割合	金額	総資産に占める割合	
商業用モーゲージ・ローン	43.9	6.4	98.4	9.2	54.5
不動産貸付	6.9	1.0	31.0	2.9	24.1
商業用貸付*	0.7	0.1	16.0	1.5	15.2
消費者ローン	19.2	2.8	43.9	4.1	24.7
直接株式投資	8.2	1.2	26.8	2.5	18.6
総計	78.9	11.5	216.1	20.2	137.2

注) *「ジャンク・ボンド」を含む.
(出所) White, Lawrence J., *op. cit.*, p. 102.

ジネスを立ち上げたり，商業用不動産市場に参入しようとする際には，将来予測の不確実性に起因する固有のリスクに直面することとなるので，貯蓄金融機関がその業容の拡大に向けて積極的な銀行行動を取りうるためには，このようなリスクに対する管理体制を確立しておくことが不可欠なのである．とすれば，貯蓄金融機関，とりわけS&Lが，この時期に，一体いかなるリスク管理体制を構築することによって，商業用不動産融資を中心とした積極的な業容の拡大・リスク資産取得の拡大を実現していくことが可能となったのかが改めて問われなければならないのである．そして，それは第三の戦略と密接に関連していた．

モーゲージ・ポートフォリオの再構築という第三の戦略は，貯蓄金融機関の伝統的な業務を保持するものではあったが，しかしながら，その保有する資産の形態が大きく変化している．モーゲージ資産構成の最も重要な変化は，変動金利モーゲージ（ARM）の導入とモーゲージ担保証券（MBS）の保有割合の急増である．

ARMは，月々の返済額が一定期日ごとに改定される金利の変化に応じて変動するモーゲージ・ローンで，そのポートフォリオ収益の利子率感応度を高めたものである．これによって，金融機関は金利リスクを借り手に転嫁することができるようになったが，ARMの契約時の当初の金利は固定金利モーゲージ（Fixed Rate Mortgages, FRM）のそれに比して低いために，金利上昇局面では，借り手はARMを選好する傾向が強い．したがって，1981年4月にすべての連邦免許貯蓄金融機関に認可されたARMは，83年に金融危機を脱した後，回復し始め，84年半ばには新規モーゲージ・ローンに占める割合は68%に達した[32]．

これに対して，ポートフォリオの多様化戦略に対応して，伝統的なモーゲージ・ローンの構成比は急速に低下し，1980年まで常にS&Lの総資産の80%以上を占めていたモーゲージ・ローンは，80年代後半には60%を割り込む水

---

[32] Palash, C. J. and Stoddard, R. B., "ARMs: Their Financing Rate and Impact on Housing," *Quarterly Review* (Federal Reserve Bank of New York), Autumn 1985, pp. 47-8.

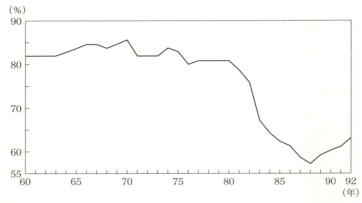

(出所) National Commission on Financial Institution Reform, Recovery and Enforcement, *Origins and Causes of the S&L Debacle: A Blueprint for Reform, A Report to the President and Congress of the United States*, 1993, p. 46.

図 3-3　S&L の資産に占めるモーゲージ・ローンの割合

準にまで急落した（図3-3）．それに代わって，モーゲージ資産構成で急増したのが MBS であり，1980 年に S&L の総資産に占める割合は 4.4% に過ぎなかったが，88 年には 16.0% を占めるに至った（表3-8，後出）．「1982 年だけで，S&L は 500 億ドル以上のモーゲージ・ローンを売却し，他方では，240 億ドルのモーゲージ担保証券を購入した」[33]のである．

　MBS の利回りは，その担保となっているモーゲージ・ローンのそれよりも低い（パス・スルー証書の利回りは，通常，その基礎となるモーゲージのクーポン・レートよりも 0.5% 低い）．それゆえ，MBS そのものは，ARM とは異なり，貯蓄金融機関のモーゲージ・ローン資産収益の利子率感応度を高め，収益の改善に直接寄与するものではない．しかしながら，証券形態でのモーゲージには，大きな利点が存在している．

　まず第一に，住宅モーゲージ市場が資本市場に統合され，様々な MBS 市場の拡大それ自体が多様なリスク選好を有する新たな投資家層を開拓し，住宅モーゲージに対する融資基盤を拡大強化したことである[34]．第二に，貯蓄金融機関はこれらの証券を資金「借入目的の担保として利用できる」ことである．それは，預金流入が緩慢であった 80 年代初期に，貯蓄金融機関が MBS を通じ

て資本市場から新たな資金を調達することを可能にしただけではなく，短期金融市場からも既存の資産を利用して新規の資金を取得するための新たな調達手段を獲得したことを意味していた．貯蓄金融機関がMBSを「RP契約を結ぶ際に利用」したり，また「CPの発行に際しては，担保として利用する」ことによって，その資金の調達範囲と多様性を飛躍的に拡大させることができるようになったのである．さらにまた，「貯蓄金融機関は，モーゲージ抵当債券（CMO）やユーロ・ボンドを発行して，長期資金を調達するためにも，MBSを利用している」[35]のである．

MBSの第三の利点は，「その高い流動性」[36]にある．すなわち，それは，モーゲージ・ローンに比して，モーゲージ流通市場で容易に流動化することができるのである．このことの有する意義は大きかった．それは，まず「短期借り，長期貸し」の特殊な資産・負債構造のために，常に流動性リスクや金利リスクに晒されているS&Lが，MBSを用いて流動的なモーゲージ・ポートフォリオを再構築することによってそれらのリスクをヘッジし，その脆弱な財務構造からの脱却を可能とするものであった．それだけにとどまらない．S&Lは資産流動化の格好の手段を手に入れることによって，流動性不足・危機が生じた際にそれに対応しうる能力を強化したばかりでなく，S&Lの保有するモーゲージ・ローンがMBSの形態で容易に転売されると，それはS&Lのバランス・シートから消滅するので，自己資本比率の改善にも資するところが大きかった．

---

33) National Commission, *op. cit.*, p. 45.
34) 「金融分野では，その人口統計上の強大な勢力（1980年代に大きな住宅需要を生み出したベビー・ブーマー世帯——引用者）が，住宅モーゲージ信用に対しても膨れ上がる需要を生み出した．資本市場は，住宅モーゲージの証券化を通じて，その信用需要の大部分に独創的な便宜を図った．この住宅モーゲージ金融の創意に富んだ方法は，モーゲージ担保証券（MBSs）の爆発的な成長を引き起こした．それはまた，MBS市場を資本市場の主要な部門となるよう統合した．もっと重要なことには，証券化は実質的に投資家の底辺を拡大した．そして，住宅モーゲージのための資金調達源泉を増大させた．」(Hu, Joseph, "Housing and the Mortgage Securities Markets: Review, Outlook, and Policy Recommendations," *Journal of Real Estate Finance and Economics*, 5 (June), 1992, p. 167.)
35) Mahoney, Patrick I. and Alice P. White, *op. cit.*, p. 146. 訳，153頁．
36) *Ibid.*, p. 146. 訳，153頁．

その結果，S&L は支払い能力をも格段に強化し，そのリスク管理能力を飛躍的に高めることができるようになった．さらにまた，それは，長期のモーゲージ・ローンに拘束されていた資本を開放することによって，資本の回転速度を上昇させ，総資本利益率（ROA）を高める効果をも有していたのである．

このように，第一次 S&L 危機後も依然として収益性が低迷している業界において，その改善の兆しが見られないまま欠損を計上することを余儀なくされていた多くの S&L は，ARM の導入によって金利リスクを削減すると同時に，MBS を用いてモーゲージ・ポートフォリオそのものの再構築とその流動化を図り，これらの金利リスクや流動性リスク，そしてまた信用リスクに対する管理能力をも強化していった．そして，それを基礎として，旧来の伝統的な長期・固定利付住宅モーゲージ・ローンへの過度な依存から脱却しつつ，非伝統的なポートフォリオの多様化を実現し，新たな収益機会を追求しようとする積極的な経営行動を打ち出していったのである．それゆえ，このような S&L の積極果敢な行動様式を可能としたモーゲージ・ポートフォリオの機動的な再構築・流動化は，ひとえにモーゲージ流通市場の発達に決定的に依存していた．モーゲージ市場の構造とその発達過程については，節を改めて検討しよう．

第 2 節　モーゲージ流通市場の発達と流動性の創造

(1) 1960 年代中頃から激しさを増したインフレと，それによって惹起された金融引締め政策は，市場金利と預金金利の大きな格差を生み出し，1966 年金利規制法によってレギュレーション Q と呼ばれる預金金利の上限規制を課された貯蓄金融機関からの預金流出＝ディスインターミィディエーションを引き起こす主因となった．そのため，資金の調達が困難に陥った S&L は資金ポジションを悪化させ，モーゲージ貸付額を減少させたので，モーゲージ第一次市場（primary mortgage market）の停滞を招いた．他方，モーゲージは長期固定金利の債権であるので，インフレが進むと，資本市場では市場金利を反映した他の金融商品よりも利回りが低くなり，投資対象としての魅力が薄れるので，第二次市場（secondary mortgage market）での売買取引も低迷し，モーゲージ市場は双方から挟撃され苦境に陥った．

かかる事態を前にして，政府の採択した住宅金融市場政策は，住宅モーゲージの証券化政策を推進することによって，従来のように，政府関連機関がモーゲージ債券を直接買い取るのではなくて，モーゲージ市場に保険や年金基金などの多様な機関投資家の資金を取り入れて，市場を再編成しようとするものであった．そして，それを実現するために，連邦政府機関の機構と機能の抜本的改革を行い，公的金融システムの機構改革をさらに推し進めることとなった[37]．

すでに指摘したように，連邦政府は，1930年代大不況による住宅金融業の低迷のもとで住宅難に陥った国民を救済するために，FHAによる信用保証制度の創設によってモーゲージ債権の安全性を保証し，そしてそのモーゲージ債権の買取機関としてFNMAを設立することによって，これまでほとんど存在しなかったモーゲージ債権の移転・流動化を促す機構を立ち上げた．その後，それは第二次大戦後の住宅建設ブームのなかで，アメリカ型福祉国家政策の一翼を担う住宅政策の支柱として整備・強化されていった．1944年には復員軍人の住宅建設を支援するために，退役軍人省（Department of Veterans Affairs, VA）がFHAに類似した信用保証制度を創設し，1954年住宅法（Housing Act of 1954）はFNMAの活動規模を拡大するために，FNMAの大規模な機構改革を行った．それは，FNMAをこれまでのRFCの子会社から，半官半民の混合所有企業（mixed ownership）の法人へと改組すると同時に，その活動をそれぞれの機能に応じて3つの事業——モーゲージ債権に一定の流動性を付与する第二次市場でのオペレーション機能，旧FNMAの市場価格以上でのモーゲージ購入業務を内容とする特別支援機能，そしてデフォルトに陥ったモーゲージの清算・管理機能，をそれぞれ担う3つの事業——に分割し，将来の民営化の方向性を見据えて独自の計算で運営されるものとした．

そして，1960年代半ば以降，新たに課された預金金利の上限規制と激しいインフレ・高金利のもとで貯蓄金融機関がその脆弱な財務体質を露呈させると，住宅金融政策の抜本的な見直しを迫られた連邦政府は，新たな対応策を講じる

---

37) 以下の証券化政策の導入過程については，青木則幸「アメリカにおけるモーゲージ証券化の過程——住宅モーゲージ市場の展開との関係を中心に」（『早稲田法学会誌』第51号，2001年）や井村進哉『現代アメリカの住宅金融システム』（東京大学出版会，2002年）第2, 3章，等参照．

ことになる．それは，貯蓄金融機関が保有する住宅モーゲージを連邦政府の支援によって流動化し，それによって住宅金融市場に新たな資金供給ルートを構築しようとするものであった．

そのために，まず1968年住宅都市開発法（Housing and Urban Development Act of 1968）は，FHAの信用保証業務の拡大等，従来からの住宅金融支援プログラムの強化と並んで，1954年法で区別されたFNMAの3事業のうち，モーゲージ流通市場運営事業の独立化を実現し，市場運営機能を民間に委ねるためにFNMAの組織改革を行った．1968年法によって，それまで半官半民の混合所有形態にあったFNMAは「民営化」され，それに対応して新FNMAのFHA・VAモーゲージ・オペレーションは，第二次市場における市場価格の変動幅の枠内で行われることになった．と同時に，新FNMAには新たに民間金融機関が発行するモーゲージ担保証券に対する元利支払保証機能が付与され，第二次市場支援機能を担っていくこととなった．そのために，FNMAは保有するモーゲージ群の一部を裏付けとする証券を発行・売却する権限を得て，モーゲージ資産流動化のための新機軸を打ち出すことになるのである[38]．

他方，1969年の金融危機への対応策として上程された1970年緊急住宅金融法（Emergency Home Finance Act of 1970）では，FHLBBの管轄下で連邦住宅貸付抵当公社（Federal Home Loan Mortgage Corporation, FHLMC, 通称フレディマック）が新たに設立され，コンベンショナル・モーゲージ（FHAやVAの保険・保証がつかないモーゲージ債権）の売買と，それを組み込んだMBSの発行権限が与えられ，第二次市場拡大の途を拓くことになった．また，FNMAにもこの種のモーゲージのオペレーション権限が付与され，1972年からコンベンショナル・モーゲージの購入を開始した．

その結果，もっぱらコンベンショナル・モーゲージをオリジネートしてきたS&Lは，預金増を上回る新規モーゲージ需要に対応するために，第二次市場で手持ちのモーゲージを売却することが可能となったのである．さらに，

---

[38] ただし，FNMAが自身の資産の流動化を図るために，初めてFNMAパス・スルー証書（MBS）を発行したのは，1981年であった．

FHLBank は，貯蓄金融機関に対して逼迫期には住宅モーゲージを担保とした短期の流動性資金を供給し，商業銀行に対する FRB と同様に，住宅金融独自の流動性供給機構を確立していった．

　こうして，連邦政府は，政府関連機関の抜本的改革と公的住宅金融システムの機構改革を通じて，個々のモーゲージに対する信用を補強し，住宅金融機関に対してはモーゲージの流動化機構を市場経済システムの基礎上で再編成することによって，新たなモーゲージ市場の制度的枠組みを再構築していったのである．

　(2) このような住宅金融システムの機構改革の基礎上で，新たな証券化政策が遂行されていった．

　元来，住宅モーゲージとは，住宅不動産を担保とする貸付債権を有価証券化したものであり，第三者に譲渡可能な有価証券の形式を有している．さらに，上述のごとく，FNMA 等の政府支援機関（Government Sponsored Enterprise, GSE）の支援によって信用補強や流動性の補完が行われたのであるが，しかしながら，住宅モーゲージの個々の発行単位は極めて小さく，住宅ローンの借り手の信用度にも格差が存在し，また住宅ローン市場も地域間で偏りがあるために，流通証券としての規模や流通範囲とその均一性においても問題を残していた．しかも，その平均満期は 25 年を超えており，著しく金利リスクに脆弱な矛盾を内包していたのである．

　そこで，貯蓄金融機関の苦境の下で住宅金融市場の不振に直面した政府は，住宅モーゲージ市場に新たな資金を取り入れて市場を再構築する新機軸として，貯蓄金融機関などが保有する住宅モーゲージを基礎にして，モーゲージそれ自体よりもはるかに大きな流動性を与えられた流通証券を創出するために，連邦政府の支援によってそれを流動化する証券化政策を推進しようとしたのである．住宅モーゲージの証券化政策とは，貯蓄金融機関などの民間金融機関が保有する住宅モーゲージをプールして，これを基に新たなモーゲージ担保証券を発行し，これに GSE の元利支払保証を付けることによって流動性の高い証券を創出し，多様な機関投資家の資金を住宅モーゲージ市場に導入しようとするものである．それゆえ，住宅金融市場の証券化とは，流動性の低いモーゲージを再

証券化し，流動性の高い流通証券として投資家の間で広く売買できる仕組みを人為的に構築しようとするものに他ならなかった．

1970年代以降，様々なモーゲージ担保証券が現れ，モーゲージ流通市場は多層的に発達することになった．1968年法によって住宅都市開発省（Department of Housing and Urban Development, HUD）の一機関として設立され，従来FNMAが行っていた，市場価格以上でのモーゲージの買入れ業務をその内容とする特別援助事業とデフォルトに陥ったモーゲージの清算・管理事業を引き継いだGNMAは，1970年2月にFHA・VA保険付きモーゲージをプールして，そのキャッシュ・フローをそのままオリジネーターを通過（パス・スルー）して証券投資家に支払われる，最初のモーゲージ担保証券を発行し，住宅ローンの証券化プログラムを開始した．それは，とりわけFHA・VA保険付きモーゲージのオリジネーションとその転売を主たる業務とするモーゲージ・カンパニーにとって，モーゲージを流動化し，自らのポートフォリオを調整するうえで大きな意義を有していた．さらに翌71年には，FHLMCがコンベンショナル・モーゲージを組み入れたパス・スルー証書（Participation Certificate,「参加証書」，PC）を発行し，コンベンショナル・モーゲージの主要なオリジネーターであるS&Lにとっては，資産流動化の格好の手段が提供されることになった．

これらのパス・スルー証書においては，プールされたモーゲージの所有権は，モーゲージの貸手からパス・スルー証書の所有者に移転し，モーゲージがパス・スルー証書の発行者（モーゲージの貸手）の資産から消滅するので，自己資本比率の改善に資する効果があった．かくして，70年代のインフレ・高金利下のもとで深刻化した住宅金融市場の危機を打開する新機軸として導入されたパス・スルー証書――とりわけGNMAパス・スルー証書――は，着実に増大した．「1970年にパス・スルー証書はわずかおよそ4億ドルにすぎなかった．ところが，1979年までにそれらは250億ドルにまで成長した」のである[39]．

このようにパス・スルー証書は，1960年代後半に深刻化した住宅金融危機

---

39) National Commission, *op. cit.*, p. 26.

第3章　アメリカの金融自由化・証券化とS&L危機　　　　　　　　　　　　　181

の打開策として導入された独創的な一策であり，それは70年代を通じて着実に増大した．パス・スルー証書開発の狙いは，苦境に陥った住宅金融市場を救済するために，一方では，S&L等の住宅金融専門機関に対しては，その劣化したバランス・シートを改善するためにモーゲージ資産の流動化＝証券化を図り，パス・スルー証書の売却がバランス・シートからモーゲージを消滅させることによって，住宅金融専門機関のポートフォリオの再構築を促そうとするものであった．と同時に他方では，それは生保・年金基金等の機関投資家の資金を新たにモーゲージ市場に呼び込み[40]，市場経済システムの基礎上で円滑に機能する流動的な市場を構築しようとしたものであった．

　これに対して，パス・スルー証書と対照的であるのが「モーゲージ担保債券」(Mortgage Backed Bond, MBB) である．MBB は，モーゲージ・プールを担保にして発行される担保付債券であるので，パス・スルー証書とは異なり，MBB はモーゲージの貸手の債務であり，MBB の発行者はモーゲージの所有権をそのまま保持している債券である．FHLMC は，1974年に MBB 型の新商品である「保証付きモーゲージ証書」(Guaranteed Mortgage Certificate, GMC)

---

[40]　E. J. Kane は，モーゲージ担保証券を広範囲にわたる機関投資家にとって魅力的なものにするためには，以下のような重要な問題が解決されなければならないとして三点を指摘している．曰く．「1．種々の小口のモーゲージ・ローンの集積から生ずるキャッシュ・フローを，いかにして一つの概念上の大口の資産プールに集める（あるいは一括する）のか．2．これらのプールのなかで，投資家に，プールに組み込まれた個々のモーゲージの信用リスクを評価する必要性をいかにして軽減するのか．3．借り手の任意の償還（期限前償還——引用者）がプールの実質的満期を徹底して短縮化するかもしれないリスクに対してどのように対応すべきか」と (Kane, Edward J., "Change and Progress in Contemporary Mortgage Markets," in Richard L. Florida ed., *Housing and the New Financial Markets*, The Center for Urban Policy Research, 1986, p. 259)．そして，「パス・スルー証書」や「モーゲージ参加証書」と呼ばれている「モーゲージ担保証券の第一世代」は，最初の二つの問題を解決したが，第三の問題は明確に取り扱われていない，と指摘している．しかるに，生保や年金基金のような機関投資家は，資産の長期的な運用を行うために「金利が低下する時期に期限前償還が集中し，その結果，その収益が不利な利回りで再投資されなければならなくなる」(*ibid.*, p. 259) リスクについて，本質的に強い関心を抱いている．それゆえ，このことは，広範囲にわたって機関投資家を大規模にモーゲージ市場に呼び込むためには，「期限前償還リスク」を克服した，さらなるイノベーションが必要であることを意味していた．

を売り出したが，75年頃から民間でもMBBが発行されるようになった．いま仮に，S&Lが金利上昇期に資金調達をするために利回りの低い手持ちモーゲージを売却しようとすれば，モーゲージの価格が低下しているために大きなキャピタル・ロスが発生するであろう．ところが，S&LがMBBを発行すれば，手持ちモーゲージを売却してキャピタル・ロスを出すことなしに，必要とする新規資金を調達することができる．したがって，MBBはキャピタル・ロスを出すことなく，事実上モーゲージ資産を流動化して，新規の資金を調達する手段となったのである[41]．しかしながら，MBBの発行額は少なく，低迷することとなった．その原因は，まず第一に，MBBは通常，「超過担保」(overcollateralized) が設定されるために，「MBBの発行コストはパス・スルー証券に比べて高い」ことにあった．さらに，MBBの発行者のバランス・シートには担保となるモーゲージがそのまま残るので，MBBを発行する金融機関が一定の自己資本比率を維持するためには，これらのローンに見合った追加的な資本を必要とされたからである[42]．

かくして，MBBにはさらなる改善の余地が残されていたとはいえ，パス・スルー証書を基軸とする証券化政策は，70年代のインフレ・高金利下のもとで，S&Lなどの住宅金融専門機関の脆弱化したバランス・シートを再構築・流動化するうえで有力な手段となったのである．ところが，第二次オイルショックを契機とした激しいインフレに対抗するために，1979年後半から82年前半にかけて採択されたFRBの強力な金融引き締め政策は，パス・スルー証書の限界を一挙に露呈させることとなった．一時プライム・レートが20%を超えるまでに高騰した歴史的な高金利のもとでは，金融機関の保有する低クーポンの在庫および新規モーゲージのパス・スルー証券による流動化そのものが大幅なキャピタル・ロスを引き起こし，金融機関の経営危機に直結したからである．そこで，市場において直接パス・スルー証書を発行するのではなく，GSEの支持のもとで，低クーポンのモーゲージを市場から隔離しながらパ

---

41) 松井和夫『セキュリタイゼーション 金融の証券化』(東洋経済新報社，1986年)，42-3頁．
42) Pavel, Christine A., "Securitization," *Economic Perspectives* (Federal Reserve Bank of Chicago), July-August, 1986, p. 18.

ス・スルー証書に転換する「モーゲージ・スワップ」(mortgage swaps) が開発された．

この「モーゲージ・スワップ」は，1980年8月にFHLMCの保証人プログラム (guarantor program) によって導入され，翌81年末にはFNMAも同様のプログラムを開始した．このスワップ取引の特徴は，まず第一に，「民間金融機関が保有するモーゲッジとFHLMCまたはFNMAのパス・スルー証書 (PCまたはMBS) とが額面で交換売買され，民間金融機関が即座に手持ちのモーゲッジをパス・スルー証書に転換できるという効果を持」っていた．さらに，「このスワップを通じて取得したパス・スルー証書は，RP（買戻あるいは売戻条件付売買）取引の適格担保として利用できるというメリットを持」っており，その場合には，それは「流動資産として扱われ，その取引の貸し手となる金融機関の流動性ポジションの改善につながるというメリットを有する」ものであった[43]．

このスワップ取引を契機として，「貯蓄金融機関の保有するモーゲージの流動性と市場性は大いに改善され」，セキュリタイゼーションの「爆発的成長」が始まった[44]．実際，図3-4に示されているように，パス・スルー証書の年間発行額は1982年以降500億ドルを超え——それ以前の発行額は200億ドルを超えることはまれであった——，86年には2,500億ドル超にまで急成長を遂げた．しかも，1981年以前にはモーゲージ・オリジネーションに占めるモーゲージ担保証券の割合は20%に届かなかったにもかかわらず，1982年にはこのスワップ取引を利用して，一挙にモーゲージ増加額の90%以上がFHLMCとFNMAの保証付きパス・スルー証書と交換され，その後も高い交換割合を示しているのである（図3-5）．かくして，FHLMCとFNMAというGSEの支持のもとで，MBS発行市場でのイノベーションである「モーゲージ・スワップ」は貯蓄金融機関の資産の流動化・ポートフォリオの再構築のための有力な手段となったが，しかしその直後，それはさらにMBS流通市場で克服すべき新たな問題に直面することとなった．

---

43) 井村進哉，前掲書，135頁．
44) Hu, Joseph, *op. cit.*, pp. 170-1.

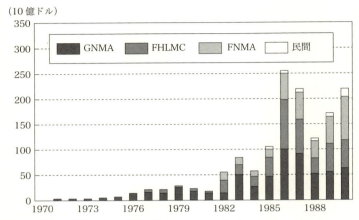

(資料) GNMA, FNMA, FHLMC and NSI (Nomura Securities International, Inc.)
(出所) Hu, Joseph, "Housing and the Mortgage Securities Markets: Review, Outlook, and Policy Recommendations," *Journal of Real Estate Finance and Economics,* 5 (June), 1992, p.171.

図 3-4 固定金利モーゲージ担保付パス・スルー証書の保証機関別年間発行額（1970-1990 年）

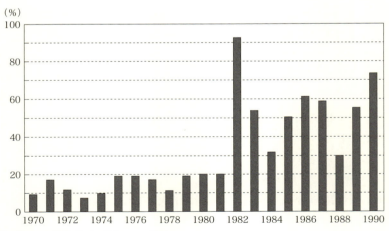

(資料) Source: U.S., Federal Reserve System.
(出所) Hu, Joseph, *op. cit.*, p. 171.

図 3-5 純増した 1-4 世帯向け住宅モーゲージ債務に占めるモーゲージ担保証券の割合（1970-1990 年第 2 四半期現在）

1982年後半から83年にかけて市場金利は一転して急速に下落したが、それは歴史的な高金利局面とは全く異なる形態で、住宅モーゲージとMBSとの間の矛盾を顕在化させた．すなわち，モーゲージ・ローンには借り手がいつでも期限前に早期返済することができるコール・オプションが付いているので，金利が急速に低下する局面では，MBS発行の基礎となる住宅モーゲージ・ローンの借り手は期限前償還を行い，低金利ローンに借り換えるほうが有利となる．そのために，モーゲージ・ローンから発生するキャッシュ・フローは不確定となり，パス・スルー証書の実質利回りは急速に低下する．その結果，MBSの投資家は，低金利局面では以前よりも低い利回りの投資物件しか見出すことができない可能性が高くなるために，不利な再投資リスクを新たに抱え込み，再投資利回りがモーゲージ証券の表面利率を下回る可能性が強くなるのである[45]．実際，1984年にはMBS投資需要が減少してパス・スルー証書それ自体の発行額が低下し（図3-4），また1983-4年にはモーゲージのパス・スルー証書との交換割合も下落したのである（図3-5）．

　かかる事態に対処するために，1983年6月，FHLMCはモーゲージ抵当債券（Collateralized Mortgage Obligation, CMO）と呼ばれるペイ・スルー債券を発行した．ペイ・スルー債券とは，パス・スルー証書とMBBの双方の特徴を併せ持った新種のモーゲージ担保証書である．それは，MBBと同様に，モーゲージ・プールを担保にして発行される債券なので，発行者のバランス・シートには負債として計上される．しかし，モーゲージから生み出されるキャッシュ・フローは，パス・スルー証書と同じ方法で，債券の元利支払いにパス・スルーされるのである．そのため，ペイ・スルー債券は，その発行者のバランス・シートには担保として組み込まれたモーゲージ資産が消滅することなくそのまま残るので，自己資本比率の改善に直接結びつくものではないが，手持ちのモーゲージを売却してキャピタル・ロスを出すことなく，事実上モーゲージ資産を流動化して新たな資金調達手段として機能しうるのである．

---

45)　脚注40（前出）参照．通常の証券の場合には，金利が低下すると証券価格は上昇するので，投資家はキャピタル・ゲインを獲得することができる．これに対して，MBSの場合には，金利低下局面では新たに「期限前償還リスク」が発生し，実質利回りが低下する，という特徴と問題点を内包している．

表 3-5　CMO の主要な投資家の構成　　　　　　　　　　(%)

満期クラス (加重平均満期)	貯蓄金融機関	銀行	保険会社	年金基金	その他
クラス1 (4年未満)	26.9	17.7	18.1	33.2	4.1
クラス2 (4.1-7年)	7.2	2.1	57.4	29.1	4.2
クラス3 (7.1-10年)	5.5	3.4	40.4	48.7	2.0
クラス4 (10年以上)	3.3	—	29.3	67.4	—

(資料)　Salomon Brothers, "Comments on Credit," March 9, 1985, p. 3.
(出所)　Pavel, Christine A., "Securitization," *Economic Perspecives* (Federal Reserve Bank of Chicago), July-August, 1986, p. 22.

　このペイ・スルー債券の第一の特徴は，CMO に典型的に見られるように，満期，利回り，元利支払いの順序が異なるいくつかのクラスに分けられ，多様な投資家に販売された，という点である．例えば，表3-5に見られるように，この CMO は満期の異なる4つのクラスに分けられ，モーゲージから生ずるキャッシュ・フローは，まず各クラスの利子の支払いとクラス1の元本償還に充てられる．そして，クラス2，3，4の債券保有者は，クラス1の償還が終わるまで，利子だけを受け取るにすぎない．その後，クラス1の元本償還が終わって初めてクラス2の償還が始まり，さらにクラス3，次いでクラス4，と順次元本が償還される，という構造になっている．このため CMO は，満期の異なる様々なクラスの債券を供給して期限前償還リスクを分散・軽減し，多様な投資家の需要を満たすことができるようになったのである[46]．実際，表3-5に示されているように，比較的満期の短いクラスの CMO には貯蓄金融機関や商業銀行が集中し，満期の長い中長期のクラスでは生保や年金基金等の機関投資家の投資割合が高いものとなっている．
　第二の特徴は，ペイ・スルー債券の発行者が FHLMC だけではなく民間企業へと拡大し，しかも CMO を発行する際の担保として，GSE の元利支払保証のあるパス・スルー証書が組み込まれ，担保総額の半分近くを占めているという点である（表3-6）．すなわち，モーゲージ担保証券の「第二世代」[47]と呼ばれるペイ・スルー債券（CMO）は，モーゲージによって保証されているパス・スルー証書とは異なり，GSE の保証が付いたパス・スルー証書そのものを担保に組み入れて，「再証券化」された債券なのである．そして，このよう

第3章 アメリカの金融自由化・証券化と S&L 危機   187

表 3-6 CMO の発行者別および担保別構成（1983 年 6 月-1985 年 6 月）

	発行額 (100 万ドル)	構成比 (%)	発行件数
発行者			
投資銀行	7,377	34	22
FHLMC	4,869	22	7
住宅建設業者	4,459	20	33
モーゲージ・カンパニー	1,678	8	9
S&L	1,547	7	7
保険会社	1,522	7	2
商業銀行	500	2	1
担　保			
GNMA パス・スルー	8,808	40	38
コンベンショナル・モーゲージ	6,231	28	11
混合担保	5,833	27	26
FHLMC・PCs	728	3	4
FNMA・MBS	350	2	2

（資料）　Hu, Joseph, "Proliferation of Mortgage-Backed Securities," *Mortgate Banking*, 45 (September 1985), p. 38.
（出所）　Pavel, Christine A., *op. cit.*, p. 21.

な CMO の革新性は，担保に組み入れられた MBS から発生するキャッシュ・フローをその証券から分離し，それを「リパッケージ」して新たなマルチ・クラスの債券を創出することによって，これまで MBS が避けることができなかった期限前償還リスクを分散・緩和させた高度な仕組み債である，という点であった．

このように，CMO は多様な満期を有するマルチ・クラスの部分債券（トラ

---

46)　「CMOs の構造は，証券の期限をより確実なものにしている．それゆえ，債券保有者は一種の『コール・プロテクション』（モーゲージの借り手に対する任意償還防御策――引用者）を与えられている．このコール・プロテクションは CMOs が成功した主要な理由の一つである．CMOs は期限前償還リスクを軽減し，モーゲージ証券のより短期の満期クラスを供給するので，さもなくばモーゲージに投資しなかったかもしれない投資家がモーゲージ証券市場に引き寄せられた」(Pavel, Christine A., *op. cit.*, p. 19).
47)　Kane, Edward J., "Change and Progress in Contemporary Mortgage Markets," in Richard L. Florida ed., *op. cit.*, p. 259.

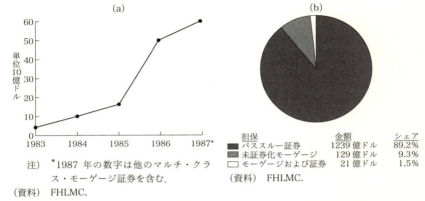

注) *1987年の数字は他のマルチ・クラス・モーゲージ証券を含む.
(資料) FHLMC.

(資料) FHLMC.

(出所) Pavel, C.A., *SECURITIZATION-The Analysis and Development of the Loan-Based / Asset-Backed Securities Markets*, Probus Publishing, 1989, ㈱アイ・ビー・ティ訳『ゼミナール　セキュリタイゼーション』(東洋経済新報社　1989年) 52-3頁.

図 3-6 (a)　CMOの発行額 (1983-87年, 公募発行)
　　　　(b)　1983-87年に発行されたCMOの担保

ンシェ) を創り出し, 様々な投資家の選好する満期に適合するように「仕立てられた」. このような「柔軟性」が, これまでモーゲージ市場とは全く関わりのなかった投資家たちに, 「高利回り, 流動性, 安全性によって特徴づけられる市場に参加することを可能にした」のである[48]. また, CMOは発行者自身にとっても有利な資金調達を可能にした. CMOは, 多様な投資家の期間選好に適したマルチ・クラスの投資対象を提供するので, その分利回りを引き下げることができる. そのため, CMOはパス・スルー証書よりも低コストの資金調達手段となったからである.

こうして1983年6月以降, FHLMCが先鞭をつけたにしても, CMOはむしろ投資銀行, 住宅建設業者等の民間企業やS&Lの活発な発行活動によって急増し, 1983年の発行額は47億ドルに過ぎなかったが, 1987年にはその12倍を上回るCMOが発行された (図3-6(a)). しかし, CMOの発行において民間部門が主導的役割を演じたとはいえ, 導入後わずか4年半で1,400億

---

48)　Hu, Joseph, *op. cit.*, pp. 172-3.

ドルにものぼる CMO の発行を保証した担保の内訳をみると，GSE によって保証されたパス・スルー証書がその 90% を占めていた[49]（図 3-6(b)）．このことは，CMO が国債並みの高い格付けを付与される根拠となり，暗黙の政府保証がある GSE の支持のもとで CMO はその「安全性」を格段に高めた投資対象として，モーゲージ市場の自立的発展を促進していく槓杆として機能していくこととなったのである[50]．

　(3) かくして，種々のイノベーションを通じて資本市場と連結したモーゲージ市場の発達は，第一次 S&L 危機後の停滞局面で，苦境に陥った S&L が「サウンド・バンキング」を実現しつつ，自らのモーゲージ・ポートフォリオを再構築・流動化していくための新たな格好の手段を提供したが，それだけではない．「証券化」の手法を用いた新たな信用拡張機構が創出されることとなったのである．

　モーゲージ・ローンの証券化の意義についてはすでに指摘したところではあるが，モーゲージ・スワップを通じて取得されたパス・スルー証書は，S&L のモーゲージ・ポートフォリオを再構築していくうえで，次のような役割を果たした．まず第一に，満期まで長い期間を要するモーゲージ・ローンをそのバランス・シートから取り除き，S&L の抱える資産・負債の期間ミスマッチを緩和し，流動性リスクや金利リスクを大幅に軽減したことである．もとより，それらのリスクのヘッジ手段として，S&L は，例えば，オプションや先物市場を利用することもできる．しかし，それらは「セキュリタイゼーションより

---

[49] 「民間コンディット（税法上の配慮から，CMO の発行を目的として設立される金融子会社——引用者）によって発行された CMOs は，直接，保証されているわけではないけれども，それらは少なくともある程度までは，政府モーゲージ機関の一つ（通常 GNMA）によって保証されているモーゲージ資産の担保がつけられている」(Kane, Edward J., "Change and Progress in Contemporary Mortgage Markets," in Richard L. Florida ed., *op. cit.*, p. 260)．

[50] 信託制度を利用して発行される CMO の場合（パス・スルー証書の場合も同様である），税制上・会計制度上の制約が存在していたが，しかしそれも，1986 年の税制改革によって導入された REMIC (Real Estate Mortgage Investment Conduit) によって取り除かれた（井村進哉，前掲書，144-150 頁，参照）．

も高くついた」ので，その利用は限定的であった．第二に，そのモーゲージ資産の平均満期が短縮化されると，準備資産として必要とされる自己資本は減少するので自己資本比率を向上させるうえで大きな役割を果たした．そして同時に，資本の回転速度を上昇させて総資産利益率（ROA）や自己資本利益率（ROE）をも改善させる効果があったのである[51]．

しかしながら，問題はそれだけにとどまらない．モーゲージ流通市場の発達によって生みだされた「流動性の創造」機能を通じて，新たな信用拡張機構が構築されたことに留意する必要がある．GSEによる元利支払い保証が付いているパス・スルー証書は高い流動性を持っており，必要な際にはモーゲージ・ローンはパス・スルー証書とスワップされ，モーゲージ流通市場で容易に流動化することができる[52]．それゆえ，この「流動性の創造」機能を通じて，S&Lは流動比率と自己資本比率を改善し，新たな信用拡張能力を獲得することが可能となった．その結果，S&Lは「流動性ポジションを管理する能力」を飛躍的に高め，「かれらの資産をさらに多様化させることができる」ようになったのである[53]．しかしながら，すでに指摘したように，S&Lがパス・スルー証書を用いて自らの「流動性ポジションを管理」した手法は，パス・スルー証書そのものをモーゲージ市場で流動化させるだけではなく，これらの証券をCP発行の際に担保として利用したり，RP市場において適格担保であるパス・スルー証書を買戻し条件付きで売却して，必要な資金を調達するというものであった．1980年代半ばにかけて急速に資産を拡大し，バランス・シートを肥大化させたS&Lは，こうしてRP市場やCP市場から調達した市場性資金を商業用不動産融資をはじめとする「非伝統的な資産」で運用し，レバレッジを高めて高い投資収益率を実現していったのである．そしてさらに，パス・スルー証書を担保としたCMOを発行することによって，S&Lはさらなる信用拡張能力を獲得し，それによって「流動性ポジションを管理」する能力が一層高め

---

51) Cf., Pavel, Christine A., *op. cit*., p. 22.
52) C. A. Parvelは，1983年に，財務省証券が年間9.6回転したのに対して，パス・スルー証書はそれには及ばないにしても，それでも年間約5回も回転し，高い流動性を有していると指摘している．(*ibid*., p. 31. endnote, 12)
53) *Ibid*., p. 23.

られた[54]．CMO は，パス・スルー証書のプールから生み出されるキャッシュ・フローを裏付けとしてリスク別のトランシュに切り分け，それをマルチ・クラスの新しい証券に仕立てたものであった．ここでは原証券であるパス・スルー証書が，新しい証券 CMO につくり替えられるのである．このような「証券の証券化」が行われた結果，期限前償還リスクを緩和した CMO の販売を通じて，S&L はモーゲージ・ローンに投下された資金を短期間で回収することができるというだけではなく，それを用いてさらに低廉で容易に信用を拡張することができるようになった．それは，バランス・シートを拡大し，急成長を追求した S&L は，自ら発行した CMO を用いて直接 RP 市場や CP 市場から容易に資金を調達するか，あるいはまた，CMO の販売によって低コストで調達した資金を再びパス・スルー証書に投じて，それを資金借入れの担保として利用することによってさらにレバレッジ効果を高めることができるからである．とすれば，担保証券の価値が下落しない限り，CMO の再発行や RP 市場と CP 市場からの追加的借入れによって，短期資金の拡大された規模での持続的な資金調達が可能となるので，S&L はいわば「無制限に」信用を拡張することができるであろう．それゆえ，S&L によってパス・スルー証券を利用したり，CMO の発行を通じて拡張される信用取引は，預金とその支払決済業務を通じて信用創造を行う商業銀行とは全く異なる形態で，独自な信用拡張機能が実現されることを意味している．「証券の証券化」による信用拡張である[55]．

こうして新たな信用拡張能力を獲得した S&L は，パス・スルー証書の利用や CMO の発行を通じて調達した低コスト資金を「多様化」された資産の取得で運用し，自らの「流動性ポジションを管理」しながらモーゲージ・ポートフォリオを再構築していくことが可能となったのである．これらの意味するもの

---

54) ただし，CMO の発行の場合，発行者のバランス・シートには債務として残るので，追加的な準備資本が必要となる．しかしながら，S&L は「債券の発行によって負債の平均満期を延長する」ことができるので，資産・負債の期間ミスマッチは緩和された（cf., *ibid.*, p. 23）．
55) これは後に，非預金金融機関によって信用拡張が行われる「シャドー・バンキング・システム（shadow banking system）」としてさらに発達していくことになるが，そのメカニズムと問題点については，本書，第 4 章を参照されたい．

は，しばしば巷間に伝えられるように，S&Lの行動様式は「安全性と健全性に無頓着」であったために野放図な経営が展開された，というようなものとは全く異なるであろう．

そうではなくて，S&Lは，モーゲージ流通市場の発達によって生み出された新たな「流動性創造機能」の獲得を槓杆として，自己資本比率の向上と流動性に配慮した「サウンド・バンキング」を実現していく中で，そのリスク管理能力を飛躍的に向上させた結果，活発な収益資産・リスク資産の取得が可能となった，ということに他ならない．第一次 S&L 危機後，苦境に陥った S&L が1980 年代初頭に預金金利規制や業務規制の緩和・自由化政策が行われるなかで，81 年レーガン税制改革を契機として，商業用不動産融資の拡大を基軸とした非伝統的な分野への進出によって資産の多様化とモーゲージ・ポートフォリオの再構築を図ろうとしたのは，このような「流動性ポジションを管理する能力」の強化があって初めて現実化した事態なのである．

第3節　1981年レーガン税制改革と不動産バブル

(1) 歴史的な高金利局面を経て，1982 年後半以降市場金利は急速に低下した．それを背景として，オイル・ショックを契機とした石油価格に関する好都合な予測と，アメリカ経済の競争力と成長力の回復を目指して設備投資を促進するために，商業用不動産投資に対する実質的な租税優遇措置を実施した1981 年「経済再建税法（Economic Recovery Tax Act of 1981, ERTA)」が制定された．そして，それを契機として，多くの不動産開発プロジェクトが，とりわけ南西部（アリゾナ，テキサス，カリフォルニアの諸州）において推進され，不動産ブームが引き起こされることとなった．

1980 年代の商業用不動産市場に強い影響を与えた二つの主要な租税法——1981 年の ERTA と 1986 年の「税制改革法（Tax Reform Act of 1986, TRA)」——のうち，ERTA は所得税率の引下げ（個人所得税の最高税率は 70% から 50% への引下げ）やキャピタル・ゲイン課税の引下げ（実効最高税率は 28% から 20% に引下げ）だけではなく，商業用不動産に対する減価償却制度の変更，とくに「加速度コスト回収制度（Accelerated Cost Recovery System,

ACRS)」の導入を含んでいた．ACRS は，以前には 40 年が標準であった非居住建物の償却期間を 15 年に短縮したばかりか，単純な定額償却に代わって 175％の定率法（逓減残高法）の採用を認め，償却の初期に多額の減価償却費を計上して利用可能な税の控除額を「加速化」した．これらは，他の部類の資産取得に比して，商業用不動産投資に対する税引後収益を増大させるうえで大きな効果があったのである[56]（表 3-9，後出）．

そして，80 年代初頭の一連の規制緩和政策，とりわけガーン＝セント・ジャーメイン法によって，「変動金利の負債でもって，固定金利の住宅モーゲージに資金提供することによって生み出された困難を克服するための一つの方法」[57]として，非伝統的な商業用不動産融資業務を認可された S&L は，「流動性ポジションを管理する能力」の強化を背景としてこのブームに沸く不動産市場に積極的に関与することとなった．

元来，商業用不動産投資は固有のリスクを有している．市場は伝統的に「循環的」であり，「周期的な過剰建設循環」を伴っているので，それは本質的に投資リスクの高い分野である．商業用不動産投資のリスクは多面的であるが，まず商業用不動産に対する需要は，地方の経済的要因や地域開発によるだけで

---

[56] Freund, James, Thimothy Curry, Peter Hirish and Theodoro Kelly, "Commercial Real Estate and the Banking Crises of the 1980s and Early 1990s," in FDIC, *History of the Eighties —— Lessons for the Future*, Vol. 1, 1997, Ch. 3, pp. 140-1. 渋谷博史氏は，課税回避の「タックス・シェルター」が ERTA 以降増加したとして，それは「とりわけ不動産において，早期コスト回収制度（ACRS）と借入金ファイナンス方式を組み合わせた場合には投資の初期の段階できわめて大きな課税ベースの控除額が発生する」からである，と指摘されている（『レーガン財政の研究』東京大学出版会，1992 年，90 頁）．ちなみに「ACRS と借入金ファイナンス方式の組み合わせ」による節税効果というのは，「たとえば限界税率 50％ である納税者が自己資金 10 千ドルに借入金 90 千ドルを加えてタックス・シェルターに 100 千ドルを投資し，加速度償却制度によって初年度の 30 千ドルの『別の所得から差し引くための損失』が生じたとすると，その納税者にとって 10 千ドルのタックス・シェルター投資で 15 千ドル（30 千ドル×50％）の節税ができたことになる」というものである（同上書，89 頁）．

[57] Barth, James R. and R. Dan Brumbaugh, Jr., "Turmoil Among Depository Institutions: Implications for the U.S. Real Estate Market," *Housing Policy Debate*, Vol. 3, Iss., 4. 1992, pp. 910-1.

はなく，国家の経済的動向によっても強い影響を受ける．そのため，開発業者は，その地域の現在および将来の開発計画がプロジェクトに及ぼす影響だけではなく，競合する地域の市場条件が与える影響や国土開発政策についても幅広く考慮しなければならない，という困難性が存在している．また，政府税制やそれに関連する政策変更から生ずるリスクにも留意する必要がある．第二次大戦後，減価償却制度と税率は周期的に変化したが，これらの変更は不動産投資の需要と収益性に大きな影響を与えた．さらに，不動産建設プロジェクトは長い懐妊期間を有しているので，そのプロジェクトの経済的将来性は，開始時と完成時の間でかなり変化しうるというリスクが存在している．他方，不動産市場は高度に組織化された市場ではないので，市場開拓に関するデータを集めることは容易ではないということがある．そのため特別なプロジェクトや市場に関する情報を入手することがしばしば困難である．その上，多くの取引が私的で，主要な投資条件，例えば，建設コストも開発業者と請負業者との間で私的な契約を通じて決定され，必ずしも公開されているわけではない[58]．さらにまた，開発業者はその資金調達を「エクイティ・ファイナンス」ではなく，「伝統的に相当なデット・ファイナンスを利用しており，そしてこの傾向は1980年代のアメリカにおいてとくに強かった」[59]．一般的に，レバレッジを効かせた投資は金利や全体的な信用条件の変化に大変敏感であるので，高いレバレッジをかけられた建設プロジェクトは金利変動局面では非常に不安定となり，そのために商業用不動産価格はしばしば金利上昇期には突如下落するという事態に直面することとなったのである．

　このように商業用不動産市場には固有のリスクが存在しているのであるが，80年代初頭に商業用不動産融資の拡大をはじめとして新たに非伝統的な貸付業務を認可されたS&L業界の資産規模は，1982年から85年の間に，6,860億ドルから1兆700億ドルへと1.56倍にも拡大した．しかもその内訳を見てみると，「商業用不動産モーゲージ」と「建設・土地開発融資」の総計は501億ドルから1,284億ドルへと，わずか3年の間に実に2.56倍もの急増を記録し，他の資産項目の伸び率と比較しても突出している[60)61]．

　このようなリスク資産を取得するためには，モーゲージ・ポートフォリオの再構築が不可欠であるが，S&Lは新たな流動性を獲得するために，一方では，

第3章 アメリカの金融自由化・証券化とS&L危機

表3-7 S&L危機において最も大きな損害を被った諸州におけるS&Lの年間成長率
(%)

	アリゾナ	カリフォルニア	フロリダ	テキサス	全米
1980	13.5	10.1	11.8	11.9	8.9
1981	9.4	8.2	10.5	9.7	6.0
1982	23.5	18.3	9.6	13.2	7.3
1983	18.3	28.0	17.1	33.3	18.7
1984	46.7	29.6	20.7	38.0	20.1
1985	23.8	8.8	7.6	18.4	9.5
1986	15.3	13.1	2.2	5.5	8.8

(資料) Federal Home Loan Bank Board.
(出所) National Commission, *op. cit.*, p. 45.

大量のモーゲージ・ローンを売却あるいはスワップ取引を行い，1982年だけでも300億ドルの「単一世帯向け住宅モーゲージ」を放出すると同時に，他方では，その高い流動性のゆえにモーゲージ市場において容易に流動化・売却することができる「モーゲージ担保証券」の取得を拡大し，82年には270億ドルものモーゲージ担保証券を新たに取得しているのである．こうしてS&Lは，1980年以降88年にかけて，総資産に占めるモーゲージ・ローンの割合を急激に減少させると同時に，その利回りはモーゲージ・ローンより低いにも

---

58) Cf., Freund, James, *et al., op. cit.*, pp. 138-9.
59) Hendershott, Patric H. and Edward J. Kane, "Causes and Consequences of the 1980s Commercial Construction Boom," *Journal of Applied Corporate Finance*, Vol. 5, No. 1, 1992, p. 65. 1980年代に「デット・ファイナンス」の傾向が強くなったのは，「ACRSと借入金ファイナンス方式を組み合わせた場合」の節税効果（脚注56，参照）ばかりではなく，70年代後半からの金利の急騰によって，借入金の利子控除という税制上の優遇措置に対するインセンティブが強まったことも大きかった．
60) J. Freundたちは，「商業用不動産融資」とは，「建設・土地開発融資」，「非農業・非住宅用不動産担保融資」および「多世帯用不動産担保融資」をも含むものと定義しているので（Freund, James, *et al., op. cit.*, fns. 19, 30, pp. 151, 158.），「多世帯向け住宅モーゲージ」を含めれば，「商業用不動産融資」はさらに増大する．
61) S&L業界全体をみれば，急速な拡大は1983年と翌84年に集中していたが，第二次S&L危機で最も大きな損失を被ることとなった諸州では，その急成長の過程は1982年に始まり，そして85年まで続いた（表3-7）．

表 3-8 S&L：機関数，資産および不動産

	1980	1981	1982	1983
機関数	3,993	3,751	3,287	3,146
総資産	604	640	686	814
モーゲージ担保証券	26.6	32.0	59.0	88.7
（総資産に占める比率）	(4.4)	(5.0)	(8.6)	(10.9)
不動産融資総額	481.4	497.3	474.7	525.8
（総資産に占める比率）	(79.7)	(77.7)	(69.2)	(64.6)
単一世帯向け住宅モーゲージ	401.7	416.0	386.2	405.4
（総資産に占める比率）	(66.5)	(65.0)	(56.3)	(49.8)
多世帯向け住宅モーゲージ	36.2	35.8	38.4	48.8
（総資産に占める比率）	(6.0)	(5.6)	(5.6)	(6.0)
商業用不動産モーゲージ	38.1	39.7	43.9	59.4
（総資産に占める比率）	(6.3)	(6.2)	(6.4)	(7.3)
建設・土地開発融資	5.4	5.8	6.2	12.2
（総資産に占める比率）	(0.9)	(0.9)	(0.9)	(1.5)

（資料） Federal Home Loan Bank and Office of Thrift Supervision.
（出所） Barth, James R. & R. Dan Brumbaugh, Jr., "Turmoil Among Depository Institu-Issue 4, 1992, Table2, p. 903 より計算・作成.

かかわらず，高い流動性を有する「モーゲージ担保証券」の比重を急速に増大することによって，ポートフォリオの流動性を維持しつつ商業用不動産融資を87年に至るまで一貫して拡大させていったのである（図3-3，表3-8）.

（2）かくしてS&Lは，モーゲージ・ローンの流動化＝証券化機構のもとで新たに獲得された「流動性創造機能」を槓杆として，モーゲージ・ポートフォリオの多様化とその再構築を通じて「サウンド・バンキング」を実現すると同時に，その基礎上で商業用不動産投資の活発化と不動産市場の拡大との相互促進的な展開を牽引していったのであるが，しかしながら，問題はそれだけにとどまらなかった．かかる経営戦略の基礎上で，さらにS&Lの商業用不動産融資を倍加・促進し，不動産ブームを一層過熱化させていった固有の契機・制度が存在していたのである．それは，S&Lに対する「規制猶予」政策と，その際に適用された会計制度のさらなる弾力的運用や，商業用不動産融資が行われる際の固有の融資形態に関わっていた．

すでに言及したように，S&Lの規制・監督機関であるFHLBBに財務報告書

モーゲージ・ローン (1980年-1990年)

(10億ドル, %)

1984	1985	1986	1987	1988	1989	1990
3,136	3,246	3,220	3,147	2,949	2,597	2,342
978	1,070	1,164	1,251	1,352	1,157	1,005
108.6	111.3	152.5	195.2	216.3	158.5	143.7
(11.1)	(10.4)	(13.1)	(15.6)	(16.0)	(13.7)	(14.3)
606.4	655.9	664.6	736.8	755.8	679.2	588.9
(62.0)	(61.3)	(57.1)	(58.9)	(55.9)	(58.7)	(58.6)
439.1	453.7	452.8	472.9	507.0	469.7	421.1
(44.9)	(42.4)	(38.9)	(37.8)	(37.5)	(40.6)	(41.9)
62.6	73.8	79.2	82.6	81.1	69.4	62.3
(6.4)	(6.9)	(6.8)	(6.6)	(6.0)	(6.0)	(6.2)
82.2	98.4	101.3	103.8	91.9	81.0	66.3
(8.4)	(9.2)	(8.7)	(8.3)	(6.8)	(7.0)	(6.6)
22.5	30.0	31.4	77.6	75.7	59.0	39.1
(2.3)	(2.8)	(2.7)	(6.2)	(5.6)	(5.1)	(3.9)

tions: Implications for the U.S. Real Estate Market," in *Housing Policy Debate*, Volume 3,

が提出される際に適用される RAP ルールは，S&L が苦境に陥るなかで，その基準が次第に緩和されていった．それは，S&L に再建のために必要とされる時間的猶予を与えようとするものであったが，現実はそれとは全く異なる経緯をたどることとなった．元来，経営の健全化のために金融機関に高い自己資本比率規制が課されると，新たな自己資本の大幅な調達が必要となるので，それは必然的に金融機関の自己資本利益率（ROE）を低下させることとなる．そこで，金融機関はそれを少しでも回避するために，可能な限り収益性の高いリスク資産を取得して，出来得る限り ROE を改善しようとする強い内的衝動を有している．とすれば，一旦，自己資本比率基準が緩和されると，金融機関の行動様式がどのような展開を遂げるのか，ということは容易に想像がつくであろう．それは，所要自己資本を節約しつつ新たな収益資産の獲得を図って ROE の改善を実現する絶好の機会を提供することとなるので，さらに新たな収益資産・リスク資産の取得を目指す金融機関の積極的な行動を鼓舞するものとなった．その結果，自己資本比率基準の切下げが事実上認められるようになると，規制当局が「公認」するもとで，S&L のリスク資産の取得はかえって一段と

活発なものとなっていったのである．

1980年以降，苦境に陥ったS&Lの自己資本比率規制を一時的に「免除」するために，その基準は段階的に引下げられ，1982年には3％となった．しかし，それにもかかわらず，依然として多数のS&Lがその要求基準を満たすことができなかったばかりか，他の会計制度を適用すれば，その状況はさらに深刻であった[62]．そこで導入されたのが，「20年段階的導入法（twenty-year phase-in）」と「5年平均法（five-year averaging）」である．「20年段階的導入法」というのは，新規に設立されたS&Lが自己資本最低必要額を満たすために，20年の歳月をかけて段階的に実現できるように，一定の猶予期間を与えようとするものである．その結果，設立後「20年以下のどのS&Lも3％のRAP基準よりもさらに少ない（自己資本──引用者）必要額しか保有していなかった」のである．

例えば，設立後5年のS&Lは最低必要額の5／20を満たすだけでよく，その結果，このS&Lの実際の自己資本必要額はわずか0.75％であった（3％×5／20＝0.75％）．そしてこのことは，3％のRAP基準と結合した「20年段階的導入法」の適用は，「非常に高いレバレッジ効果が実現される」ことによって，S&L業界への参入が非常に有利な事業になることを意味した．例えば，新規に設立されたS&Lの所有者によって投じられた自己資本100万ドルは，経営の初年度には6億6,700万ドルの資産を取得することが可能となる（100万ドル÷（3％×1／20）≒6億6,700万ドル）．仮に新規S&Lの総資産収益率（ROA）が，「1983年にその業界によって報告されたように，わずか0.24％であった」としても，これは160％の自己資本利益率（ROE）を実現することになったのである（0.24％÷（3％×1／20）＝160％）．

このようなハイ・レバレッジの魅力は新規S&Lに限定されたものではなかった．既存のS&Lにも同様の誘因が存在したのである．「5年平均法」のもとでは，自己資本必要額は，S&Lの現在の預金額に対してではなく，過去5年

---

[62] 「例えば，1983年にFHLBBのRAP基準のもとでは，資産額120億ドルを有する債務超過のS&Lは48にすぎなかった．GAAPのもとでは，資産総額790億ドルを有する債務超過のS&Lは293となったが，有形資本基準では資産額2,340億ドルを有する515のものが債務超過であった」（National Commission, *op. cit.*, p. 35）．

にわたって平均化された預金水準に対して適用されたので，預金の増大は，必要とされる追加的自己資本の割合を減ずる効果があった．その結果，「5年平均法」は相対的に「自己資本必要額を減少させ，レバレッジを増大させる方法として」急速な預金の拡大を刺激し，新たな収益資産の大規模な取得を促していったのである[63]．

それだけではない．S&Lが新たな収益資産を求めて商業用不動産融資を拡大し，不動産ブームを加速化させていくと同時に，その大きなリスクを抱え込んだ現実的契機として，「ADCローン」と呼ばれる固有の商業用不動産融資形態による影響を無視することはできない．「ADCローン」というのは，S&Lが開発業者に，土地を買収し（Acquisition），それを開発して（Development），オフィス・分譲マンション・団地・その他の施設を建設する（Construction）ために必要な資金を融資して合弁事業を立ち上げ，そのリスクの共有化を図ろうとするものである．S&Lにこのような融資が認められるようになったのは，1980年代初頭の規制緩和以降であるが，「S&Lは手数料，金利，およびそのプロジェクトに自らの資産を何ら投じていない開発業者の報酬を含む，プロジェクトの全『費用』を貸し付けた．S&Lは，一般的にはそのプロジェクトの持分（equity interest）を引き受け，多分生ずるであろう利益の分配に与った」のである[64]．

このように，S&Lが巨額の融資を一手に引き受け，開発業者の責務を減免していた「ADCローン」は，S&Lにとってもともとリスクの高い融資案件であり，その返済還流の円滑さは，プロジェクトが首尾よく完成し，予想通りの収益を上げることができるか否か，という点にかかっている．ところが，非伝統的な商業用不動産融資分野に新たに参入したS&Lは，そのノウハウの蓄積の不十分さや固有のリスク管理に対する甘さから，「ADCローン」を「安全ではないやり方」で遂行することが多かった．経営破綻したS&Lの実態調査を行ったアメリカ会計検査院（United States General Accounting Office, GAO）は，S&Lの「ADCローン」の「不健全な引き受け，資金の巨額さ，および過度な

---

63) Cf., *ibid.*, pp. 35-6.
64) *Ibid.*, p. 48.

地理的集中」といった要素が,「FHLBB レギュレーションの違反や,損失に対する基本原則が規定されているガイダンスの無視と結びついた」ために,S&L に大きな損失をもたらしたとして,次のような二つの実例を紹介している[65]. 一つはカリフォルニアの貯蓄金融機関の事例で,その機関は,事前に十分なその事業の「実現可能性調査」(feasibility studies) を行うことなく,主に分譲マンションやショッピング・センターを建設するために,ある借り手に 4,000 万ドルを貸し付けた. しかしながら,監査人が述べたように,適切な調査が行われていたならば,その地区はすでに分譲マンションやショッピング施設は「過剰建設」であることが分ったであろうにもかかわらず,強行されたのである. その結果,この貯蓄金融機関はこのプロジェクトで 1,000 万ドル以上の損失を出すだろうと予想されている. もう一つの事例はテキサスのもので,「ADC ローン」が地域的に偏在していた実例である. ある貯蓄金融機関はそのポートフォリオの 22% を「ADC ローン」で有しており,他のものは 59% がそうであったが,これらのテキサスの破綻した貯蓄金融機関は,この業務をダラスとヒューストン地域に集中していた. 他の諸州の破綻した貯蓄金融機関もまたテキサスのプロジェクトに投資した. その結果,この地域への「ADC ローン」の集中は,プロジェクトが完了した時に需要不足を生み出したり,この地域の経済的悪化に対して貯蓄金融機関を一層無防備なものにしたのである.

かくして,FHLBB による,S&L に対して好都合な会計制度の弾力的な運用や,S&L に特徴的にみられた「ADC ローン」によって,商業用不動産融資の

---

65) GAO, *Failed Financial Institutions: Reasons, Costs, Remedies and Unsolved Issues*. January 13, 1989, pp. 26-7. 議会付属の調査機関である GAO は,S&L 危機に関して数多くの議会報告書を提出しているが,1989 年 1 月のこの調査報告書は,FSLIC が 1985 年 1 月 1 日から 1987 年 9 月 30 日までの間に助成を始めるか,または 1987 年 9 月 30 日時点で助成を予定している 26 の破綻貯蓄金融機関をサンプリングして,1987 年に閉鎖された 184 の FDIC 加盟銀行と比較しながら,両者の金融機関経営に共通する特徴と相違点を調べたものである. 因みに,1987 年 9 月 30 日時点で,合併・清算されたか,または FSLIC の問題リストに掲載されている貯蓄金融機関は 284 に上るが,ここでサンプルとして取り上げられた 26 の破綻貯蓄金融機関は,その清算・合併等の助成に起因する FSLIC の損失額(推定を含む)の 57%(114 億ドル)を占めている. また,貯蓄金融機関に特徴的な「ADC ローン」を行っていたものは,26 機関のうち 19 機関(73%)であった. (*ibid*., pp. 10, 24.)

活発化と不動産市場拡大との相互促進的な展開はさらに倍加され，市況は一層過熱化して不動産バブルの様相を呈するようになったが，そのような局面は長くは続かず，やがて不動産市場の供給過剰化現象が現れるようになる．

第4節　第二次S&L危機の勃発

（1）すでに指摘したように，第二次オイルショックによる石油開発ブームや1981年税制改革による商業用不動産投資の優遇措置を契機として，80年代前半に不動産ブームに沸いたのは，石油関連産業への依存度が高い，テキサス州をはじめとする南西部の諸州が中心であった．しかし，OPECによる原油価格の引き上げは，世界的な不況による石油需要の減少や省エネ・石油代替エネルギーの開発・拡大を招き，1986年に原油価格は大幅に下落した．「逆オイルショック」である．この間のアメリカにおける原油生産の動向を見てみると，81，82年までは第二次オイルショック後の石油ブームによって稼働リグ数は高水準で推移したが，83年以降徐々に減少し，86年の「逆オイルショック」によって，原油価格の暴落とともに生産規模は大幅な減産を余儀なくされ，稼働リグ数はピーク時（81年）の4分の1以下の1,000基を下回る水準にまで落ち込んでいる（図3-7）．このような状況下で，産油地域である南西部の諸州は深刻な経済不振に見舞われ，石油関連産業だけではなく，不動産投資も転機を迎えることになった．

さらにそれに追い打ちをかけたのは，商業用不動産投資収益に大きな影響を与えた1986年「税制改革法（TRA）」の成立である．1981年のERTAは，「サプライサイド経済学」の立場から投資税額控除と減価償却制度の緩和を組み合わせて大幅な企業減税を実施し，スタグフレーションに悩むアメリカ経済の競争力と成長力を回復させるために，活発な設備投資を促進しようとするものであった．しかしそれは，同時に他面では，大企業や個人富裕層の過度な節税手段に利用され，税制への信頼が損なわれたばかりでなく，70年代からのインフレの中で個人所得税の累進税率が許容されなくなり，広範な税制改革の世論を引き起こしたのである．

こうして成立したTRAは，「包括所得税」（comprehensive income tax）の立

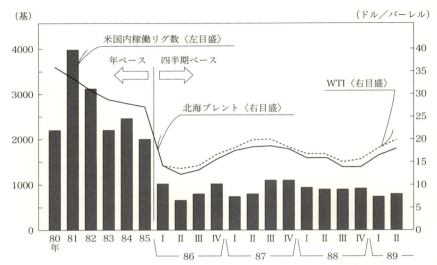

(出所) 日本銀行「米国の貯蓄金融機関を巡る最近の動きについて―経営悪化の背景と制度面での対応―」(『調査月報』1989年8月) 7頁.

図 3-7　米国における原油生産を巡る環境

場から――租税優遇措置を廃止・縮小し、それを財源として税率構造を比例的・低水準にする――税制の公平性、中立性、簡素化を実現しようとしたのであるが、それは商業用不動産投資収益にも大きな影響を与える税制項目の変更を含むものであった。J.Freund たちは、(表 3-9) に示された ERTA 以前と以降、および TRA 以降の三つの時期において、不動産投資家の税引後内部収益率を比較するために、同一の不動産投資モデルを前提としてシミュレーションを行った結果、ERTA 以降急速に上昇した税引後内部収益率が、TRA 成立後には ERTA 以前とほぼ同じ水準にまで大幅に下落したことを明らかにしている[66]。そして「これは大部分、加速度的減価償却方法が取り除かれ、15 年から 31.5 年へと商業用不動産の減価償却期間の延長を伴う定額償却法が復活したことが、その理由であった。その他の重要な変化は、受動的損失はもはや非受動的所得と相殺できなくなり、キャピタル・ゲイン税率が 20% から 28% へと増大したことであった」と指摘している[67]。

かくして、1980 年代の商業用不動産市場は、これらの諸契機の影響によっ

表 3-9　商業用不動産投資収益に影響を与えた主要な税法の条項

	1981 年 ERTA 以前	1981 年 ERTA 以降	1986 年 TRA 以降
商業用不動産に認められている減価償却期間	40 年	15 年	31.5 年
認可されている減価償却方法	定額償却法	175%の逓減残高法	定額償却法
受動的損失は税額控除ができるか	できる	できる	できない
最高の，通常所得税率	70%	50%	38.5%
キャピタル・ゲイン税率	28%	20%	28%

(出所)　Freund, James, *et al.*, "Commercial Real Estate and the Banking Crises of the 1980s and Early 1990s," in FDIC, *History of the Eighties — Lessons for the Future*, Vol., 1, 1997, Table 3-A. 1, p. 163.

て大きく規定され，80 年代半ば以降，不動産投資の増大傾向に歯止めが掛かることとなった．その結果，80 年代後半には，深刻な過剰建設が表面化し，それは高い空室率と新規建設の急減として現れたのである．P.H.Hendershott と E.J.Kane は，1970 年代と 80 年代の，全米「34 の大都市のダウンタウンについて，平均的なオフィス市場の空室率」とオフィスビル建設を対比しながら，80 年代の商業用不動産市場の建設循環の特徴を検討している（図 3-8）．

それによれば，1970 年代には「不動産投資信託（REIT）の爆発」によって「1971-73 年のブーム」が発生し「過剰建設」が行われたが，「ブーム」崩壊後，オフィスビル建設の「縮小」が生じ，その結果，「次のブームを誘発するために空室の減少」が生み出され，新たな次の建設循環を「準備」する，という「典型的な不動産循環」が現れた．これに対して，「パートナーシップと S&L 融資の結合」によって「過剰な不動産融資」が行われた 80 年代の循環では，「1981-82 年の景気後退」によって一時的に減速したとはいえ，オフィスビル建設は 80 年代前半の 6 年間にわたって急増し，「1970 年代末に達成したピークの 2.5 倍に達した」．しかし，86 年に「逆オイルショック」と税制改革

---

66)　Cf., Freund, James, *et al., op.cit.*, Table 3-A. 2. p. 164.
67)　*Ibid.*, p. 165. ちなみに「受動的損失（passive loss）」というのは，租税優遇措置の適用を受けるような所得を得たり，別の所得の節税を目的として，自らが能動的に事業に関わらない「受動的投資」を行った際に発生する「損失」である．

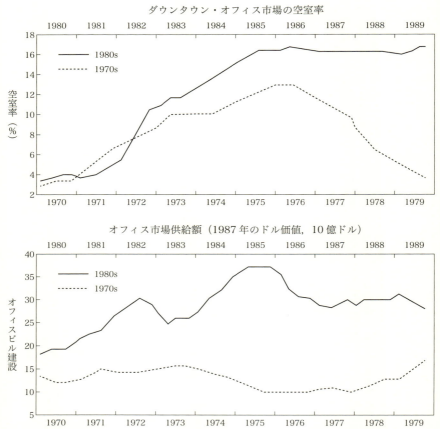

(出所) Hendershott. Patric H. and Edward J. Kane. "Causes and Consequences of the 1980s Commercial Construction Boom," *Journal of Applied Corporate Finance*, Vol. 5, No. 1, 1992, p. 63.

図 3-8　アメリカのオフィス市場の建設循環（1970 年代と 1980 年代）

を契機として深刻な「過剰建設」が表面化すると，その後オフィスビル建設が減少した．しかしながら，それにもかかわらず，85 年半ば以降，16% を超える水準の空室率が持続し，高止まりしたままであったのである．そして「この持続的な供給過剰」を反映して，オフィス市場の賃貸料は 1982 年から 91 年の間に 45% も下落したのであった[68]．このような 80 年代の不動産ブームと

その崩壊は，工業用不動産よりも商業用不動産のほうが，商業用不動産の中でも小口部門よりもオフィス部門のほうが，その変動が激しかった[69]．また，石油産業への依存度の高い南西部では，他の地域に比してその変動が一層大きく，ブーム崩壊後の深刻な「過剰建設」が新規建設投資の急減と高い空室率を結果したのである[70]．

（2）このように，80年代の循環では80年代半ば以降すでに不動産ブームが去り，オフィスビル建設が縮小に転じてオフィス市場の需給ギャップも緩和しているにもかかわらず，前例のない高水準の「異常な空室率」[71]が90年代初頭に至るまで持続したことが，80年代不動産市場の建設循環に新たな特徴を刻印したのである（図3-9）．とすれば，一体何故，80年代の不動産建設循環にこのような特徴が現れたのか，そして，それはまた新たに非伝統的分野で活動し始めたS&Lの行動様式といかなる関係があったのか，を検討する必要があるだろう．

P. H. HendershottとE. J. Kaneは，機関投資家の分散化投資という点からこの問題を論じている．曰く．「この1980年代の『狂乱融資』の議論は，た

---

68) Cf., Hendershott, Patric H. and Edward J. Kane, *op. cit.*, pp. 62-3. 80年代建設循環において「パートナーシップとS&L融資の結合」によって「過剰な不動産融資」が行われたというのは，節税目的の「タックス・シェルター」への投資が有限責任の「パートナーシップ」という組織形式を通じて行われ，S&Lがそれに積極的に融資を行ったからである．そのような組織形式が選好されたのは，投資家の責任が限定されると同時に，「パートナーシップ」に発生した所得や損失は直接その投資家に帰属することとなり，その「損失」も投資家の節税手段として利用できたからであった．かくして，80年代前半に，租税優遇措置を利用するのに十分な所得がない場合やより高い限界税率の適用を受けるために，「パートナーシップ」とS&Lからの「借入金ファイナンス方式」を組み合わせて，不動産業を中心に「タックス・シェルター」への投資が急増したのである（渋谷博史，前掲書，表2-11，90頁，参照）．
69) Cf., Freund, James, *et al., op. cit.*, Figure 3.4 (p. 145)．
70) Cf., *ibid.*, Figure 3.2 (p. 143)．
71) Hendershott, Patric H. and Edward J. Kane, *op. cit.*, p. 65.（図3-9）では，31の主要なオフィス市場の空室率が「1980年と1991年の間に4.9%から18.9%のピークへと，約4倍にもなる前例のない水準へ上昇した」ことが示されている（Freund, James, *et al., op. cit.*, p. 146)．

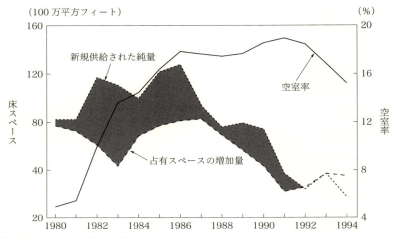

（資料） CB Commercial/Torto Wheaton Research.
（出所） Freund, James. *et al.*, *op. cit.*, p. 147.
図 3-9　オフィス市場の状況（1980-94 年）（31 の主要市場）

とえ空室率が異常な水準であっても，1986 年以降も貨幣を商業用不動産に投入した，海外の（とりわけ日本の）投資家や年金基金や生命保険会社に言及することなしには完結しないであろう．何故，この一見したところ不合理な投資が行われたのかは必ずしも明らかではないが，アカデミックな研究は恐らく年金基金による投資に帰するであろう．資産査定に基づく不動産収益の分析に基礎づけられた多くの研究は，分散化の目的のために年金は不動産にさらに多くの投資をすべきである，と論じていた」と[72]．

モーゲージ証券への投資は期限前償還リスクがあるために，その内部収益率に基づいて計算される事前的予測と投資判断は複雑なものとなるが，しかしながら，80 年代後半から 90 年代初頭にかけてモーゲージ・レートは下落傾向にあり，しかも 86 年以降，財務省証券とのスプレッドも急速に縮小していた[73]（図 3-10）．また，オフィスビルの異常な空室率の存続によって家賃賃貸料収入が減少したために，商業用モーゲージの利回りも低下傾向にあった．し

---

72)　Hendershott, Patric H. and Edward J. Kane, *op. cit.*, pp. 66-7.

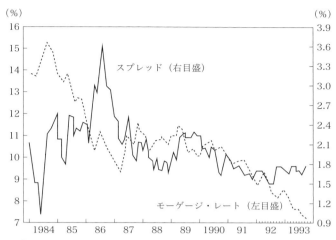

(資料) 利回り格差は，FHLMC によって行われたモーゲージ発行市場の調査から，30年の固定レート・モーゲージに関するデータに基づいて計算されている．

(出所) Fergus, James T. and John L. Goodman, Jr., "The 1989-92 Credit Crunch for Real Estate: A Retrospective," *Journal of American Real Estate and Urban Economics Association*, Vol. 22, No. l. 1994, p. 26.

図 3-10　固定レートのコンベンショナル・モーゲージの実質金利と 10 年物財務省証券との利回り格差（1984-93 年第 2 四半期）

たがって，モーゲージの投資収益と債券投資収益との利回り格差によって規定される機関投資家の投資行動は，P. H. Hendershott や E. J. Kane の主張とは逆に，むしろモーゲージ証券から安全資産である財務省証券へと逃避していく傾向が強くなるであろう．実際，「生命保険会社はモーゲージを購入するための（満期を迎えたバルーン型モーゲージのロールオーバーを含む）新規割当て

---

73) 1986 年のスプレッドの急激な拡大について，Andrew S. Carron と R. Dan Brumbaugh, Jr. は「市場がモーゲージの繰上げ償還リスク（call risk）を過大評価したので，1986 年夏にはスプレッドは 150 ベーシスポイント以上に拡大した」と指摘している（Carron A. S. & R. D. Brumbaugh, Jr., "The Viability of the Thrift Industry," *Housing Policy Debate*, Vol., 2, Iss. 1, 1991, p. 13)．なお著者たちの計算している数値は，The First Boston Corporation と FHLB of San Francisco の未公開データに基づいているので，図 3-10 の数値とは異なっている．

額を，1989年第4四半期と1990年第4四半期の間でほぼ半額にカットした（1991年アメリカ生命保険評議会）．割当て額は1991年の最初の三つの四半期の間に，1年前と比較してさらに半減された（1992年アメリカ生命保険評議会）．いくつかの生命保険会社は，その市場から完全に撤退した」[74]のである．それゆえ，これらのことは，すでに深刻な「過剰建設」が表面化している不動産市場に流入した資金は，機関投資家の投資行動のように，新たな収益機会を求めて投入された投資資金ではないことを意味している．したがってまた，この時期に不動産市場に投入するためにS&Lをはじめとする金融機関に対して殺到した資金需要も，新規投資のための購買手段に対する需要では決してなかったのである．

　すでに指摘したように，1986年以降，不動産市場では「過剰建設」が表面化し，オフィスビル建設額は89年には，85年のピーク時に比して4分の3へと縮小したが，「異常な空室率」は低下することなく「持続的な供給過剰」が存続していた．ところが，それにもかかわらず，80年代後半の全米の不動産市場の価格水準は急落または大幅に下落することなく，高止まりあるいは若干の低下を示しただけであった．不動産ブームを反映して，全米比高めの伸びを示していたテキサス州の住宅価格も，例えば，ヒューストンではすでに82年から価格の頭打ちが始まってはいるが，ダラスでは86年を境に地区平均価格は頭打ちまたは若干の低下傾向を示しただけであった（図3-11）．また80年代後半の商業用不動産価格の推移を見てみると，さすがに激しい不動産バブルを経験した南西部の商業用不動産市場や南部諸州のオフィスビル市場の価格下落は顕著であったが，全米平均では横這いあるいは全米オフィスビル市場ではいくらかの低下傾向を示しているとはいえ，70年代の建設循環のそれらの底値を大幅に上回る価格水準を維持している状態であった（図3-12）．

　他方，このような全米の不動産市場価格の高原状態の持続に対応して，この時期のS&Lの商業用不動産融資において特徴的なことは，「建設・土地開発融

---

74) Fergus, James T. and John L. Goodman, Jr. "The 1989-92 Credit Crunch for Real Estate: A Retrospective," *Journal of the American Real Estate and Urban Economics Association*, Volume 22, No. 1, 1994, pp. 22-3.

第3章　アメリカの金融自由化・証券化とS&L危機　　209

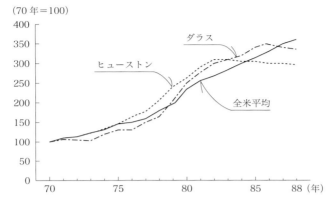

注）　各地区のCPI住居を70年＝100で基準化して作成．
（資料）　米国労働省「CPI Detailed Report」．
（出所）　日本銀行，前掲論文，9頁．

図 3-11　住宅価格の推移

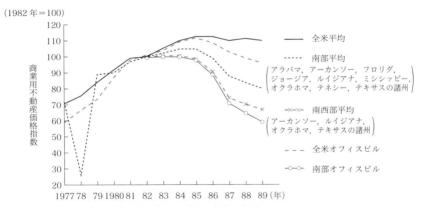

注）　全データは明記された各年の第4四半期の価格に適用．
（資料）　Frank Russell Company 不動産指数データ．
（出所）　White, Lawrence J., *op. cit.*, Table 6-10 (p. 111) に基づき作成．

図 3-12　商業用不動産価格指数の推移

資」が急増していることである．それは，87年776億ドル，88年には757億ドルと，86年の314億ドルに比して一挙に2.5倍もの信用拡張を記録したのである（表3-8）．

もとよりこの資金需要は，この時期すでにオフィスビル建設は縮小しているので，新たなオフィスビルの新規建設や土地開発投資のための資金需要では決してない．そうではなくて，「この時期に行われた永続的な（すなわち，すでに建設された商業用不動産建築物への——引用者）融資のかなりの部分は，既存の信用のロールオーバー」[75]であり，オフィスビルやその他の商業用不動産に対する既存の融資の借換えによる返済期限の繰り延べに他ならなかったのである．換言すれば，「商業銀行のバランス・シート上にある永続的な非住宅モーゲージは1991年末に至るまで増大し続けたが，少なくともその増大した一部は，借手に対して長期不動産抵当貸付を行う他のどのような資金源も存在しないために，銀行がロールオーバーをした，満期を迎えている建設ローンを表してい」た[76]．

それゆえ，これらのことは，不動産市場での「過剰建設」によって「持続的

---

75) *Ibid.*, p. 22. ここに「永続的な融資」というのは，具体的には「現存するオフィスビル，賃貸マンション，小売店舗や工業用建造物に対する融資」を意味している（*ibid.*, p. 19）．

76) *Ibid.*, pp. 22-3. ここでは「商業銀行」について語られているが，もとより「問題の核心」をなす「建設融資」に関する「経験は，貯蓄機関でも同様であった」（ibid., p. 13）．

　ちなみに，商業銀行においても80年代に商業用不動産融資が活発化し，総資産に占める割合は1980〜89年に5.9%から11.2%へと約2倍に拡大している（Barth, James R. and R. Dan Brumbaugh, Jr., *op. cit.*, Table 2, p. 903）．とすれば，われわれがS&Lのリスク管理に対して問題を提起したように，商業銀行はその際に新たに抱え込んだ金利変動リスクや信用リスクに対してどのような形でそれを管理し，自らのポートフォリオを再構築していったのかが改めて問われなければならないであろう．これらの問題は小論の範囲を超えているが，W. B. Brueggeman は，商業銀行が商業用不動産融資を行う際に発生する金利リスクに関して，この時期に生じた「金利スワップ市場の爆発的な成長」によってそれをヘッジし，「変動金利で長期的な融資を効果的にできるようにした」と指摘しているのは興味深い（Brueggeman, William B., "Comment on James R. Barth and R. Dan Brumbaugh, Jr.'s "Turmoil Among Depository Institutions: Implications for the U.S. Real Estate Market,"" *Housing Policy Debate*, Vol. 3, Iss., 4. 1992, p. 939）．

な供給過剰」傾向に直面し，投下資本の円滑な回収と借入資金の順調な返済が困難となった建設・開発業者が，S&Lを中心とする金融機関から，たとえ差別的な高金利を課されたとしても，「ロールオーバー」を取り付けることによって，満期となった債務の返済を繰り延べてオフィスビルやその他の商業用不動産の強制売却を回避し，「異常な空室率」を抱える不動産市場の崩落を必死に阻止しようとしている姿を表していたのである．このように，80年代のオフィス市場の建設循環を特徴づけた，オフィスビル建設が縮小しているにもかかわらず前例のない「異常な空室率」が持続したという事態は，建設・開発業者の返済資金の繰延べ需要に応じて，新たに非伝統的な商業用不動産融資業務に参入したS&Lの「過度な」信用膨張によって初めて現実化した現象に他ならなかった．かくして，この時期の商業用不動産市場の持続可能性は，S&Lを中心とする金融機関の信用拡張能力の限度に決定的に依存することになったのである．

(3) これに対して，不動産ブームの末期にS&Lに対してこのような支払手段需要が殺到してくると，S&Lはさしあたり信用供与の選別を強化しつつ[77]，慎重に与信を拡大していった．しかしながら，どこまで信用供与を拡大することができるのかは，その融資の拡大に起因する信用リスクの増大に対応してどこまで自らの支払能力を強化することができるかに，すなわち，モーゲージ流通市場において絶えず流動性を調整しつつ自己資本比率を斟酌しながら如何にして効率的なポートフォリオを再構築していくことができるのかに懸かっている[78]．

そこで，S&Lはリスクテーク能力を強化するために，商業用不動産融資を

---

[77] それは，「現在，未払いである融資額が返済されるまで，新規融資は行われな」かったり，「借入れ認可額が削減された」りしただけではなく，「現在，支払が継続されてはいるが，完全に資産のキャッシュ・フローからの収益でではないというような，満期を迎えている不動産担保融資を抱えている借り手は，もしその不動産が新たな引受け要求に適合していなければ，融資の返済，元本の一部返済，償還請求条項の追加，または担保の増額を求められる」といった多様な形態をとって行われた（Fergus, James T. and John L. Goodman, Jr., *op. cit.*, pp. 14, 16）．

拡大したまさにその時に，同時に，必要な際にはモーゲージ流通市場ですばやく新たな流動性を獲得することができる MBS への投資やモーゲージ・スワップ取引を拡大することによって，自らのポートフォリオの流動性を維持・調整していったのである．すなわち，S&L が「建設・土地開発融資」を急拡大させた 87，88 年には，同時に「モーゲージ担保証券」の保有を急増させ，総資産に占める割合は，それぞれ 15.6%，16.0% と 80 年代を通じて最も高い水準を実現していった（表3-8）．そして，その基礎上でさらに MBS を資金借入れの担保として活用し，レバレッジを効かせた信用拡張が一層大規模に展開されたのである．このように，商業用不動産融資の順調な返済還流が遅延していたにもかかわらず，S&L が「建設・土地開発融資」を積極的に拡大することが可能であったのは，「モーゲージ担保証券」への投資やモーゲージ・スワップ取引を拡大することによって必要とする際には流動性を容易に確保することができたからに他ならない[79]．それは，S&L が不動産市場からの資金需要の拡大に対応して信用供与を拡大する際には，絶えず自らのポートフォリオの流動性を維持・調整しつつ「サウンド・バンキング」を堅持しようとしていたこ

---

78) J. T. Fergus と J. L. Goodman, Jr. も，逼迫期に「十分に発達した流通市場によって供給される流動性」が金融機関のポートフォリオを調整・再構築し，追加的な信用供与を「サポート」したとして，次のように指摘している．曰く．「金融機関が彼らのポートフォリオのリスクを縮小しようとする圧力下にあった時期には，十分に発達した流通市場によって供給される流動性は住宅モーゲージ信用の入手可能性をサポートするのに役立った．追加的なサポートは，不動産融資の評価損や損失処理が多くの金融機関を資本不足の状態にした時に，リスクを基にした資本規制下では，他のタイプの融資と比べて住宅モーゲージやモーゲージ担保証券を支えるために必要とされる資本量をかなり少なくすることから生じた」と (ibid., p. 26)．このように，発達した流通市場における資産の容易な流動化と新たな流動性の獲得は，準備資産として必要とされる自己資本を減少させるので，その結果，自己資本比率は上昇し追加的な信用供与が可能になるというのは，もとより「住宅モーゲージ信用」の「サポート」だけではなく，追加的な商業用不動産融資をも「サポート」したことは言うまでもない．
79) 片桐謙氏は「商業銀行の不動産金融」に関してではあるが，「延滞率の上昇という現象が認識されていたにもかかわらず商業銀行が住宅モーゲージ貸付を積極的に行ったのは，担保証券に転換することによってキャッシュ・フローを確保することができたためである」と指摘されている（『アメリカのモーゲージ金融』日本経済評論社，1995 年，239 頁）．もとより，かかる事態は「商業銀行の住宅モーゲージ貸付」の場合だけではなく，S&L の商業用不動産融資においても同様であった．

とを意味している．

　それゆえ，これらのことは，世上に広く流布している見解にみられるごとく，S&L は「安全性と健全性に無頓着」であったがために，銀行経営の原則を踏み外してハイリスク・ハイリターンの融資を追求するあまり，偶発的にバブルを引き起こし，それを激化したというようなものでは決してない．そうではなくて，S&L は発達したモーゲージ流通市場に依存して絶えず流動性を調整しつつ，自らの「経営の健全性」を維持していくなかで不動産バブルの存続を支えていったのである．

　こうして，S&L はこのような局面においても自らのポートフォリオの流動性を維持・調整することができる限り，建設・開発業者の資金需要に応じていくことができた．しかしながら，同時に他面では，不動産市場の供給過剰化傾向を反映して貸付資金の円滑な返済還流が遅滞し始めるなかで，「ロールオーバー」を主たる内容とする信用供与が継続・拡大されると，S&L の財務内容は急速に悪化していくこととなった．

　S&L の業況の推移をみてみると（図 3-13），「86 年後半以降については，利鞘自体は確保されている中で不良資産比率が上昇し，それが元本固定化，利払遅延，償却負担増等さまざまな形で収益を圧迫していく（こととなった——引用者）．貯蓄金融機関のバランスシートをみると，貸倒引当金の急速な積増しが行われており，その総資産に占める割合は 83 年の 0.15% から 88 年には 1.18% とわずか 5 年でおよそ 8 倍の上昇をみている．収益構造面では，貸付金の償却，貸倒引当金積増しを反映して，ネットの営業外収益が 86 年以降，収益悪化に寄与」[80]するという深刻な状況が生み出されることとなった．しかも，S&L は不良債権の表面化を避けるためには，建設・開発業者の「ロールオーバー」の要求に応じざるを得ず，そのことが却ってモーゲージ・ローンの支払の延滞と不良債権を増大させ，その結果，貸倒引当金を積増すことによってさらに収益が悪化するという，悪循環に見舞われたのである．

---

80)　日本銀行，前掲論文，5-6 頁．なお A. S. Carron と R. D. Brumbaugh, Jr. は，期限前償還リスクを考慮した固定利付モーゲージローンでは，すでに 86 年末以降大幅な逆鞘に陥っていたことを示している（Carron A. S. & R. D. Brumbaugh, Jr., *op. cit.*, Figure 4, p. 13）．

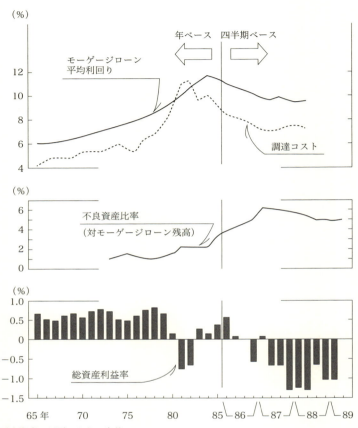

注) 不良資産は以下のように定義.
　　86年以前は，60日以上延滞しているモーゲージローン
　　87年以降は，①60日以上延滞の1〜4世帯向けモーゲージローン
　　　　　　　　②その他のモーゲージローンのうち支払期限を経過したもの
　　不良資産比率＝不良資産／モーゲージローン残高
（資料）連邦住宅貸付銀行理事会「Savings & Home Financing Source Book」
（出所）日本銀行，前掲論文，5頁．

図 3-13 貯蓄金融機関の業況推移（FSLIC加盟ベース）

そこで，こうした状況下で，S&L は財務内容の急速な悪化を隠蔽するために，しばしば新たな「ADC ローン」を組成しようと画策した．すでに指摘したように，「ADC ローン」は商業用不動産市場の供給過剰を引き起こす現実的契機として大きな役割を演じたが，金融が逼迫してくると，今度はそれを格好の「錬金術」[81]として活用しようとしたのである．

それは，「ADC ローン」に関する次のような会計処理上の慣例に基づくものであった．「ADC ローン」が新たに組まれる際には，「RAP と GAAP は，その貸付が承諾された時点で，貸し手が貸付けられる金額の一部を融資手数料収入として申告することを認めた．また RAP と GAAP 双方とも，金利を『課された』借り手には（「貸付けられる金額」が——引用者）所得として表示されることを認めた．S&L は，融資手数料や金利収入が記帳された時には何も受け取っていなかった．S&L は，開発業者が数年後にローンの返済をした時にのみ，そしてもしそれが可能であったならば，（はじめて——引用者）実際の支払いを受け取るであろう．融資手数料は即座に収入として記帳されたが，ローン金利は，（金利を含む——著者）ローンが承諾された時に設立される金利支払準備勘定から定期的に『支払われた』．金利の定期的な支払いは純粋に会計的な処理であった．貨幣は何ら持ち手を変えてはいないが，借り手は常にローンとともに現存しているように見えた」[82]．それゆえ，「ADC ローン」に関してこのような会計処理が慣例化しているもとでは，S&L の財務内容が悪化した時に，新たな「ADC ローン」の組成を企てて自ら信用を拡張すれば，それはまだ支払われていないにもかかわらず，融資手数料と金利収入が「即座に」，あるいは「定期的に」会計処理上「収入」として記帳されるので，S&L の悪化した収益構造はバランスシート上では大幅に「改善」され，自己資本の「拡充」と不良資産の隠蔽に利用されるであろうことは想像に難くはない．そして実際，建設・開発業者が債務不履行に陥った時に，こうした手法を用いれば，「S&L は会計上の損失をカバーするために，新たな ADC 融資から創り出された十分な量の自己資本を持っているように見えるであろう．債務不履行を隠蔽し，自

---

81) National Commission, *op. cit.*, p. 49.
82) *Ibid*., p. 48.

己資本を守ろうとする試み」[83]がこうした会計操作を通じて実現され，問題はさらに複雑化していった．

(4) しかしながら，このような会計操作を通じた自己資本比率の「改善」も一時的・表面的なものに過ぎず，S&L の財務内容が急速に悪化していく下では自己資本の持続的な拡充は困難であり，自己資本比率の低下は不可避である．そして，このような状況下でさらに信用供与の持続・拡大を求められたS&L は，一方では，流動資産の流動化を図ると同時に，他方では，新たな資金源泉を求めて貨幣市場を奔走することになった．S&L は従来の伝統的な小口定期預金を中心とする「コア・デポジット」ベースから，新たな「非伝統的な資金源泉」の拡大を求めて，負債構造の多様化とその調達額の増大を迫られることになったのである．これらの新たな資金源泉には，流動性の高い MBS を担保として企業や投資銀行から資金を借り入れる RP 取引や MMMF なども参加する CD 市場，さらには個人投資家から資金を集めて投資するブローカー預金などが含まれ，自由金利の市場性資金への依存を拡大・強化させることとなった．

通常，RP 取引は翌日物 (overnight) 契約が多く，超短期に取引が集中しているので，S&L が資金調達をする際には，市場で借り入れた資金を必要とする期間借り換えでつないでいかなければならず，かえって調達コストが高くなることがあった．そのような場合には，S&L は，当初 RP による場合よりも金利が高いとはいえ，書換えコストは不要なので，資金の必要とする期間に合わせた CD の発行を選好することが多かった．それゆえ，このような事情を反映して，不動産ブームの末期に短期金融市場で可能な限り長めの資金手当てを急ぐ金融機関は CD 市場に殺到する傾向が強かったが，不動産市場の供給過剰を反映して貸付資金の円滑な返済還流が遅滞しているもとでは，それは市場金利の急騰を引き起こした．とりわけ 80 年代に総資産に占める商業用不動産融資の割合が急増した S&L 業界の発行する CD レートは商業銀行のそれを上回り (図 3-14)，しかも不良資産を抱えて自己資本が大きく毀損した S&L の発行す

---

83) *Ibid*., p. 49.

第3章　アメリカの金融自由化・証券化とS&L危機　　217

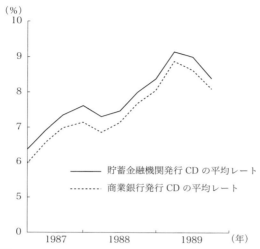

(注) 貯蓄金融機関のCDレートは，FHLBBとOTSによって収集された「スリフト金融報告」から，8万ドル以下で，183日から1年満期の新規発行CDレートの平均値をとったものである．商業銀行のCDレートは，FDICによって完全に保証された，183日から1年満期の新規発行CDレートの平均値であり，これらのデータは連邦準備制度の商業銀行利子率調査（約600行の階層別に分類された無作為抽出サンプル）に基づいている．
(出所) Strahan, Philip E., "Asset returns and economic disasters Evidence from the S&L crisis," *Journal of Monetary Economics*. No. 36, 1995, Table 1, p. 191 より作成．

図3-14　貯蓄金融機関と商業銀行によって新規発行された1年以下のCDレート

るCDレートは，適切な自己資本を有するS&Lのそれをさらに上回ったのである（図3-15）．

こうして1988年春から89年夏にかけて貨幣市場は急速に逼迫していくことになったが，それは市場性資金への依存度を高めたS&Lを直撃し，資金調達コストの上昇と資産収益率の悪化をさらに加速していくこととなった．また，市場が逼迫するとともに市場での選別も強化され，必要とする資金を調達することができなかったS&Lは，いわば「最後の貸手」ともいうべきFHLBankから高金利で資金の借入れを余儀なくされたが，次に指摘するように，この時期にはそれも不可能となるのである．

（補）ところで，このように1987-89年に貯蓄金融機関のCDと商業銀行のCDとの

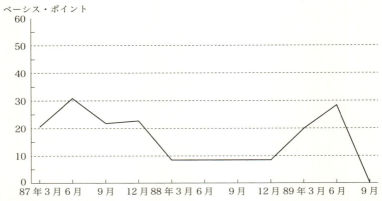

注) 債務不履行の貯蓄金融機関とは,RAP に基づいてマイナスの自己資本をもつものである. 適切な自己資本をもつ貯蓄金融機関とは,負債の 6% 以上の自己資本を有しているものである.
(資料) Thrift Financial Report.
(出所) Strahan, Philip E., *op. cit.*, Fig. 2, p. 192.

図 3-15 債務不履行となった貯蓄金融機関と適切な自己資本を有する貯蓄金融機関によって新規発行された 1 年物 CD の間の平均スプレッド

間で,さらにまた,適切な自己資本を有する S&L とそうではない S&L との間で金利スプレッドが発生・拡大した問題や,あるいはまた,S&L に預金金利プレミアム(比較可能な TB レートを超えるスプレッド)が発生した問題を,預金保険制度に起因する「モラル・ハザード」の問題と関連づけて論じようとしている議論が存在している[84]。

その主張は,大略以下のようなものである.元来,S&L の 10 万ドル以下の付保預金である「小口 CD」は FSLIC によって,すなわち「連邦政府によって完全に保証されている」預金であるので,S&L の「小口 CD」と「リスクフリーの TB レート」

---

84) Cf. Brewer, Elijah III and Thomas H. Mondschean, "The Impact of S&L Failures and Regulatory Changes on the CD Market, 1987-1991," *Working Paper Series* (Federal Reserve Bank of Chicago), Dec. 1992, (WP-92-33), Shoven, John B., Scott B. Smart, and Joel Waldfogel, "Real Interest Rates and the Savings and Loan Crisis: The Moral Hazard Premium," *Journal of Economic Perspectives*, Vol. 6, No. 1, Winter 1992, Strahan, Philip E., "Asset returns and economic disasters Evidence from the S&L crisis," *Journal of Monetary Economics*, No. 36, 1995, etc.

第3章 アメリカの金融自由化・証券化とS&L危機

との間に「金利スプレッド」は生ずるはずはない．それにもかかわらずS&Lの「小口CD」に「プレミアム」が発生するのは，「自己資本の脆弱なS&Lは，復活に向けて一か八かの冒険をするのに必要な資金を獲得するために，高いCDレートを提示しようとする動機を持っている．この『モラル・ハザード』による行為は，同様に健全なS&Lにも金利を引き上げるように圧力をかけるであろう」[85]からである．あるいはまた，「多くの脆弱な貯蓄金融機関は付保預金を調達し，危険な投機的事業の収益に投資することによって急速に成長した．したがって，債務超過に陥った貯蓄金融機関は多分リスクに対する保障ではなくて，追加的預金を素早く引き寄せるために高い金利を支払ったのだろう」[86]と指摘されている．

しかしながら，このような議論には大きな誤解があるように思われる．いま仮に，自己資本の脆弱なS&Lが高い金利で付保預金を調達して，それを商業用不動産市場の「危険な投機的事業」に融資したとしても，市場が一定期間「予想通り」順調に拡大しているもとでは，建設・開発業者は思惑通りの価格で完成施設を売却し，「投機的」利益を手にすることができるので，S&Lからの借入金の返済も順調に行われるであろう．したがって，たとえ「復活に向けて一か八かの冒険をするのに必要な資金を獲得するために，高いCDレートを提示」したとしても，貸付資金の返済還流が円滑に行われているもとでは，S&Lの預金金利が一方的・持続的に上昇していくことはありえないのである．「バブル」末期にS&Lの「預金金利プレミアム」が増大したり，自己資本の脆弱なS&Lの「金利スプレッド」が拡大するのは，商業用不動産市場において現れた供給過剰化傾向の基礎上で，貸付金の返済還流が遅延するにもかかわらず，支払決済のための資金需要がS&Lに殺到するからに他ならない．それゆえ，「バブル」末期に金融市場が逼迫し，S&Lの金利が急騰するのは，この局面で現れる資金需要が決して「復活に向けて一か八かの冒険をする」ために必要な「購買手段」に対する需要ではなくて，債務の返済を迫られた「支払手段」に対する需要がS&Lに殺到するからである．上述の議論は，このような局面において現れる資金需要の性格を見誤った論議であると言わなければならないであろう．

かくして，S&Lは増大した資金調達コストを資金の借り手に転嫁すること

---

85) Brewer, Elijah III and Thomas H. Mondschean, "The Impact of S&L Failures and Regulatory Changes on the CD Market, 1987-1991," (*op.cit.*,) p. 10.
86) Strahan, Philip E., *op. cit.*, pp. 215-6.

ができないならば，その信用供与を制限・縮小する他はないであろう．そして，不動産市場の供給過剰の顕在化と市場の瓦解を，S&L の「ロールオーバー」を取り付けることによって辛うじて阻止してきた建設・開発業者は，S&L からの信用供与を絶たれると，もはやそれが不可能となる．かくして不動産市場の崩落は避けることができなくなったが，それは同時に，S&L の保有しているモーゲージ資産を一挙に不良資産と化し，その財務内容を急速に悪化させるので，不動産市場の崩壊と S&L の経営破綻が相互促進的に進展していく事態が不可避となったのである．

　(5) しかしながら，このような局面に立ち至っても経営破綻した S&L の吸収合併を促し，業界を再編成することによって市場の崩壊を阻止すべく張り巡らされている最後のセーフティ・ネットが存在していた．連邦預金保険制度がそれである．預金保険制度の主要な目的は，一方では，預金を保護することによって取り付けによる大きな社会的コストを回避すると同時に，他方では，支払不能の連鎖の波及を食い止め，金融仲介や決済システムの崩壊を阻止することである．S&L の一連の経営破綻は，アメリカの預金保険制度を本格的に機能させた最初の事例であったが，しかしながら，不動産市場の瓦解によって S&L の抱える不良債権が累増していくもとでは，連邦預金保険制度の抱える矛盾が一挙に表面化することとなった．
　アメリカの連邦住宅貸付銀行制度（FHLBank 制度）は S&L に対して住宅金融拡大のための貸付や一時的な流動性補填を行う制度であるが，その上部機関である連邦住宅貸付銀行理事会（FHLBB）の傘下に 12 地区の連邦住宅貸付銀行（FHLBanks）と，S&L を対象とした預金保険基金を運営する連邦貯蓄貸付保険公社（FSLIC）が存在している．そこには，FSLIC が預金者保護を目的として S&L の規制・監督を行う機関であるのに対して，FHLBank のような S&L への融資・支援を行う機関が，ともに FHLBB の監督下に組み込まれており，危急時には FHLBB が FSLIC を通じて預金保険機関としての規制・監督機能を発揮するよりも，むしろ金融システムの安定化を至上命題として，貯蓄金融機関の破綻とその連鎖の波及を阻止すべく S&L に対していわば「最後の貸手」として融資・支援を行う傾向が強くなるという「利益相反」問題が内包

されていた．それゆえ，S&L を中心とした多数の貯蓄金融機関が破綻し始めると，FHLBB はその処理のために多様な破綻処理政策を模索し始めるが[87]，1980 年代後半になると業界の円滑な再編成を実現するために，FSLIC による助成を受けた処理形態が支配的となった．破綻貯蓄金融機関を閉鎖し，預金者には付保預金の範囲内で被保険預金が支払われる「清算」だけにとどまらず，助成が必要とされる貯蓄金融機関と他の貯蓄金融機関との合併を促進したり，そのために必要とされるその機関の資産の買入れやあるいは負債の引受けなどを行う「資金助成付き合併（assisted merger）」が大規模に行われたのである．したがって，このような局面における FHLBB の住宅金融システムの安定化策は，貯蓄金融機関の破綻処理コストの急増をもたらさざるをえず，それは FSLIC の経営に大きな影響を与えないわけにはいかなかった．そして，この矛盾は，ついに FSLIC の保険基金準備金を枯渇させるという事態を招くこととなったのである（表 3-10）．

1987 年 8 月に成立した金融機関競争力衡平法（Competitive Equality Banking Act, CEBA）は，FSLIC の資金調達機関として資金調達公社（The Financing Corporation, FICO）を設立し，毎年 37 億 5000 万ドル以下の債券発行によって総額 108 億ドルの追加的な資金調達をすることを認可した[88]．そして，1988 年には FHLBB の新議長 Danny Wall のもとで 222 機関，資産額にして 1,160 億ドルの S&L の破綻処理が行われたが，それにもかかわらず，88 年末には RAP の会計基準上で債務不履行となっている 250 機関，資産額にして 808 億ドルの S&L が存在していたのである[89]．

---

87)「FSLIC は，1980 年から 1989 年にかけて破綻した機関に対して五つの異なるタイプの行動を取った．すなわち，(1) 清算，(2) 資金助成付き合併，(3) 安定化，(4) 経営委託プログラム（MCP），(5) 監督合併，がそれである．一般的に処理として言及される，清算と資金助成付き合併は最終的なものであり，FSLIC にコストを課すことを意味していた．監督合併もまた最終的なものであることを意味していたが，FSLIC にコストを賦課するものではなかった．安定化と MCP は，結局は，清算または合併がその後に引き続いて起こる一時的な行動であった」(Barth, James R., *op. cit.*, p. 31).
88) Brumbaugh, R. Dan, Jr. and Andrew S. Carron, *op.cit.*, p. 364.
89) Moysich, Alane, *op. cit.*, p. 186.

表 3-10　FSLIC による S&L の破綻処理コストの推計と FSLIC 基金

年	FSLIC の助成を受けた処理								
	清算			合併その他の援助による処理			合計		
	機関数	総資産	総コスト	機関数	総資産	総コスト	機関数	総資産	総コスト
1980	0	0	0	11	1,458	167	11	1,458	167
1981	1	89	30	27	13,820	728	28	13,909	758
1982	1	36	3	62	17,626	800	63	17,662	803
1983	5	263	61	31	4,369	214	36	4,632	275
1984	9	1,498	583	13	3,583	159	22	5,081	742
1985	9	2,141	630	22	4,227	392	31	6,368	1,022
1986	10	584	254	36	11,871	2,811	46	12,455	3,065
1987	17	3,044	2,278	30	7,617	1,426	47	10,661	3,704
1988	26	2,965	2,832	179	97,695	28,348	205	100,660	31,180

注）1．総コストは，破綻処理に伴う推定現在価格コストを表わしている．
注）2．1988年の「経営委託プログラム」は，「安定化」（推定現在価格コスト総額は約70億ドル）の
(出所)　Barth, James R., *op. cit.*, pp.32-3, Moysich, Alane, *op. cit.*, p.168. より作成．

　その結果，FSLIC 自身が 750 億ドルの債務超過に陥り，ついには預金保険機関そのものの機能停止という事態に追い込まれたのである．かくして，もはや FHLIC は最後のセーフティ・ネットとしての役割を果たすことができなくなり，S&L の経営破綻と不動産市場の崩壊を阻止することが不可能となった．ここに S&L 危機は最も深刻な局面に達したのである．

むすび

　(1) その後，連邦政府はかかる事態に対処するために，1989 年 8 月に金融機関改革救済執行法（Financial Institutions Reform, Recovery and Enforcement Act, FIRREA）を制定して，巨額な財政支出を伴う破綻 S&L の整理を進めるとともに，貯蓄金融機関に対する監督制度と預金保険制度の大幅な改革を行った．FHLBB と FSLIC は廃止され，S&L の新たな規制監督機関として，財務省の傘下に貯蓄金融機関監督庁（Office of Thrift Supervision, OTS）が設立された．また預金保険制度改革では，FSLIC に代わって，FDIC のもとに新たに S&L を対象とした貯蓄金融機関保険基金（Savings Association Insurance Fund, SAIF）

準備残高の推移　　（単位：100万ドル）

FSLICから助成を受けない処理		FSLIC基金準備額（10億ドル）
経営委託プログラム	監督合併	
0	21	6.5
0	54	6.2
0	184	6.3
0	34	6.4
0	14	5.6
23	10	4.6
29	5	−6.3
25	5	−13.7
18	6	−75.0

みである．

が創設された．これに伴い，従来，FDICの傘下にあった商業銀行を対象とした預金保険基金も銀行保険基金（Bank Insurance Fund, BIF）と名称を変え，SAIFとは厳格に分別管理されることになったのである．

さらに，FSLICが積み残した破綻S&Lと1989年1月から92年8月までに新たに破綻したS&Lの処理を推進するために，整理信託公社（Resolution Trust Corporation, RTC）が時限的に創設され，その活動を停止した95年末までに747機関が整理され，接収資産4,650億ドルの大部分が売却・回収された．

しかしながら，S&Lの破綻処理には巨額の費用が必要とされ，その多くが国民の負担となって跳ね返ってきたことを看過してはならないだろう．それは破綻処理に伴い回収不能な直接的損失が発生したというだけにとどまらない．FSLICの残余資産・負債を承継するFSLIC整理基金（FSLIC Resolution Fund, FRF）を設立するために公的資金が投入され，さらにまた，RTCの要資を調達するために整理資金調達公社（REFCORP）債が発行されたので，その支払利子のための新たな負担が発生し，膨大な財政資金の投入を余儀なくされた．FDICエコノミストの推計によれば，FSLICの基金残高がマイナスとなった1986年から，RTCが解散した1995年までを対象期間とするS&Lの破綻処理費用は総額1,529億ドルにのぼり，うち政府負担は1,238億ドルに達したのである[90]．

(2) このように，S&L危機は巨額な公的資金の投入を不可避とし，既存の住宅金融システムの再編成を余儀なくした深刻な金融危機であったが，それは

---

90) Cf., Curry, Timothy and Lynn Shibut, "The Cost of the Savings and Loan Crisis: Truth and Consequences," *FDIC Banking Review*, Vol. 13, No. 2, 2000, Table

「金融の証券化」の矛盾がアメリカにおいて現れた最初の現象形態に他ならなかった．「金融の証券化」はモーゲージ市場の発達に伴い，住宅金融専門機関であるS&Lに流動性を調整・確保するための便宜を図る「流動性創造」機構を構築したが，S&Lはそれを梃杆として「サウンド・バンキング」を実現しつつ，規制緩和によって新たに可能となった商業用不動産融資業務に積極的に乗り出した結果，不動産市場のバブルとその破綻・「供給過剰」を引き起こし，かえって金融システムを不安定化させたのである．

ところがこれに対して，「モーゲージの証券化は，預金仲介機関が直面している混乱によって引き起こされた多くの後遺症から，住宅モーゲージ市場を保護するうえで重要な役割を演じ続けるであろう」として，資本市場と直結している「モーゲージの証券化」は，貨幣市場の撹乱から「住宅モーゲージ市場」を守るうえで大きな役割を演じ，「住宅モーゲージ市場」の安定化に寄与する，という見解がある[91]．W. B. Brueggeman は，貨幣市場に依存している預金仲介機関が商業用不動産市場において積極的な融資活動を展開した結果，「供給過剰」を引き起こして貨幣市場を混乱に陥れたが，住宅金融市場では，「この市場の証券化活動は…非常によく発達しており，それゆえに，住宅金融は商業用モーゲージ市場ほど金融仲介機関に密接に依存していない」ために，今後，住宅金融市場は安定的に推移してゆくだろう，と楽観的に述べている[92]．

しかしながら，「金融の証券化」は貨幣市場と資本市場を分断するものでは決してない．そうではなくて，むしろ逆に，二つの市場の連繋を一層強化する

4.（p. 31）これに対して井村氏は，財政支出削減を規定したグラム・ラドマン・ホリングス法（1987年成立）を回避して連邦政府が破綻処理費用を小さく見せようとしたために，予算外（オフ・バジェット）機関を通じた借入や一時的に連邦資金調達銀行（Federal Financing Bank, FFB）からの借入を急増させたので，直接的費用（これもまた連邦政府債の発行によって賄われたために，財務省の借入利子額を増大させた）に比して遥かに膨大な金利負担が生じたと指摘し，そのことが「かえって財政負担を重くするという悪循環を生みだした」ことを強調されている．そして，1996年時点でのGAOの破綻処理推計額を援用して，金利負担を含むS&Lの破綻処理費用総額は4,899億ドルにも上り，納税者負担額は4,280億ドルに達したと推測されている（井村進哉，前掲書，247-252頁）．

91) Brueggeman, William B., *op. cit.*, p. 938.
92) *Ibid.*, p. 941.

ものに他ならなかった．すでに指摘したように，貨幣市場への預金の流入が緩慢な時には，貯蓄金融機関は MBS の発行を通じて資本市場から新たな資金を調達することが可能となり，資本市場は貨幣市場の資金不足を補完する役割を演じた．また，必要な場合には，貯蓄金融機関はその保有する MBS を RP 契約を取り結ぶ際に活用したり，あるいは CP 発行市場における適格担保として利用することによって，オープン短期金融市場から積極的に資金を取り入れ，その資金調達の範囲と多様性を飛躍的に拡大させた．そして，貯蓄金融機関は，貨幣市場と住宅モーゲージ市場の連繋を強化することによって，新たな融資活動や商業用不動産融資を拡大していったのである．

　それだけではない．パス・スルー証書を担保として CMO が発行されると，高いリスクのトランシェを混ぜ合わせて「評価価値」の高い CMO に仕立てられるので，貯蓄金融機関はモーゲージ流通市場から一層安価なコストで素早く流動性を獲得することが可能となる．そして，その基礎上で貯蓄金融機関は，新たな信用を拡張することができるようになる．それは，S&L が自ら発行した CMO を用いて直接 RP 市場や CP 市場から資金を借入れるか，あるいはまた，CMO を販売して低コストで調達した資金を再びパス・スルー証書に投じて，それを担保としてさらにレバレッジ効果を高めることによって，預金に依存することなく，そしてまた FRB の政策からも独立して，膨大な資金を調達することが可能になるからである．かくして，貯蓄金融機関は「証券の証券化」によって新たな信用拡張能力を手に入れることができるようになり，資本市場を通じて貨幣市場の拡張はさらに倍加・促進されていったのである．

　それゆえ，「金融の証券化」は，W. B. Brueggeman が想定するように，貨幣市場の攪乱の影響を希薄化し，住宅金融市場の安定化をもたらすというようなものでは決してない．それは，むしろ逆に，貨幣市場と住宅モーゲージ市場の統一を実現することによって，住宅金融市場においても攪乱を引き起こす槓杆として機能するであろう．実際，「金融の証券化」は，商業用不動産市場の破綻に起因した 80 年代の S&L 危機だけにとどまらず，それは，今日，非預金金融機関によって新たな信用拡張が行われる Shadow Banking System としてさらに発達し，2000 年代後半には，アメリカの住宅金融市場において発生した「サブプライム問題」を「サブプライムローン証券化問題」へと転成させ，

世界的規模での金融危機を引き起こすうえで，規定的な役割を演じたのである．次章では，サブプライム金融危機を引き起こした「金融の証券化」の矛盾について，さらに検討しよう．

第4章
サブプライム金融危機と Shadow Banking System

はじめに　問題の所在

　（1）世界の金融市場を震撼させ，その後の世界的な実体経済の悪化と国際秩序のパワー・シフトまでをも引き起こす契機となった「リーマン・ショック」から10年が経過した．この間，先進各国はアメリカ主導の国際協調的な金融危機対策によって世界的な金融システムの崩壊をかろうじて阻止してきたが，金融危機によって引き起こされた実体経済の悪化・低迷から容易に脱却することができず，さらに追加的な景気対策をとることを迫られた．しかし，財政・金融政策を総動員した金融危機対策の結果，既に膨大な財政赤字を抱え，さらなる財政赤字の拡大による救済対策はますます困難な状況となっている．また，前例のない金融機関の救済と景気浮揚策のために，異例の非伝統的な金融緩和政策を採択してきた先進各国の中央銀行のバランスシートは，「リーマン・ショック」以降，国債の買い切りやリスク資産の買い取りによって異様な膨張を遂げた結果，深刻な金利リスクや信用リスクを新たに抱え込み，実質的な債務超過に陥る可能性が生み出されると同時に，野放図な信用拡張が行われた結果，世界的規模で過度なリスクテークを惹起して各地の資産市場で新たにバブルを生み出したり，あるいはまた深刻なインフレを引き起こしたりする可能性がきわめて強くなっている．それゆえ，金融システムを不安定化させているこのような異例の危機対応政策を早急に解除することが不可欠であるが，各国はどのようにして，またいつまでにそこから脱出するのか，その「出口戦略」を未だ明確に描くことができないでいる．とりわけ長期にわたる不況から

の脱却の方途を容易に見出すことができないでいるわが国においては，その異例の「量的・質的緩和政策」・「マイナス金利政策」はさらに長期化・大規模化することが予想されることから，混迷の度は一層深刻なものとなっている．

今日のこのような深刻な金融システムの不安定化を引き起こした「リーマン・ショック」に象徴されるサブプライム金融危機は，従来の伝統的な商業銀行による信用創造機能によってではなく，直接的には非預金金融機関によるいわゆる Shadow Banking System（影の銀行システム）を通じて現実化した信用膨張機能によって生み出された，画期をなす新しい金融危機であった．その時代を画する革新性とは，債権や資産の「証券化」とその「証券の証券化」という新たな金融手法を用いて，さまざまな「金融派生商品」（デリバティブ）を生み出し，それらの金融取引が Shadow Banking System を通じて重層的・自立的に拡大していくなかで勃発した金融危機であった，という点にある．とすれば，今日の金融システムの不安定性の淵源となった金融危機の特質を究明するためには，このような Shadow Banking System のもとで新たに構築された信用膨張メカニズムとは如何なるものであり，そこにはどのような矛盾が胚胎しているのか，そして，それはまた従来の伝統的な銀行システムによる信用創造機能とどのように関連しているのか，を明らかにすることが不可欠であると言わなければならないであろう．

(2) Shadow Banking System について明確な定義は存在していないが，一般的には，この用語を生み出したとされるアメリカの大手債券運用会社 PIMCO の Paul McCully に従って，「レバレッジを多用する，ノンバンクの導管体（コンディット），ヴィークルおよびストラクチャーの総体」[1]として規定され，「通常の銀行システムの外にある事業体および活動を含む信用仲介システム」[2]と述べられることが多い．そして，このような非預金金融機関の「信用仲介システム」一般という幅広い定義から，「株式」のような「証券の売買という形

---

1) "Teton Reflections," *Global Central Bank Focus*, PIMCO, September 2007.
2) Financial Stability Board (FSB), *Shadow Banking: Strengthening Oversight and Regulation Recommendations of the Financial Stability Board*, 27 October 2011, p. 3.

態」で行われる「金融仲介」にShadow Banking Systemの原型を見出したり[3]，あるいはまた，中国の「インフォーマルな金融仲介」をもShadow Banking Systemとして包括的に取り上げられたりすることもある．しかしながら，株式の売買による資金調達や，あるいは「清時代」から発達していたという「地下金融」や「質屋」までをもShadow Banking Systemとして一括して論ずるとすれば[4]，それは明らかに概念の乱用・混乱であるという他はない．我々の眼前に突きつけられているShadow Banking Systemに関わる新しい信用問題とは，単なる非預金金融機関による「信用仲介システム」一般やエクイティ・ファイナンスによる資金調達という問題ではない．そうではなくて，それが投げ掛けている新たな問題とは，ストラクチャード・ファイナンスという従来とは異なった新たな形態の資金調達・信用供与を行うことによって信用仲介業務を果たし，伝統的な銀行システムによる「信用創造」をも凌駕するまでに拡大するに至った，非預金金融機関による「信用膨張」のメカニズムとその論理を，そしてまたそこに胚胎する矛盾を明らかにすること，これであろう[5]．

―――――――

3) 熊野剛雄「シャドウ・バンキングと証券取引」『商学論纂』第55号第5・6号，2014年．
4) 「対談 世界金融危機は再来するか―中国シャドーバンキングの実態―」『ARES不動産証券化ジャーナル』（Vol. 18, March-April 2014）での李立栄氏の発言，18頁．
5) これに対して高田太久吉氏は，「シャドーバンキングを銀行制度の枠外で金融仲介に従事する金融セクターと定義することは，銀行とシャドーバンキングを別個の競争的なセクターであるかのような印象を与える点で，ミスリーディングである．大手金融機関，とりわけ金融持ち株会社は，さまざまなシャドーバンキングを関係組織として内部に抱えており，同時に広範な社外シャドーバンキング組織の取引相手であり，両者は相互に浸透し合い，補完的な関係にある」（『マルクス経済学と金融化論』（新日本出版社，2015年），164頁）と述べられている．しかしながら，たとえ同じ「大手金融機関」（ディーラー・バンク）の内部業務であったとしても，決済システムを用いて預金通貨を創出し，「信用創造」を行う銀行業務と，関係組織としてのシャドーバンキングを用いた金融仲介業務とは全く異質の機能であり，両者は理論的には明確に峻別すべき問題である．それゆえ，現在の不安定化する金融システムの諸問題を究明するためには，従来の伝統的な銀行組織による「信用創造」機能とは異なった，Shadow Banking Systemを通じた固有の「信用膨張」メカニズムを明らかにし，そしてそのうえで，両者がいかなる意味で「相互に浸透し合い，補完的な関係」にあるのかが問われる必要があるのである．

第1節　ストラクチャード・ファイナンスと Shadow Banking System

(1) 証券化の仕組みを用いて市場リスクや信用リスクを管理し，従来のデット・ファイナンスやエクイティ・ファイナンスに代わる新たな資金調達方法として，ストラクチャード・ファイナンス (Structuctured Finance) が本格的に利用されるようになったのは1990年代以降であるが，その基礎となる「金融の証券化」（セキュリタイゼーション）現象が最も発達したのはアメリカにおいてであった．それは1970年2月の政府住宅抵当金庫 (Government National Mortgage Association, GNMA, 通称ジニーメイ) パス・スルー証書の発行を嚆矢として，70-80年代に様々なモーゲージ担保証券 (Mortgage Backed Securities, MBS) の発行とその流動化を基軸として急速に進展し，アメリカの住宅金融システムの新たな展開と踵を接して発展してきた．それゆえ，ストラクチャード・ファイナンスの特徴を把握するためには，まずアメリカのモーゲージ証券化機構の発達過程を一瞥しておくことが有益であろう．

アメリカの住宅金融の担い手は，伝統的に貯蓄貸付組合 (Savings and Loan Association, S&L) を中心とする貯蓄金融機関 (Thrift Institutions) が卓越した地位を占めていたが，1960年代後半以降のインフレーションに伴う市場金利の上昇は，預金金利規制下にあった貯蓄金融機関から預金を流出させ，しばしばディスインターミディエーションを引き起こして S&L を苦境に陥れた．さらに，第二次オイルショックを契機とした激しいインフレとそれに伴う金利の急騰によって，圧倒的に長期・固定金利の住宅モーゲージ・ローンで資産を運用していた S&L の預貸金利は逆鞘に陥り，1979-82年に第一次 S&L 危機が勃発した．しかしながら，このような伝統的な住宅金融市場の行き詰まりは，政府支援機関 (Government Sponsored Enterprise, GSE) の支持の下で新たな革新的な金融技術を生み出し，セキュリタイゼーションを急速に推し進めてモーゲージ流通市場を変革していくと同時に，それは S&L の行動様式の変貌をも促していった[6]．

GNMA パス・スルー証書は，モーゲージ貸付を行う住宅金融機関（モーゲージ・オリジネーター）が，それ自体としては流動性を持たないモーゲージ・

ローンの集合体（プール）を裏付け資産として発行する証書であるが，その期日通りの元利金（キャッシュ・フロー）の返済を保証しているのが GNMA である．モーゲージ・ローンの借り手が返済する元利金は，オリジネーターを通過してこの証書の投資家にそのまま支払われるが（パス・スルー），それは，モーゲージの所有権がオリジネーターからパス・スルー証書の所有者に移転し，それに伴って証書の発行者のバランスシートからこれらのモーゲージが消滅することを意味していた．それゆえ，「このような金融手段は，オリジネーターにとっては，流通証券としての実質が欠落するモーゲッジを流動化し，キャッシュ・フローを確保しながら資産を再構築（リストラクチュア）する格好の手段」[7]となったのである．ところが，1970 年代末から 80 年代初頭にかけて一時プライム・レートが 20% を超えるまでに高騰した歴史的な高金利のもとでは，モーゲージのパス・スルー証書による流動化そのものが大幅なキャピタル・ロスを引き起こし，パス・スルー証書の限界が一挙に表面化することとなった．そこで，市場において直接パス・スルー証書を発行するのではなく，GSE の支持の下で，低クーポンのモーゲージを市場から隔離しながらパス・スルー証書に転換する「モーゲージ・スワップ」(mortgage swaps) が開発された．1980 年 8 月に連邦住宅貸付抵当公社（Federal Home Loan Mortgage Corporation, FHLMC, 通称フレディマック）が，翌 81 年 12 月には連邦抵当金庫（Federal National Mortgage Association, FNMA, 通称ファニーメイ）がそれぞれの保証人プログラム（guarantor program）によって，「モーゲージ・スワップ」を開始した．このスワップ取引の特徴は，まず第一に，「民間金融機関が保有するモーゲッジと FHLMC または FNMA のパス・スルー証書（PC または MBS）とが額面で交換売買され，民間金融機関が即座に手持ちのモーゲッジをパス・スルー証書に転換できるという効果を持」っていた．さらに，「このスワップを通じて取得したパス・スルー証書は，RP（買戻あるいは売戻

---

6) セキュリタイゼーションの発達によって S&L の行動様式が変貌し，S&L 危機が勃発するに至る過程について，詳しくは，本書，第 3 章「アメリカの金融自由化・証券化と S&L 危機」参照．

7) 井村進哉『現代アメリカの住宅金融システム』（東京大学出版会，2002 年），119 頁．

条件付売買）取引の適格担保として利用できるというメリットを持」っており，その場合には，それは「流動資産として扱われ，その取引の貸し手となる金融機関の流動性ポジションの改善につながるというメリットを有する」ものであった[8]。そして，このスワップ取引を契機として，「貯蓄金融機関の保有するモーゲージの流動性と市場性は大いに改善され」，セキュリタイゼーションの「爆発的成長」が始まったのである[9]。しかしながら，その直後，それはさらにMBS流通市場で克服すべき新たな問題に直面することとなった。

1982年後半から83年にかけて市場金利は一転して急速に下落したが，それは歴史的な高金利局面とは全く異なる形態で，住宅モーゲージ・ローンとMBSとの間の矛盾を顕在化させた。元来，モーゲージ・ローンには借り手の裁量によっていつでも早期償還することができるコール・オプションが付いているので，金利が急速に低下する局面では，住宅モーゲージ・ローンの借り手は低金利ローンに借り換えるために期限前償還を行ったほうが有利となる。そのために，モーゲージ・ローンから生ずるキャッシュ・フローは不確定となり，パス・スルー証書の実質利回りは急速に低下することとなった。その結果，MBSの投資家にはこのような「期限前償還リスク」が発生するが，それだけではない。低金利局面では以前よりも利回りの低い投資証券しか存在していないために，不利な「再投資リスク」を新たに抱え込むことになったのである。それゆえ，これらのことは，広範囲にわたる投資家を大規模にモーゲージ市場に呼び込むためには，「期限前償還リスク」や「再投資リスク」を克服した，さらなるイノベーションが必要であることを意味していた。

かかる事態に対処するために，1983年6月にFHLMCはモーゲージ抵当債券（Collateralized Mortgage Obligation, CMO）と呼ばれるペイ・スルー債券を発行した。ペイ・スルー債券とは，モーゲージ・プールを担保として発行される債券で，発行者のバランスシートには負債として計上されるが，モーゲージ・ローンから生み出されるキャッシュ・フローは，パス・スルー証書と同じ

---

8) 同上書, 135頁.
9) Hu, Joseph, "Housing and the Mortgage Securities Markets: Review, Outlook, and Policy Recommendations," *Journal of Real Estate Finance and Economics*, 5 (June), 1992, pp. 170-1.

方法で，債券の元利支払いにパス・スルーされる証券である．そのため，ペイ・スルー債券は，その発行者のバランスシートには担保として組み込まれたモーゲージ資産が消滅することなくそのまま残るので，自己資本比率の改善に直接結びつくものではないが，手持ちのモーゲージを売却してキャピタル・ロスを出すことなく，事実上モーゲージ資産を流動化して新たな資金調達手段として機能しうるのである．このペイ・スルー債券の第一の特徴は，CMOに典型的にみられるように，満期，利回り，元利支払いの順序が異なるいくつかのクラスの部分債券（トランシェ）に分けられ，元利払いを優先的に受け取ることができる証券と後回しにされる（劣後する）証券とに仕分けされた優先劣後の構造をもつ債券で，多様な投資家の要求を満たすようになっている，という点である[10]（第3章，表3-5参照）．さらに注目される第二の特徴は，ペイ・スルー債券の発行者がFHLMCだけではなく，投資銀行をはじめとする民間企業へと拡大し，しかもCMOを発行する際の担保として，GSEの元利支払い保証のあるパス・スルー証書が組み込まれている，という点である（第3章，表3-6参照）．すなわち，ペイ・スルー債券（CMO）はモーゲージ・ローンを裏付け資産として組成されたパス・スルー証書とは異なり，GSEの保証が付いたパス・スルー証書そのものを担保に組み入れて「証券の証券化」が行われた，「再証券化」された債券なのである．そして，暗黙の政府保証があるGSEの支持のもとで，CMOはその安全性と流動性を格段に高めた投資対象となり，モーゲージ市場の自立的な発展を促進していく槓杆として機能していくこととなったのである．

　(2) このような「金融の証券化」・セキュリタイゼーションの進展は，第一

---

10)　「CMOsの構造は，証券の期限をより確実なものにしている．それゆえ，債券保有者は一種の『コール・プロテクション』（モーゲージの借り手に対する任意償還防御策──引用者）を与えられている．このコール・プロテクションはCMOsが成功した主要な理由の一つである．CMOsは期限前償還リスクを軽減し，モーゲージ証券のより短期の満期クラスを供給するので，さもなくばモーゲージに投資しなかったかもしれない投資家がモーゲージ証券市場に引き寄せられた」(Pavel, Christine A., "Securitization," *Economic Perspectives* (Federal Reserve Bank of Chicago), July-August, 1986, p. 19)．

次 S&L 危機後,苦境に陥った S&L の行動様式を大きく変貌させる契機となった.1980 年代初頭の一連の銀行法の改革によって,S&L に対して「規制猶予 (regulatory forbearance)」政策と「規制緩和 (deregulation)」政策を包括した斬新な金融政策が採択され,S&L の預金金利規制や業務規制が緩和・自由化されたが,セキュリタイゼーションの新たな展開は,S&L がこれまでの住宅モーゲージ・ローンに過度に依存した伝統的なポートフォリオから脱却して,証券化の仕組みを用いて市場リスクや信用リスクをコントロールしつつ,自らのモーゲージ・ポートフォリオを多様化・流動化していくための格好の手段を提供することとなった.新たなストラクチャード・ファイナンスの展開である.

種々のイノベーションを通じて資本市場と連結したモーゲージ流通市場の発達は,証券化の仕組みを利用した S&L のポートフォリオの流動化を実現し,S&L の抱える資産・負債の期間ミスマッチを緩和して流動性リスクを軽減させた.さらに,それだけではなく,その保有するモーゲージ資産の平均満期を短縮化することによって,資本の回転速度を上昇させて総資産利益率(ROA)や自己資本利益率(ROE)を改善させたばかりか,準備資産として必要とされる自己資本をも減少させたので,自己資本比率を向上させるうえで大きな役割を果たした.こうして,S&L は流動性と自己資本比率を改善する新機軸を打ち出したのであるが,それは,同時に他面では,S&L が「サウンド・バンキング」を実現しつつ,新たに積極的なリスクテークを行うことを可能とした.

S&L がこのような行動様式を現実化させ,新たな信用拡張能力を獲得するに至ったのは,支払決済システムを用いた預金通貨の「信用創造」によってではなくて,モーゲージ流通市場の発達によって実現された「証券の証券化」を通じて新たに生み出された「流動性の創造」機能によって,信用の自立的な膨張機構が構築されたからに他ならない.すでに指摘したように,GSE による元利支払い保証が付いているパス・スルー証書は高い流動性を有しているので,モーゲージ・ローンは必要な際にはパス・スルー証書とスワップされて,モーゲージ流通市場で容易に流動化することができるが,それだけではない.これらの証書は「CP の発行に際しては,担保として利用」したり,それを「RP 契約を結ぶ際に利用」して買戻し条件付きで売却することによって新たな資金

調達手段として用いられたばかりか[11]，S&Lがこれらのパス・スルー証書を担保として発行したペイ・スルー債券（CMO）を販売することによって調達した資金を，再びパス・スルー証書の購入に投じてそれを資金借り入れの担保として利用すれば，さらにレバレッジ効果を高めることによって膨大な資金を調達することが可能となったのである．とすれば，担保証券の価値が下落しない限り，S&Lはこのような「証券の証券化」を通じて謂わば「無制限に」信用を拡張することができるのである．それゆえ，S&Lがパス・スルー証書を新たな資金調達手段として利用し，CMOの発行を通じてさらに信用取引を拡張させていく過程は，預金業務を通じて信用創造を行う商業銀行とは全く異なる形態で，独自な信用の自立的膨張機構を構築していったことを意味していたのである．こうして，新たな信用拡張能力を獲得するに至ったS&Lは，従来の過度に住宅モーゲージ・ローンに依存した伝統的な業務からの脱却を図るべく，折からのアメリカの石油開発ブームとレーガン税制改革を契機として生じた商業用不動産バブルに深く関わることとなった．そしてその結果，すでに第3章で検討したように，1986年末-89年に勃発した第二次S&L危機は，このような「金融の証券化」とストラクチャード・ファイナンスが進展していく過程で現れた最初の金融危機となったのである．

（3）第二次S&L危機後，アメリカの住宅市場は冷え込み，新築住宅着工戸数は1991年には季節調整済年率換算値（毎月の着工戸数を，季節要因を考慮したうえで平準化して，1年間当たりに換算した数字）で見ると，しばしば100万戸を下回る水準にまで減少した．しかしその後，1990年代のアメリカにおいては「ニューエコノミー」と呼ばれたIT投資に主導された低インフレ下の好況が持続するなかで，失業率は93年以降一貫して低下し，個人消費も高止まりした．その影響を受けて，住宅着工戸数も増加傾向に転じ，1997年後半以降，年率換算値で150万戸を上回るまでに回復した．しかし，そうし

---

11) Mahoney, Patrick I. and Alice P. White, "The Thrift Industry in Transition," *Federal Reserve Bulletin*, March 1985, p. 146（井村進哉訳，「移行期の貯蓄金融業界」『証券資料』No. 93，1986年，153頁）．

た中，2000年にはITバブルが崩壊し，また2001年9月11日の同時多発テロが生ずると，それらによるアメリカ経済の冷え込みを懸念したFRBは大胆な金融緩和政策を実施し，それを長期化させていった．2001年1月に6.5%であった政策金利を03年7月には1%にまで引き下げ，それをさらに04年6月まで持続させていったのである．さらにまた，冷戦体制崩壊後，グローバル・インバランスが拡大し，アメリカの経常収支の赤字は増大していくが，その赤字をファイナンスして余りある海外からの対米投資があり，金融緩和政策と相俟って，国内の過剰流動性が肥大化していった．それは，アメリカの対外投資を増大させ，アメリカを中心とする国際的なマネーフローを拡大させると同時に，国内では住宅金融市場の一層の拡大を促進していくこととなった．

　第二次S&L危機後，S&Lに替わってモーゲージ・ローン貸出市場で台頭してきたのはモーゲージ・バンクである．モーゲージ・バンクは住宅金融の専業金融機関であるが，預金受入機関ではないので，それ自体としては資金の供給主体ではない．それは，多くの場合モーゲージをオリジネートし，そのローン債権を中長期にわたって保有することはせずに，投資銀行やその他の金融機関，連邦政府関連機関等に転売するという独自の金融仲介機能を果たすレンダーである．そして，住宅ローン貸付資金を調達するために，商業銀行やその他の金融機関からの借り入れや，コマーシャル・ペーパーを発行する等，市場性資金に依存してその業務を行った．したがって，このようなモーゲージ・バンクの業務は，「金融の証券化」が進展し，モーゲージ・ローンの証券化機構が発達してくると，モーゲージ流動化機関としての性格を強め，住宅金融市場の「証券化」はさらに促進されることとなった．モーゲージ・バンクは，オリジネートしたモーゲージ・ローンを自らのポートフォリオに保持することなく，それを直ちに転売してモーゲージの流動化・証券化を有利に進めることができるようになり，新規のオリジネーションに必要な資金も容易に確保できるようになるからである．それゆえ，すでに「80年代に入るとモーゲッジ・カンパニー（モーゲージ・バンクとモーゲージ・ブローカーの総称——引用者）業界には，大手の商業銀行，貯蓄金融機関，あるいはノンバンク・バンクの参入が相次ぎ，これら大手金融機関の子会社が極めて高いシェアを占めるようになっていた」[12]が，さらに第二次S&L危機後には，モーゲージ・バンクは，住宅モーゲ

ージのオリジネーション市場において，これまで圧倒的なシェアを占めてきた FHA・VA モーゲージだけではなく，コンベンショナル・モーゲージのオリジネーションにおいても，貯蓄金融機関に代わってそのシェアを急速に拡大していったのである．

　(4) このように，「金融の証券化」が発達するとともに，住宅モーゲージ・ローンのオリジネーション市場の伝統的な姿は次第に変化を遂げていくのであるが，それはさらに，モーゲージ流通市場の大きな変貌をも促していった．モーゲージ・バンクが「証券化」の流れを汲んで，モーゲージ流動化機関としての機能を強化していくと，モーゲージ流通市場は三層構造を持つ市場として確立していくこととなった．

　住宅モーゲージ・ローンを流動化・証券化するためには，まず第一に，オリジネートされたモーゲージ・ローンは住宅ローン債権の売買市場で売却・流動化される必要がある．「金融の証券化」が進展するとともに，モーゲージ・ローンの売却者は，その転売を目的として保有しているモーゲージ・バンクはもとより，オリジネーション市場でのシェアを急速に低下させた貯蓄金融機関やシェア自体は大きな変動が見られなかったとはいえ商業銀行においても，いずれもモーゲージ・ローン債権の売買市場での売却比率を高めていった．他方，住宅ローン債権の売買市場において，その購入シェアを大幅に上昇させ，モーゲージ・ローンを大規模に買い支えたのは FNMA，および FHLMC の連邦政府関連機関であった．これら GSE のモーゲージ・プールによる購入シェアは，すでに 80 年代半ばには，モーゲージ・ローン流通市場全体の過半を占めた[13]．GSE が住宅ローン債権売買市場で大量のモーゲージ・ローンを買い支えたのは，これらを新たなモーゲージ・プールに組み込み，そして，それを担保として組成されたモーゲージ担保証券を発行するためである．こうして第二に，GSE の支援の下にモーゲージ担保証券市場が形成された．そして，この市場で MBS の最大の購入者として立ち現われたのが，投資銀行をはじめとする仕

---

12)　井村進哉，前掲書，301 頁．
13)　同上書，第 7 章，図 7-3～図 7-8（298-306 頁）参照．

組み金融機関であった．このことの有する意義は大きい．すでに指摘したように，GSE が組成し，元利支払保証を付けて販売する MBS は（GNMA は FNMA や FHLMC のような MBS の発行体ではないが，FHA・VA ローンを担保とした MBS の元利支払保証を行った），暗黙の政府保証があるとみなされ，国債並みの高い信用力を有していた．したがって，それはレポ市場や CP 市場で資金調達の際の担保として利用されたばかりでなく，大手投資銀行をはじめとする仕組み能力を有する機関がこの MBS を購入し，これを原証券としてリスクのランク別に切り分けたトランシェ（CMO）を新たに発行することを可能とし，「証券の証券化」を実現していったのである．その結果，第三の市場として，MBS 流通市場の発達の基礎上で，仕組み機関が引受け・分売活動を行う CMO 市場が形成された．そして，相対取引が中心となる CMO 市場では，CMO を直接的にか，あるいはそれをいったん販売して流動性の高い MBS に転換したのち，それを担保に再びレポ市場や CP 市場で資金を調達し，それを再度証券化商品に投資するという過程を繰り返して，投資額を膨らませていくことが可能となることを意味していた．このように MBS 市場の形成を基軸としてモーゲージ流通市場はその「流動性の創造」機能を拡大・強化し，仕組み機関はその証券化商品を用いてレバレッジ効果を高め，借入資金を再投資することによって，その「自立的な」信用拡張能力を強化していったのである．こうして，優先劣後の構造を持つ証券化商品を組成する CMO 市場は，これまでモーゲージ投資に無関心であった投資家をモーゲージ証券市場に呼び込むうえで大きな役割を演じた．実際，CMO 市場では多様な投資家のニーズに合わせて，リスクの異なるいくつかのクラスに分割された債券が販売されており，比較的満期の短いクラスでは貯蓄金融機関や商業銀行が，満期の長いクラスでは年金基金や保険会社が大きな割合を占めている（第3章，表3-5参照）．そして，証券化を通じた資産の流動化が容易となり，住宅金融市場が機関投資家の分散投資の重要な一角に組み込まれるようになると，CMO 市場では，さらに機関投資家の比率が高くなっていった．かくして，それは，以前には地域的に分断されていた住宅金融市場が資本市場との連携を深め，関連を強化していく過程でもあったのである．

　このように，80年代には未だ未分化であったモーゲージ流通市場の分業体

制は，90年代に入ると，モーゲージ・バンクがモーゲージ流動化機関としての性格を強めるなかで，モーゲージ流通市場の三層構造が確立され，そして，その「流動性の創造」機能が強化されると，住宅金融市場の自立的な拡大が実現されていくこととなった．さらに90年代半ばには，MBSと，消費者ローンをはじめとする原資産を異にする他のローンとを組み合わせた債務担保証券（CDO）が開発されると，資本市場は住宅金融市場だけではなく，消費者金融市場をはじめとするその他の金融市場とも連携して巨大な規模の金融取引が行われる市場として発達していくこととなったのである．

(5) このようなモーゲージ証券化機構の発達を基礎として，1990年代以降アメリカでは本格的にストラクチャード・ファイナンスが展開されていくことになったが，そのなかで大手投資銀行等の証券取扱機関と大手商業銀行等の金融仲介機関が，それぞれ独自に仕組み機能全体をマネジメントする仕組み機関として，固有の役割を演じていくこととなった．ストラクチャード・ファイナンスを用いた新たな金融仲介システムであるShadow Banking Systemの出現である[14]．証券化の仕組みを機能させるために，仕組み機関は，投資家保護とオリジネーターをはじめとする証券化関係者からの「倒産隔離」のために，ま

---

14) すでに指摘したように，現状ではShadow Banking Systemについて，確定した定義は存在しないが，一般的には「通常の銀行システムの外にある事業体および活動を含む信用仲介システム」（FSB）として理解されている．したがって，そこではモーゲージ・バンク，投資銀行，ヘッジファンド，証券化のためのSPVやMMFなどの金融機関が，レポ市場やCP市場を通じてポートフォリオの流動化を実現しつつ，ABS，MBS，CDO，CDSやABCPといった金融商品を，レバレッジ効果を高めて取引することによって信用を仲介するシステム，として把握されている．しかし，「金融の証券化」の進展と共にShadow Banking Systemが拡大してきたアメリカでは，商業銀行もまた「通常の銀行システム」の内部に，銀行本体からオフバランスで証券化商品の運用事業体（Structured Investment Vehicle, SIV）やABCP導管体を設置し，証券化商品に高いレバレッジをかけて投資・運用してきた．このように，アメリカではストラクチャード・ファイナンスの発達によって拡大したShadow Banking Systemには，投資銀行等の証券取扱機関と大手商業銀行（ディーラー・バンク）等の金融仲介機関がそれぞれ仕組み機関として機能する二つのシステムが存在しており，それぞれ異なるメカニズムを通じて独自な信用仲介・信用膨張機構を構築・実現していった．

ず導管体（conduit）としての特別目的事業体（Special Purpose Vehicle, SPV）を簿外で設立する．SPVはモーゲージ・バンク等のオリジネーターから原資産を購入し，それから生ずるキャッシュ・フローをリスクのランク別に切り分けられたトランシェ構造に従って受け取れるように仕組まれた証券化商品を発行する．そして，それを多様なニーズをもつ投資家に販売して，原資産を取得するための資金を調達するのである．このように，SPVは，証券化の投資資金とその後の投資収益として受け取るキャッシュ・フローの流れを受動的に媒介する「導管体」として機能するのである．したがって，SPVは，他の金融機関のように，証券化のリスクを負担するわけではない．この証券化のリスクを負担するのは，SPVが発行した証券化商品を購入した投資家である．このように，証券化を行う際にSPVを用いるのは，原資産の債権をその保有者であるオリジネーターから切り離し，オリジネーターの倒産などのリスクを証券化商品から隔離することができるという利点があるからである．また，オリジネーターにとっても，その債権をオフバランス化することによってバランスシートを圧縮し，自己資本比率等の財務指標を改善することができるというメリットがあるのである．

　大手投資銀行が資金調達を行う伝統的な手法は，債券の発行，CP，レポ取引といった負債による調達であるが，ストラクチャード・ファイナンスが発達してくると，このようなSPVを用いて積極的に簿外での資金調達を行うようになった．モーゲージ・バンクやMBS市場から住宅ローン債権やMBSを取得した投資銀行は，SPVを設置して，それにローン債権等を売却するのである．SPVはこれを裏付け資産として新たな証券化商品を組成し，それを投資家に販売して，その資金で投資銀行から買い取った資産の代金の支払いを行う．そして，SPV設立の際の負債となる元本と利払いは，投資銀行から買い取った資産から得られる収益で支払われるのである．このようなSPVの資産と債務は，会計上，または資本規制上，投資銀行からは「隔離」されているので，投資銀行はSPVを用いた簿外資金調達によって，より多くの融資を行ったり，ローンを購入したりすることができるようになるのである．

　他方，大手商業銀行が，投資銀行業務に進出する際には，まずオフバランスのABCP（Asset Backed Commercial Paper）コンディットや証券化商品運用事

業体である SIV を設立した．それらは，証券化商品をはじめとする様々な長期証券に投資するために，大手商業銀行が設定した特別目的会社形態のファンドである．この簿外投資ヴィークルは，大手商業銀行傘下の SPV が組成した多様な証券化商品や顧客によって組成された資産に積極的に投資するだけにとどまらず，これらの証券化商品を裏付け資産として発行した ABCP を用いてMMF をはじめとする投資家から調達した市場性資金を，証券化商品にレバレッジをかけて投資をしたのである．大手商業銀行がこのような ABCP コンディットや SIV を多用したのは，資金調達手段の多様化と効率化を図るためだけではなく，オフバランス化によってバランスシートを圧縮し，既存の自己資本比率規制の枠組みの下でその改善を実現することができたからに他ならない[15]．

このような，大手投資銀行と大手商業銀行をそれぞれ仕組み機関とする Shadow Banking System は，1990 年代以降その信用拡張能力を着実に強化し，2000 年代に入ると，金融危機直前の数年間には伝統的な銀行システムによる信用供与額をも凌駕するに至ったのである（図4-1）．とすれば，今日の金融システムの不安定性の淵源を探り，サブプライム金融危機の歴史的・段階的特質を究明するためには，大手投資銀行と大手商業銀行が仕組み金融をマネジメントする Shadow Banking System は如何なるリスク管理のもとで，どのようなメカニズムを通じて金融取引の大膨張を引き起こすことになったのか，そしてまた，その結果，いったい何故，いかにして「住宅バブル」の発生とそ

---

15) ただし，銀行は ABCP コンジットや SIV をオフバランスとして設定したけれども，それらと流動性補完や信用補完の契約を取り結んでいた．したがって，これらの補完措置によって，ABCP コンジットや SIV の抱える資産が大幅に減価し流動性が低下した場合には，投資家は銀行に遡及できることになる．このように，SPV と異なり，「（ABCP――引用者）導管体に関する最も重要な特徴の1つは，銀行のバランスシートへの広範な遡及機能である．この特徴によって，導管体と，金融資産を保有するが銀行のバランスシートへの遡及機能がない他のペーパー・カンパニー（たとえばCDO）とが区別される．」(Acharya, Viral V. and Philipp Schnabl, "How Banks Played the Leverage Game," in *Restoring Financial Stability: How to Repair a Failed System*, eds. by Acharya, Viral V. & Matthew Richardson, New York University Stern School of Business, John Wiley & Sons, 2009. p. 87（大村敬一監訳『金融規制のグランドデザイン』中央経済社，2011 年，114-5 頁）．

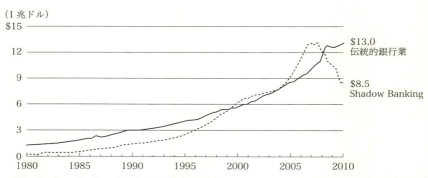

注) Shadow Bankingを通じて調達された資金は，コマーシャル・ペーパーおよびその他の短期借入（銀行引受手形），レポ，証券化された純融資額，ABS発行者の債務，MMMFを含む．
(資料) Federal Reserve Flow of Funds Report.
(出所) The Financial Crisis Inquiry Commission (FCIC), *The Financial, Crisis Inquiry Report, Final Report of the National Commission on the Causes of the Financial and Economic Crisis in the United States*, 2011, p. 32.

図 4-1 伝統的銀行システムとShadow Banking Systemによる資金供給

の破綻・サブプライム金融危機が現出し，それが世界的規模のシステミック・リスクとして波及していくこととなったのか，を検討していく必要があるであろう．

第2節　投資銀行の信用膨張とレポ市場

（1）投資銀行の伝統的な業務は，証券取引の仲介と証券の発行・引受業務を中心とするファイナンス・サービスであるが，しかし，金融の自由化が進展するとともに，1980年代末以降グラス・スティーガル法によって規制されていた商業銀行による証券業務の禁止措置が次第に緩和されると，大手商業銀行の引受業務への進出が顕著となった[16]．このような市場環境と競争条件の変化を背景として，投資銀行はより高い収益源を求めて，証券化とデリバティブ取引，M&A仲介とブリッジ・ローンの供与，プライベート・エクイティなどの

---

16) 掛下達郎『アメリカ大手銀行グループの業務展開』（日本経済評論社，2016年），第5章，参照．

新たな業務分野の開拓を余儀なくされた．投資銀行はこうして開拓された新たなハイリスク・ハイリターン分野へと急速にシフトするようになっていったが，その資金調達構造とリスク管理はかなり特異なものであった．預金業務と中央銀行信用へのアクセスが認められていない投資銀行は，レポ市場への全面的な依存とその市場取引を通じてポートフォリオの流動性を維持していくほかはなかったのである．

買戻し条件付き証券の売買市場であるレポ市場は，その決済方法によって二つの取引市場に区別される．第三者がその取引で生ずる担保の管理や決済サービスを提供するトライパーティ・レポ市場と，典型的には「証券と資金の同時決済（Delivery Versus Payment, DVP）」を基礎とする買戻し契約が結ばれ，資金提供者への担保移転と担保提供者への資金移転が同時に行われるバイラテラル・レポ市場である．まず前者から見てみると，レポは有担保取引であるため，担保の受渡し・管理にかかるコストをいかに削減するかが大きな問題となるが，アメリカのレポ市場では即日決済（T+0）が主流となっているので，とりわけ担保の受渡し・管理の事務処理コストが大きい．そこで，アメリカのレポ市場で開発された最も重要なイノベーションの一つが，トライパーティ・レポである．「これは，同一のクリアリング・バンクを利用するディーラーと顧客（MMF 等の機関投資家）およびクリアリング・バンクの３者が契約し，GC レポ取引（General Collateral，債券を担保とする資金の貸借――引用者）について，ディーラーから顧客に引き渡す担保債券の選定，担保債券の引渡し，担保価額の管理，顧客からディーラーへの資金の引渡し等を，個別の指示を受けることなくクリアリング・バンクが行う仕組みである」[17]．これによって，事務処理能力の低いファンドなどもレポ市場への参入が容易となり，市場参加者の裾野を広げることが可能となった．例えば，資金の出し手が数多くの銘柄の担保債券の受け入れを拒むような場合であっても，クリアリング・バンクの担保管理によって一つのレポ取引の担保として受け入れることが可能となったのである．

---

17) 日本銀行金融市場局「米国短期金融市場の最近の動向について－レポ市場，FF 市場，FF 金利先物，OIS 市場を中心に－」（*Reports & Research Papers*，2007 年 2 月），15 頁．

「特に，MBS については少額の銘柄が非常に多く存在しており，MBS のレポについてはトライパーティ・レポでないとフィージブルでない」[18]と言われている．ちなみに，アメリカのクリアリング・バンクを実質的に担っているのは，Bank of New York Mellon（BONY）と JP Morgan Chase の 2 行である．

これに対して，投資銀行等のディーラー間市場では，「資金調達の源泉としてか，あるいはまた，特定の証券を取得するための手段として」バイラテラル・レポが用いられた．投資銀行は，ここでは他のディーラーやヘッジファンド等の彼らの顧客のためにプライム・ブローカレッジ業務（投資銀行がファンド・マネージャー（資金運用機関）を対象として，債券貸借，受渡し決済，保管業務，報告や資金融資までを一括して提供するサービス）を通じて，「カストディアン」（証券の保管・管理業務を行う金融機関）としての役割を演じている．そして「そのような場合，彼らは帳簿上で顧客にバイラテラル・レポを通じて現金を供給して決済するのである」[19]．

このように，トライパーティ・レポでは，投資銀行をはじめとするディーラーが GC レポ取引を中心として機関投資家などから資金を調達する市場であるのに対して，バイラテラル・レポ市場では「GC レポ，SC レポ（Special Collateral，現金を担保とする債券の貸借——引用者）とも取引され，ディーラー（投資銀行，証券会社など大手の証券販売業者を「ディーラー」と呼ぶ）の間での資金の融通や，ディーラーの債券借り入れ，ディーラーからヘッジファンドなどの顧客向けの資金・債券の貸出などに用いられ」[20]たのである．それは，リスクに敏感な金融業務に長けた参加者の市場であり，リスクの変化に対応してヘアカット（資金調達額と通常それを上回る担保証券の市場価値との差）による調整がきめ細かく行われている市場である．かくして，投資銀行は他のディーラーやヘッジファンド等の顧客のために，バイラテラル・レポ市場で SC レポ取引を通じて資金を供給し，そして，その際に担保として受け取った証券を，

---

18) 同上，17 頁．
19) Adrian, Tobias, Brian Begalle, Adam Copeland, and Antoine Martin, "Repo and Securities Lending," *Federal Reserve Bank of New York Staff Report*, No. 529 (2011), p. 5.
20) 宮内惇至『金融危機とバーゼル規制の経済学』(勁草書房，2015 年)，128 頁．

第 4 章　サブプライム金融危機と Shadow Banking System　　245

トライパーティ・レポ市場の GC レポ取引において差し入れ担保として用いることによって（リ・ハイポセケーション）機関投資家から新たな資金調達を行い，二つの市場の資金循環を媒介したのである[21]．とすれば，次に，このような二つのレポ市場の市場特性の違いが，各市場参加者の独自な取引行動を通じていかにして信用膨張を促進していったのか，そしてまた，その過程を通じて実現されたレポ市場の自立的な拡大メカニズムはどのようなものであったのかが問われなければならないであろう[22]（アメリカでは，さらに，レポ取引の増大を受けて，ディーラーにおける事務処理負担を軽減するために，1998 年に証券取引清算機関（Fixed Income Clearing Corporation, FICC）によって GCF（General Collateral Finance）レポが導入された．GCF レポはトライパーティ・レポの変形であり，ブローカーを介して行われるディーラー間のレポ取引が，FICC の清算機能を通じてクリアリング・バンクに開設されているディーラーの証券口座と預金口座を用いて，債券の受渡しと決済が行われる取引である[23]）．

(2)　1990 年代以降，グローバルで多角的な活動を展開する大企業や大手金融機関，機関投資家にとって運用資産が急速に拡大し[24]，安全性が高く，流動性の大きな短期金融資産に対する需要が増大していった．

---

[21] 「ディーラーは，主として彼らのプライム・ブローカレッジ業務を通じて，ヘッジファンド，不動産投資信託，銀行，その他の金融機関に現金を供給するために，バイラテラル・レポを活用している．ディーラーがこの方式で取得する担保は，多くの場合，他のレポ市場で，とりわけトライパーティ・レポ市場で担保として利用されうる．（すなわち，その担保が「再担保に入れられる」）」（Adrian, T., et al., op. cit., p. 5.）

[22]　ニューヨーク連銀のスタッフは，「トライパーティ・レポ取引とバイラテラル・レポ取引は互いにどの程度まで代替しうるのか，あるいは，ディーラーはこれらの二つの市場をどこまで補完的な手法で使い分けているのか」といったことや，とりわけバイラテラル・レポ取引量は，「特定証券に対する需要やディーラーの間で 1 日の証券の回転によって余儀なくされる活動をどこまで反映しているのか」等といったことについて，必ずしも明らかにされているわけではないとして，二つのレポ市場の関係について検討すべき課題は多い，としている（Copeland, Adam, Isaac Davis, Eric Le-Sueur, and Antoine Martin, "Lifting the Veil on the U.S.Bilateral Repo Market," FRB New York Liberty Street Economics, July 9, 2014）．

[23]　日本銀行金融市場局，前掲論文，19-22 頁．とりわけ GCF レポ取引の概要については「図表 14」（20 頁）を参照．

このような「機関キャッシュ・プール」の投資行動は,「投資方針やファンド・マネージャーの受託者責任」を規定した「成文化された投資戦略」に従って行われ,「この戦略の目標は,優先度順に,(i) 元本の安全性,(ii) 流動性,(iii) 利回りである」というものであった[25]。ところが,何よりも「元本の安全性」を重視する「機関キャッシュ・プール」にとって,アメリカの預金保険制度は1980年以来預金保証限度額が10万ドルに制限されており,それを超える預金額は無保証である。他方,政府保証の付された短期証券は,増大する「機関キャッシュ・プール」の総額に比して,財務省証券(TB)やエージェンシー債の供給は不足していたのである。このため,「機関キャッシュ・プール」は「元本の安全性」を確保するために,預金保険や政府保証債に代替するものとして,担保でその資産価値が保全されているレポやABCPといった短期金融市場商品や[26],リスクの分散化を図って高格付けの短期債を中心に運用されているMMFなどの保有を増大させていったのである。

1990年代以前においては,レポ取引において売買される担保証券は通常,流動性の高い政府証券や政府機関債が中心であったが,このように90年代以

---

24) Z.Pozsarはこれを「機関キャッシュ・プール (Institutional Cash Pool)」と呼び,「グローバルな非金融企業や,例えば,資産管理者,証券貸付業者,年金基金のような機関投資家の,大規模で集中的に管理された短期の現金残高」と定義している。そして,「機関キャッシュ・プール」が発達した背景として,まず第一に,グローバリゼーションの進展とともに,巨大で(典型的には少なくとも10億ドル規模)グローバルな企業において「集中的に管理された企業現金プール」が拡大し,少数の富裕層のもとに益々大きな「所得と富」が不平等に蓄積されたこと,第二に,資産管理業務の発達とともに,「複合的なファンドのなかで,投資信託,専用資産運用管理口座,ヘッジファンドの集中的な流動性管理」が行われ,「証券貸付とそれに関連した現金担保再投資のプール」が増大したこと,第三に,先物やトータル・リターン・スワップのような複雑なデリバティブに基づく投資スタイルが発達したこと,を指摘している。そしてその資本規模は,利用可能なデータに基づけば,1990年の1,000億ドルからピーク時の2007年には2.2兆ドル超に達しているが,Z.Pozsarはその数値はまだ「保守的」であるとして,ピーク時にはそれは3.8兆ドルの規模に達したと推計している (Pozsar, Zoltan, "Institutional Cash Pools and the Triffin Dilemma of the U.S. Banking System," *IMF Working Paper*, WP/11/190, August 2011, pp. 4-6).

25) *Ibid.*, p. 7.

降レポ市場を取り巻く環境は大きく変貌し，それらに代替する安全性の高い新たな金融商品が担保として供給されるようになり，市場は厚みを増していくこととなった．この間，さらに2005年には債務者が破綻申し立てを濫用することを制限した「破産濫用防止および消費者保護法 Bankruptcy Abuse Prevention and Consumer Protection Act of 2005」が制定され，レポ市場で取引される担保の種類はさらに多様化していった．この法案が制定される以前には，レポ市場において資金の出し手である，抵当権を保有している債権者が取得する担保の処分権が明確に保証されていたのは，「財務省証券またはGSE証券」だけであったが，この法案が成立して以降，それは「モーゲージ・ローン，MBS，CDOや信頼できるデリバティブを含む，その他の多くの資産」にまで拡大された．その結果，レポ市場では，オートマチック・ステイ（破産手続きの自動的中止）の対象から外されて担保としての「価値を高めた非エージェンシーMBS」をも活用することが可能となり，投資銀行を含むブローカー・ディーラーもまた，2005年以降レポ市場での資金調達を一層容易に増大させていくことができるようになったのである[27)28)]（図4-2）．

---

26) 「利子を生まない当座預金を，利子を生むTBやレポに代替することは，利回りを追求しているとみなされるべきではない．第一に，……TBは，それらが金利をもたらすという追加的恩恵と同時に，まさに当座預金と同じほど安全で流動的である．第二に，数十億ドルの現金を管理する場合，人はだれでも預金者よりもむしろファンドの供給者のようになるものである．非常に大きな預金残高の上では，受託者責任はオーバーナイトものであっても，若干の収益をもたらす必要がある」(ibid., p. 23.)．それゆえ，このような条件を満たす「機関キャッシュ・プール」の資金運用先をめぐって，FSBも，Z.Pozsarが「機関キャッシュ・プール」の資本規模を推計するために用いた，MMF，証券貸付業者の現金担保再投資，企業の現金保有の総額の数値を援用しつつ，これらの資金による「中央銀行預金や付保銀行預金に近似的に代替するものとしてのレポに対する需要」の高まりが，「近年20年以上にわたる」レポ市場の拡大の「推進力」となったと指摘している（*Securities Lending and Repos: Market Overview and Financial Stability Issues*, Interim Report of the FSB Workstream on Securities Lending and Repos, 27 April 2012, pp. 5-6）．そしてまたZ.Pozsarは，これらのことからShadow Banking Systemがこのような「機関キャッシュ・プール」の需要に見合う安全で流動性の高い短期金融市場商品を提供することによって，このような「空白状況」を埋め合わせる受け皿として現れた，と述べている．

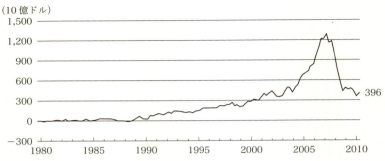

(資料) Federal Reserve Flow of Funds Report.
(出所) FCIC, *op. cit.*, p. 115.

図 4-2　レポ市場におけるブローカー・ディーラーの資金調達額

27) The Financial Crisis Inquiry Commission (以下，FCICと略記)，*The Financial Crisis Inquiry Report, Final Report of the National Commission on the Causes of the Financial and Economic Crisis in the United States*, 2011, p. 114. FCIC は，今次の金融危機の原因を究明すべく 2009 年 5 月に連邦議会によって設立された調査委員会である．そして，2011 年 1 月 27 日にはこの『金融危機調査報告書』が公表された．当初，超党派の合意形成が目指されたが，民主党委員は，規制緩和下の民間金融機関がガバナンスや企業倫理を欠き，リスク管理に失敗したことを強調したのに対して，共和党委員は，海外からの資金流入が過剰流動性を生み出し，クレジット・バブルと金融危機を引き起こしたと主張するなど意見が折り合わず，結局，共和党の反対意見を付して公表される異例の事態となった．しかしながら，この『報告書』は今次の金融危機に対するアメリカ政府の最初の公式見解ともいえるものであるだけではなく，多数の参考人のヒアリングや公聴会での意見を収集している点で大きな資料的価値を有している．

28) ここに「ブローカー・ディーラー」というのは，「彼ら自身や彼らの顧客のために，証券を売買することによって市場に参加する企業である．彼らは証券取引委員会 (SEC) に届けなければならず，しばしば巨大銀行持株会社の子会社である．その企業によって自身の勘定で購入されたどのような証券も顧客や他の企業に販売されるか，またはその企業自身の保有高の一部となる」．ちなみに「ディーラー・バンクの定義」は，Kirk, A. 等によれば，「ブローカー・ディーラーによって行われる諸活動を含んでいるが，それはまた OTC デリバティブ取引活動——それらはしばしば（ブローカー・ディーラー子会社よりもむしろ）持株親会社の系列下にある預金金融機関子会社で行われる——も含んでいる」とされる (Kirk, Adam, James McAndrew, Parinitha Sastry, and Phillip Weed, "Matching Collateral Supply and Financing Demands in Dealer Banks," *Economic Policy Review* (Federal Reserve Bank of New York), Vol. 20, No. 2, (2014), p. 129, fn., 1)．

第 4 章　サブプライム金融危機と Shadow Banking System　　　　　249

　こうして，厚みを増し，多様化していったレポ市場の基礎上で，その市場の主たる参加者である機関投資家の資産・資金運用行動や投資銀行等のディーラーの行動様式はそれぞれ異なる思惑によって規定されているが，しかしながら，それらの相互依存関係が深化していくなかで，トライパーティ・レポ市場は独自なメカニズムを通じて自立的に拡大していった．市場参加者の典型的な取引を見てみると，まず，MMF 等の余剰資金を保有している機関投資家においては，「信用リスクがほとんどなく，運用金利が預金よりも有利な GC レポでの運用に積極的である」．これに対して，ミューチュアル・ファンドや年金等のすでに運用資産として債券を保有している機関投資家は，保有債券の利回りを向上させるために，保有債券の貸出または SC レポで投資銀行等のディーラーに債券の貸し出しを行おうとする．そして，SC レポ・レート＝GC レポ・レート－品貸料だから，機関投資家は低レートで受け入れた現金担保を利回りの高い CP や CD 等で運用しようとするが，そればかりでなく GC レポでも運用している．それは「CP，CD の方が信用スプレッドの分だけリターンはよいが，最終投資家では，運用商品ごとの信用リスクが厳格に管理されており，分散投資の観点から GC レポでもかなり運用」する必要があるからである[29]（図 4-3 参照）．このように，トライパーティ・レポ市場では，全体として GC レポ取引を通じて新たな運用を求める機関投資家の余剰資金が流入してくるのであるが，このレポ取引の意味しているものは大きい．ことに，債券を保有している機関投資家は，ディーラーとの間で債券貸借または SC レポを通じた債券貸出と，その際に受け入れた現金担保を「分散投資」の観点から再び GC レポを通じてディーラーに貸し付けを行ったのである．すなわち，ここでは保有債券を増大させた機関投資家と投資銀行等のディーラーとの間で，SC レポと GC レポ取引が相互に繰り返されるなかで，トライパーティ・レポ市場が自立的に拡大していく固有のメカニズムが存在しているのである．しかも，このレポ取引は，ディーラーと顧客のためにクリアリング・バンクのなかに開設された証券口座と預金口座を用いて行われたので，実際の債券や資金の移動はなく，クリアリング・バンクが管理する帳簿上で，証券口座残高と預金残高の調節を

---

[29]　日本銀行金融市場局，前掲論文，23 頁．

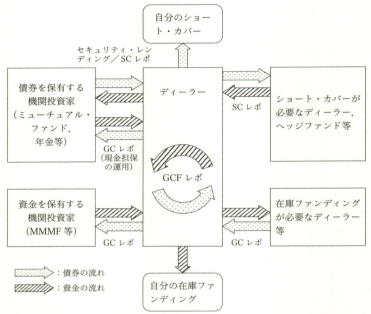

(出所) 日本銀行金融市場局,「米国短期金融市場の最近の動向について―レポ市場, FF 市場, FF 金利先物・OIS 市場を中心に―」(*Reports & Research Papers*, 2007 年 2 月) 10 頁. 一部加筆.

図 4-3 レポの取引フロー図

通じて行われた. したがって,「トライパーティ・レポは, クリアリング・バンクの帳簿上の振替で決済が完了する」[30]ことから, この「決済システム」を用いたクリアリング・バンクのレポ取引における「信用創造」は容易なものとなり[31], 必要な際には与信の拡大を通じて機関投資家と投資銀行等の間のレポ取引はさらに拡大することとなった. かくして, トライパーティ・レポ市場の自立的な拡大は, クリアリング・バンクの「信用創造」に依存しつつ加速度的に展開されていったのである.

これに対して, バイラテラル・レポ市場での投資銀行の行動様式は,「マッ

---

30) 同上, 17 頁.

チト・ブック取引（matched book transaction）」[32]と言われるものが中心である．その取引の最も典型的なものは，投資銀行等のディーラーが現金担保を差し入れて，最終投資家から債券貸借やSCレポで債券を借入れて，その債券を自己のショート・ポジションのカバーに充てるか，あるいはまた，債券を用いて信用取引を行ったり，ショート・カバーを必要としている他のディーラーやヘッジファンド等に対して，借入期間と同程度のSCレポで再び貸し出す（現金担保を受け入れる）取引である．いま仮にヘッジファンドの債券調達ニーズが強ければ，ヘッジファンドに貸し出す品貸料は，最終投資家から借り入れた品貸料よりも高くなる（ヘッジファンドからの資金調達レートは最終投資家に対する資金運用レートよりも低くなる）ので，利鞘が生じる．あるいはまた，投資銀行がヘッジファンドに要求するヘアカットが，最終投資家が投資銀行に対して要求するヘアカットよりも大きければ，投資銀行の受け取る現金担保のほうが，投資銀行が最終投資家に差し入れる現金担保よりも大きくなるので，運用収益をあげることができるであろう．そして，債券の調達期間と運用期間がほぼ同じであれば，金利リスクをほとんど取ることもないのである．こ

---

31) 「クリアリング・バンクは，担保管理や決済サービスの提供に加えて，通常の市場業務に従ってその日のディーラーの証券をファイナンスしている」（Adrian, T., et al., *op. cit.*, p. 6）．同様のことは，小立敬氏も「クリアリング・バンクは単なるエージェントではなく，多い時には1,000億ドルにも上る証券会社への日中与信の提供者でもあった」と指摘されている（「シャドーバンキングの発展とそのリスクの蓄積，日本のシャドーバンキング・セクター」『*FSA Institute Discussion Paper Series*, DP2013-6』2013年, 19頁）．しかも，クリアリング・バンクの供与する日中信用については，自己資本比率規制の対象外であったのである．このことを，宮内氏は次のように説明されている．曰く，「トライパーティ・レポにおいてクリアリングバンクは資金調達者に日中の信用を供与するが，これは自己資本規制の対象外だった．自己資本規制は基本的に一日の終わりのポジションを対象に計算されるほか，日中信用は決済円滑化のために必要なことが配慮されたからである」（前掲書, 14頁）と．したがって，クリアリング・バンクの投資銀行への日中信用供与の拡大は非常に容易なものとなった．

32) 「典型的なマッチト・ブック取引では，顧客は現金と引き換えに証券を担保として提供し，ディーラーがこの担保を再び担保に入れる権利を認めている．ディーラーは現金を調達するために他の顧客にこの証券を再び担保に差し入れる．その結果，ディーラーのバランスシートはどのような証券が保有されていたのかを反映しないのである」（Kirk, A., et al. *op. cit.*, p. 132）．

のように，投資銀行においては「対最終投資家（債券の調達）と対ディーラーや顧客（債券の運用）で，レポレートやヘアカット（掛け目）に差があることから，利鞘収入や資本余剰が生じ，これが収益の源泉となっている」のである[33]．他方，GCレポでも，同様の取引が行われている．新たな資金の運用先を求めている顧客から，GCレポで（債券を差し入れ担保として）資金を調達した投資銀行は，借り入れた資金を自己の在庫ファンディングに充てるか，または資金が逼迫している他のディーラーやヘッジファンド等に対してGCレポで再び貸出に充てることができる．そして，その際のレポレートやヘアカットの格差が，投資銀行の利鞘収入や運用収益を生み出したのである．

さらにまた，投資銀行が自ら保有する資産のポートフォリオの流動性に留意したリスク管理体制を構築したならば，一時的に債券の調達と運用期間を意識的にミスマッチにして，より大きなスプレッドの獲得を目指すこともできる（ミスマッチト・ブック取引）．それは，投資銀行が債券貸借やSCレポ取引において，債券を長期で借り入れて，短期のSCレポで貸し出したり，短期のGCレポで資金を借り入れて，長期のGCレポで資金を貸し出すことによって実現されるであろう[34]．

このように，ディーラー間レポ市場においても投資銀行を中心として活発な取引が行われたのであるが，その取引を牽引するうえで大きな役割を演じたのがヘッジファンドであった．特殊な投資技法を駆使して利鞘を稼ぐヘッジファンドは，レポ市場でディーラーと直接取引をするか，投資銀行のプライム・ブローカレッジ・サービスを活用して活発な取引を行っている．ヘッジファンドがこのような投資銀行のサービス業務を活用するのは，高いレバレッジを駆使して取引を繰り返すための資金を調達したり，空売り用の債券を借りたり，注文の執行・決済や口座管理などの様々な業務を，投資銀行が一括して請け負ってくれるために，その高い利便性とともに業務を効率化してコストを削減することができるからである．他方，投資銀行もまたこうした業務を担うことで，ヘッジファンドがレバレッジを効かせた取引を高い頻度で繰り返すために，手

---

33) 日本銀行金融市場局，前掲論文，23頁．
34) 同上，24頁．

数料収入の増大が見込まれたばかりか，融資や債券の貸付による運用益も期待することができたのである．こうして，ヘッジファンドは投資銀行のプライム・ブローカレッジ業務を活用して活発な取引を行い，SC レポで借り入れた債券を自らのショート・ポジションのカバーに充てたり，保有する債券を貸出して，受け入れた現金担保をさらに新たな市場で運用して，レバレッジを高めた活発な投機的取引を行ったのである．それに対して，投資銀行もまた，自行への借入資金に依存してレバレッジを駆使するヘッジファンドの資金需要に応じて，受入れ担保を差出し担保として活用することによって自らレポ市場で活発な資金調達を行い，信用を膨張させていった．そして，その際に留意すべきは，投資銀行の資金調達と信用膨張を容易なものとし，それを加速させていったのが GCF レポ取引であった，という点である．トライパーティ・レポは，基本的にディーラーと顧客（最終投資家）との取引に利用されているが，GCF レポはトライパーティ・レポの変形したものであり，ディーラー間のレポ取引で用いられている．それは，まずブローカーを介して行われるディーラー間のレポ取引が FICC に通知されると，証券取引の清算機関である FICC は直ちに各ディーラーのネット・ポジションを算出する．そしてその結果を受けて，クリアリング・バンクが，各ディーラーの差額決済を，ディーラーの口座から同じく自行内に開設されている FICC の証券口座と預金口座に振替えて決済を行う取引である．それゆえ，GCF レポでは，ディーラー間の GC レポで発生する約定，担保の選択，決済という事務作業が，FICC とクリアリング・バンクのシステムによってリアルタイムで処理されて効率化されており，また，FICC によって清算が行われるために，決済の保証も与えられていることから，「決済のすくみ」問題も発生しないと考えられている．さらにまた，GCF レポでは「翌朝早くに反対取引（エンドの決済）が行われ，取引期間中に担保債券を他の取引に利用することができないことから，フェイルが発生し難い」と言われている[35]．

しかしながら，不幸にして，期日到来前の取引の担保として割り当てられた担保債券が，クリアリング・バンクにあるディーラーの証券口座に一定期間留

---

[35] 同上，21 頁．

め置かれるために「フェイル」(債券の受渡し不履行) が起きにくくなるということは，それがレポ取引の担保債券としての転用が制約され，投資銀行等のディーラーの信用膨張が制限される，ということを直ちに意味するものではなかった．期日が到来して割り当てから開放された担保債券は，再び担保として差し替え・割り当てられ，改めてレポ取引が再開された結果，投資銀行の資金調達は拡大し，信用膨張はさらに促進されたからである．そして，それは，クリアリング・バンクが投資銀行等の資金需要に対応して，新たに差し入れられた自行にあるディーラーの証券口座の債券を担保として，「信用創造」を行うことによって容易に実現されたのである[36]．このように，インターディーラー・レポ市場における GCF レポ取引は，「フェイル」の発生を抑制するものであったとしても，それは決して投資銀行の信用膨張に歯止めをかけるものではなかった．それはむしろ，トライパーティ・レポ市場と同様に，クリアリング・バンクにあるディーラー間の口座を用いた振替「決済システム」によって，レポ取引におけるクリアリング・バンクの「信用創造」を容易なものとして，投資銀行の信用膨張を促進し，バイラテラル・レポ市場でのディーラー間取引の自立的な拡大を促していったのである．

---

36) クリアリング・バンクは，期日未到来の取引をも含めてほとんどすべてのレポ取引について，翌朝 8 時から 8 時 30 分にかけて取引を解消する「アンワインド」(unwind) を行っていた．「アンワインド」とは，クリアリング・バンク内に開設されている投資銀行等のディーラー間の預金口座と証券口座の間で，それぞれ資金の返済と担保証券の移設を行ってポジションを解消することである．このような「アンワインド」の市場取引慣行が一般化しているのは，投資銀行が当日の日中に自己の証券にアクセスすることが可能になり，担保の差し替え・割り当てを短時間で効率的に行うことができるようになるからである．しかし，それは同時に他方では，投資銀行にとっては資金を返済する時間と新たなレポ取引の成立によって資金を調達する時間の間で資金ショートが発生することを意味していた．そのために，クリアリング・バンクは投資銀行に対して巨額の日中信用を供与して，投資銀行のレポ信用取引の膨張を支えていったのである．宮内氏は，この間のレポ市場の拡大について次のように指摘されている．日く，「米国のトライパーティ・レポ市場の残高は，2008 年 3 月のピーク時には 2.8 兆ドルとなっている．概ねこれに匹敵する日中信用が，クリアリングバンク 2 行 (BONY, JP モルガン) から大手の投資銀行を中心とする少数のディーラーへ供与されていた」(前掲書，146 頁) と．

第 4 章 サブプライム金融危機と Shadow Banking System

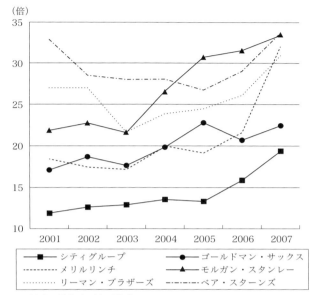

注) レバレッジ比率＝総資産／自己資本．
(資料) 各社資料より野村資本市場研究所作成
(出所) 佐賀卓雄「金融システム危機と投資銀行の衰退」(『証券レビュー』第 49 巻第 1 号，2009 年) 62 頁．

図 4-4　大手投資銀行のレバレッジ比率

(3) このように，投資銀行はレポ市場での資金調達に全面的に依存しつつ，レバレッジ効果によって高い自己資本利益率（ROE）を実現していった．レバレッジの定義については，金融機関の借入資金の運用状況が意味する異なる側面を反映して，その理解の仕方が異なる場合があるが，いま仮にレバレッジ比率を総資産／自己資本として把握すると，大手投資銀行のレバレッジ比率の推移は（図 4-4）のごとくである．5 大投資銀行のレバレッジ比率はいずれも商業銀行（シティグループ）のそれよりも高く，しかも 2004 年を境として急上昇している．とすれば，商業銀行のレバレッジ比率は，何故，投資銀行のそれに比して相対的に低かったのか，さらにまた，投資銀行のレバレッジ比率は 2004 年以降急上昇し，借入資金に依存した大規模な資産取得が行われていく

が，一体，何故，如何にしてそのようなことが可能となったのかが問題となるであろう．もとよりそれは「市場の規律」を逸脱した，野放図な信用膨張によってたまたま生じた偶発的な現象ではない．とするならば，投資銀行はその際に，一体どのようにしてリスク管理を行い，「経営の健全性」を維持しつつ信用取引を拡大していったのかが改めて問われなければならないのである．

　預金業務が禁止され，中央銀行信用へのアクセスも制限されている投資銀行が「経営の健全性」を維持するためには，まず適切な支払能力を確保することが不可欠である．そのために，融資や株・債券の貸付を行う際には，担保の受入れや担保の目減りを防ぐためにヘアカットによってリスクをカバーするレポ取引の形態をとっている．さらにまた，トライパーティ・レポ取引を通じて，容易にクリアリング・バンクから信用供与を得ることによってレポ取引を拡大したり，また一時的な流動性不足にも対処することができた．

　しかしながら，問題はそれだけにとどまらない．とりわけ危急の際には直ちに保有資産の流動化が容易に行われることが必要である．そのためには，投資銀行は常に市場を通じて自行のポートフォリオの流動性を維持・調整することが不可欠であり，適切な流動性の維持が死活的な重要性を持っている．したがって，市場の流動性が停滞すると投資銀行はたちどころに流動性危機に見舞われるので，監督機関である証券取引委員会（Securities and Exchange Commission, SEC）は投資銀行に「市場の規律」を遵守すべく独自の規制を課している．投資銀行の銀行行動規制を通じて証券市場の安定化を実現していこうとする，伝統的な市場規律重視の金融安定化政策が墨守されたのである．

　一般的に，規制・監督当局は，金融機関に対して投資家保護（顧客資産の保護）とともにシステミック・リスクの波及を防ぐことを目的として，その支払い能力を確保するために事前に一定の基準を設定し，それを逸脱した時には早期是正措置が採られることが多い．アメリカでは幾多の変遷を経て，1975年にブローカー・ディーラーに対して統一的なネット・キャピタル・ルール（Net Capital Rule）と呼ばれる，銀行の自己資本比率規制に類似した資本規制が導入された[37]．ところが，SECの監督権限が及ぶのは，ブローカー・ディーラー単体であって，それを子会社として持つ，持株会社本体にまで監督権限が及ばなかったのである．しかしながら，金融の自由化が進み，銀行業務と証

券業務の境界が曖昧となり，証券市場の攪乱が容易に金融システム全体に波及していく可能性が強くなると，この監督システムの不備が明らかとなってきた．そこで，SEC は 2004 年 6 月に 5 大投資銀行とシティ・グループ，JP モルガン・チェースの 2 行を対象として CSE プログラム（Consolidated Supervised Entity Program）を策定し，連結ベースで監督できる仕組みを整備したのである[38]．

SEC が CSE プログラムを新たに設けたのは，直接的には次の二つの事由によるところが大きかった．まず第一に，1999 年に成立したグラム・リーチ・ブライリー法（Gramm Leach Bliley Act）の影響である．その法令は，1933 年のグラス・スティーガル法（Grass Steagall Act of 1933）の一部を廃止し，銀行・証券業務のファイアーウオールを撤廃して，商業銀行が持株会社形式の下で証券業務に従事することを認めるというものであった．ただし，金融規制に関する方針は従来通りの形が維持され，証券会社については引き続き SEC が監督することとなった．そこで，大手投資銀行は規制を掻い潜るために金融持株会社を設立し，自らはその証券子会社となったのである．その結果，すでに指摘したように，SEC の監督権限は持株会社本体にまで及ばなかったので，SEC の監督体制の限界が明らかとなったことである．第二に，2002 年に EU が金融コングロマリット指令（Financial Conglomerates Directive）を発令した

---

37)「ネット・キャピタル」とは「株主資本」に「適格劣後負債」を加えた「総資本」額から，「非流動的資産」，「無担保債権の大部分」，「事業費」，「保有証券に対するヘアカット」等の「控除額」を差し引いた「資本要件を満たす流動資本」額である．ネット・キャピタル・ルールとしてブローカー・ディーラーに課されている「資本要件」は，「本則」が「総負債の $6\frac{2}{3}$% か 25 万ドルのいずれか大きい方」，「代替則」が「顧客関連資産の 2% か 25 万ドルのいずれか大きい方」である（General Accounting Office（GAO）, *Risk-Based Capital Regulatory and Industry Approaches to Capital and Risk*, July 1998, p. 132）．このように，ネット・キャピタル・ルールでは，投資銀行のレバレッジの拡大を抑制するために，負債比率規制と自己資本比率規制（それは，リスク・ウエイトを考慮した資産ではなく，信用リスクの多寡にかかわらず資産全体の資本に対する大きさを意味している自己資本規制である）の二つの視点からアプローチしていたことを窺い知ることができる．
38) ただし，CSE プログラムの対象となった大手商業銀行 2 行に関しては，その監督権限は FRB にあるので，SEC が直接監督することはなかった．

ために，その影響を受けることとなった．それによれば，EU 域内で金融業務を行っている域外の金融コングロマリットは，本国で EU と同程度の規制・監督を受けていなければ，改めて EU の規制・監督に服さなければならない，というものである．仮に EU の規制・監督を受けるために，域内に新たな持株会社を創るとなると，巨額の費用が必要となる．そこで，SEC の監督を受けていないアメリカの証券持株会社は，この指令が発効される 2005 年までに，SEC に対して持株会社に対する新たな監督の枠組みを作るよう要請したのである．

こうした経緯を経て策定された CSE プログラムは 2004 年 8 月に施行されたが，それは FRB が銀行持株会社に対して行っている規制・監督と同じ枠組みのものを証券持株会社にも適用し，2004 年 6 月に最終合意されたバーゼル II に準拠した自己資本規制を導入しようとするものであった．このように，CSE プログラムが意図したものは，金融の自由化・規制緩和が進む中で銀行業務と証券業務のファイアーウオールが取り除かれ，業態規制が撤廃された新たな歴史的段階で，SEC が証券子会社を含む連結ベースで証券持株会社を規制・監督し，監督上の抜け穴を防ぐために策定された証券市場の新たな健全化・安定化策であったのである．

しかしながら，CSE プログラムによって投資銀行グループの「経営の健全性」を堅持させようとする証券持株会社の規制・監督政策と，それを通じて投資銀行にも「市場の規律」を遵守させ，証券市場の安定化を実現していこうとする市場規律重視の金融安定化政策との間には深刻な矛盾が存在していた．

このプログラムでは，証券持株会社に適用される資本要件は，連結ベースでの流動性リスクと自己資本規制に関して，バーゼル基準に準拠した規制・監督が採択されている．他方，証券子会社である大手投資銀行については，これまで，ブローカー・ディーラーに対するネット・キャピタル・ルールの「代替法」に基づいて正味資本の規定とレバレッジ規制が課され，「経営の健全性」の堅持が求められてきた．ネット・キャピタル・ルールの「本則」に基づくレバレッジ比率規制は，ネット・キャピタルが負債総額の $6\frac{2}{3}$% 以上である（逆数で表現すれば，負債比率は 15 倍以内である）か最低ネット・キャピタル 25 万ドル以上であるのに対して，「代替法」に基づくそれは，ネット・キャピ

タルが顧客資産勘定（主として信用取引勘定よりなる）の2%以上か最低ネット・キャピタル25万ドル以上である．一般のブローカー・ディーラーは「本則」と「代替法」のいずれかを選択できるが，大部分が「本則」を採用しているのに対して，大手投資銀行は，必要とされるネット・キャピタルが少なくて済むためにすべて「代替法」を採用していた．ところが，CSEプログラムのレバレッジ規制は，証券子会社について，これまで「本則」に窺われたような負債比率規制をなくして，単に最低保有正味資本額を引き上げただけで，CSEに対するバーゼル資本比率規制に一本化したのである[39]．しかし，ここには大きな理論的混乱が存在していた．

まず第一に，バーゼル自己資本比率規制においては，分母となる資産の大きさを算出する際には，資産の信用リスクの大きさに応じてウェイト付けされた「リスク・アセット」が用いられる．バーゼル I ではリスク・ウェイトの区分は5段階しかなかったが，バーゼル II では各金融機関が独自にリスク評価をした「内部格付手法」等を用いて信用リスクをより「精緻に」ウェイト付けすることとなった．しかしながら，規制当局の承認が必要とされるとはいえ，投資銀行がそれぞれ独自の「内部格付手法」に基づいて自主的に信用リスクを評価し，そして，独自に算出した自己資本の水準をSECに提出・承認されると

---

[39] 投資銀行がCSE（連結企業体）として認められれば，投資銀行グループは「持株会社とブローカー・ディーラー双方のレベルで資本要件に従わなければならない．持株会社レベルでのCSEは，連邦準備が銀行持株会社に対して課している10%の『適切な資本化』基準を上回る，全般的なバーゼル資本比率を維持することが義務付けられている．さらに，代替法を用いて資本を計算しているブローカー・ディーラーは，少なくとも10億ドルの控除前正味資本（「控除前正味資本」(tentative net capital) とは，「市場リスクや信用リスク控除前の正味資本」のことである――引用者）と少なくとも5億ドルの正味資本を維持しなければならない．もし代替法を用いているブローカー・ディーラーの控除前正味資本が50億ドル以下に落ち込むと，ブローカー・ディーラーはSECに通告しなければならない」(SEC, Office of Inspector General (OIG), *"SEC's Oversight of Bear Stearns and Related Entities: The Consolidated Supervised Entity Program,"* September 25, 2008, Report No. 446-A, pp. 10-11)．ちなみに，この報告書は，ベア・スターンズ破綻後，SECの監査局がベア・スターンズの監督にあたった「取引市場部門 (the Division of Trading and Markets)」を監査して，10の調査結果とそれに基づく26の勧告を行なったものである．

すれば，それはこれまでのネット・キャピタル・ルールに基づく画一的な資本規制とは大きく乖離することになるだろう．

　それだけではない．そもそもバーゼル規制においては，仮に資産総額が一定であったとしても，保有資産のリスク・ウェイトが異なれば分母である算出資産総額が変化するので，自己資本をリスク・ウェイトが異なる「リスク・アセット」で除した自己資本比率も異なるものとならざるを得ないのである．それゆえ，バーゼル自己資本規制に基づく CSE プログラムによって投資銀行の保有資産を制限し，レバレッジの引き上げを一義的に抑制することはできないのである．他方，負債総額を自己資本，または正味資本で除したレバレッジ比率（負債比率）でみた場合においては，それはリスク・ウェイトで修正された資産額の変化とは全く関係がない．したがって，仮に自己資本比率が 8% と規定されたとしても，リスク・アセット・ベースの自己資本比率規制によって信用リスクの多寡とは無関係なレバレッジ比率（負債比率）が決定されるわけではなく，それがどのような水準になるのか全く分からないのである．このように，いずれにしてもバーゼル自己資本比率規制によってレバレッジ比率が一義的に規制されるという関係はもともと存在していないのである．実際，5 大投資銀行の一角を占めるベア・スターンズの破綻後に発表された SEC の監査局報告書は次のように指摘している．曰く，「ベア・スターンズのデータによると，それは 2008 年 3 月 10 日（ベア・スターンズの流動性が枯渇し始めた日――引用者）の週を含む CSE プログラムのもとにあった全期間で，持株会社およびブローカー・ディーラー双方のレベルで必要資本額を超過していた．ベア・スターンズは資本要件に従っていたけれども，その資本要件が適切であったか否かについては深刻な問題が存在している」．換言すれば，「CSE プログラムは，CSE 会社に対してレバレッジ比率の限度を義務づけてはいなかった．その結果，ベア・スターンズは破綻前におよそ 33 倍のレバレッジ比率に引き上げた．レバレッジは流動性リスクに影響を与えかねない」[40]と．

　このように，投資銀行はレポ取引を通じて必要とされる支払能力を確保して流動性リスクと信用リスクを管理すると同時に，バーゼル規制に準じた CSE

---

40) *Ibid.*, pp. 11, 19.

プログラムの資本規制を遵守して適切な資本要件を満たし,「経営の健全性」を堅持していた．にもかかわらず，それは決してレバレッジ比率の上昇を抑制するものでなかったばかりか，むしろ，「適切な」リスク管理と「充実した」資本要件を満たすことによって，かえって一層大規模なリスクテークを引き起こし，レバレッジ効果による自己資本利益率（ROE）の引き上げを促す槓杆として機能したのである．このように，投資銀行の経営不安・破綻は，しばしば指摘されるように，規制が緩和されるもとで投資銀行が「経営の安全性と健全性」を無視し，「市場の規律」を逸脱して野放図なリスク資産（サブプライムローン等）の取得を追求したためにたまたま発生した偶発的な事態[41]ではなくて，当局の監督・規制のもとで「市場の規律」を遵守し，「健全な経営」を維持していくなかで引き起こされた事態に他ならず，いわば「合成の誤謬」ともいうべき現象として勃発したのである．それゆえ，銀行と証券の業態規制が撤廃された新たな歴史段階で，銀行持株会社との統一的な基準で証券持株会社を規制・監督しようと企図した，市場規律重視の金融安定化策であるCSEプログラムは，投資銀行がSECの規制・監督のもとで「経営の健全性」を堅持するなかで，自己資本利益率を追求するインセンティブを通じてかえってレバレ

---

41) かかる見解は枚挙にいとまがない．例えば，翁百合氏は，投資銀行部門では規制が緩く，「規制上のフリーランチ」の状況にあり，投資銀行は「資本，流動性，リスク管理に関して，もっと厳しい条件を満たすことを求められるべきである」というJ.C. Rocketの主張（"Comments on the Article by A.Kashap, R.Rajan & J.Stein 'Rethinking Capital Regulation,'" Federal Reserve Bank of Kansas City, Economic Symposium, 2008, p.479）を援用しつつ，次のように述べられている．曰く．「CSEは法律に基づいた強制的な監督の仕組みではなく，任意のプログラムという緩い枠組みであり，これの対象となったのが，今回の危機で経営が悪化し，結果的に元の経営形態で生き残れなくなった主要5投資銀行であった」と（『金融危機とプルーデンス政策』（日本経済新聞出版社，2010年），48頁）．また，前掲のOIG報告書の「勧告」も，ベア・スターンズの監督にあたった「取引市場部門」が，ベア・スターンズが過度なモーゲージ証券業務への傾斜を知りながら，それを制限しようとする努力をしなかったこと，レバレッジ比率が高いことを知りながら，それを抑制するよう要求しなかったこと，また，ベア・スターンズのモーゲージのリスク管理に多くの欠点があることを知りながら，モーゲージ設計の専門的知識を強く認識させる機会を逸したこと等を指摘し（*op. sit.*, pp.18, 20, 23），監督体制の不備がベア・スターンズを経営破綻に導いたと主張している．

ッジを効かせようとする投資行動を促し，金融システムの新たな不安定化を引き起すものでしかなかったのである[42]．

第3節　商業銀行の簿外投資ヴィークルとCP市場

(1) これに対して，大手商業銀行の行動様式は投資銀行のそれとは大きく異なるものであった．すでに指摘したように，大手商業銀行も，2000年代半

---

42) GSEプログラムのもとでかえって「レバレッジ比率（負債倍率）が上昇」した要因として，二上季代司氏は「正味資産」を算出する際に，総資本から控除する「『控除額』の算定方法」の変更こそが問題であったと強調されている．曰く．GSEプログラムでは「従来の標準的方法に代えて，マーケット・リスクのHaircut部分やデリバティブのCounter-party Risk等，信用リスク部分の控除額算定について，VaR (Value at Risk) モデルのような計量的手法やシナリオ分析，内部格付など内部モデルの利用を認めた」（「金融業務の変質とリスク管理」（滋賀大学経済学部附属リスク研究センター，Working Paper No.J-9, 2009年) 12-3頁)．その結果，SECは，投資銀行がVaRモデル等の固有の「内部モデル」を用いて規制的資本を算定すると，「ブローカー・ディーラーが平均的な資本負担額を40％だけ減額する」ことになるだろうと推測している（FCIC, *op.sit.*, p. 152.)．あるいはまた，上位11社の2003年第3四半期のデータで推測すると，「およそ総額130億ドルのヘアカットの控除を実現でき，大体，年間総額2600万ドルの利益を実現するだろう」と予測している(SEC, *Final Rules*: *Alternative Net Capital Requirements for Broker-Dealers That Are Part of Consolidated Supervised Entities,* June 2004, p. 34456)，と．こうしたことから，二上氏は，CSEプログラムでは「標準的手法に比べ巨額の余剰資本を捻出できる」ので，それを「持株会社が吸い上げて他に転用」した結果，「財務会計上の負債倍率で計算しなおすと」，レバレッジ比率が上昇することとなった，と説明されている（同上，13頁)．

しかしながら，CSEプログラムが認めている「内部格付けなどの内部モデルの利用」によって生み出された「余剰資本」を投資したために資産規模が拡大したことと，レバレッジ効果を高めるために借入資金に依存した投資を拡大した結果，「負債倍率」が増大し，レバレッジ比率が上昇した，ということとは全く異なる事態であり，両者は理論的には明確に峻別して論ずるべきである．前者の資産規模の拡大は，CSEプログラムの利用によって生み出された「余剰資本」の多いさによって規定され，「負債倍率」とは全く関係がない．これに対して，後者の場合には，レバレッジ効果は実現された自己資本利益率 (ROE) と借入資金の金利の格差によって規定されるので，その差額が予想を上回る限り，借入資金需要は増大し，その結果，「負債倍率」が上昇することによって始めて資産規模の拡大も実現されるのである．

ば以降，投資銀行と同様にレバレッジ比率を上昇させてリスクテークを行いつつ資産取得に乗り出していくのであるが，しかしながら，それにしても大手商業銀行のレバレッジ比率は，投資銀行のそれに比して相対的に低いものであった（図4-4参照）．

もとより，このことは大手商業銀行がリスク資産の取得に慎重で，「健全な」銀行経営を行っていた，ということを直ちに意味するものではなかった．それは，アメリカの預金保険制度の中核をなし，銀行の監督や破綻金融機関の清算手続きを行う権限を有する連邦預金保険公社（Federal Deposit Insurance Corporation, FDIC）が，1980年代に相次いで生起した金融機関の破綻とその事後的な処理方法に関して多くの問題点が指摘されたことから，迅速な銀行の破綻処理体制を整備するために，1991年に制定された連邦預金保険公社改善法（Federal Deposit Insurance Corporation Improvement Act, FDICIA）の影響によるところが大きかった．80年代の金融機関の破綻に際して，S&Lの破綻処理では規制猶予（forbearance）政策を採択して問題を先送りした結果，かえって破綻処理費用が膨大化し，連邦貯蓄貸付保険公社（Federal Savings and Loan Insurance Corporation, FSLIC）そのものが債務超過に陥り，政府が巨額な財政支出を行って破綻S&Lの整理を余儀なくされた．また，商業銀行については，いわゆる"Too Big To Fail"ドクトリンが市場原理を歪めてかえってモラル・ハザードを引き起こした，と批判されていた．そこで，FDICIAにおいて新たな金融機関の健全化策として導入されたものが，銀行の経営悪化を未然に防ぐために，監督当局による早期介入を強化しようとする「早期是正措置（Prompt Corrective Action）」の策定であった．それは，自己資本比率の充実度に応じて金融機関を5つに分類し，その比率が低下するにつれて監督当局が段階的に監督措置を厳格化していこうとするものである．自己資本比率はリスクでウエイト付けしたリスク・アセット・レシオと，信用リスクの多寡にかかわらず資産全体に対する自己資本の割合を表すレバレッジ・レシオの双方で表されているが，いずれにしても商業銀行の信用拡大が野放図に進展していくの

---

43) Cf., Pike, Christopher J. and James B. Thomson, "FDICIA's Prompt Corrective Action Provisions," *Economic Commentary* (FRB of Cleveland), Sep., 1, 1992.

を防ぐために一定の歯止めをかけようとするものであった[43]。

こうして商業銀行は,「早期是正措置」による新たなレバレッジ規制の下で,資産の積み増しによるバランスシートの拡大によって収益の増大を図ろうとする,これまでのような貸出行動の転換を余儀なくされることになった。その結果,このような状況下で採択された大手商業銀行の新たな行動様式は,銀行本体のバランスシート上に計上される資産保有を増大させないようにするために,オフバランスのABCP導管体(conduit)や同様の証券化商品運用事業体であるSIVを設立し,そこにリスク資産を移して自己資本比率規制の制約を回避していこうとするものであった[44]。このようにして設置されたConduitやSIVといった投資ヴィークルは,「企業向けローン,売上債権,学生ローン,クレジット・カード債権,モーゲージといった金融資産を保有するためのペーパー・カンパニーである」。そして,投資ヴィークルはこれらの金融資産を担保としてABCP(Asset-Backed Commercial Paper)を発行し,こうして調達した短期資金をMBSやCDO等の証券化商品へと投資を行い,その差益を収益源としている。その収益の多くは,もとより,これらの投資ヴィークルをその傘下に設立した大手商業銀行に還流することとなる。オフバランスであるため,商業銀行は資本を用いることなく,これらの投資ヴィークルを通じて運用収益を極めて有利に追求することができたのである。

投資ヴィークルはABCPを発行して短期資金を調達し,それをより長期の証券化商品に投資して運用を行うのであるから,常に期間ミスマッチを抱えている。したがって,そこで発生する流動性リスクを管理するために,絶えずABCPの再発行によって短期資金を借り換えていかなければならない。そのために商業銀行は,ABCPの発行が低利で円滑に行われるように,これらの投資ヴィークルに「流動性補完」と「信用補完」を供与した。「流動性補完」とは,「導管体が償還期限の到来したコマーシャル・ペーパー(CP)を借換えできない場合に,デフォルトしていない資産を買い戻すためのバックアップの信用枠

---

[44] 「導管体を設立する経済的な理由は,常に,銀行規制によって課される自己資本比率規制の負担を減らすためであり,これは規制の制約を緩めるために銀行が生み出した金融イノベーションの古典的な例である」(Acharya, Viral V. and Philipp Schnabl, *op. cit.*, p. 89. 訳, 117頁)。

もしくはコミットメントを提供する」仕組みである．他方，「信用補完」は「導管体の資産に対する信用損失を補填する」ための保険で，商業銀行単独でか，もしくは他の金融機関と共同で信用保険を提供する，というものである[45)46)]．こうして，これらの補完措置により，投資ヴィークルの資産が劣化し，投資家が損失を被る場合には，投資家は銀行に遡及（リコース）することができるようになるのである．

ABCPの主たる投資家は，ポートフォリオの流動性を維持するために安全で短期の金融資産を求めるMMF等が中心である．MMFは，1940年投資会社法（Investment Company Act of 1940）に基づいて，投資できる証券やその資産配分に関して規制が課されているが，その投資対象は「適格証券」に限定されている．ここに「適格証券」というのは，「満期までの期間が397日以内で，

---

45) Ibid., pp. 86-7. 訳，114-5頁．ただし，銀行にとって「流動性補完」と「信用補完」を導管体に供与する際には，一定のエクイティを持つことが必要となる．しかしながら，「流動性補完に対する必要資本は資産価値の0.8％だけであった．つまり，最善のケースでは必要な自己資本比率（8％）の10分の1だけということだ．信用補完に対する必要資本はもう少し大きかったが，十分に低かった」(ibid., p. 88. 訳，118頁)．したがって，銀行はオンバランスで資産を保有するのに比べて，導管体を通じて保有資産をファイナンスしたほうが必要とされる自己資本の負担の軽減にとって有利であったのである．

46) Viral V. Acharya & Philipp Schnablは，さらに，導管体がどの程度の「流動性補完」と「信用補完」を供与されているかによって3種類の導管体に分類している．まず最初の類型は「完全支援型導管体」で，「流動性補完」と「信用補完」の両方をすべて備えているものである．次の類型は「部分支援型導管体」で，「流動性補完」はCPの全残高をカバーしているが，「信用補完」は資産の一定割合（平均して7〜10％）をカバーする「部分的な信用補完」に留まるものである．第3の類型はSIVで，「流動性補完」と「信用補完」を部分的にしか備えておらず（共に平均して25％程度），それを補うためにミディアム・ターム・ノートや劣後債のような他の債務を発行しているものである．

しかしながら，留意すべきは，経済危機が発生した時には，部分的な補完機能しか備えていなかったSIVでさえも，その資産の大部分が銀行本体のバランスシート上に引き取られたということである．それは，SIVが経営破綻したならば，このような仕組み金融をマネージメントしている商業銀行そのものへの信用不安を引き起こすことになるからである．したがって，「流動性補完」と「信用補完」に対する制限は概して効果がなく，「実質的には，すべての導管体が銀行のバランスシートへの遡及機能をもっていた」のである (ibid., pp. 90-3. 訳，119-122頁)．

2つ以上の格付機関から上位2位以内の短期格付を有している証券，あるいは，ファンド取締役会によってこれと同等と判断された証券．デフォルト時の保証（信用状，等）がある証券等は，適格証券に該当する．（規則 2a-7(a)(10)）」というものである[47]．それゆえ，投資ヴィークルは MMF の要求を満足させるためには，格付けの高い「適格証券」を発行しなければならない．高格付け「適格証券」とは市場流動性が高く，信用リスクが低い商品であると考えられるが，大手商業銀行が投資ヴィークルに供与した「流動性補完」と「信用補完」は，このような投資家の要求を満たすものであった．かくして，大手商業銀行はオンバランス上の自己資本比率の改善を図り，「経営の健全性」を維持しつつ，投資ヴィークルの発行する ABCP に信用保証を与えて，ABCP 市場自体の拡大を自ら主導していったのである．実際，アメリカの ABCP の市場規模を見てみると，2007年8月には1兆2,220億ドルに達し，それは金融機関や事業法人の CP 発行残高をも上回ったのである（図 4-18(a)）．元来，CP は信用力のある優良企業だけが短期的な資金調達を目的として発行することができる無担保の約束手形であるのに対して，ABCP はリスクを抱えた多様な証券化商品を担保として投資ヴィークルによって発行された CP であり，本来の CP とはその性質を異にするものである．とすれば，そのような ABCP 市場は一体，如何なるメカニズムを通じて自立的に拡大したのか，そしてまた，そこには如何なる矛盾が内包されていたのかが改めて問われなければならないであろう．

(2) 金融危機を引き起こしたリスク資産の膨張を促すうえで重要な役割を演じた ABCP 市場の自立的な拡大メカニズムを明らかにするためには，まずこの市場で ABCP の（再）発行によって借入金のロールオーバーを繰り返しながら活発な証券化商品への投資を行った，大手商業銀行傘下の投資ヴィークルの行動様式を明らかにしておくことが不可欠であろう．

---

[47] 岩井浩一，三宅裕樹「米国 MMF の元本割れ懸念とその回避策―サブプライム問題以降の取組み事例―」（『資本市場クォータリー』2008年春季号），図表 4-3（166頁）．

仕組み金融をマネージメントしている大手商業銀行のもとで設立された SIV を含むオフバランスの投資ヴィークルは，先ずオリジネーターからの倒産隔離を図るために立ち上げられたグループ内の SPV が，銀行自らオリジネートした債権やまたは関連機関から購入した多様な原資産を裏付けとして新たな証券化商品を組成すると，その証券化商品の保管・販売を委託されることになる．そしてその際に，投資ヴィークルはこれらの証券を担保として ABCP 市場で資金調達を行い，それを仕組み機関の意向を受けて再度 MBS, ABS, CDO 等といった長期証券化商品に投資することによってレバレッジの高い投資を行った．そしてその結果，投資ヴィークル・大手商業銀行は利回り格差に基づく収益を手にすることができたのである．このように投資ヴィークルが CP 市場を利用して高いレバレッジ投資を行っていたメカニズムは，ABCP を発行して短期資金を調達し，それを用いてリスク資産を含む多様な原資産を裏付けとした証券化商品等の長期資産を購入し，それを担保に再び ABCP を発行し，その調達資金を再度証券化商品に投資するといったことを繰り返して投資額を膨らませることによって実現されたのである．したがって，そこでは証券化商品の販売が円滑に実現される限り，ABCP の借換えは容易に行われ，CP 市場も自立的に拡大していくこととなった．

すでに指摘したように，投資銀行がレポ市場を通じて受入れ担保を再び差し入れ担保として活用することによって信用を拡張したのと同様に，大手商業銀行傘下の投資ヴィークルもまた，ABCP 市場を通じて証券化商品の再担保を繰り返しながら流動性を確保し，信用取引を膨張させていったのである．このように，Shadow Banking System のもとにおける信用膨張メカニズムは，それぞれの短期金融市場において，その独自な市場取引慣行を活用しつつリ・ハイ

---

48) ただし，アメリカでは，SEC が 1934 年証券取引法（Securities Exchange Act of 1934）に基づく規則によって，また FRB がレギュレーション T によって，それぞれ証券会社や銀行が顧客からの差入れ担保証券を自己勘定の資金調達に利用することに対しては一定の制限を設けている．これに対して，イギリスではそのような規制は存在しない．そのためアメリカの大手投資銀行や大手商業銀行は，ロンドン金融市場において顧客からの差入れ担保をリ・ハイポセケーションすることによって多額の資金を調達し，過度なレバレッジ投資を行ったとみられている．

ポセケーション[48]を繰り返して自らのポートフォリオの流動性を維持することによって初めて現実化したのである．

　そして，留意すべきは，実は，証券化商品の再証券化そのものが，このような信用膨張メカニズムを通じて新たな信用取引の自立的な膨張を促すものであったという点である．優先劣後の構造を持つ商品として組成された証券化商品の特徴は，メザニン証券やエクイティ部分の証券といった劣後証券部分にリスクを優先的に引き受けさせることによって，弁済されるキャッシュ・フローを最優先で受け取ることができるシニア証券を作り出す点にある．劣後証券は積極的なリスクテイクを行うヘッジファンド等によって引き受けられたが，残余部分は再び証券化された．再証券化は，劣後証券にさらに新たな資産担保証券（ABS）を混入させたうえで再び優先劣後構造を持つ証券化商品へと組み直して，再度キャッシュ・フローを優先的に受け取ることができる証券を作り出そうというものである．このように，原資産を担保とした債券をさらに担保として新たな債券（ABS CDO）を組成することによって，再びシニア証券が生み出されるのである．それは，さらに ABS CDO を集めて，それを裏付け資産とする CDO^2（CDO スクエアード）のような証券化商品も組成された．このように，優先劣後構造を使って再証券化が繰り返されていくと，投資ヴィークルはそのような再証券化商品にも積極的に投資を行い，それらの証券化商品を担保として ABCP 市場から資金を調達しつつさらにレバレッジをかけた自己増殖的な投資を繰り返して，信用取引の自立的な拡大を主導していったのである．

　（3）しかしながら，問題はそれだけに留まらない．証券化の進化がすすむと，投資ヴィークルの行動様式も次第に変貌していった．当初，銀行本体の自己資本比率規制の制約を回避するために投資ヴィークルに移されたリスク資産の管理・運用が主たる業務であったが，それは金利裁定取引を伴うものであったために，その取引規模が拡大するとともに次第に金利感応的な行動様式へと変化していったのである．ことに，長短金利スプレッドが縮小していくと，投資ヴィークル・仕組み機関は，投資家にとって魅力のある各種トランシェを作り出すためだけではなく，自らのスプレッド収益の増大を実現するために，より大きなキャッシュ・フローを生みだす担保資産を組み入れた．そしてそれゆ

第4章　サブプライム金融危機と Shadow Banking System

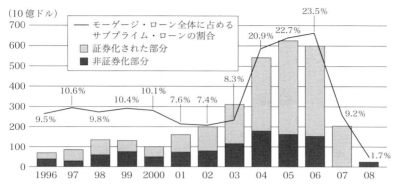

注）証券化された割合は，ある年に発行されたサブプライム証券がその年にオリジネーションされたものによって割られたものと定義されている．2007年には，発行された証券がオリジネーションされたものを上回った．
（資料）Inside Mortgage Finance
（出所）FCIC, *op. cit.*, p. 70.

図 4-5　サブプライム・ローンのオリジネーションと証券化

えに，リスクのより大きな仕組み債を組成し，証券化市場の自立的な拡大をさらに自ら推し進めていった点に留意する必要がある．実際，アメリカにおけるサブプライム・ローンのオリジネーションとその証券化は，長短金利スプレッドが縮小していく 2004-06 年に急増し（図 4-5），その増大したサブプライム MBS を組み入れた CDO の組成が盛んに行なわれていくことになったのである．

元来，証券化は，信用リスクの細分化と分散化によって，銀行にとってリスクの大きな融資案件を実現可能とするための手法として開発され，そのために，アメリカでは信用力が劣る個人に対しても住宅取得を可能とする伝統的な（持家）住宅政策と軌を一にして発達してきた．そして，アメリカにおける証券化は MBS から CMO へ，さらにまた CDO や CDS の創出へと発展してきたのである．しかしながら，このような証券化の進化過程は，単に銀行の貸出債権を流動化してリスクの分散化・転嫁を図り，バランスシート上で自己資本比率の改善を実現するためのリスク管理手法として用いられただけではない．それは同時に，証券化商品を組成する過程で，担保に組み入れられた資産から発生す

るキャッシュ・フローと各種トランシェに対して支払われる利子との間の利鞘の獲得を目指す，投資ヴィークル・仕組み機関の新たな投資行動を生み出す契機となったのである[49]．したがって，そのような金利裁定取引を目的とした証券化商品の組成が盛んになると，大手商業銀行傘下のSPVがCDOを組成する際に，投資ヴィークルによる金利スプレッドの獲得が満足できるものである限り，CDOのオリジネーターや投資家に安定した収益を保証することができるので，CDOの組成が容易に促進されることを意味している．これに対して，金利が低下したり，金利スプレッドが縮小したりすると，これまでのような投資適格企業向けローンや債券を担保とするCDOの組成は困難となり，投資ヴィークル・仕組み機関は新たな対応を迫られることとなったのである．

2000年代初頭から2000年代半ばにかけてのアメリカの住宅ブームは，このような投資ヴィークルの行動様式の変化によって二つの特色ある局面によって画されている．まず第一の局面は，ITバブル崩壊後，2003年にかけて大幅な金融緩和が行われ，FF金利が1％にまで引き下げられていった局面である．ここでは短期金利が大幅に低下するとともに，長短金利スプレッドも急速に拡大していった（図4-6(b)）．したがって，このような局面では，投資ヴィークルは大幅な利鞘を稼ぐことができるだけではなく，長期金利も短期金利に比して比較的安定していたので，CDOの各トランシェに支払われる収益は投資家をも満足させるものであった．かくして，ここでは投資適格な企業向けローンやモーゲージ・ローンのオリジネーションとその証券化が活発に行われることになったのである．これに対して，第二の局面というのは，04年から06

---

49) Z. PozsarはCDOsの進化過程について次のように指摘している．「当初，CDOsは企業向け融資に適用され」，そのローンを担保として組成された．そこでは自己資本規制をコントロールしようとする点から，バランスシート上で銀行融資のリスク管理のために用いられた（「バランスシート型CDOs（balance sheet CDOs）」）．しかし，その後「この当初のCDOsの存在理由は徐々に変化し」，「バランスシート型CDOs」は「裁定型CDOs（arbitrage CDOs）」――「（担保）資産に提供される収益と種々のトランシェになされる支払いとの間のスプレッドを取得する」ことを主たる目的として組成されたCDOs――へと転化していくことになった，と（Pozsar, Zoltan, "The Rise and Fall of the Shadow Banking System," *Regional Financial Review*, (Moody's Analytics) July 2008, pp. 13-4).

年にかけて短期金利が急激に引き上げられ，長短金利スプレッドは急速に縮小・逆転することとなった局面である．長短金利スプレッドが縮小してくると，CP市場から短期資金を調達して長期証券化商品に投資をするSIV等の投資ヴィークルの利鞘は縮小し，その活動は困難となる．その結果，より大きな利回りが保証される新たな証券化商品の組成が求められることになった．そこで，投資ヴィークル・仕組み機関がこのような局面においても適切なスプレッド収益を確保するために，CDOを組成する際に，投資適格資産を担保とするよりも，キャッシュ・フローのより大きな，例えば，「サブプライム・モーゲージを担保とするMBSや，クレジット・カード売掛債権や自動車ローンを担保とするABS」のような「新しいタイプの担保」にシフトしていくことが不可避となったのである．それは，信用力が劣り，リスクの大きな証券を裏付け資産として組成する証券化商品ではあるが，それゆえにまた，より大きなキャッシュ・フローを生み出す担保資産を用いるので，それによって始めて，投資適格企業向けローンや債券を担保とするCDOよりも相対的に厚いスプレッドを確保することができるからである[50]．実際，長短金利スプレッドが急速に減少していく2004年から06年にかけて，サブプライム・ローンのオリジネーションは急増し，全モーゲー・ローンに占める割合が20%を超えたばかりでなく，そのほとんどが証券化されたのである（図4-5）．そしてその結果，サブプライムMBSを担保に組み入れたCDOが大量に組成されることとなった．

このように，大手商業銀行傘下の投資ヴィークル・仕組み機関の行動様式は，

---

50) Z. Pozsarは，ITバブル崩壊後，FRBの低金利政策の下でアメリカ経済が2003年頃に回復し始めたが，「企業信用スプレッド」が縮小してくると，それは「投資適格資産を担保として用いるCDOsの組成を一層困難なものとした」，そこで，CDOは，例えば「サブプライム・モーゲージを担保とするMBSや，クレジット・カード売掛債権や自動車ローンを担保とするABS」のような「新しいタイプの担保」に裏付けられたABS CDOにシフトした，と述べている．そして，2004年以前にはABS CDOに対する市場は小さかったが，2005-07年にかけて（図4-6(b)から窺えるように，この時期には長短金利スプレッドが急速に縮小している），サブプライム・モーゲージを担保とするMBSを裏付けとしたABS CDOの発行はますます増大し，この間に発行されたABS CDOの約70%がサブプライムMBSを組み入れていた，と指摘している（ibid., p. 14）．

一方では，金利スプレッドが縮小し，自らを取り巻く経済環境が悪化した場合においても，投資家の収益や自ら取得する利鞘の拡大を目指して，リスクの大きな担保証券を組み入れた ABS CDO の組成を促す役割を演じていった．と同時に，それは他方では，この新たに増大する ABS CDO の信用リスクを抱え込むことになるが，それを如何にして管理するのか，という新たな問題に直面することとなった．しかしながら，投資ヴィークル・仕組み機関による ABS CDO のリスク管理は，証券化によってリスクの細分化・分散化を図る他に術はなく，そのことは，証券化商品の再証券化需要をさらに新たに生み出し，証券化市場の自立的な拡大を一層促していくこととなったのである．そればかりではない．投資ヴィークルのリスク管理は，自らを連結している大手商業銀行の「流動性補完」や，必要とされる場合には問題資産をその銀行のバランスシート上に移転する「信用補完」によって担保されていた．それゆえ，自らを取り巻く経済環境が悪化した局面においても，利鞘収益の拡大を目指す投資ヴィークル・仕組み機関の行動様式は，大手商業銀行からの信用保証を梃杆としてサブプライム MBS をも組み入れた ABS CDO の組成を強行し，証券化商品の価値毀損が生じない限り，それを担保として ABCP 市場から資金を調達しつつ，新たな証券化商品への大胆な投資を継続していくこととなった．したがって，このような投資ヴィークル・仕組み機関のリスク管理手法は，その投資行動を何ら抑制するものではなく，かえってスプレッド収益の拡大を目指した新たな証券化商品の組成と大胆な投資を促進していくものでしかなかったのである．その結果，このような高いレバレッジ投資が繰り返されることによって ABCP 市場と証券化市場との相互促進的な市場拡大は，一段と加速化していくこととなった．

第4節　サブプライム金融危機の勃発

（1）アメリカでは IT バブルの崩壊に続き，2001 年には世界同時多発テロも発生し，アメリカ経済の減速懸念が強まる中で，FRB は大胆な金融緩和措置をとった．FF 金利は 2001 年の 6.5% から 2003 年にかけて急速に引き下げられ，その後，1 年近くにわたって 1% に据え置かれたのである（図 4-6(a)）.

第 4 章　サブプライム金融危機と Shadow Banking System

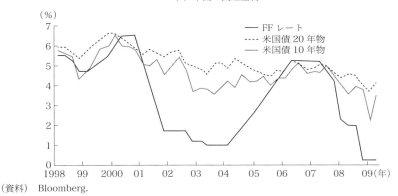

(a) 米国の長短金利

(資料)　Bloomberg.

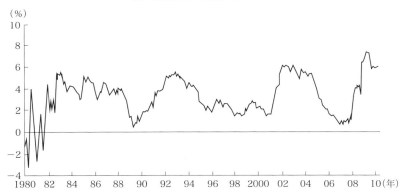

(b) 米国における長短スプレッド

(資料)　Datastream.
(出所)　植田和男「世界金融・経済危機オーバービュー—危機の原因，波及，政策対応—」(同編『世界金融・経済危機の全貌—原因・波及・政策対応—』慶應義塾大学出版会，2010 年) 16-7 頁．

図 4-6　米国の長短金利とスプレッド

　その結果，短期金利は消費者物価上昇率をも下回り，実質金利がマイナスになるという金融緩和状況が生み出された．金融機関はその基礎上で住宅ローン金利や消費者ローン金利をも大幅に引き下げていくのであるが（住宅ローンの

30年固定金利は8.05%（2000年）から5.83%（2003年）に低下し，それは2004-06年にかけても[51]かなり長い期間にわたって継続された．そして，このような金融緩和政策を契機として，未曾有の住宅ブームが生み出されることとなったのである．

　長短金利格差の変動によって影響を受けるとはいえ，アメリカでは一般的に長期固定金利の住宅ローンの利用が多く，住宅ローンに占める全期間固定金利ローンの割合が70%前後を占め，さらにそのうちの80%程度は30年固定金利ローンであると言われている（プライムローンに限定すれば，この割合はさらに高まる）．それゆえ，2000年代初頭の大胆な金融緩和政策に伴う住宅ローン金利の大幅低下の影響は大きく，公的住宅ローンでは一般的に「繰上げ償還違約金（Prepayment Penalty）」条項は禁止されているので，住宅ローンの利用者は金利負担の軽減を図るために大規模な住宅ローンの借換えを行った．新規住宅ローンに占める借換えの割合は，2003年には80%弱にも達し（図4-7），この借換え需要の集中により住宅ローン貸出額が急増したために，それは2003年には4兆ドル近くにまで上ったのである（図4-8）．このような空前の借換えブームは，アメリカ国内だけではなく，世界的な過剰流動性が発生するなかで，アメリカの住宅金融市場に大量の資金を呼び込むこととなり，住宅価格の急激な上昇を引き起こす契機となった．

　ところが，このような歴史的な低金利政策によって生み出された，住宅ローンの借換えブームに依存した住宅金融市場の活況は，景気過熱とインフレ懸念

---

51) （図4-6(a)）に見られるように，FRBは2004年から06年にかけてFFレートを引き上げていった．ところが，このような引き締めにもかかわらず，長期金利はほとんど反応せずに，むしろわずかながら低下したのである．A.グリーンスパンは，このような長短金利の乖離した動きを「債券市場の謎（Conundrum）」と呼んだが，植田和男氏は，それを次のように説明されている．この時期，海外からのアメリカへの資本流入が増大したが，欧州からの流入とは異なり，アジアからの資本流入は（アジア通貨危機の経験とその後のIMFによる経済管理の厳しさを目の当たりにして）リスク資産への投資が避けられ，もっぱら「米国債のような安全資産に向かった」．そのため，FRBの金利の引き上げにもかかわらず，長期金利はほとんど影響を受けず，「住宅価格バブルの長期化を招いた」と（「世界金融・経済危機オーバービュー—危機の原因，波及，政策対応—」同氏編『世界金融・経済危機の全貌—原因・波及・政策対応—』（慶應義塾大学出版会，2010年），15-6頁）．

第4章 サブプライム金融危機と Shadow Banking System

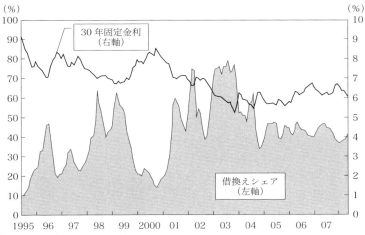

(資料) FHLMC（フレディマック）．
(出所) 小林正宏，安田裕美子『サブプライム問題とアメリカの住宅金融市場』（住宅新報社），2008年，119頁．

図 4-7 住宅ローンの新規貸出に占める借換えのシェアと金利動向

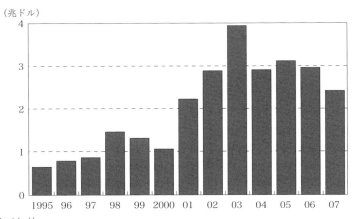

(資料) Inside 社．
(出所) 図 4-7 に同じ．

図 4-8 住宅ローン新規貸出額

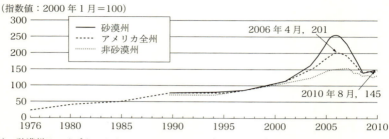

注) 砂漠州はアリゾナ, カリフォルニア, フロリダ, ネヴァダ各州である.
(資料) CoreLogic and U.S. Census Bureau: 2007 American Community Survey, FCIC の推計.
(出所) FCIC, *op. cit*., p. 87

図 4-9　アメリカの住宅価格の推移

が台頭するなかで FRB が 2004 年 6 月に金融の引締め政策に転ずると, 新たな局面を迎えることとなった. FRB が金融引締め政策に転じた後も長期金利は大きな影響を受けなかったために, 空前の借換えブームは沈静化したとはいえ, 新規住宅ローンの借入れは 2003 年に 4 兆ドル近くにまで増大した後も, その後 3 年間にわたって毎年 3 兆ドル前後の新たな住宅ローンの借入れが生み出されていった. そしてその結果, アメリカの住宅価格は 2004-06 年にかけてさらに急騰していくこととなったのである (2000 年 1 月の全米住宅価格指数を 100 とすると, それは 2006 年 4 月には 201 にまで, 2 倍以上にも高騰した (図 4-9)). しかも, この局面の住宅ブームにおいてはサブプライム・ローン市場が活況を呈し, 2006 年にはサブプライム・ローンはその年にオリジネートされた全モーゲー・ローンの 23.5% を占めるまでに至ったばかりでなく, 新たに 6,000 億ドルのサブプライム・ローンがオリジネートされ, その多くが証券化されたのである (図 4-5).

2000 年代半ばに現れたこのようなサブプライム・ローン住宅金融市場の活況とさらなる住宅ブームの興隆は, アメリカに独自な住宅金融制度と住宅ローン業務を手掛ける金融機関の行動様式の変貌に大きく依存していた. まず第一に, FRB の金利の引き上げにもかかわらず長期金利はほとんど上昇しなかったために, 住宅ローンの借入れには有利な状況が継続したが, そればかりではない. アメリカでは, 1986 年「税制改革法 (Tax Reform Act of 1986)」によ

って，個人所得税では消費者信用利子控除が廃止され，住宅モーゲージ利子控除は2軒目まで対象範囲が拡大されたために，これを利用した住宅担保貸出しが増大し，消費者ローンから住宅モーゲージ・ローンへのシフトが生じたのである．それは，住宅の時価評価額と既往の住宅ローン借入残高との差額である住宅の純資産価値を担保として，住宅ローンの借手に「消費者ローン」枠が与えられる「ホーム・エクイティー・ローン（Home Equity Loan）」制度が広く利用されたからである．したがって，住宅価格が上昇している局面では住宅の純資産価値も上昇するので，それを担保として巨額の消費者ローンの借入れができるのであり，自動車・家具等の購入や住宅の改修等の個人消費を拡大させるうえで重要な役割を演じた．このような制度が存在するために，新規住宅ローン需要がさらに拡大されたのである．また，住宅価格の上昇分を担保に新規の借入額を増やす「キャッシュ・アウト・リファイナンス（Cash Out Refinance）」では，既存の住宅ローンを返済＝「借換え」し，残余の借入金は，これもまた自動車や家具等の購入や他の債務の返済に充てられたのである．したがって，このような住宅金融制度のもとでは，住宅価格の上昇がかえって住宅ローン残高の増大を促進したとしても何ら驚くには当たらないのである．そして，このようにして獲得された新たな信用枠の拡張が，個人消費の一層の拡大と他のより高額の債務への借換え・返済に充当され，それがさらに個人消費の拡大と住宅ブームを加速していったのは見やすい道理であった．

　それだけではない．投資ヴィークルや投資銀行の行動様式がこの局面において大きく変貌したのである．すでに指摘したように，2004年以降の長短金利スプレッドの急速な縮小は，これまでのように投資適格資産を担保としてCDOを組成することを困難なものとしたので，投資ヴィークル・仕組み機関に対して新たな市場の打開策を模索することを余儀なくした．そのような状況を克服するために投資ヴィークル・仕組み機関によって打ち出された行動様式は，スプレッド収益の拡大を企図した新たなリスク・テーキングの画策であった．その結果，住宅ローン利用者の新たな開拓とその利便性を高めるために，返済条件が異なる多様なサブプライム関連の新規住宅ローンの開発とその証券化が推し進められ，そしてまた，そのような「新しいタイプの担保」に裏付けられた新種の仕組み債の発行が促進されることとなったのである．

他方，2000年代半ばにはレポ市場で取引される担保の種類も多様化し，独自のメカニズムを通じてレポ市場に厚みが増してくると，投資銀行もまたその基礎上で活発な活動を展開した．モーゲージ・バンクがオリジネートするローン債権を幅広く集めて，SPVを通じてこれを裏付け資産とする証券化商品を組成・販売するストラクチャード・ファイナンスを大規模に展開するとともに，ヘッジファンドとの取引においてはプライム・ブローカレッジ業務を通じて債券の貸借だけではなく，ヘッジファンドが必要とする巨額の資金をも融資していったのである．

　さらにまた，2004年にCSEプログラムが策定されると，それを画期として投資銀行のレバレッジ比率は急速に上昇していった．バーゼルIIに準拠したCSEプログラムのレバレッジ規制は，投資銀行がそれぞれ独自にリスク評価をする「内部格付手法」に基づいて信用リスクをより精緻にウェイト付けしようとするものであったが，投資銀行が独自に算出した自己資本水準は，これまでのネット・キャピタル・ルールに基づく自己資本規制とは大きく異なるものであったからである．それだけではない．そもそもバーゼル自己資本規制においては，資産総額が一定であったとしても，保有資産のリスクウェイトが異なれば，自己資本比率も異なるものとならざるをえないものであった．それゆえ，バーゼル自己資本比率規制に準拠したCSEプログラムによって投資銀行の保有資産を制限し，レバレッジの引き上げを一義的に抑制することはできないのである．それは，投資銀行にとっては，むしろCSEプログラムの資本規制を遵守していくなかで，かえってサブプライム・ローン等のリスクテークの拡大を誘発し，レバレッジ効果による自己資本利益率の引き上げを促す槓杆として機能したとしても何ら不思議なことはなかったのである．

　こうして，2004-06年にかけてサブプライム・ローン住宅金融市場は活況を呈し，住宅ブームはさらなる興隆を極めることとなったのである．

　(2) 2000年代のアメリカの住宅ブームのなかで，全米住宅市場価格のピークを記録したのは2006年4月であるが，各州の住宅価格の上昇率は大きく異なっていた．その中でとりわけ「砂漠州」（アリゾナ，カリフォルニア，フロリダ，ネヴァダの各州）の住宅価格の上昇率は顕著であった（図4-9）．「砂漠

州」は地理的に近い中南米諸国からの移民が多く，ヒスパニック系の住民の居住率の高い地域である．サブプライム・ローンはしばしば「低所得者」向け住宅ローンと表現されることが多いが，サブプライムとは債務者の信用力を点数化した FICO（ファイコ）スコアが 620 点（もしくは 660 点）以下と分類されるものであり，多くは過去に延滞履歴を有していた．しかしながら，それは必ずしも収入分位で「低所得者」に分類されている債務者と一致しているわけではない．むしろ，サブプライム・ローンの利用者の実態を見てみると，「『低所得者』よりは『ヒスパニック』の比率の高さが特徴的である」．それゆえ，より良い生活を目指して流入した移民の多い「砂漠州」では，アメリカン・ドリームの象徴である住宅の取得意欲は強く，「ヒスパニック人口の分布とサブプライム・ローン利用者の地理的分布は見事に一致」していた[52]．したがってまた，これらの「砂漠州」では潜在的に旺盛な住宅需要によって住宅価格の上昇も顕著であったのである．しかも，アメリカの住宅ローン制度では，実質的にノンリコースの融資慣行が支配していたために，住宅ローンを利用した住宅建設がさらに加速されていったのである．こうして，2004-06 年の「住宅バブル」期において，このようなサブプライム層に対してもサブプライム・ローンやオルト A・ローン（FICO スコアは高いが，借り手の所得証明や資産証明が不完全なもの）といった新たな形態の住宅ローンが爆発的に拡大していった．

　サブプライム・ローンは，従来の伝統的な固定金利ローンであれば，そのリスクの高さからプライム層に対するローンよりも高い金利を求められるものであったが，非伝統的な変動金利ローンを基礎として，借り入れ当初の返済負担を一時的に軽減することによって，手元資金が少なくても住宅ローンを利用することができる仕組みを構築することを通じて実現されたものである．具体的には，ハイブリッド型の変動金利ローン（当初は実勢よりも低めの固定金利であるが，2-3 年後には変動金利ローンに切り替えられるもの）やインタレスト・オンリー・ローン（当初の返済は金利部分のみで，元本返済が猶予されるもの）などである．そしてこれらのローンでは，優遇期間が終わった時点で返

---

52) 小林正宏・大類雄司『世界金融危機はなぜ起こったか　サブプライム問題から金融資本主義の崩壊へ』（東洋経済新報社，2008 年），41-3 頁．

済条件の見直しが行われるが，新たな約定金利はこの間のリスクプレミアムが上乗せされるために，市場の変動金利よりも 3-6% 高くなり，返済額が急増するというものであった．したがって，このようなローンを利用しようとするものは，長期にわたって返済を続けていくというよりもむしろ返済条件の見直しが行われる時に，再び当初の低い金利を享受できるような有利な住宅ローンに借り換えようとする短期の債務繰り延べ手段として活用していった，としても驚くには当たらないであろう．それは，住宅価格の上昇に基づいて住宅の純資産価値が増大するならば，住宅の担保価値の上昇によって債務の返済を行うことが可能となり，したがってまた，その間は有利な条件で短期の住宅ローンの借り換えを行うことができるからである．それゆえ，このようなメカニズムが円滑に機能しうるのは，住宅価格の上昇が持続し，それに起因する返済能力を新たに創出することができる場合に他ならない．したがって，サブプライム・ローンの隆盛を基盤とする住宅ブームは，仮にそのような条件が崩れたならば，住宅ローンの返済問題が一挙に顕在化せざるを得なくなるリスクを内包するものであったのである．

(3) アメリカでは住宅価格の変化の地域間格差は大きいものがあったが，2006 年 4 月以降，全米の住宅価格の上昇には陰りが見え始め，翌年にかけて住宅ローンの支払い延滞率と差し押さえ比率が上昇することとなった．殊にサブプライム・ローンの延滞率の増加傾向が顕著となり，さらにその差し押さえ比率が著増すると，住宅金融市場は一挙に緊迫化し始めた．

元来，住宅ローン需要の拡大は賃金・家計収入によって規定されており，究極的には実体経済によって「制限」されている．アメリカでは 2006 年以降，非農業部門の新規雇用者数の増加率は低下しており，個人消費支出も停滞し始めた（図 4-10）．一般的には，住宅価格が上昇すればローン返済額を含む必要資金が増大するために，消費者の賃金・所得が一定であれば住宅購買力は低下し，住宅ローン需要も減少するのであるが，しかしながら，すでに指摘したように，2000 年代半ばのアメリカの住宅ブーム期においては，住宅価格が上昇するとかえって住宅ローンの借入れ需要が増えただけではなく，個人消費も増大するという現象が現れた．とは言え，住宅価格の高騰期に住宅ローンの利用

第 4 章 サブプライム金融危機と Shadow Banking System　　　　281

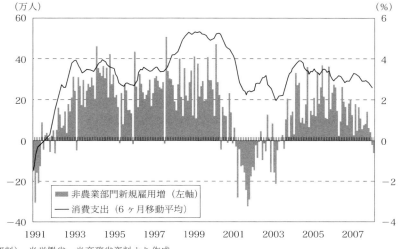

（資料）米労働省，米商務省資料より作成．
（出所）図 4-7 に同じ．前掲書，51 頁．

図 4-10　アメリカの雇用と消費支出

を拡大して住宅を購入すれば，住宅ローンの借入れ残高が増大し，それだけ返済額が増えるために，賃金・所得が上昇しない限り，住宅ローンの返済額が賃金・所得収入に占める比率である「返済負担率（Debt to Income Ratio, DTI）」が高くなり，債務者の返済負担が重くなることは不可避である．そしてその結果，ローン返済の延滞率や貸倒率が高くなる傾向がある．

ところが，アメリカではこのような関係が直ちに現れず一時的に隠蔽されたのは，「ホーム・エクイティー・ローン」制度によって，住宅価格からローン残高を控除した実質持分である「純資産価値（home equity）」を担保にして，住宅ローンの借り手に対して「消費者ローン」枠が与えられ，個人消費の拡大が促されたばかりか，「キャッシュ・アウト・リファイナンス」ではその増大した住宅資産価値を担保に限度一杯の新規借入れによって住宅ローンの「借換え」が行われ，残余は個人消費の拡大に充てるということが可能であったからである．賃金・家計収入の増大が制限されているにもかかわらず，このような仕組みが機能して住宅ローン需要や個人消費の拡大が生ずるのは，言うまでも

なく，住宅価格の上昇を前提として始めて成り立つものであった．それゆえ，賃金・所得の伸び率が停滞している基礎上で，2006年4月以降，全米の住宅価格の増勢が鈍化・下落し始めると住宅の「純資産価値」の増加率が低下するので，それを担保とする家計の資金調達能力が低下するために，「返済負担率」が急速に上昇せざるをえなくなる．あるいはまた，担保資産価値が悪化するために，借換え時の住宅ローン金利が上昇してローンの返済額が「キャッシュ・アウト・リファイナンス」による借入を超えるならば，債務超過に陥ることが避けられなくなる．いずれにしても，それらの結果，新規住宅ローンの借入れの抑制・減少が生ずるというだけではなく，住宅ローン支払いの延滞と住宅担保の差し押さえの増加が不可避となるであろう．

実際，2006年4月以降の住宅価格の下落の結果，翌年にかけて住宅ローン支払いの延滞率と差し押さえ比率は上昇し始めたが，それはとりわけ返済額の負担増で，支払いを継続することが困難となったサブプライム層で顕著に現れた（図4-11）．2007年第1四半期には，支払期日を過ぎた延滞債権は，住宅ローン全体の4.84%（対前年同期比10%増），サブプライム・ローンでは13.77%（対前年同期比20%増）に達した．また差し押さえ比率も，住宅ローン全体で0.58%（対前年同期比41%増），さらにサブプライム・ローンでは2.43%（対前年同期比50%増）へと上昇したのである[53]．そしてその後，住宅ローン支払いの延滞は2010年まで，差し押さえは2009年に至るまで急増していくのである[54]．このような延滞・差し押さえの増加によって住宅市場に在庫が積み上がると，それはさらに住宅価格の下落を加速させていくこととな

---

53) U.S. Department of Housing and Urban Development (HUD), *U.S.Housing Market Conditions*, 2nd Quarter 2007, p. 25.
54) 2010年第1四半期には，住宅ローン全体の延滞率は10.06%に，コンベンショナル・サブプライムローンでは27.21%，コンベンショナル・変動金利サブプライムローンでは29.09%に達している（HUD, *ibid.*, 2nd Quarter 2010, p. 24. ちなみに，コンベンショナル（Conventional）ローンというのは，連邦政府の公的保険や保証が付いていない，「通常の」という意味の総称である）．また，2009年第1四半期には，ローン全体の差し押さえ比率は1.37%を，コンベンショナル・サブプライムローンでは4.65%，コンベンショナル・変動金利サブプライムローンでは6.91%をそれぞれ記録している（*ibid.*, 2nd Quarter 2009, p. 22）．

第4章 サブプライム金融危機と Shadow Banking System

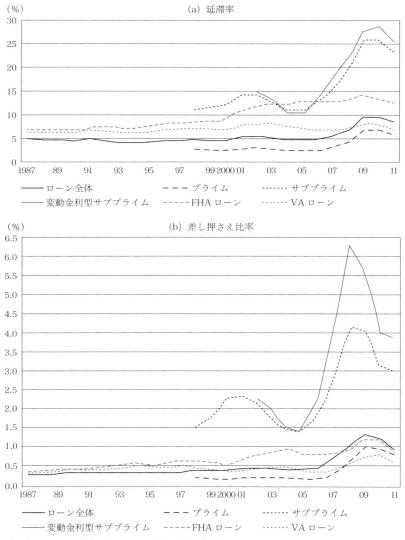

注) 全データは,「差し押さえ」以外は季節調整済み.
(資料) National Delinquency Survey, Mortgage Bankers Association
(出所) U.S. Department of Housing and Urban Development (HUD), *U.S. Housing Market Conditions*, 4th Quarter 2012, pp. 84-5.

図 4-11　住宅ローン支払い延滞率と差し押さえ比率

った．その結果，2007年半ば以降，住宅価格は急激に下落したが，それは2009年半ばまで継続し，その間，平均すればおおよそ30%もの下落を記録したのである．こうして，住宅価格の下落が住宅ローンの返済問題を深刻化させていくこととなった．

　(4) しかし，問題はそれだけには留まらなかった．住宅ローン延滞債権の増大と差し押さえ家屋の拡大は，住宅ローンの円滑な返済・還流を阻害したために，キャッシュ・フローの減少によってMBSやそれを裏付け資産として組み込まれたCDOといった証券化商品そのものの価値毀損と不信を引き起こし，それらを保有していた金融機関や投資家をも巻き込んだ深刻な金融危機へと発展した．住宅ローン市場の問題が，証券化の仕組みを通じて金融セクターにも波及したのである．
　サブプライム金融危機が表面化した直接的契機は，2007年6月にアメリカの投資銀行ベアースターンズ傘下のヘッジファンド2社が，サブプライム・ローン担保証券を組み入れたCDOへの投資で多額の損失を抱え，経営破綻に陥ったことに端を発し，翌月に格付会社S&Pとムーディーズがサブプライム関連商品の格付けを見直し，一挙に大量の銘柄の格下げを発表したことである．サブプライム関連の証券化商品は欧州の金融機関にも数多く保有されていたため，これによって生じた証券化商品の時価評価損が引き起こした最初の衝撃が07年8月9日の「パリバ・ショック」であった．フランスの最大手銀行BNPパリバが，投資家のファンド解約請求に応じなかったのである．それは，傘下の3つのファンドの資産に含まれていたサブプライム関連証券化商品の急激な時価評価損の発生によって，即時に基準価格を顧客に提示することができず，換金請求に応じることができなかったからである．これは，本来ファンド資産の「時価評価」が困難となったという問題で，パリバ自体の「流動性」に問題があるというわけではなかった．しかしながら，サブプライム問題によって証券化商品の取引市場が過度に神経質となっているなかで，しかも他の金融機関がどの程度サブプライム関連商品を保有しているのかわからない状況下で，預金金融機関であるパリバが資産凍結を発表したということは，銀行間の資金貸借市場であるインターバンク市場の資金需給を一気に逼迫させ，「流動性危機」

を引き起こす格好の切っ掛けを与えることとなった．インターバンク市場ではカウンターパーティー・リスク（契約相手の債務不履行リスク）が顕在化し，07年8月から9月にかけて翌日物市場金利が政策金利を大きく上回る水準へと急騰したのである（図4-12）．

これに対して，ECB（欧州中央銀行）は「パリバ・ショック」の翌日直ちに948億ユーロ（約16兆円）という巨額の資金をインターバンク市場に緊急融資した．ECBに続いてFRBもまた240億ドルの緊急資金供給を実施するとともに，連銀の貸出条件を緩和して事態の鎮静化を図った．この段階では，金融危機はまだインターバンク市場での一時的な流動性不足問題として理解されていたのである．しかしながら，ECBやFRBの迅速で大規模な流動性の供給にもかかわらず，市場の混乱は収まらず，証券化商品の価格下落・格付けの引き下げと投げ売りは続き，それは一方では，ABCP市場の混乱・収縮とSIVの破綻の増大を引き起こして，Shadow Banking Systemのもとでの信用膨張メカニズムの一角に限界を画する問題へと発展することとなった．

ABCPの発行残高は，2006年1月の8,660億ドルから2007年8月には1

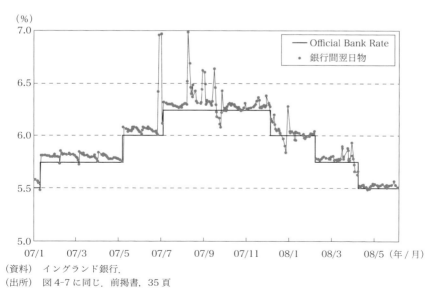

（資料） イングランド銀行．
（出所） 図4-7に同じ．前掲書，35頁

図4-12　ロンドン銀行間取引金利等（ポンド）の推移

兆 2,220 億ドルにまで積み上がっていたが，しかしながら，「パリバ・ショック」によって資産担保証券の価格が急落し，それを担保として発行される ABCP 市場は事実上機能不全に陥り，信用供与は急激に縮小していった（図 4-18(a)）．ABCP コンジットや SIV といった投資ヴィークルは ABCP の発行によって資金調達をしていたので，市場での ABCP の発行・借換えが困難となった結果，多くの投資ヴィークルは，いまや遡及規定によって大手商業銀行から流動性補完措置を受けるか，その毀損した保有資産を大手商業銀行のバランスシート上に移さざるを得ない状況に追い込まれた[55]．その結果，オフバランスで処理していた投資ヴィークルの買戻しリスクは，大手商業銀行自体の損失の拡大懸念を生み出し，インターバンク市場の逼迫はさらに加速されていくこととなったのである．

それだけではない．証券化商品の格付けの引き下げ・価値毀損と投げ売りは，Shadow Banking System の信用膨張を牽引していった，CP 市場と対をなすレポ市場にも大きな影響を与えざるをえなかった．

2007 年夏以降顕著となった証券化商品の価値毀損は，2008 年に入るとさらに加速した．レポ市場では担保となる証券化商品の時価評価が下落すると，ヘアカットの引き上げによって資金繰りが逼迫して閉鎖に追い込まれるファンドが相次いだ．レポ市場からのマージンコール（追加担保の差し入れ要求）に応じることが困難となったファンドが，資金調達のために資産売却を始めると，他方ではレポの相手方（資金の出し手）も担保証券の差し押さえとその売却に動いたため，証券化商品を含む資産価格の下落はさらに加速された．このようにレポ市場でも市場流動性の枯渇と証券化商品の時価評価損が相互促進的に進むなかで，証券化商品の価格付けが困難となり，それらを用いたレポ取引が不可能となったのである．ベアースターンズは大手投資銀行 5 行のなかで資本規模が最も小さかったが，最も大きなレバレッジ効果を追求し，住宅ローンのエクスポージャーが法外に多かったために，かねてよりその経営に懸念が抱か

---

[55] 2007 年 8 月には 1 兆 2,220 億ドルにまで拡大した ABCP 発行残高は，「この危機の結果，ABCP は 2008 年 1 月までには 7,970 億ドルまで減少し，銀行がさらに信用補完を提供し，バランスシートへの遡及を明示的に増やした後になってようやく安定した」(Acharya, Viral V. and Philipp Schnabl, *op.cit*., p. 90. 訳，119 頁).

れていた．そして，レポ市場が逼迫するなかで，CSE プログラムの資本要件を満たしていたとはいえ，レバレッジ比率の高い経営を行っていたために自己資本比率を急速に低下させていたベアースターンズは[56]，カウンターパーティー・リスクが高くなった結果，短期間に急激な流動性の流出を引き起こし，08 年 3 月 14 日に破産申請に追い込まれた．ベアースターンズ自体はそれほど大きな金融機関ではなかったが（当時，全米金融機関のなかでは 17 位），金融システムと複雑に絡み合う様々な金融取引をしていたので，その破綻をそのまま放置すれば，世界的規模でカウンターパーティーに影響が及び，それがどこまで波及するのか予想もつかなかった[57]．そこで FRB は深刻な「システミック・リスク」へと発展することを危惧して，「緊急貸付（Emergency Lending）」を発動することを決定したのである．

　サブプライム問題が表面化して以降，FRB は単に金利の引下げだけではなく，流動性を供給するためのスキームを拡充する措置を講じてきた．2007 年 12 月には期間物入札方式（Term Auction Facility, TAF）を導入し，「スティグマ（Stigma）問題」（中央銀行からの借入れによって，かえって市場の信認を失う懸念）を回避するために，相対かつ政策金利（公定歩合）での貸出である「窓口貸出し」とは異なり，競争入札で，期間も 1 カ月物と 3 カ月物のやや長めのターム物資金を供給してきた．しかし，ベアースターンズは FRB のオペ

---

56) 「2006 年 4 月から 2008 年 3 月までに，ベアースターンズのバーゼル自己資本比率は 21.4% から 11.5% に減少した」（SEC, Office of Inspector General (OIG), *op. sit*., p. 12）．
57) 「ベアー・スターンズのレポの担保は，およそ三分の一が住宅ローン証券の形をとっていた．だから，ベアー・スターンズが潰れれば，レポの貸し手はその担保を処分せざるをえなくなり，その種の証券の価格が押し下げられて，他社すべての担保も価値が下がり，急降下が激化する．レポの借り手はマージンコールに直面するか，貸し手が融資の買い替えをやめたために，クレジットを利用できなくなる．さらに，クリアリング・バンクである JP モルガン・チェースと BoNY は，日中与信を第二のベアー・スターンズになりかねない借り手に提供しつづけると，壊滅的な損失をこうむるおそれがある．ほとんどの会社が，ほとんどの他社のエクスポージャーを制限しようとするはずだ」（Geithner, T.F., *Stress Test*: *Reflections on Financial Crises,* Crown Publishers, 2014. 伏見威蕃訳，『ガイトナー回顧録―金融危機の真相―』（日本経済新聞社），191 頁）．

の取引先であるプライマリー・ディーラーではあるが，預金金融機関ではないためにFRBの「窓口貸出し」もTAFも利用することができなかった．そこで，FRBはベアースターンズ危機を受けて，08年3月11日にTSLF（Term Securities Lending Facility）を，同3月16日にはPDCF（Primary Dealer Credit Facility）と呼ばれる二つの新しい流動性供給方式を発表した．

　TSLFはレポ市場の流動性を回復し，投資銀行の資金調達の円滑化を図ろうとした措置である．サブプライム危機が表面化して以降，MBS市場が動揺するなかで，MBSを担保とするレポ取引がうまく機能しなくなったのに対して，民間の証券化商品から流出した資金は「質への逃避」によって国債市場に流入し，アメリカの長期金利は07年夏以降大きく低下した．そこでFRBは，レポ取引の担保として唯一機能している国債を用いてレポ市場の機能を回復するために[58]，一定期間FRBが保有する米国債と投資銀行を含むプライマリー・ディーラーが保有するMBSを交換し，プライマリー・ディーラーはその米国債を担保としてレポ市場から資金を調達することによって流動性を確保できる

---

[58]　レポ取引の主要な部分を占めるオーバーナイト取引の金利は，中央銀行の政策金利である無担保オーバーナイトもの金利と連動した動きをする．BISスタッフによる調査によれば，2007年半ば以前には，GCレポ・レートはOIS（overnight index swap）レート——「OIS契約は，無担保インターバンク・レートと比較して，ほとんど信用リスクがないとみなされており，混乱の勃発以降に見られたカウンターパーティー信用リスクや流動性要求の激しい変動によってもほとんど影響を受けなかった」——を5〜10ベーシス・ポイント下回る水準で連動していた．GCレポ・レートがOISレートよりも低いのは「レポ取引では市場規模がより大きく，そしてより多くの参加者がいるだけではなく，さらに担保が存在する」からである．ところが，金融市場が逼迫すると，政府証券を担保とする「GCレポ・レートは，安全な政府証券に対する需要の増大を反映して，比較可能な満期のOISレートと比べて下落し始めた．それとは対照的に，よりリスキーなタイプの担保に対するレポ・レートは，最も高品質の担保以外のものを所有しようとする欲求が減少するにつれて上昇した」のである．実際，金融危機が生じた2007年8月から08年2月までの7か月の間にGCレポ・レートは約20ベーシス・ポイント下落した．「他方，アメリカのエージェンシー証券に対するレポ・レートは，OISレートを5〜10ベーシス・ポイント上回るプレミアムが付くまで上昇したが，それは，より低い品質の担保に対する需要が減少したことを示していた」（Hördahl, Peter and Michael R King, "Developments in Repo Markets during the Financial Turmoil," *BIS Quarterly Review*, December 2008, pp. 42-3）．

よう措置したのである．他方，PDCF は，これまで預金金融機関に限られていた FRB による翌日物資金の公定歩合での貸出しを，プライマリー・ディーラーにまで拡大する，というものである．ベアースターンズ危機を契機として，FRB は銀行以外に対しても「最後の貸し手」として機能することになったのである．

　しかし，経営破綻したベアースターンズは，3 月 14 日にベアースターンズのレポ取引のクリアリング・バンクである JP モルガン・チェースに買収されることが決定した．そして 16 日にはその条件として，FRB は JP モルガン・チェースによるベアースターンズの救済を支援するために，ベアースターンズの保有していた流動性の低い MBS，投資適格証券，エージェンシー債等の資産 300 億ドルを承継するためにメイデン・レーン（Maiden Lane）と呼ばれる SPV を設立し，その SPV に対してニューヨーク連銀が 290 億ドルを，JP モルガン・チェースが 10 億ドルの劣後ローンを提供することが決定されたのである（ちなみに，Maiden Lane というのはニューヨーク連銀が面している通りの名前に由来している）．FRB が投資銀行に貸出しを行うのは大恐慌以来ともいわれ，極めて異例の緊急措置が採られたのである．

　(5) サブプライム金融危機は，2008 年夏以降，さらに新たな段階へと進展した．サブプライム問題が世界的な金融危機へと発展する契機となったことについては，全米第 4 位の投資銀行であるリーマン・ブラザーズの破綻措置に関して，ベアースターンズの救済策とは異なる通貨当局の対応の一貫性の欠如のために，市場の不安を招いたことが一因であるとする指摘は多い．しかしながら，ベアースターンズの場合とは異なり，すでに TSLF や PDCF によって投資銀行に対しても流動性を補完する措置が講じられていた．仮に，PDCF は「窓口貸出し」そのものであるために「スティグマ問題」の発生を回避することができなかったとしても，入札形式をとっていた TSLF を用いて流動性を確保することができたはずである．とすれば，一体何故，08 年 9 月には，リーマン・ブラザーズをはじめとする大手金融機関の破綻が相次ぎ，金融市場の機能麻痺が広がるなか，世界金融危機へと突入したのかが改めて問われなければならないのである．

2008年半ばのアメリカの個人向け住宅ローン市場はおおよそ10兆ドルの規模を有していたが，その半分の5兆ドルはファニーメイとフレディマックの両GSEが占めており，それは米国債に匹敵する規模にあたる．両社は直接住宅ローンの借り手に資金を融資するのではなく，民間金融機関が融資した住宅ローンを買い取る第二次市場業務を行うことによって市場に流動性を供給している．具体的には，社債等を発行して資金調達をしつつ，民間金融機関から買い取った住宅ローンや証券化商品をバランスシートに保有したまま民間金融機関の資金調達を支援するリファイナンス事業である「ポートフォリオ投資事業」と，民間金融機関が融資した住宅ローンを証券化して，そのMBSを投資家に販売する「MBS信用保証事業」がそれである[59]．そして，それぞれの事業において発生するリスクは異なるために，監督機関である連邦住宅公社監督局（Office of Federal Housing Enterprise Oversight, OFHEO）はそれぞれ別個の「最低自己資本基準」を制定している．

　「ポートフォリオ投資事業」では，オンバランスで保有する住宅ローン等には，金利が低下した場合，繰上げ償還によって資産は減少する一方で負債は残存し続けるという繰上げ償還リスクと，固定金利住宅ローンでは金利上昇によって貸出金利と資金調達金利が逆鞘に陥るという金利リスクが存在している．当該事業ではこのようなALMリスクが存在するために，資産として保有するモーゲージ・ポートフォリオ残高の2.5%の自己資本が必要とされる[60]．他方，「MBS信用保証事業」においては，両社はオフバランスでMBSの元利支払保証を行うので信用リスクと流動性リスクを引き受けるが，ALMリスクは投資家に転嫁されているために，必要とされる自己資本はMBS発行残高の0.45%と低くなっている．そして，このようなリスク管理体制の下で供給される両

---

59) 小林正宏・大類雄司，前掲書，133頁．翁百合，前掲書，354-5頁．
60) BISの自己資本比率規制では，多様なリスク資産を抱える国際基準行にはそれぞれのリスク・ウエイトを勘案したリスク・アセットに対して8%の自己資本規制が課せられている．これに対して，両GSEの保有する資産は大半が住宅ローン関連資産である．バーゼルIIの「標準的手法」を用いた住宅ローンのリスク・ウエイトは，バーゼルIの50%から35%に引き下げられたので，これをベースとして比較してみると8%×35%＝2.8%で，OFHEOの制定した2.5%という「最低自己資本基準」はそれよりも若干低いが，それほど大きな遜色があるわけではない．

第4章 サブプライム金融危機と Shadow Banking System

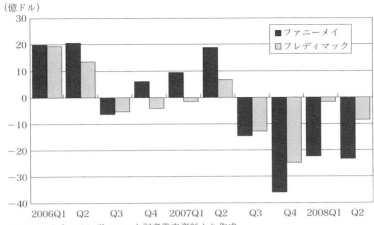

(資料) ファニーメイ，フレディマック記者発表資料より作成．
(出所) 図4-7に同じ．前掲書，82頁．

図 4-13 ファニーメイ，フレディマックの四半期決算

GSEによる流動性資金が，直接住宅市場を下支えしていくこととなったのである．

両社は低所得者層向けの住宅取得支援という政策的観点から，「ポートフォリオ投資事業」において民間金融機関が組成したサブプライムMBSを若干保有しているとはいえ，両社が直接的な買取り・保証の対象としているのは原則的には延滞・破産履歴のないプライム・ローンであり，GSE基準に「適合」している信用力の高いコンフォーミング (conforming) ローンである．また，両社が保有しているのは一次証券化商品のMBSであって，民間金融機関が巨額の評価損を計上した二次証券化商品であるCDOやCDSではないのである．

ところが，このような「健全な経営」を旨としてきた両GSEではあったが，2008年7月に株価が急落し，経営危機が表面化した．両社は2000年代前半までは極めて安定した経営を行っていたが，2007年第3四半期から08年第2四半期にかけて4四半期連続で赤字を計上している（図4-13）．しかしながら，すでに指摘したように，両GSEのポートフォリオはプライム・ローンが大宗を占める住宅ローン関連資産である．したがって，そこで計上されている経営赤字は，サブプライム・ローンやその関連証券化商品の時価評価損に起因

する民間金融機関の損失とはその性質を全く異にするものである．サブプライム・ローン金融危機の場合には，サブプライム・ローン契約後，一定期間を経て変動金利によってローン返済額が急増するために支払困難となった延滞債権が増大するか，または，サブプライム関連証券化商品の時価評価損の拡大に基づく証券化商品の担保価値の低下によって，市場から必要な資金を調達することが困難となったために，資金繰りが逼迫して経営危機に追い込まれる，というものであった．これに対してプライム・ローンの場合に生ずる損失・経営赤字の拡大はそうではない．プライム・ローンにおいても 2007 年以降住宅ローンの支払い延滞率と差し押さえ比率が増大していくが，それは「住宅バブル」期の活発な住宅建設とサブプライム問題を通じて住宅の差し押さえが増大した結果，住宅市場の供給過剰化傾向の顕在化によって全米規模で住宅価格が下落し，融資資金の返済還流が困難となったことに起因している[61]．したがって，両 GSE が直面しているのは「流動性危機 (liquidity crisis)」ではない．実際，サブプライム問題が表面化して以降，サブプライム・ローンを裏付け資産として組成された民間金融機関の MBS が暴落しているのに対して，エージェンシー MBS はほとんど下がってはいないのである（図 4-14）．両 GSE が組成している MBS は，原則としてプライム・ローンをその裏付け資産としているからである．それゆえ，投資銀行や大手商業銀行の投資ヴィークルとは異なり，資本市場へのアクセスには全く問題はなく，流動性の確保に窮しているというわけではない．両 GSE が直面しているのは「流動性危機」ではなくて，住宅

---

[61] 「ファニーメイ・フレディマックの保有する資産，保証する MBS の担保となっている住宅ローンのほとんどはプライムローンである．そのプライムローンの延滞率は，ファニーメイの保有する資産の中で，2008 年第 2 四半期は 1.36 パーセントとなっている．これは 1 年前の 0.64 パーセントと比較すると多少上がっているが，一方で損失額を残高で割った信用損失率は 4.7bp から 22.6bp へ 5 倍に跳ね上がっている．このことの意味するものは，延滞率はさほど上昇していなくても，住宅価格の下落により，債務者のデフォルト時に抵当権実行で回収できる額が大幅に減少し，1 件あたりの損失額が膨らんでいることを示唆している．」（小林正宏・大類雄司，前掲書，150 頁．）またこの点については，GSE の規制監督の在り方に主たる問題点を見出される翁氏も，「GSE が保有していた資産に占めるサブプライムローン関連 RMBS の比率は低く，むしろ住宅価格の下落によりデフォルトしてしまった債権の回収額が減少して損失が膨らんだ」と指摘されている（前掲書，358 頁）．

第 4 章　サブプライム金融危機と Shadow Banking System

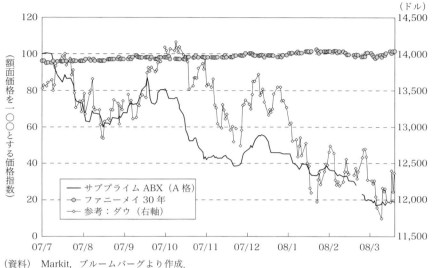

（資料）　Markit，ブルームバーグより作成．
（出所）　図 4-7 に同じ．前掲書，83 頁．

図 **4-14**　ファニーメイ MBS と民間 MBS の価格推移

価格の下落によって住宅ローン資産の一部が不良債権化し債務超過に陥ったがために，それを処理するための自己資本が不足している，という「支払能力危機（solvency crisis）」の問題であったのである．

　両社の経営危機を受けて，その規模の大きさからシステミック・リスクへの伝播を懸念した財務省は，異例の速さで 7 月 30 日に「住宅経済復興法（The Housing and Economic Recovery Act of 2008)」を制定した．法律の骨子は，両 GSE に対する財務省の緊急融資枠を無制限に拡大し，かつ，財務長官の判断で両社の株式を購入する権限を付与するというものであり，それを通じて両社の事業を継続させることによって住宅金融市場の安定化を図ろうしたのである．しかしながら，住宅バブル崩壊後の市場の供給過剰問題が顕在化しているもとでは，両社の収益基盤の改善は容易に見込むことができず，そして遂に 9 月 7 日に両社の国有化が発表されることとなった．両 GSE は「流動性危機」に直面していた訳ではないので，FRB による流動性の供給によってではなく，政府による直接的な財政支援によって救済が図られたのである．

(6) このように，2008年夏以降「サブプライム金融危機」は全般的な住宅市場の供給過剰化問題を表面化させた新たな段階に達したが，その基礎上で再び投資銀行の「流動性危機」が現れたのである．ベアースターンズ破綻後も，市場は引き続きリーマン・ブラザーズとメリル・リンチを流動性の低い膨大な資産を抱えているにもかかわらず，短期の市場性資金への依存度が高い，それゆえに，大きな流動性リスクや金利リスクを抱えた「流動性ポジションが弱い」金融機関と見ていた．したがって，そこで現れる投資銀行の「流動性危機」は，08年3月のベアースターンズの破綻＝救済劇のように，資本市場を舞台とした単なる「流動性不足」には留まらない，「実現」問題に規定された債務超過と「支払能力の危機」として現れざるを得ないものとなった．

　サブプライム関連証券化商品を数多く保有し，その価値毀損による大きな影響を避けることができないポートフォリオ構造を抱え，さらにレバレッジの高い経営を行っていたために，「流動性ポジション」が脆弱であるとみなされていたリーマン・ブラザーズは，08年の夏場から急速に資金ポジションを悪化させた．それは，市場がカウンターパーティー・リスクを意識した行動を強め，市場でのリーマンの取引相手が資金の保全のために動き始めたことが主たる要因であった．具体的には，デリバティブ取引においてマージンコールが求められ，プライム・ブローカレッジ業務ではヘッジファンドからの資金委託が減少したり，預託証券の再担保化を禁止する顧客も増加した．また，バイラテラル・レポ市場でのヘアカットは拡大し，トライパーティ・レポ市場ではリーマン・ブラザーズとの取引は忌避される傾向が現れた．そして，何よりも決定的であったのは，リーマン・ブラザーズの信用不安の拡大，流動性の枯渇が進むなかで，クリアリング・バンクが追加的な担保の積み増しを要求し，事実上リーマン・ブラザーズへの日中信用供与を制限したことである．

　こうして信用不安が一旦表面化すると，市場は一挙に「取付け」に走るので，この時点でリーマン・ブラザーズは資金繰りに行き詰まり，それに対処すべく保有している証券化商品の「投売り」を余儀なくされた結果，証券化商品の価格の急落を招くこととなった．そしてさらに，それは同じ証券化商品を保有している他の金融機関のバランスシートの悪化と信用不安を新たに引き起こすこととなったが，住宅市場の供給過剰によって価格「実現」条件が悪化している

もとでは，投資・融資資金の回収が遅延して「準備資本処分力」が枯渇した金融機関もまた支払い・決済手段を確保するために保有している証券化商品の「投売り」を余儀なくされ，それがさらに価格下落を加速化させるという悪循環を生み出したので，その連鎖的波及が全般化して行くこととなったのである．

こうして生じた証券化商品の「投売り」と価格の暴落は，ベアースターンズの場合のように，サブプライム関連証券化商品の格付の引き下げに起因する時価評価損に基づく価格下落などでは決してない．そうではなくて，この「投売り」と証券化商品の価格の暴落は，住宅市場の供給過剰によって「住宅バブル」が崩壊したことに起因するものであったのである．それゆえ，このような「実現」問題が顕在化している基礎上で生じたリーマン・ブラザーズの破綻は[62]，短期金融市場の逼迫とそれを通じて実体経済をも含む関連諸部門への波及を不可避に引き起こすこととなったのである．

（7）それだけではない．トライパーティ・レポ市場においてクリアリング・バンクからの日中信用供与が制限されると，投資銀行がマネジメントするShadow Banking Systemは行き詰まりをみせたが，さらにそれを崩壊に導いたもう一つの経路が顕在化した．リーマン・ブラザーズが破綻した結果，リーマンの発行した債券がデフォルトに陥ったために，それをポートフォリオに組み入れていたMMFが元本割れを引き起こし，それを契機としてMMF市場で大規模な取付けが発生したのである．

MMFはオープンエンド型の投資信託であり，すでに指摘したように，1940年投資会社法（Investment Company Act of 1940）によってその運用ルールが規定されており，高格付けの短期債などを中心に運用されると同時に，組入れ

---

62) ベアースターンズの場合に生じた「流動性危機」は，サブプライム関連証券化商品の格下げに基づく時価評価額の引き下げによってその担保価値が押し下げられ，さらなるマージンコールを求められたり，取引そのものを忌避されることによって，レポ市場で資金を調達することが困難となることに起因していた．それに対して，リーマン・ブラザーズの場合にはそれだけではない．同時に，住宅市場の供給過剰のために暴落した住宅価格の下落によって債務不履行に陥ってしまった巨額の「不良資産」を抱え，「リーマンはとてつもない資本不足だった」（Geithner, T.F., *op. cit.*, 訳，223頁）という「支払能力危機」といった規定性をも併せ持つものであった．

証券の平均残存期間の上限などが厳しく制限されていた．それゆえ，MMFは投資家にとっては安全性と換金性に優れた，元本保証はないものの銀行預金に類似する金融商品として認識されていた．ところが，9月15日にリーマン・ブラザーズが倒産法の適用を申請するとその翌日に，MMFの運用会社であるリザーブ・マネジメント社が設定していた「リザーブ・プライマリー・ファンド（Reserve Primary Fund）」が，リーマンの発行したCPを7億8,500万ドル組み入れていたために，基準価格の元本割れを引き起こしたのである．そして，これを契機としてMMFの保有者の間で解約の動きが広がり，MMF市場の事実上の取付けが発生することとなった．

アメリカではMMFには，運用先が主に国債・政府機関債に限定されている「ガバメント・ファンド（Government Fund）」と，高い格付けを得た民間債，具体的にはCP，CDやレポ等で運用する「プライム・ファンド（Prime Fund）」がある．「ガバメント・ファンド」に比して「プライム・ファンド」は民間部門の信用リスクを取っているので，その分だけ利回りが高く，金利感応度の高い機関投資家は好んで「プライム・ファンド」を選好する傾向があった．しかしながら，MMF市場で一旦取付けが発生すると，投資家の行動様式は大きく変貌することとなった[63]．

まず第一に，元本割れを起こしたMMFに対して投資家の解約と償還請求が殺到したことである．リザーブ社の「プライマリー・ファンド」では620億ドルの資産残高に対して600億ドルの償還請求が殺到し，遂には清算されることとなった．第二に，他のMMFへの「伝染と安全性への逃避」である．「リザーブ・プライマリー・ファンド」の破綻を受けて，他の「プライム・ファンド」でも償還請求が引き起こされたが，他方では，財務省証券や政府機関債で運用される「ガバメント・ファンド」にはかえって「質への逃避」を求める資本が流入したのである（図4-15）．第三に，機関投資家と個人投資家の投資行動に種差が現れたことである．「リザーブ・プライマリー・ファンド」の

---

[63] Cf., Baba, Naohiko, Robert N McCauley, and Srichander Ramaswamy, "US dollar money market funds and non-US banks," *BIS Quarterly Review*, March 2009, p. 72.

第4章 サブプライム金融危機と Shadow Banking System

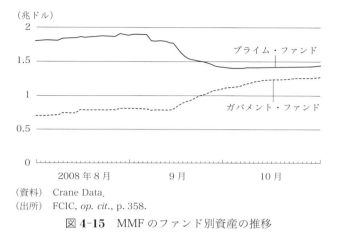

(資料) Crane Data.
(出所) FCIC, *op. cit*., p. 358.

図 4-15 MMF のファンド別資産の推移

元本割れが生じた翌日と翌々日に，機関投資家は 102 の「プライム・ファンド」で 1,420 億ドルの清算を行ったが，それは保有資産額の 16% にあたる．と同時に同じ割合で「ガバメント・ファンド」を 540 億ドル買い増していた．他方，個人投資家は，同じ期間に「プライム・ファンド」の 3% に過ぎない 270 億ドルを売却したに過ぎず，そして「ガバメント・ファンド」を 340 億ドル買い増している（図 4-16）．したがって，これらのことは，MMF 市場で生じた取付けは，主としてリスクテークに敏感な機関投資家が「プライム・ファンド」から資金を引き揚げることによって引き起こされたものであったことを意味していたのである．

MMF は個人投資家だけではなく，機関投資家の需要にも応える投資商品であると同時に，自らは短期金融市場において流動性を供給する資金投資家（cash investor）としての役割を担っている．それゆえ，MMF 市場で生じた取付けは短期金融市場へと不可避的に波及することとなった．機関投資家の「プライム・ファンド」からの撤退は，MMF が同額のレポや CP 市場等でのポジションの解消を意味しており，そしてこれらのことは，Shadow Banking System を支えてきたレポ市場と CP 市場の崩壊に大きな影響を与えざるをえないものとなったのである．

トライパーティ・レポ市場は多様な資金投資家が参加する裾野の広い市場で

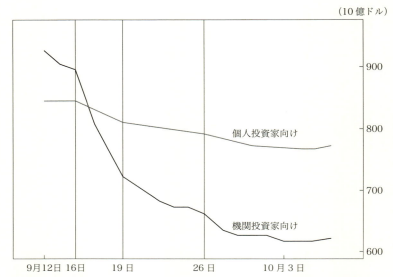

注) 9月16日は,「リザーブ・プライマリー・ファンド」が元本割れを起こした日.
19日は,財務省の保証プログラムと連邦準備のAMLFプログラム（後出）が発表された日.
26日は,最初のAMLF融資の発表日.
(資料) Crane Data.
(出所) Baba, Naohiko, Robert N McCauley, and Srichander Ramaswamy, "US dollar money market funds and non-US banks," BIS Quarterly Review, March 2009, p. 73.

図 4-16　プライム・ファンドの資産残高

あるのに対して，バイラテラル・レポ市場は市場業務に長けたディーラー間市場であり，そこではリスクテークに敏感なディーラーに対してリスクの変化に応じてきめ細かくヘアカットによる調整が行われている．したがって，リーマン・ブラザーズ破綻後，レポ市場の主要な資金投資家であるMMFが市場でのポジションを解消すると，レポ市場でも一気に資金取引が逼迫し，バイラテラル・レポ市場においてヘアカットが急激に引き上げられた（図4-17）．そして，市場での混乱と資産担保価値の引き下げがさらにヘアカットの引き上げを引き起こし，レポ市場でも取付け（repo run）が発生したのである．かくして，投資銀行は，トライパーティ・レポ市場においてクリアリング・バンクの日中信用供与の制限に直面しただけではなく，バイラテラル・レポ市場でも資金調達が困難となったのである．

第4章 サブプライム金融危機と Shadow Banking System

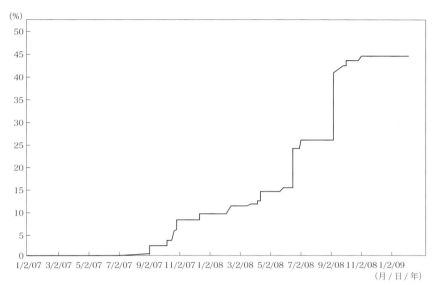

注) BBB⁺/A の社債，AA-AAA の社債，A-AAA のオート ABS 等，AA-AAA の RMBS/CMBS，AA 以下の RMBS/CMBS，その他の ABS/MBS/全サブプライム，AA-AAA の CLO，AA-AAA の CDO，その他の CLO/CDO，の 9 種証券のヘアカット加重平均値．
(出所) Gorton, Gary B, and Andrew Metrick, "Securitized Banking and the Run on Repo," *NBER Working Paper*, No. 15223, August 2009. p. 37.

図 4-17 バイラテラル・レポのヘアカット

他方，MMF は CP 市場においても巨額の資金を運用していたので，MMF の取付けは CP 市場の市場規模をも急速に縮小させることとなった．リーマン・ブラザーズ破綻前のアメリカの CP 市場では，最大の資金運用者は MMF であり，CP 発行額の 40% 以上のシェアを占めていた．また，CP の発行主体をみてみると，銀行だけで約 75%，「証券会社やノンバンク」を含めると約 90% に達している．しかも主体別の内訳をみてみると，最大のシェアを占めるのは，欧州系銀行であった．それは，欧州系銀行がドル建て証券化商品の保有を増加させる過程で，資金調達を行う場としてアメリカの CP 市場を活用してきたからである．このように，アメリカの CP 市場は，日本の CP 市場が主として企業の資金調達市場として活用されているのに対して，「金融機関の資金調達手段としての位置付けが主であるため」に，CP 市場の最大の資金運用

者である MMF の取付けによって引き起こされた「CP 市場の機能不全は，銀行のドル資金需給の逼迫につながった」のである[64]．

そこで，この間の事情について見てみると，図4-18(a)，(b) に窺われるように，2007年8月の「パリバ・ショック」の際には，それを契機として，大手商業銀行の簿外投資ヴィークルの発行する ABCP 残高が急減すると，資金調達に苦慮した多くの投資ヴィークルは遡及規定によって大手商業銀行から「流動性補完」や「信用補完」の措置を受けざるをえない状況に追い込まれた．そこでこれに対して，大手商業銀行はこれらの補完措置のために必要とされた金融機関発行の CP を幾分増やして対応している．

ところがそれに対して，「リーマン・ショック」の際には，大手商業銀行は全く異なる対応を余儀なくされた．リーマン・ブラザーズ破綻直後に MMF の取付けが発生したために，CP 市場の市場規模そのものが縮小したので，CP の発行による市場性資金の調達それ自体が困難に陥ったのである．実際，住宅市場の供給過剰が顕在化し，大手商業銀行の財務内容が悪化しているために市場からの資金調達需要が増大しているにもかかわらず，リーマン・ブラザーズ破綻後，金融機関の発行する CP が 2,000 億ドル以上もの減額を余儀なくされ，資金需給が急迫することとなった．その結果，大手商業銀行の CP 市場での資金調達が困難視され，その資金ポジションに不安が生ずるようになったその時に，リーマン・ブラザーズの破綻に伴う証券化商品の価格下落によって，ABCP 市場からの資金調達に苦慮している投資ヴィークルが大手商業銀行から必要とする「流動性補完」・「信用補完」が得られなくなるのではないかという懸念が高まったのである．そのため，ABCP 市場では投資ヴィークルの発行する ABCP の発行レートが急騰し，OIS（Overnight Index Swap，翌日物金利と数週間から2年程度の固定金利を交換する金利スワップ）レートや FF レートとのスプレッドが一挙に拡大したのである．

したがって，このような「CP 市場の機能不全は，銀行のドル資金需給の逼迫につながった」ので，そのために「リーマン・ショック」後の FRB の流動性危機対策は，通常のインターバンク市場を対象とする中央銀行の伝統的な流

---

64) 日本銀行金融市場局『金融市場レポート』(2009年1月)，21-2頁．

第 4 章　サブプライム金融危機と Shadow Banking System

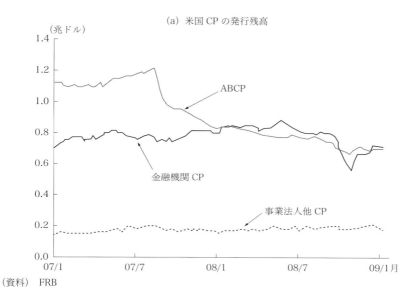

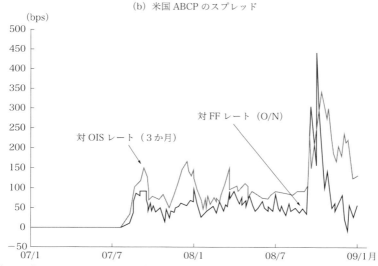

注）　A1 格．FF レートは誘導目標（08/12/16 日以降は誘導範囲の上限）．
（資料）　Bloomberg
（出所）　日本銀行金融市場局『金融市場レポート』（2009 年 1 月），19 頁．

図 4-18　アメリカの CP 市場（2007 年 1 月-09 年 1 月）

動性支援策ではなくて，もっぱら (AB) CP 市場を中心とする広義の短期金融市場に焦点を絞った一連の資金供給対策がとられることとなった．

それは，具体的には次のようなものであった．まず，リーマン・ブラザーズ破綻直後の 2008 年 9 月 19 日に発表された AMLF (ABCP Money Market Fund Liquidity Facility) は，アメリカでは MMF の運用会社が MMF から投資対象証券を買い取ることが認められているので，FRB が預金金融機関・銀行持株会社を対象として，系列の MMF 運用会社から ABCP を買い取るための資金をノンリコースで融資するというものである．続く 10 月 7 日の CPFF (Commercial Paper Funding Facility) では，AMLF による銀行融資だけでは不十分であることが判明すると，FRB が直接 SPV を設立して，CP の発行会社から CP を購入するための資金をその SPV に融資して CP の借り換え支援に乗り出した．そしてさらに 10 月 21 日には，MMIFF (Money Market Investor Funding Facility) を創設して，同じく FRB が設立した SPV が，短期金融市場の投資家である MMF や銀行・保険会社・年金基金・投資顧問会社等が運営するファンド等から CP を買い取るための資金を，FRB が融資するというものへと拡充された．すなわち，FRB が実質的に CP の買取りを始め，CP 市場への直接的な資金供給にまで踏み込んで，Shadow Banking System の崩壊を必死に食い止めようとしていたのである[65]．

これらの FRB の流動性危機対策のうち，AMLF の融資対象は預金金融機関や銀行持株会社であり，MMIFF の融資は MMF や銀行・保険会社等の運営するファンドに対して行われたことから，AMLF や MMIFF は「金融仲介機能に対する流動性支援」であると把握することができるであろう．しかしながら，CPFF はそうではない．CPFF は CP 発行会社に対して FRB が流動性を供給する仕組みであり，「金融仲介機能を介さずに最終資金需要者に流動性を提供」しようとするものである[66]．そして，それはさらに拡充されて，11 月 25 日には証券化市場の回復の鍵を握るものとして，FRB は ABS の投資家に流動性

---

65) 伊豆久『金融危機と中央銀行』（九州大学出版会，2016 年)，図表 2-10 (52-3 頁) 参照．ただし，MMIFF では，SPV は設立されたものの利用実績はなく，2009 年 10 月 30 日にその業務は終了した．

を供給するためにターム物 ABS 融資ファシリティ（Term Asset-backed Loan Facility, TALF）の導入を公表した．アメリカの ABS 市場は，消費者や中小企業向け債権のファイナンスにおいて重要な役割を演じてきたが，「リーマン・ショック」後 ABS 発行額が激減し市場が一挙に収縮したので，TALF は，これに対して ABS 市場の回復を図るために，カードローンや中小企業向け融資債権等を原資産とする適格 ABS を保有する者（金融機関に限定されない）に対して，プライマリー・ディーラー経由でそれを担保として期間 3 年のノンリコース・ローンを供与しようとしたのである．このように，FRB は，金融危機時に市場が機能不全に陥り，金融機関がその資金仲介機能を円滑に果たすことができない場合には，自らが直接的に資金需要者に流動性を供給するという全く新たな役割を引き受ける用意があることを表明したのである．

(8) 以上のように，「リーマン・ショック」後，レポ市場と CP 市場がともに崩壊することによって Shadow Banking System が破綻し，それによる「金融仲介」機能が麻痺することとなった．そして，Shadow Banking System に代わる新たな「金融仲介」者が存在しないもとでは，FRB そのものが直接的にその機能を代位する他はなかったのである．

サブプライム金融危機において FRB が果たした機能は，「流動性危機」に対してインターバンク市場に一時的な流動性を供給するという，従来の伝統的な「最後の貸手」としての任務をはるかに超える役割を演じることを余儀なくされた．FRB は預金銀行以外の金融機関や場合によってはそれ以外の者に対しても，様々な形態でノンリコース・ローンを供与しただけではなく，その融資スキームも MBS や CDO 等の買取資産をファイナンスするための資金を提供するという極めて異例のものであった．すでに指摘したように，ベアースターンズの破綻＝救済策でも，FRB は価値を毀損した MBS や流動性の低い問題資産を買い取るために SPV を設立し，それに対してノンリコース・ローンを供与したが，今度は同様の救済策をより大規模に再現することとなったのである．

---

66) 小立敬「金融危機における米国 FRB の金融政策―中央銀行の最後の貸し手機能―」（『資本市場クォータリー』2009 年春季号），16 頁．

クレジット・デリバティブ事業を積極的に展開していた大手保険会社 AIG の救済スキームでは，財務省と一体となって新たな支援策が打ち出された．AIG は巨額の CDS（Credit Default Swap）プロテクションを販売していたが，リーマン・ブラザーズ破綻直後，AIG の格付け引き下げに伴うカウンターパーティ・リスクの顕在化によって莫大な追加担保の負担を余儀なくされ，深刻な流動性不足に陥った．保険会社は投資銀行と同様に，連邦準備銀行の監督下にはないので，通常，連邦準備銀行の「窓口貸出」にアクセスすることはできない．しかしながら，CDS によって AIG と関係する多数の投資家・金融機関が複雑に絡み合っていたので，それを放置しておけば，AIG の破綻によってデフォルト・リスクをヘッジしていた投資家・金融機関へと支払不能の連鎖が波及し，金融システム全体に甚大な影響を及ぼすことが懸念されたために，FRB は財務省とともに救済に乗り出したのである[67]．

　当初，FRB は，AIG に対して主として CDS 関連の追加担保の支払いと現金担保証券貸出しの現金担保の返済のために，2 度にわたってそれぞれ 850 億ドルと 378 億ドルのクレジットラインを設定して緊急融資を行う仕組みを導入した．しかしながら，このような一時的な資金繰りだけでは不十分であることが明らかとなると，FRB は財務省と共同で次のような救済スキームを発表することとなった．まず，財務省は 10 月 3 日に成立した緊急経済安定化法（Emergency Economic Stabilization Act of 2008）に基づく「問題資産救済プログラム」（Troubled Asset Relief Program, TARP）資金を用いて，AIG に対して 400 億ドルの資本注入を行い，優先株を取得して国有化した．そして，それに合わせて FRB は，11 月 10 日に AIG 向け融資の見直しを行うと同時に，証券化商品の大幅な価値毀損問題に対処するために，RMBS を買い取るための LLC（Limited Liability Company，日本の合同会社に相当）として Maiden Lane II を，さらに，CDS のカウンターパーティから CDO の買取りを行う LLC として Maiden Lane III を設立し，それぞれに 225 億ドル，300 億ドルを上限とするノンリコース・ローンがニューヨーク連銀から行われることにな

67）　AIG の救済過程については，例えば，伊豆久，前掲書，54-9 頁．小立敬，同上論文，17-8 頁，等参照．

第4章 サブプライム金融危機と Shadow Banking System

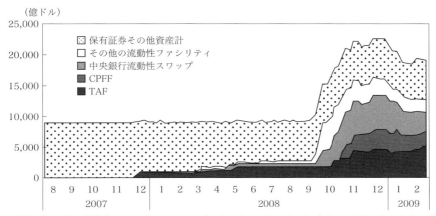

注) 「その他の流動性ファシリティ」は,プライマリー・クレジット（ディスカウント・ウインドウを通じた預金取扱機関に対する融資），PDCF の他，AIG，メイデン・レーン，メイデン・レーン II，メイデン・レーン III への与信を含む.
(資料) FRB より野村資本市場研究所作成.
(出所) 小立敬「金融危機における米国 FRB の金融政策—中央銀行の最後の貸し手機能—」『資本市場クォータリー』2009 年，春季号，20 頁.

図 4-19 FRB の総資産の推移

ったのである.

このように，サブプライム金融危機時に FRB の果たした独自な役割は，「最後の貸手」としての金融仲介機能を果たすべく，金融市場に一時的な流動性を供給するという従来の伝統的な役割にとどまらず，「金融仲介機能を介さずに最終資金需要者に流動性を提供」したばかりか，問題資産の買取りを行う SPV として FRB のバランスシートと連結した LLC を設立して，そのためのファンディングをするという極めて異例ずくめの対応策がとられたのである．その結果，それぞれの LLC には JP モルガンと AIG から 11 億ドル，10 億ドル，50 億ドルの劣後資金が投入されているとはいえ，その割合は Maiden Lane では 3.8%，Maiden Lane II で 4.4%，Maiden Lane III でも 16.6% に過ぎず[68]，それを超える損失が出た場合には FRB がそれを負担せざるをえなくなった．したがって，これらの金融危機対策は，FRB のバランスシートを急激に膨張

---

[68] 小立敬，同上論文，図表 6（17 頁）参照.

表 4-1　金融危機前後の

（資産）	2009 年 2 月 25 日		2007 年 1 月 4 日	
保有証券（アウトライト）	5,817	(29.8%)	7,789	(85.5%)
財務省証券	4,746	(24.3%)	7,789	(85.5%)
エージェンシー債	383	(2.0%)	—	—
エージェンシー MBS	687	(3.5%)	—	—
レポ	0	(0.0%)	397	(4.4%)
TAF	4,475	(22.9%)	—	—
その他のローン	1,388	(7.1%)	12	(0.1%)
プライマリー・クレジット	655	(3.4%)	12	(0.1%)
PDCF	251	(1.3%)	—	—
AMLF	99	(0.5%)	—	—
AIG 向けクレジット	381	(2.0%)	—	—
CPFF	2,425	(12.4%)	—	—
MMIFF	0	(0.0%)	—	—
メイデン・レーン	259	(1.3%)	—	—
メイデン・レーン II	186	(1.0%)	—	—
メイデン・レーン III	276	(1.4%)	—	—
中央銀行間流動性スワップ	3,749	(19.2%)	—	—
その他資産	435	(2.2%)	391	(4.3%)
金保有	110	(0.6%)	110	(1.2%)
現金（貨幣等）	387	(2.0%)	382	(4.2%)
計	19,514	(100.0%)	9,111	(100.0%)

　注）　1．プライマリー・クレジットはディスカウント・ウインドウを通じた預金取
　　　　2．CPFF，MMIFF は保有資産を帳簿価格計上．メイデン・レーン，メイデ
（資料）　FRB 資料（H.4.1）より野村資本市場研究所作成．
（出所）　図 4-19 に同じ．前掲論文，21 頁．

させ，FRB 自身が不良資産となる可能性のある問題資産を大量に抱え込み，バランスシートが毀損するリスクを自ら引受けることを意味するものであったのである．

　実際，図 4-19 に見られるように，FRB のバランスシートはリーマン・ショック以前には 9,000 億ドル台で安定していたが，それ以降はその規模が急膨張し，2008 年 12 月には 2.2 兆ドルに達した．それは，FRB が金融危機対策

FRB のバランスシート　　　　　　　　　　　　　　　　　　　　（億ドル）

2007年1月4日		2009年2月25日		（負債）
8,185	(89.8%)	8,953	(45.9%)	流通現金
297	(3.3%)	677	(3.5%)	リバースレポ
133	(1.5%)	2,403	(12.3%)	預金
61	(0.7%)	251	(1.3%)	財務省一般口座
—	—	1,999	(10.2%)	財務省追加口座
360	(4.0%)	509	(2.6%)	その他負債・自己資本
132	(1.4%)	8,966	(35.7%)	連邦準備金等
9,111	(100.0%)	19,522	(100.0%)	計

扱機関向け融資.
ン・レーン II，メイデン・レーン III は保有資産を公正価値計上.

として相次いで導入した流動性ファシリティに起因しているが，その結果，FRB のバランスシートの構成は金融危機以前とは大きく異なるものとなった（表 4-1）.

　金融危機前の FRB の資産構成は，その 85% が財務省証券というリスクの低い単純なものであったが，金融危機後は，政府証券の比率が 30% に低下したのに対して，他方では，危機対策の結果，各種の流動性ファシリティに関わる

資産が60%を占めるまでになった．さらに，ベアースターンズやAIGの救済に関わる資産が6%存在している．これに対して，FRBの負債の側では，預金金融機関が金融危機後FRBに預託する連邦準備金が急増することとなった．それは，危機対策として供給された過剰な流動性が，預金金融機関を通じて連邦準備預金として還流し，FRBの準備金として歩留まりしているからに他ならない．また，FRBが2008年10月から準備金に付利を行ったことが（0.25%），それにさらに拍車をかけることになった．

その後，2009年に入ると金融市場は流動性が逼迫した危機的状況を脱し，したがって，FRBの短期金融市場への緊急的な資金供給も減少していくことになるが[69]，それに代わってFRBは政府機関が保証するMBSや国債を大量に購入し，そのバランスシートをさらに拡大していくことになった．いわゆる「量的緩和政策」の始まりである．これらのことは，レポ市場・CP市場やMMF市場における流動性危機は，FRBの緊急融資によって当面収束したことを示してはいるが，その金融危機を引き起こした実体経済における住宅ローン市場の不良資産問題は決して解決されていないことを意味している．そして，FRBがその資産価値の毀損する恐れのあるMBS等のリスク資産を大量に抱え，金融市場を下支えしているという構造はさらに拡大された規模で再生産されているのである．「量的緩和政策」によってFRBのバランスシートは一層拡大を続け，2014年10月には4兆5,000億ドルの規模にまで達した．その後，「量的緩和政策」が終了した後も，FRBは満期を迎えた債券に再投資することによってその資本規模は縮小されることなく，維持されていくのである．

しかしながら，そのことは，金融システムを安定化させ金融市場を正常な状態に復帰させるためには，一方では，今日2兆ドル以上にも膨張した連邦準備預金を保有しながら，如何にしてFF金利をゼロ近傍から引き上げていくことができるのか，他方ではまた，量的緩和で膨らんだMBSや国債を如何にして市場秩序を攪乱することなく圧縮していくことができるのか，という一層困

---

69) 金融危機対策として導入された流動性ファシリティは，その多くが制度的には2010年2月初めをもって終了している．しかし，ベアースターンズとAIGに投入された「緊急貸付」は流動性の供給ではなく，事実上，資本の貸付であったためにその回収にはさらに時間を要することになった．伊豆久，前掲書，前掲表，参照．

難な問題を新たに生み出すこととなった．サブプライム金融危機によって引き起こされた「金融システムの不安定性」は，依然としてその姿を変えて存続しているのである．

むすび

（1）大手投資銀行と大手商業銀行をそれぞれ仕組み機関とする Shadow Banking System は固有の信用膨張機構を駆使して，金融危機が勃発する直前には伝統的な銀行システムによる信用創造をも凌駕するまでに信用供与を拡大させた．しかしながら，それは，すでに検討してきたように，伝統的な銀行システムとは全く無関係に，独立して実現したわけではない．

金融の自由化・規制緩和が進展し，商業銀行による証券業務の禁止措置が緩和されていくと，そしてさらに 1999 年にグラム・リーチ・ブライリー法によって金融持株会社の設立が容認され，証券子会社による証券業務が解禁されると，不利な競争条件のもとにおかれた投資銀行は証券化とデリバティブ取引をはじめとする新たな業務分野の開拓を余儀なくされた．しかし，預金業務と中央銀行信用供与の便宜が認められていない投資銀行にとって，そのための資金調達とリスク管理は，レポ市場に全面的に依存しつつポートフォリオの流動性を維持・確保することによって果たす以外に他はなかった．レポ市場では，トライパーティ・レポ市場であれ，バイラテラル・レポ市場における GCF レポ取引であれ，クリアリング・バンクに開設された証券口座と預金口座を通じて資金・債券貸借の振替決済が行われた．そのため，投資銀行がレポ市場に依存して行う債券の貸借と資金の貸出・信用供与の拡大は，この「決済システム」を用いたクリアリング・バンクの信用創造に決定的に依存していた．それゆえ，レポ市場においては担保として用いられた証券の価格が下落しない限り，投資銀行を仕組み機関とする Shadow Banking System は，クリアリング・バンクの信用創造（日中信用）に基づいて顧客から必要とされた資金需要に応じて信用を拡大していくことができたのである．したがって，伝統的な銀行組織が，金融の自由化の進展によって可能となった証券引き受け業務を拡大していくのに対応して，その対極では，伝統的な証券取引業務分野を蚕食された投資銀行

が, 証券化とデリバティブ取引業務を開拓・拡大し, 自らを仕組み機関とする Shadow Banking System を新たに立ち上げていくこととなった, ということができるであろう. しかも, この Shadow Banking System は, 伝統的な銀行組織の一環を形成するクリアリング・バンクの信用創造の基礎上でその固有のメカニズムを通じて自立的に発展していったのである.

　他方, 大手商業銀行を仕組み機関とする Shadow Banking System は, FDICIA によって銀行に課されたプルーデンス政策の一環である「早期是正措置」の策定・自己資本比率規制の厳格化を回避するために, リスク資産をオフバランスの ABCP 導管体や SIV に移すことを意図して構築されたものであった. この投資ヴィークルは, MMF を主たる資金供給者とする CP 市場において ABCP を発行することによって市場性資金を調達し, それを新たに組成された証券化商品に投資することによって, 満期変換と流動性変換を伴った信用仲介機能を, 預金・貸付といった伝統的な銀行業務の外部で行うという役割を演じた. そして, そのシステムが円滑に機能するために, 投資ヴィークルに「流動性補完」と「信用補完」が供与され, 銀行によるクレジット・ラインのバックアップによってそれが保証されたのである. したがって, ここで発達した Shadow Banking System は, 当初から伝統的な銀行業務のリスク回避のためのシステムとして, 銀行組織全体の枠組みの中で構築されたものであったのである.

　このように, 大手投資銀行を仕組み機関とする Shadow Banking System は, 伝統的な預金業務を行う銀行組織が金融の自由化の進展とともに新たに証券業務分野に参入することによって生み出された, 新たな収益機会の獲得をめぐる対立と協調関係の中で構築されたのに対して, 大手商業銀行を仕組み機関とする Shadow Banking System は, 資本規制を含むプルーデンス規制の適用を受ける伝統的な銀行組織が, ディーラー・バンクとしてその活動領域を拡大し新たな証券化商品のリスク管理体制を構築していく過程で生み出されたものであった, ということができるであろう. いずれにしても, Shadow Banking System は銀行システムの外部で銀行システムから全く独立して存在しているのではなくて, 銀行システムと密接に関連・補完しながら発達してきたのであり, それゆえにまた, その自立的な信用膨張機構も銀行システムの伝統的な信用創

第 4 章　サブプライム金融危機と Shadow Banking System　　311

造機能の基礎上で初めて現実化したものであったのである[70]．

（2）このように，Shadow Banking System は伝統的な銀行システムに依存しつつ，その与信活動を「補完」する役割を果たしてきたのであるが，サブプライム金融危機以降，Shadow Banking System は不透明で，「強欲な」利益追求と無規律な信用拡大を生み出し，金融システムを不安定化させた大きな要因であるとして，市場規律に基づく規制・監視が必要であるとする国際的な認識が高まっている[71]．その背景として，資本規制や流動性規制といったプルーデンス規制のもとにある銀行とは異なり，Shadow Banking System は規制・監督の対象外であるというだけではなく，それがシステミック・リスクとして

---

70)　Shadow Banking System と伝統的な銀行システムとの関連をめぐる問題に関しては，Shadow Banking System によって預金に基づかない「新しい信用創出メカニズム」が生み出され，「虚」の証券価格・資産価値が膨張していくことを強調する見解がある（井村喜代子（北原勇協力）『大戦後資本主義の変質と展開』（有斐閣，2016 年）330-341 頁等，参照）．「証券の証券化」によって実体経済に制約されない信用膨張が実現されるというのは首肯しうるが，伝統的な預金銀行による「信用創造」とは無関係に，「証券の証券化」によって「虚」の証券価格・資産価値が自立的に膨張していく，と主張されるとするならば疑問が残るところであろう．
　「証券の証券化」によって証券価格・資産価値の膨張を牽引していったのは，仕組み金融をマネジメントしている投資銀行や大手商業銀行とその傘下にある投資ヴィークルであり，これら金融機関の行動様式はレポ市場・CP 市場の動向によって規制されている．レポ市場の拡大はクリアリング・バンクの日中信用の拡大によって規定されており，CP 市場もまた銀行の信用創造によって市中に供給された資金が「機関キャッシュ・プール」等として堆積し，それが MMF 等の機関投資家を通じて運用されている市場でもある．実際，リーマン・ブラザーズの破綻を決定づけたのは，追加的な担保の積み増しを要求して，事実上，日中信用供与を停止したクリアリング・バンク（BONY と JP モルガン）の信用制限であった．したがって，Shadow Banking System による信用膨張メカニズムの「新しさ」を強調するあまり，伝統的な預金銀行の信用創造によって支えられているレポ市場や CP 市場の構造と，その変動によって規定されている投資銀行や投資ヴィークルの行動様式の変貌過程を検討することなく，それゆえにまた，証券化商品の価格「実現」のために不可欠な貨幣が市場に流入し，信用が「創出」される具体的なメカニズムを検討することなく，詳細ではあるが，ストラクチャード・ファイナンスの解説一般から直ちに「新しい信用創出メカニズム」が生み出され，それによって「虚」の証券価格・資産価値が膨張していくと指摘されるだけならば，それは皮相な見解であるように思われる．

拡大したのは，預金保険制度のような公的セーフティネットが存在しないことや中央銀行信用へのアクセスも制限されていることなどが指摘されることが多い．

　しかしながら，Shadow Banking System が金融システムを不安定化させたのは，銀行とは異なり，規制・監督制度が不十分であったために市場規律を逸脱した野放図な経営のもとで無秩序な信用拡大を行ったからという訳では決してない．そうではなくて，Shadow Banking 主体も固有のリスク管理機構を有しており，市場の規律を無視して盲目的な収益機会の拡大を追い求める投機師ではなくて，「安全性と健全性」に配慮し市場規律に則した合理的な行動様式を採択している金融機関である．にもかかわらず，その過程で金融システムが不安定化したのは，「金融の証券化」と規制緩和・自由化政策に伴い金融市場が大きく変貌していくなかで，固有のリスク管理手法を用いた自らの合理的な行動様式そのものが，「証券の証券化」による新たな信用拡張機構の構築を促し，信用膨張を加速化していくこととなったために，かえって金融システムを不安定化させることになったという市場経済特有の「合成の誤謬」ともいうべき矛盾が現れるからに他ならない．

　Shadow Banking System は，元来，伝統的な銀行システムが行う満期変換・流動性変換と信用変換を伴う信用仲介業務を，証券化機構を通じて提供するものである．ここに満期変換というのは，短期負債によって長期資産のファンディングを行うことであり，流動性変換とは流動性の高い金融資産を用いて

71）　2010年11月のソウル・サミットにおいて，G20 は Shadow Banking System に対する規制・監督を強化する方針を打ち出し，FSB に対してそのための提言を策定するよう要請した．そして，FSB はその要請を受けて翌年，報告書を公表した．報告書では，「Shadow Banking System は幅広い多様性のある活動と主体を含んでいる」ので，「単一の規制アプローチ」では必ずしも適切ではないとして，強化すべき規制内容を次の5つの分野に類型化している．すなわち，①「銀行の shadow banking 主体への関与に関する規制」，②「MMF の規制改革」，③ MMF 以外の「その他の shadow banking 主体の規制」，④「証券化に係わる規制」，⑤「レポ・証券貸借取引に係わる規制」，といった分野で新たな規制と監督が必要であるとされている（cf. FSB, *Shadow Banking: Strengthening Oversight and Regulation* 27 October 2011）．

非流動的資産のファンディングを行うことを意味している．しかし，そこでは資産・負債のミスマッチや運用・調達期間のミスマッチ・ポジションの形成が不可避となるために流動性リスクを伴うこととなる．そこで，金融機関はこのようなリスクに対する管理体制の構築が不可欠となるが，伝統的な銀行システムの場合「健全な銀行経営 sound banking」を維持するためには，銀行は即時流動化が可能な現金資産を持つと同時に，市場の流動化機構を通じて必要とされる流動性を確保するために，最適なポートフォリオの構成を調整しつつ一定の流動比率を維持することによってこの流動性リスクを管理している．他方，信用リスクに対しては，可能な限り高い自己資本比率を堅持することによって不良資産を処理する場合に対応している．

これに対して，証券化機構を用いて信用仲介業務を実現する Shadow Banking System のリスク管理体制は全く異なる．投資銀行は翌日物を中心としたレポ取引において調達した短期資金で長期金融資産のファンディングを行い，投資ヴィークルは短期証券を発行する一方で，それよりも期間の長い金融資産を取得することによって満期変換・流動性変換を実現してきた．預金業務を行わない Shadow Banking System はこのような証券化商品の市場取引を通じて流動性を調達し，それを長期資産に対する短期ファンディングに用いることによって信用仲介機能を果たしてきたのである．しかしながら，そこには銀行が抱える流動性リスク・信用リスクと同様のリスクが存在しており，Shadow Banking System はそれをどのように管理していたのかが問われなければならないであろう．まず，Shadow Banking System による信用仲介の際に生ずる満期変換に伴う流動性リスクに関しては，預金業務を行わない Shadow Banking は負債のロールオーバーによって長期資産との間のデュレーション・ギャップを管理している．また流動性変換を行う際には，資産と負債の流動性の程度の差に基づくリスクが存在しているが，負債を拡大しようとする Shadow Banking は，証券化商品を組成する際に格付け機関を利用したり，GSE による信用保証や CDS のような保険を付してその流動性の向上を図っているのである．他方，信用リスクの管理に関しては，伝統的な銀行システムとは異なり，証券化の手法を用いて投資家へのリスク移転によってそれが果たされている．証券化商品が組成される際には，優先劣後構造を持った証券が組成され，信用

リスクが分割・小口化され，リスク選好が異なる多様な投資家に分散・転嫁されたのである．

このように，Shadow Banking System は銀行のリスク管理とは異なり，証券化機構を通じて独自の形態でリスク管理を行っているのである．そして，証券化市場の流動性が維持されている限り，Shadow Banking 主体はそれに基づいて「安全性と健全性」を確保することができるのであり，そのうえではじめて新たなリスク資産の取得に立ち向かうことが可能となるのである．また，「証券の証券化」によって証券化市場の流動性がさらに促進されるようになれば，Shadow Banking System は一層容易に「安全性と健全性」を確保することができるようになり，さらにレバレッジを高めて大胆にリスク資産を取得することが可能となるであろう．その結果，リスク管理体制の強化そのものがかえって信用膨張を加速化させ，リスク資産の取得を拡大させたとしても何ら不思議なことはないのである．したがってサブプライム金融危機は，Shadow Banking System が市場の規律を逸脱した野放図な信用膨張によってたまたま引き起こされた例外的・偶発的な現象では決してなくて，むしろ変貌した金融市場に即応した新たな形で表われた「市場規律」に則して，リスク管理と合理的な行動様式を実現していくなかで不可避的に生み出された金融危機であったのである．それゆえにまた，金融危機の再発を防ぐためにShadow Banking System に対して新たな規制・監督を強化しようとする試みは，潤沢な流動性を抱え，その深刻な運用難に直面している銀行や機関投資家にとって「レギュラトリー・アービトラージ」（規制を利用した裁定行動）を活発化させる新たな機会を生みだすものでしかなく，その間隙を縫ったShadow Banking System の新たな信用膨張機構の創出を通じて金融システムをさらに不安定化させていくものでしかないであろう．

終章
金融機関の行動様式と金融システムの不安定性

第1節　金融機関経営の健全性とリスク管理

　(1) いかなる国においても，人間社会の円滑な生産活動と消費行動が実現されるためにさまざまな社会的インフラが整備されており，金融制度もそのような社会制度の1つである．社会的な欲求に対応した生産を担う企業組織，そのために必要とされる資金を仲介する金融組織，そして，そのような組織の行動の社会的責任を問う国民の要求を反映して，立法，行政，司法がそれぞれの役割を演じながら，時代の変化に対応した最も適切な社会的インフラが，そしてまた金融の制度設計が行われている．したがって，金融制度は各国の歴史・文化・伝統・慣習を反映して多様なものでありうるが，しかし，いずれにしても社会全体にとっての公共財として，社会的な基準に従って安定した管理・運営が求められるべきものである．それは，決して専ら利潤追求の手段として活用すべきものではないのである．

　しかしながら，これまで検討してきたように，資本制的市場経済システムのもとでは金融システムはしばしばバブルや金融危機を引き起こして極めて不安定なものとなり，経済活動を撹乱する大きな要因となった．もとより，各国の金融システムはそれぞれ異なっており，また同じ国においても歴史的な発展段階によってそれは異なるために，バブルを引き起こした信用の膨張メカニズムは多様であり，したがってまたその破綻と金融危機の現れ方も異なっている．

　しかしながら，このような金融危機はたまたま生じた例外的・偶発的な経済現象ではなくて，資本制的市場経済システムのもとで現れる避けがたい経済現象

であるとするならば，それらを通底している固有の論理を検討し，現在求められている金融の制度設計をする際の歴史的な課題を明らかにしておくことが不可欠であろう．

　元来，社会的な金融制度の中核を担い，「健全な経営」を求められている金融機関は，投機師とは異なり，市場規律に則した合理的な経営を行い，市場の特性に応じた固有の形態でリスク管理を実行しつつ経営の健全性を堅持しなければならない．金融機関の経営の健全性を表す指針として通常掲げられるものは，流動性不足・流動性危機に陥った際にも素早く流動性を市場から調達することができるように，収益性を犠牲にしてでも流動性の高い資産を可能な限り保有してポートフォリオの流動性を維持することと，債務超過に陥った際にもそれを吸収することが可能な充実した支払い能力を堅持することである．そしてそれは，金融の自由化・規制緩和政策による金融市場改革が行われると，従来の監督当局による直接的な規制から，市場メカニズムを活用した市場規律に基づいて行われるようになった．

　流動性規制においては，元来，市場リスクは市場環境の影響を強く受けるために定量的なリスク管理の枠組みに収めるのは困難であり，そのため流動性を管理するには，現金や中央銀行預金を除けば，必要な際に速やかに流動化することができる流動資産の保有によって対処するしかないが，それは市場の流動化機構の円滑さに決定的に依存している．しかもその市場は，各国において異なるので，流動性の調達手法も多様であった．

　すでに検討したように，イギリスではCCCによる市場改革によってロンドン割引市場と自由金利市場である並行市場との統合が進められたが，その過程において両市場間で大規模な裁定取引が発生し，マネーサプライが急増していくこととなった．そして，厚みを増したインターバンク市場の基礎上でsecondary bankが跳梁したのである．Secondary bankの経営原理はマッチングであり「資産の流動性は二次的な重要性」しか持たなかったが，「インターバンク預金」によって資産・負債の満期構造が調整されたので，「インターバンク預金」を容易に取ることができる限り，債務の支払い能力を維持することができたのである．それゆえ，secondary bankのポートフォリオの健全性は，インターバンク市場の流動性に決定的に依存していたのである．

これに対して，1974・75年大不況後，国債の大量発行体制が定着したわが国においては，従来の人為的な低金利政策を支えていた「市場隔離型」国債管理政策が行き詰まると，新たに市場メカニズムに基づく国債流通市場の育成が図られ，本格的な自由金利市場が成立していくことになった．1984年6月に国債のバンク・ディーリングが開始されると，国債流通市場の構造は大きく変化し，債券ディーラー（証券会社と銀行の商品有価証券勘定）間市場において「指標銘柄」と呼ばれる特定銘柄に極端に偏った売買取引が行われるようになり，その売買回転率は異常なまでに上昇していった．銀行が周辺銘柄に比してディーラー・スプレッドの小さな，それゆえに，流動性の大きな指標銘柄の大量保有とその短期的な回転売買取引に拘ったのは，市場オペの対象で信用度や流動性が高く厚みのある政府短期証券市場（TB，FB）が未だ未成熟ななかで，それに代替する市場での流動性の調整が不可欠であったからである．したがって，このような状況のもとで「長期債市場が部分的には短期金融市場の代替的役割を果たしていく」（日銀）ことになったとしても，何ら不思議なことはなかった．こうして，1980年代後半のわが国の銀行は，新たに生み出された国債流通市場の「流動性創造機能」の基礎上で「健全な銀行経営」を実現していくために不可欠な条件を獲得していくこととなったのである．

　他方，アメリカでは住宅金融の主たる担い手であったS&Lは，第一次S&L危機後，モーゲージ流通市場の発達を背景として「金融の証券化」が進展していくと，従来の伝統的な長期固定金利のモーゲージ・ローンに代わって，変動金利モーゲージの導入とモーゲージ担保証券の保有を増大させ，資産ポートフォリオの再構築を実現していった．こうしてS&Lはモーゲー・ローンを証券化の手法を用いて流動化させ，自らのポートフォリオの流動性を維持することによって「経営の健全性」を実現していったのである．

　また，投資銀行と大手商業銀行がマネジメントするShadow Banking Systemが発達していくと，証券化の仕組みはさらに複雑なものとなった．預金業務を行わない投資銀行は，必要な際にはレポ市場で速やかに流動性を調達することができるように，価値毀損を引き起こさない適格担保証券の保有に努めたり，クリアリング・バンクからの日中信用を利用して流動性を調達し，「経営の健全性」を維持していた．これに対して，大手商業銀行は「早期是正措置」

による規制の制約を緩和し，自己資本比率の改善を図るために，オンバランス上のリスク資産をオフバランス化することによって「経営の健全性」を維持しようとした．投資ヴィークルもまた大手商業銀行から信用保証を得て容易にABCP市場から資金を調達すると同時に，投資家に対しても大手商業銀行の信用補完を供与して円滑な資産の流動化を実現していったのである．

　（2）このように，それぞれの金融機関は市場の特性に応じて固有の流動性調達機構を構築し，それに基づいてリスク管理体制を確立して健全な経営を実現していったのである．しかし，流動性が毀損し流動化機構が円滑に機能しなくなり，保有資産が不良資産化して債務超過に陥った場合，支払い能力の毀損にまで発展する可能性がある．そこで金融機関に対して支払い能力を充実するための措置が求められることとなった．そして，そのような規制が経験則に基づいて社会的な基準として一旦設定されると，個々の金融機関は監督・規制機関によって示された，そのような「健全な経営」のガイドラインに従ってリスク管理体制を構築していくこととなった．

　イギリスではCCCによって債務残高に対する「最低準備比率」(12.5％) 規制が導入されると，それはsecondary bankにも適用されたが，「対象債務」は「ポンド建預金・借入金債務超過額」であった．ところが，secondary bankは資産と負債の両側でインターバンク預金を持っているので，「対象債務」となる「債務超過額」はそれらを相殺した部分に過ぎず，「最低準備比率」は容易に達成することができたのである．また，secondary bankはバランス・シート上に「他行残高」として表示されるインターバンク預金（事実上，他行への融資）を数多く保有していた．慣習的な分類方法によれば，「他行残高」は現金として分類されるので，secondary bankは非常に高い現金準備率を維持し，高い支払い能力を有していると見做されたのである．

　これに対して，通貨当局が，過度なリスクテークを抑制してレバレッジ比率の高度化を制限すると同時に，金融危機の際にも損失をカバーして支払い能力を維持することができるように金融機関に課した措置の代表的なものが自己資本比率規制である．しかし，通貨当局によって必要自己資本比率が規制されると，金融機関は資産効率を高めるためにかえってハイリスク業務に走ったり，

流動性資産の保有が敬遠されることが懸念されたために，バーゼル銀行監督委員会は保有資産のリスク・ウェイトを斟酌したリスク・アセット・レシオ方式を導入した．ところが，80年代後半の日本の銀行は活発なバンク・ディーリングによって巨額の国債を保有していたが，国債のリスク・ウェイトは0％とされたので，国債をどれだけ保有していたとしても，自己資本比率の算定上は分母の資産項目には一切計上されなかったのである．それゆえ，わが国の銀行は規制上の必要自己資本比率を容易に達成し，「健全な銀行経営」を維持していくことができたのである．

他方アメリカでは，第一次S&L危機後の金融市場改革のなかで採択された金融の自由化・規制緩和政策は，S&Lの経営基盤を強化するための時間的余裕に配慮した「規制猶予」を伴った「規制緩和」政策であった．そのため一時的に必要自己資本比率の引き下げや，採択される会計基準そのものによる緩和措置も容認されたりしたのである．経験則として与えられる自己資本比率規制は，監督・規制機関の裁量によって必要自己資本基準が設定され，個々の金融機関は当局によって示された「健全な経営」のガイドラインの従って行動していくこととなったのである．

またShadow Banking Systemを牽引していった一極をなす投資銀行では，その支払い能力を確保するために設定されていた基準はネット・キャピタル・ルールであったが，金融の自由化・規制緩和による市場改革のなかで銀行・証券業務のファイアーウォールが撤廃されると，新たにCSEプログラムが策定された．それはバーゼル規制に則ったものであり，リスク管理は負債比率ではなくて，資産のリスク・ウェイトを考慮したリスク・アセット・レシオ方式を基準とする新たな「健全性」を示すガイドラインが設定された．もう一つの極をなす大手商業銀行は早期是正措置に従い，リスク資産をオフバランス化して自己資本比率を改善しつつ経営の健全性を維持していったのである．

(3) このように銀行・金融機関は，金融の自由化・規制緩和政策による金融市場改革のもとで新たに創出された市場の流動化機構の基礎上で，流動性に一貫して配慮したリスク管理体制を構築すると同時に，さらに支払い能力を充実させるために規制上設定された必要支払準備率や必要自己資本比率を遵守し，

「経営の健全性」を維持しつつ銀行・金融機関行動を実践していくこととなった．そして，このような流動性危機と支払能力危機に対する「リスク管理体制」が構築されたうえで，初めて銀行・金融機関は種々の規制緩和政策の施行を契機として生み出された収益機会をめぐって新たな活動を展開していくことができるようになったのである．ところが，こうして一旦可能となった銀行・金融機関のリスクテークはしばしば「レギュラトリー・アービトラージ」（規制を利用した裁定行動）の活発化を通じて，かえって市場システムを不安定化させることとなった．換言すれば，銀行・金融機関の大胆なリスクテークは市場規律や規制・監督当局の監視体制から逸脱したために生じたのではなくて，むしろその基礎上で現実化したのである．

　スタグフレーション下のイギリスにおいて，ヒース保守党政府の積極的な拡張政策によって生み出された不動産ブームは，secondary bank に新たな収益機会を生み出した．イギリスにおいて広く普及している商業用不動産の開発金融様式は，銀行から短期・中期的な融資を受けて用地の取得・整備と建設を行う不動産・開発業者が，建設物が完成した暁にはそれを機関投資家の長期投資に置き換えるというものであったが，不動産ブームの末期にその開発金融方式に変調が現れた．不動産・開発業者はインフレの昂進による建設コストの高騰や金利負担の上昇によって収益環境が悪化したにもかかわらず，完成建設物の加速度的増大に対応した機関投資家の拡大する長期投資を見出すことができなかったので，必要とする長期資金の手当てをすることに苦慮することとなったのである．そして，この長期融資を代替したのが他でもない secondary bank であった．収益を増大させるために意識的に「ミスマッチ」を造成しがちであった secondary bank は，インターバンク市場から資金を調達することができる限り，短期資金の借換えによって中長期資金需要に積極的に応え，「短期預金によってファイナンスされた資金を，不動産会社の資金的欲求を満足させる貸付や前貸しで運用」したのである．Secondary bank がこのようなリスクテークによって収益の拡大を追求することができたのは，言うまでもなくインターバンク市場に依拠して自らのポートフォリオの流動化・健全化を堅持し，「最低準備比率」を達成することによって支払い能力を確保することができたからに他ならない．それゆえ，こうした過程を通じて生み出された不動産バブ

ルは，世上に広く流布している見解のごとく，secondary bank に対する規制・監督体制が甘く「市場の規律」を逸脱した行動を抑止することができなかったために，たまたま引き起こされた偶発的・例外的な経済現象であるというものでは決してない．そうではなくて，secondary bank が「市場の規律」に則してリスク管理体制を構築した基礎上で，「健全な銀行経営」を追求していく過程において不可避的に発生した経済現象に他ならなかったのである．

　このことは，わが国で発生したバブルにおいても同様であった．1983-84年の日米円ドル委員会の設置とその報告書の発表を画期としてわが国の「金融の自由化・国際化」の方向性が明確にされると，企業の本社機能や情報・財務・金融部門の東京集中と外国金融機関の日本進出が促されることとなった．そのため東京都心部のオフィスビルや商業地に対する需要が急増し，その結果，地価高騰は1983・84年頃からまず東京都心部の商業地に始まり，「プラザ合意」以降の金融緩和下で区部住宅地の地価上昇率が高まるとともに，それはさらに周辺部へと跛行的に波及していった．また株式市場においても株価の急騰が生じたが，それは，政府が「プラザ合意」以降の円高不況を懸念して「内需主導型の経済成長」を実現するために，1986年4月には「前川レポート」を取りまとめたことが転機となった．その報告書は，公共事業，都市再開発，リゾート開発による建設投資の拡大という内容の「内需拡大」を意味していたので，「建設，不動産，電力，ガスといった内需関連株を中心」に1986年以降，株価は急騰し，1987-89年の3年間は「エクイティ・ファイナンス」が隆盛を極めたのである．このような実需の拡大を契機として生み出された不動産市場と株式市場の活況は，「大企業の銀行離れ」が進み新たな融資先を渉猟していた銀行にとっては，高収益を生み出す絶好の機会となった．バンク・ディーリングによってポートフォリオの流動化機構を構築し，リスク・ウェイトの負荷が掛からない国債を大量に保有することによって自己資本比率規制を容易にクリアすることができた銀行が，相次いでリスク資産の積極的な取得に乗り出したのは自然なことであり，その結果，バブルが発生することとなったのである．銀行は，投機師とは異なり，リスク管理体制を構築してはじめて積極的なリスクテークを実現することができるのであり，それゆえにまた，バブルはサウンド・バンキングの基礎上で発生したと言わなければならないのである．

他方，アメリカでは，第二次オイルショックによる石油開発ブームと商業用不動産投資の優遇措置を実施した 1981 年税制改革を契機として，多くの不動産開発プロジェクトが南西部を中心に推進され，不動産ブームが生じた．第一次 S&L 危機後の「規制緩和政策」によって，非伝統的な商業用不動産融資業務を認可された S&L は，ブームに沸く不動産市場に積極的に関与し，大規模なリスクテークを行い，バブルを促進・持続させていった．それは他でもない，モーゲージ・ローンを証券化の手法を用いて流動化させてリスクを分散・転嫁させると同時に，高い流動性を有する MBS の取得を拡大することによって自らのポートフォリオを流動的なものとし，新たなリスク管理体制を構築することによって初めて実現することができるようになったからである．

さらにまた，2000 年代初頭の IT バブルの崩壊と世界同時多発テロの発生を契機として FRB が大胆な金融緩和政策をとると，長期固定金利の住宅ローン利用者が大規模な住宅ローンの借換えを行い，それを契機として住宅バブルが生じた．この住宅ブームにおいてはサブプライム・ローン市場が活況を呈し，リスクの大きなサブプライム・ローンのオリジネーションとその証券化も活発に行われたが，その仕組みをマネジメントし，それを牽引したのは投資銀行やディーラー・バンクの投資ヴィークルといった shadow bank であった．彼らがそのようなリスクを引き受けることができたのは，証券化の手法を用いて優先劣後構造を持った証券を組成し，信用リスクを分割・小口化して多様な投資家に分散・転嫁することによって自らのポートフォリオの流動性を維持することができたからに他ならない．そして，「証券の証券化」によって証券化市場の流動性が一層促進されると，shadow bank のリスク管理・転嫁機構は一段と強化されるので，さらに大胆にリスク資産を取得することが可能となったのである．

このようにいずれの金融危機に際しても，銀行・金融機関の行動様式は，それぞれ流動性の調達手法や支払い能力の拡充方法が異なるとはいえ，固有のリスク管理体制を構築して「経営の健全性」を実現した後に，はじめて積極的なリスクテークを現実化させているのである．それは，しばしば巷間に伝えられるごとく，バブルの発生と金融危機は銀行・金融機関の市場規律を逸脱した投機的で野放図な行動様式の結果引き起こされた，とする見解とは全く異なるも

のであった．

第2節　市場の規律・規制と金融システムの不安定性

（1）新自由主義とグローバリゼーションが世界を席巻し，資本規制が緩和されて国際間の自由な資金移動が加速化されると，各国の金融システムも構造変化を余儀なくされた．その結果，このような変化に対して従来の規制・監督体制が適切に対応できなくなったために金融危機が引き起こされたとして，規制・監督当局がリスク管理に失敗した原因の究明や新たな規制・監督体制の整備・再構築が模索されている．

A. Greenspan は，近年の銀行のリスク管理の問題点として，金融の技術革新が急速であるために規制・監督機関の監督能力が新たなリスク管理に対応できなくなったことが，金融危機を引き起こした一因であるとして次のように述べている．FRB は「国内銀行の監査システムや独立した会計検査官の目を逃れて新たに持ち上がる諸問題を予見するために，かねてより規制監督官や検査官の能力について懸念を抱いてきた」として，2000年に行ったアメリカ銀行家協会での講演を援用し，「近年，急速に変化している金融技術は，数十年前に確立された銀行検査レジュームの多くを時代遅れのものにし始めている」と指摘している．そしてそのために，「100年前には検査官は個々の融資を査定し，そしてその健全性を判断することができた．しかし今日のグローバルな融資状況の下では，アメリカの銀行検査官は，例えばロシアの銀行への融資の，そしてそれゆえにその銀行の融資ポートフォリオの質の信用度をいかにして判断するのであろうか？それは，一つの金融取引の健全性を判断するために，ロシアの銀行の取引相手やそのまた取引相手を順々に全ての身元を調査するよう求めることになるであろう」として，銀行による審査機能の技術的限界を強調している．そこで Greenspan がリスク管理において確言するのは，銀行の監督機能よりもむしろ「民間の市場原理」に基づく市場規律による規制の重要性である．曰く，「銀行監督官は否応なしにますます多くそして一層洗練された，依然として最も効率的な規制形態である民間の市場原理に依存することを余儀なくされている．実際，これらの事態は銀行史から生ずる鍵となる教訓の真実，

即ち，民間取引相手による監視は規制による防御の最も重要なものであり続けるということを補強している」と．換言すれば，「銀行は依然として危機を防御する最も重要なものとして，取引相手の監視を頼みとする以外に選択肢をほとんど有していないのである」と主張するのである[1]．

　金融危機後の金融システム改革が議論されるなかで，このような金融機関のリスク管理について，規制・監督機関による監督機能よりも市場規律に基づく規制のほうがはるかに効率的であるとして，その重要性を強調する見解は依然として支配的な立場を占めている．しかしながら，すでに検討してきたように，金融機関が過度なリスクテークを行い金融システムを不安定化させたのは，たまたまリスク管理に失敗したからではなくて，むしろ市場規律に基づく「経営の健全性」を維持していく基礎上で初めて現実化した現象であった．それは，金融機関が「健全な経営」を実現するためには，流動性危機に対処するために不断にポートフォリオの流動化を図り，債務超過に対応するためには絶えず支払準備能力の強化を意図した経営が不可欠だからであり，そのような市場規律に基づくリスク管理に配慮した「経営の健全性」を実現して初めてリスク資産を取得することができるからである．それだけではない．金融機関のリスク管理体制の強化そのものがかえって過度な信用膨張を生み出し，更なるリスクテークの拡大を促進して金融システムを不安定化させていったのである．

　イギリスの secondary bank の経営原理はマッチングであったが，収益性を増大させるために彼らは意識的にミスマッチ・ポジションを造成しがちであった．そのため，資産・負債のミスマッチに起因する流動性リスクを新たに抱え込むことになったが，そのリスクを管理するためにインターバンク市場への依存を一層強化せざるをえなくなった．これに対してインターバンク市場では，リスク管理の強化のために市場から取り入れられた資金は secondary banks の間で預金と再預金あるいは貸付と再貸付を繰り返して市場を転態していくために，このような銀行間信用連鎖の拡大を通じてインターバンク市場そのものの自立的な膨張がさらに促されていった．その結果，インターバンク市場の自

---

1) Greenspan, Alan, "The Crisis," *Brookings Papers on Economic Activity*, Spring 2010, pp. 234-5.

立的な拡大に伴って多様な資金貸借の出会いが付きやすくなると，secondary bankのリスク管理は一層容易なものとなり，資産・負債の意識的なミスマッチの造成によって生み出された「期間変換」に基づく利鞘の獲得は一層激しいものとなったのである．ここには，secondary bankの市場規律に基づくリスク管理体制の強化そのものがインターバンク市場の自立的拡大を一層促進することによって，さらなる信用拡張とリスクテークの拡大を可能にする，という相互促進的な関係が内包されているのである．

わが国のバブル発生過程においても，銀行は金融市場の変貌過程に即して新たなリスク管理体制を構築していった．それは，国債流通市場の「流動性創造機能」に基づく流動性の調達と，国債保有によって実現された自己資本比率の上昇に依存するものであった．ところが，こうしたリスク管理体制が新たに構築されると，それは同時に，銀行のポートフォリオの流動性の高まりと，自己資本比率の上昇を促すことによって，銀行の新たな信用創造能力が強化されることを意味したのである．それゆえ，個別金融機関のリスク管理体制の強化が，かえって信用の拡張を促し，より大きなリスクテークを誘発することによって，金融システムの不安定性を惹起していく現実的槓杆として機能していったのである．

そのような関係はストラクチャード・ファイナンスにおいても同様であった．証券化機構を用いて信用仲介業務を行うShadow Banking Systemにおいては，流動性リスクを管理するために，投資銀行が担保として受入れた証券化商品を再び差入れ担保として活用することによって流動性を調達してさらに信用取引を拡大したのと同様に，投資ヴィークルのリスク管理もまた，証券化商品を担保にABCPを発行して流動性を調達し，それを再度証券化商品に投資することによってリスクテークを拡大していったのである．このようにShadow Banking Systemのもとでの流動性リスクの管理は，それぞれの短期金融市場における独自の取引慣行を活用しつつリ・ハイポセケーションを繰り返して流動性を調達すると同時に，それをさらに投資に振り向ける，という相互促進的過程を促したのである．

他方，信用リスクの管理に関しては，元来，証券化はオリジネートされたローン債権を優先劣後の構造を持つ証券化商品に組成して信用リスクを分割・小

口化し，それを多様な投資家に分散・転嫁しようとするものであった．そして，劣後証券は積極的なリスクテークを行うヘッジファンド等の投資家に引き受けられるか，または再証券化された．再証券化は，劣後証券に新たに資産担保証券（ABS）を混入させたうえで再び優先劣後構造を持った証券に組み直して，償還が優先されるシニア証券を新たに生み出そうとするものであった．それゆえ，このような「証券の証券化」を通じて，一方では，さらに多くの投資家に信用リスクが分散・転嫁され，仕組み機関の信用リスク管理体制が強化されると同時に，他方では，こうして証券化市場の規模と流動性が拡大されると，信用膨張はさらに加速化されることとなったとしても何ら不思議なことはなかったのである．その結果，信用リスク管理体制の強化がかえって信用膨張を促して一層大きなリスクテークが引き起こされることとなったとしても驚くには当たらないのである．したがって，Shadow Banking System の市場規律に基づくリスク管理体制の強化は投資ヴィークルや仕組み機関の投資行動を何ら抑制するものではなく，かえって新たな証券化商品の組成と活発なリスクテークを促進し，金融システムを不安定化させていくものでしかなかったのである．

このように，金融市場が変貌していく過程で，個々の銀行・金融機関がそれぞれ固有のリスク管理体制を構築し，市場規律に基づく「経営の健全性」を維持・強化していこうとする行動様式がかえってリスクテークの拡大を促したというだけにとどまらず，リスク管理体制の強化とリスクテークの拡大との相互促進的関係が展開されるなかで，金融システムそのものを不安定化させていくこととなったのである．

（2）他方，今回のサブプライム金融危機は，金融の技術革新によって大きく変貌した金融システムに対して，従来の規制・監督政策では対応できなかったことを示している．したがって，金融システムの変化を踏まえた新たなプルーデンス政策による「システム全体の安定化」策が必要であるとして，規制・監督体制の再構築が叫ばれている．そこでの共通した問題認識は，レバレッジ規制や自己資本規制などの規制基準が一旦設定されると，部門間や資本間において発生する規制の軽重に応じてレギュラトリー・アービトラージが引き起こされ，それを通じて金融システムにおけるリスクテークの偏在を招き，システ

ミック・リスクが累積していくという点である．

　例えば，サブプライム金融危機以降注目されるようになった OTD（originate to distribute，組成分配型）ビジネスモデルの隆盛は，銀行が自己資本比率を一定水準に保つために，組成した貸付債権を証券化の手法を用いて転売し，リスクアセットをバランスシートから外して可能な限り分母を縮小したいとするインセンティブが働いているからである．また銀行は貸出債権を積極的に売却する一方，リスクウエイトの低い AAA 債券は本体で保有し，オフバランス化して自己資本比率規制の対象外となった SIV や ABCP コンジットといった投資ヴィークルにリスク資産を移していたのである．その結果，規制の存在がかえってリスクテークの偏在を招き，金融システムを不安定化させていくことになった，というわけである．

　このように，個々の銀行・金融機関によるリスク管理を補完するために設定されたこれまでの規制・監督機関による規律づけは，しばしばかえって過度なリスクテークを引き起こし金融システムを不安定なものにすることがあることから，それを改善し金融危機の再発を防ぐためには，構造変化を起こしている金融システムに対応した新たなプルーデンス政策が必要であるとして，一層精緻で複雑な規制改革案が議論されている．しかしながら，こうして規制が強化・精緻化されると，それはさらにその間隙を縫った新たなレギュラトリー・アービトラージの手法の開発を促し，「レギュラトリー・アービトラージと規制とのいたちごっこ」[2] が繰り返されるだけであろう．実際，BIS 規制の度重なる改定にも窺われるように，金融危機の度ごとに後追い的に新たな規制改革案が打ち出されることとなるのである．

　こうした思考の背景には，規制・監督機関による規律づけによってリスク管理体制が改善・整備されれば，あとは市場規律に従って金融システムは安定化し，金融危機を未然に防ぐことができる，という市場原理主義に基づく考えがあるからであろう．しかしながら，今日の金融システムが不安定化する淵源は，そのシステムの安定化を図るための規制・監督体制の制度設計の不備にあるのではなくて，1980 年代以降の資本主義世界の大きな変貌に起因している．

---

[2]　宮内惇至『金融危機とバーゼル規制の経済学』（勁草書房，2015 年，60 頁）．

現代資本主義はすでに1971年の金・ドル交換停止によって旧IMF制度が崩壊した後，信用膨張に対する歯止めを喪失したが，1980年代以降の新自由主義は規制緩和，とりわけ金融の自由化と規制緩和・グローバル化を推し進めた．そこでは実体経済から離れた「投機的な金融活動」が本格的に展開され，新たなデリバティブ取引をはじめとする多様な金融商品・金融手法が開発され，ヘッジファンドのような新たな金融活動の担い手も台頭した．他方，経済のグローバル化によって先進諸国では「産業の空洞化」が進み，国内の自立的な再生産構造が解体していくなかで，たとえ革新的な技術開発が行われたとしても設備投資による需要の波及効果を生み出す産業連関構造が著しく弱体化しているために，経済停滞が長期化せざるを得ない経済構造が作り出された．その結果，融資先を見出すことができない過剰な資金が銀行・金融機関に大量に蓄積され，新たな運用先を求める貸付競争が激しくなっているのである．それゆえ，従来の規制・監督体制が新たな金融システムの変化に対応することができなくなれば，過剰な資金を抱えその深刻な運用難に直面している銀行・金融機関は，レギュラトリー・アービトラージを活発化させ，リスクテークを拡大させていくのは自明のことである．

したがって，われわれが直面している課題は，「レギュラトリー・アービトラージと規制とのいたちごっこのバランス」を取るための諸方策を講ずる段階から，このような際限のない「いたちごっこ」そのものを止揚するための根本的な方途を，新たな歴史的地平に立って検討することが求められていることを銘記すべきであろう．

あとがき

　本書は，金融の自由化・グローバル化が進展していく過程で，不可避的に不安定化する金融システムと金融危機の勃発過程を，これまで英・日・米について検討し書きとどめてきたものを中心に，新たに「サブプライム金融危機」に関する論稿を書き加えて取りまとめたものである．全体の統一を図るために旧稿には多少手を入れた箇所もあるが，論旨は全く変わっていない．念のため初出誌を記載しておけば，以下の通りである．

　　序　章　グローバル経済下の貨幣資本の蓄積（書き下ろし）
　　第1章　イギリスの金融市場改革とSecondary Banking Crisis（『千葉商大論叢』第42巻第4号，2005年3月）
　　第2章　わが国のバブル発生の金融メカニズム（『千葉商大論叢』第36巻第1号，1998年6月）
　（補節）　バブルと中央銀行（信用理論研究学会編『現代金融と信用理論』大月書店，2006年1月）
　　第3章　アメリカの金融自由化・証券化とS&L危機（『千葉商大論叢』第50巻第2号，2013年3月）
　　第4章　サブプライム金融危機とShadow Banking System（書き下ろし）
　　終　章　金融機関の行動様式と金融システムの不安定性（書き下ろし）

　本書が成るにあたって，多くの先生方から多大な学恩を受けている．井村喜代子・北原勇両先生（ともに慶應義塾大学名誉教授）からは，一貫して資本制生産様式における矛盾認識の重要性について教えていただいた．飯田裕康先生（慶應義塾大学名誉教授）には，遊部久蔵先生亡き後の指導教授を引き受けていただいたばかりか，信用論研究への参入の労をとっていただいた．また，本書の出版を思い立ったのは，伊藤誠先生（東京大学名誉教授）の勧めが大きかった．10年前にロンドン大学SOASに留学した際，Costas Lapavitsas先生を

囲んで毎週研究会が開かれていたが，私も数回にわたって日・英のバブルと金融危機についてや，アメリカで蒐集してきた大量の資料・文献に基づいてようやく研究し始めたばかりの米国のS&L危機について報告する機会があった．その時，伊藤先生も短期間ではあったが，Costas Meeting（われわれはその研究会をそのように呼んでいた）に参加されており，私の報告に対して一書に取りまとめることを勧めていただいただけではなく，その書名までも示唆していただいた．遺憾ながら，本書のタイトルはそれとは異なるものとなったが，学派を超えて学問研究に誠実であられる先生には深く感謝している．それにしても，出版までかくも長きにわたる歳月を要したのは，帰国後，学内の雑務に追われることがあったとはいえ，すべて私の生来の怠惰な性格によるものであり，恥じ入るばかりである．

他にいちいちお名前を挙げることは差し控えるが，私の所属している経済理論学会，信用理論研究学会での会員諸兄の報告や，独占研究会，ポスト冷戦研究会での議論からは多くのことを学ばせていただいた．また，この機会に畏友渡辺幸男氏（慶應義塾大学名誉教授）と田中秀親氏（淑徳大学教授）には感謝を述べておきたい．われわれはそれぞれ専門領域を異にしているが，ともにポレミークな井村先生の講義と演習を受講した「原体験」を共有しており，先生からの時には挑発的な問題提起をめぐって，お互いに口角沫を飛ばして忌憚のない意見を交わすことができたことは何よりも得難い体験であった．

今日，専門的な学術書の出版事情が厳しいなか，本書の出版を引き受けていただいた日本経済評論社と編集作業の労をとっていただいた梶原千恵氏には御礼を申し上げたい．図表の多い煩雑な組みで印刷所の方々には多くのご苦労をおかけした．これらの方々が本書のために労苦をともにしていただいたことに厚く御礼を申し上げたい．また，本書の出版にあたっては，千葉商科大学から学術図書出版助成金が交付された．

最後に私事にわたって恐縮ではあるが，これまで私を支えてくれた家族に感謝の言葉を記しておきたい．私はいわゆる「オーバードクター」の期間が長く家族に迷惑をかけることが多かったが，妻・由起子はbenign neglectよろしく，そうしたことにはまったく「無関心」を装い，私のわがままを許してくれた．娘・慧美は，私が理由（わけ）もなく不機嫌となり，怒りっぽくなった時には，遊

び相手になってくれた．また，亡父・順一と母・綾子は，全く畑違いの道を歩むことになった私のことをいつも気遣ってくれた．これまでの感謝の気持ちを込めて本書を父の霊前に捧げたいと思う．

2018年2月10日

清 水 正 昭

索引

[あ行]

一般会計原則（GAAP） 155, 167-8, 215
インターバンク市場 23, 40, 42-3, 46-8, 59, 60-1, 316, 320
インパクト・ローン 85
エクイティ・ファイナンス 90-1, 140, 143, 194, 321

[か行]

ガーン＝セント・ジャーメイン法 165-6, 171, 193
カウンターパーティー・リスク 294
カストディアン 244
ガバメント・ファンド 296-7
機関キャッシュ・プール 246
期間物入札方式（TAF） 287
規制会計原則（RAP） 155, 166-70, 197, 215
規制緩和 154, 161
規制猶予 155, 166, 196
キャッシュ・アウト・リファイナンス 277, 281-2
競争と信用調節 → CCC
銀行経営の健全性 131, 133, 150, 212
→経営の健全性 48, 80, 103, 128, 130, 150, 161, 169
→健全な銀行経営 10-2, 44, 212
銀行保険基金（BIF） 223
金融機関改革救済執行法（FIRREA） 222
金融機関競争力衡平法（CEBA） 221
金融コングロマリット指令 257
金融の証券化 152, 161-2, 225, 230, 237
クラウディング・アウト 133-5
グラム・リーチ・ブライリー法 257, 309
クリアリング・バンク 250, 253, 256
経済再建税法（ERTA） 192, 201
経済のグローバル化 8, 10
→グローバリゼーション 9
国債の売買回転率 111

国債流通市場 95, 113
国債流動化措置 95
固定金利モーゲージ 173
コルセット 70-1, 147
コンディット 240
コンフォーミング 291
コンベンショナル・モーゲージ 178

[さ行]

債券先物市場 126
債券先物取引 125
債券ディーラー 120, 317
最低貸出レート → MLR
最低準備比率 25, 40
裁定取引 40
→金利裁定取引 37, 39, 73
サブプライム金融危機 151, 289, 311
自己資本比率規制 129-30
資産インフレ 85
市場隔離型国債管理政策 317
市場隔離型国債管理制度 94
支払能力（solvency） 12, 103
→支払能力危機（solvency crisis） 293
→支払能力問題（solvency problem） 16
指標銘柄 109, 115, 120-3, 127, 317
→指標銘柄の売買回転率 114, 118
収益性の追求とリスク管理 91
住宅経済復興法 293
住宅都市開発法 178
準備資本処分力 61
信用補完 264-6, 272
スタグフレーション 8, 29, 48
スティグマ（Stigma）問題 287, 289
ストラクチャード・ファイナンス 230, 234-5
生産と消費の矛盾 2, 4-5
税制改革法（TRA） 192, 201, 276
政府支援機関 → GSE
政府住宅抵当金融金庫（GNMA） 152, 180, 230, 238

整理信託公社（RTC） 223
全国住宅法 163
早期是正措置 263-4, 317

[た行]

ターム物 ABS 融資ファシリティ → TALF
第一次 S&L 危機 154, 158-9, 163, 176, 192, 233-4
退役軍人省 → VA
第二次 S&L 危機 158, 201, 235-6
短期オープン市場 137
短期金融市場 135
貯蓄貸付組合（S&L） 152-66, 211-22, 230
貯蓄金融機関監督庁（OTS） 222
貯蓄金融機関保険基金（SAIF） 222
ディスインターミィディエーション 160, 164-6, 176
適格準備資産 34
導管体（conduit） 240
投資ヴィークルのリスク管理 272
投資銀行 252
特別目的事業体 240
トライパーティ・レポ 244, 253, 256
→トライパーティ・レポ市場 243, 249-50, 294
トランシェ 233, 238

[な行]

日米円ドル委員会 104, 142
ネット・キャピタル・ルール 256, 258

[は行]

バーゼル自己資本比率規制 259
バイラテラル・レポ市場 243-4, 294
ハイリスク・ハイリターン 101
パス・スルー証書 120-3, 174, 189-90, 230-1
パリバ・ショック 284-5, 300
バンク・ディーリング 95, 107-9, 118, 121, 128, 134, 144, 317
二つのコクサイ化 104
復興金融公社 163
不動産融資の総量規制 147
不胎化 83, 85, 88-9
部分債券（トランシェ） 187

プライマリー・ディーラー 288
プライム・ファンド 296-7
プライム・ブローカレッジ 244, 252
プラザ合意 82, 86, 88, 143, 147
プルーデンス規制 146, 310
ブローカーズ・ブローカー 109
ベアースターンズ 286
ヘアカット 244, 252, 256, 298-9
ペイ・スルー債券 185-6
並行市場（parallel market） 23-4, 34-7, 40-2, 44-5
ペイ・スルー債券 232-3, 235
ヘッジファンド 251-2
変動金利モーゲージ（ARM） 154, 173, 176
ポートフォリオ投資事業 290
ホーム・エクイティー・ローン 277, 281
簿外投資ヴィークル 241

[ま行]

前川レポート 143
マッチ・ブック取引 250
マッチング 27, 45-6, 58
ミスマッチ 54-5, 58-9, 62
ミスマッチト・ブック取引 252
メリーゴーランド 37, 40, 66, 70-1
モーゲージ・ローンの証券化機構 236
モーゲージ・カンパニー 180
モーゲージ・スワップ 183, 189
モーゲージ担保証券（MBS） 152, 173-6, 180, 195-6, 212, 238
モーゲージ抵当債券（CMO） 175, 185-91, 232-3, 237-8
モーゲージ流通市場の三層構造 239
モラル・ハザード 132, 148, 162

[や行]

有形資産原則（TAP） 169-70
預金金融機関規制緩和・通貨管理法 164
預金金融機関規制緩和委員会 165
預金保険制度 158-60, 162

[ら行]

ラウンド・トリッピング 37, 62

リーマン・ショック　300
リスク・アセット・レシオ方式　130
リスク管理　60
リ・ハイポセケーション　245
流動（liquidity）　12, 103, 175
→流動性危機　163, 175, 292
→流動性創造機能　122, 125, 127-8, 132, 190, 192, 196, 234, 317
→流動性補完　264-6, 272
→流動性問題　16
ルーブル合意　87
レギュラトリー・アービトラージ　314, 320, 328
レギュレーションQ　176
レバレッジ効果　198, 255
レバレッジ比率　255, 263
連邦住宅貸付銀行制度（FHLBank制度）　163-4, 167, 179, 220
連邦住宅貸付銀行理事会（FHLBB）　154, 156, 166-7, 178, 200
連邦住宅貸付抵当公社（FHLMC）　178, 181, 231, 238
連邦住宅局（FHA）　163, 177-8
連邦貯蓄貸付保険公社（FSLIC）　155-6, 158, 162-3, 263
連邦抵当金庫（FNMA）　163, 177-80, 231, 238
連邦預金保険公社（FDIC）　162-3, 263
連邦預金保険公社改善法（FDICIA）　263
ロンドン金融市場　20

[欧文]

ABCP　240, 264, 285
ABCP市場　266, 300-1
ABCP導管体（conduit）　239-40, 264
ABS CDO　268
ADCローン　199-200, 215
AIG　304
AMLF　302
CCC　15, 25-7, 33-5, 40, 46-50, 58, 70-1, 316
CD　216-9
CDO　152, 239, 264-72, 291
CDO^2指数（CDOスクエアード）　268

CDS　152, 291
CMO　175, 185, 191, 232-3, 238
CPFF　302
CSEプログラム　257, 258-62, 278
DIDC　165
DIDMCA　165, 171
ERTA　201
FICO（ファイコ）スコア　279
FRF　223
FRM　173
FSLIC　263
FSLIC整理基金　223
GCFレポ　245, 253-4
GSE　179, 182, 189-90, 230
ICC　166-7
Lifeboat operation　15, 17, 19, 68
Maiden Lane　289
Maiden Lane II　304-6
Maiden Lane III　304-6
MBB　181-2
MBS信用保証事業　290
MLR　31, 39, 52, 62-3
MMDA　166
MMF　216, 265
MMIFF　302
MMMF　166, 216
NWC　166-7
PDCF　288
RFC　163
RP取引　171, 175, 190-1, 216, 231, 286-9
RTC　223
SEC　167, 257
secondary banks　15-20, 24, 27, 48-50, 54, 57-63, 65-71
Shadow Banking System　153, 228-30, 234, 267, 286, 297, 303, 309-14
SIV　239, 241, 264
S&L　→　貯蓄貸付組合
SPV　239-40
TALF　303
TSLF　288
VA　177-8

［著者紹介］
清水 正昭
千葉商科大学商経学部教授
1948年　富山県生れ
1978年　慶應義塾大学大学院経済学研究科博士課程単位取得退学
（主要著書・論文）
「好況過程における資本の蓄積様式」（『三田学会雑誌』第69巻第4号，1976年）
『現代の金融：理論と実状』（共著，有斐閣，1992年）
「グローバル経済下の景気『回復』―小泉『構造改革』とは何だったのか―」（CUC［View & Vision］千葉商科大学経済研究所，No.23，2007年）ほか

金融システムの不安定性と金融危機
日米英のバブルの発生と崩壊

2018年3月26日　第1刷発行
定価（本体5000円＋税）

著　者　清　水　正　昭
発行者　柿　崎　　　均
発行所　株式会社　日本経済評論社

〒101-0062　東京都千代田区神田駿河台1-7-7
電話 03-5577-7286　FAX 03-5577-2803
E-mail: info8188@nikkeihyo.co.jp
http://www.nikkeihyo.co.jp

装丁・渡辺美知子　　　太平印刷社・高地製本所

落丁本・乱丁本はお取替えいたします　　Printed in Japan
© SHIMIZU Masaaki 2018
ISBN 978-4-8188-2493-5

・本書の複製権・翻訳権・上映権・譲渡権・公衆送信権（送信可能化権を含む）は，（株）日本経済評論社が保有します．
・JCOPY 〈（社）出版者著作権管理機構　委託出版物〉
本書の無断複写は著作権法上での例外を除き禁じられています．複写される場合は，そのつど事前に，（社）出版者著作権管理機構（電話 03-3513-6969，FAX 03-3513-6979，e-mail: info@jcopy.or.jp）の許諾を得てください．

金融危機は避けられないのか―不安定性仮説の現代的展開―
　　　　　　　　　　　　　　　　　　　　青木達彦　本体 4500 円

複合危機―ゆれるグローバル経済―
　　　　　　　　牧野裕・紺井博則・上川孝夫編　本体 4800 円

国際金融史―国際金本位制から世界金融危機まで―
　　　　　　　　　　　　　　　　　　　　上川孝夫　本体 5200 円

米国の金融規制変革　　　　　　　　　　　若園智明　本体 4800 円

金融危機の理論と現実―ミンスキー・クライシスの解明―
　　　　　　　J. A. クレーゲル著／横川信治編・監訳　本体 3400 円

EU 経済・通貨統合とユーロ危機　　　　　　星野郁　本体 5600 円

所得分配・金融・経済成長―資本主義経済の理論と実証―
　　　　　　　　　　　　　　　　　　　　　　西洋　本体 6400 円

金融危機と政府・中央銀行　　　　　　　　植林茂　本体 4400 円

バブルと金融危機の論点
　　　　　　　　　　伊藤修・埼玉大学金融研究室編　本体 3700 円

新訂　日本のバブル　　　　　　　　　　　衣川恵　本体 2500 円

日本経済評論社